रुद्र रचनावली

खंड-4

शिवप्रसाद मिश्र 'रुद्र' काशिकेय का सम्पादित साहित्य

रुद्र रचनावली

शिवप्रसाद मिश्र 'रुद्र' काशिकेय की सम्पूर्ण रचनाएँ

खंड-4

सम्पादक
डॉ. मीनाक्षी मिश्र

राधाकृष्ण प्रकाशन

ISBN : 978-81-8361-867-0 (सम्पूर्ण सेट)

रुद्र रचनावली (खंड-4)

पहला संस्करण : 2018

मूल्य : ₹4000
(चार खंडों का सम्पूर्ण सेट)

प्रकाशक
राधाकृष्ण प्रकाशन प्राइवेट लिमिटेड
जी-17, जगतपुरी, दिल्ली-110 051

शाखाएँ : अशोक राजपथ, साइंस कॉलेज के सामने, पटना-800 006
पहली मंजिल, दरबारी बिल्डिंग, महात्मा गांधी मार्ग, इलाहाबाद-211 001
36 ए, शेक्सपियर सरणी, कोलकाता-700 017

वेबसाइट : www.radhakrishnaprakashan.com
ई-मेल : info@radhakrishnaprakashan.com

मुद्रक : बी.के. ऑफसेट
नवीन शाहदरा, दिल्ली-110 032

RUDRA RACHANAVALI (Khand-4)
Complete works by Shivprasad Mishra 'Rudra' Kashikey
Edited by Dr. Meenakshi Mishra

पुरोवाक्

हिन्दी साहित्य के संवर्द्धन एवं विकास में रुद्र काशिकेय का अप्रतिम अवदान रहा है। एक सच्चे साहित्य सेवी के रूप में निःस्वार्थभाव से आजीवन साहित्य सेवा की। काशी नागरीप्रचारिणी सभा के प्रधानमंत्री एवं बिड़ला ग्रन्थमाला के प्रधान सम्पादक रूप में महत्त्वपूर्ण ग्रन्थों का सम्पादन किया एवं बनारस की संस्कृति, परम्परा की संवाहक बनारसी बोली (काशिका) के संरक्षण का बीड़ा उठाया। काशिका में रचित तेग़अली की ग़ज़लों का समीक्षात्मक पाद टिप्पणी के साथ सम्पादन किया।

रुद्र रचनावली का चतुर्थ खंड-सम्पादित साहित्य के अन्तर्गत सत्य हरिश्चन्द्र, तेग़अली और काशिका, भारतेंदु ग्रन्थावली है। अन्य कृतियाँ, हकायके हिन्दी, नाथसिद्धों की बानियाँ, रास और रासान्वयी काव्य, छिताईवार्ता का प्रकाशन तब हुआ जब रुद्र जी सभा के प्रधान सम्पादक थे। इन कृतियों का गहन अवलोकन एवं विश्लेषण करते हुए पुस्तक के परिचय में अपने विस्तृत ज्ञान प्रौढ़ि एवं मौलिक शोध प्रतिभा के आधार पर अनेक महत्त्वपूर्ण तथ्यों का उद्घाटन किया। रचनावली में उनकी परिचयात्मक भूमिका को संकलित किया गया है।

रुद्र द्वारा सम्पादित 'चीन को चेतावनी' ग्रन्थ (अप्राप्य) है। इसका प्रकाशन सन् 1963 ई. में हिन्दी प्रचारक पुस्तकालय (वाराणसी) से हुआ। सन् 1962 में चीन के बर्बरतापूर्ण आक्रमण से क्षुब्ध होकर देश के पहरुओं को जागरूक करने एवं दुश्मन से मुकाबला करने के लिए स्वयं रुद्र ने उद्बोधन गीत लिखा व अन्य कवियों को लिखने के लिये प्रेरित किया। इस संग्रह में अनेक कवियों द्वारा चीन को चेतावनी दी गई है।

'सत्य हरिश्चन्द्र' अत्यन्त महत्त्वपूर्ण कृति है। इसका प्रकाशन सं. 2018 वि. में नागरी प्रचारिणी सभा, काशी से हुआ। 'सत्य हरिश्चन्द्र' को भारतेन्दु की अनूदित रचना के रूप में विद्वानों ने स्वीकार किया, जब कि 'सत्य हरिश्चन्द्र' का सम्पादन करते हुए रुद्र जी ने इस कृति को अर्द्धानुवादित माना और इस सन्दर्भ में संस्कृत, बाँग्ला एवं गुजराती नाटकों का साक्ष्य प्रस्तुत किया। अपने नवीन खोजों के आधार पर इसे नाटक का एक भेद 'डिम' घोषित किया। 'डिम' के प्रायः सभी लक्षणों को उद्धृत करते हुए 'सत्य हरिश्चन्द्र' को हिन्दी का एकमात्र 'डिम' माना। नाट्य साहित्य के विविध पक्षों पर भी महत्त्वपूर्ण जानकारी प्रदान की गई है, जो नाट्य साहित्य के

विद्वानों एवं अध्येताओं के समक्ष एक नया संकेत देती है। परिशिष्ट में 'किस्सा राधा-कन्हैया' का रखा गया है। अनेक दृष्टियों से रुद्र द्वारा सम्पादित यह कृति अपना महत्त्वपूर्ण स्थान रखती है।

रुद्र जी द्वारा सम्पादित दूसरी कृति 'तेगअली और काशिका' का प्रकाशन ज्ञानमंडल लिमिटेड, वाराणसी से चैत्र, संवत् 2021 में हुआ। पुस्तक की भूमिका बनारसी बोली (काशिका) पर रुद्र जी के गहन पैठ का द्योतक है। इसमें काशिका के स्वरूप विधान, उद्‌भव, विकास एवं इस बोली के प्रख्यात् कवि श्री तेग़अली और उनकी ग़ज़लों तथा कजली, चैती, विरहा आदि का भाष्यकार के रूप में समीक्षा की है। काशिका यानी कसावट व बॉकपन की भाषा। खरी-खोटी, कहना-सुनना, मुहावरेदानी का उत्तर-प्रत्युत्तर मुहावरे में ही देना बनारसीपन या काशिका की विशिष्ट पहचान है। देशज भाषा काशिका में ग़ज़ल लेखन का प्रथम श्रेय भी श्री तेग़अली को जाता है। इनकी ग़ज़लों में तद्‌युगीन बनारस, यहाँ की जीवन्तता, सामन्तवादी जीवन के यथार्थ की झलकियाँ प्राप्त होती हैं।

'भारतेन्दु ग्रन्थावली' का पुनर्संपादन अत्यन्त अस्वस्थ रहते हुए भी अथक परिश्रम के साथ किया। इसका प्रकाशन सं. 2027 वि. में नागरी प्रचारिणी सभा, काशी से हुआ। रुद्र जी द्वारा सम्पादित यह अन्तिम कृति है। इसकी भूमिका में भारतीय रंगमंच की विशाल परम्परा का विस्तार से वर्णन मिलता है; और यथासम्भव भारतेन्दु के नाटकों के प्रथम संस्करणों या पत्र-पत्रिकाओं में प्रकाशित रूपों को आधार बनाकर ही पाठ संकलित किए गए हैं, उनकी वर्तनी भी ज्यों की त्यों है। 'रुद्र रचनावली' में 'भारतेन्दु ग्रन्थावली' की (भूमिका) अंश को ही रखा गया है।

हकायके हिन्दी मीर अब्दुल वाहिद बिलग्रामी द्वारा लिखित ग्रन्थ है। इसका हिन्दी अनुवाद डॉ. सैयद अतहर अब्बास रिजवी ने किया है। रुद्र जी ने ग्रन्थ परिचय में सूफ़ी-काव्य परम्परा की विशिष्टताओं पर प्रकाश डाला है और संकेत किया कि हकायके हिन्दी में जो शब्द संगृहीत किए गए हैं उनका प्रयोग, हिन्दी गीतों और काव्यों में होता रहा है। सूफ़ी कवियों ने सांकेतिक अर्थों में उनका विशिष्ट प्रयोग अपने काव्यों में किया है। शब्दों की उपादेयता को इसमें रेखांकित किया है।

'नाथसिद्धों की बानियों' के परिचयात्मक विवरण में रुद्र जी ने 'नाथ परम्परा' की महत्त्वपूर्ण पुस्तकों की ओर संकेत किया है। जिनका प्रयोग 'नाथ सिद्धों' की बानियों के संकलन में किया जा सकता था, जिनमें बड़थ्वाल जी की हस्तलिखित पोथियाँ, डॉ. कल्याणी मल्लिक की 'सिद्ध सामन्त पद्धति एंड अदर वर्क्स आव नाथ योगीज़' जिसका प्रकाशन सन् 1954 में पुणे से हुआ। इन पुस्तकों की उपादेयता को अंकित किया है, इसके अतिरिक्त नाथसिद्धों की समयावधि उनके आविर्भाव के सम्बन्ध में महत्त्वपूर्ण विचार प्रस्तुत किए हैं।

'रास और रासान्वयी काव्य' में 'रास' शब्द और 'रस' की व्युत्पतिपरक व्याख्या प्रस्तुत की गयी है। छिताईवार्ता का ऐतिहासिक और साहित्यिक दोनों ही दृष्टियों से

महत्त्वपूर्ण स्थान है। ग्रन्थ के परिचय में रुद्र जी ने अनुसन्धनात्मक रूप से अनेक गूढ़ तत्वों का उद्‌घाटन किया है। प्रस्तुत रचनावली में रुद्र द्वारा लिखे गये इन महत्त्वपूर्ण ग्रन्थों के 'परिचय' को रखा गया है।

रुद्र काशिकेय ने सम्पादन के क्षेत्र में श्लाघनीय कार्य किया है। उनके इस अनुपम सेवा के लिए हिन्दी-जगत् चिरऋणी रहेगा।

–डॉ. मीनाक्षी मिश्र

अनुक्रम

भारतेन्दु हरिश्चन्द्रकृत

सत्य हरिश्चंद्र

सम्पादक

शिवप्रसाद मिश्र 'रुद्र' काशिकेय

साहित्यपुरुष हरिश्चंद्र

विषय प्रवेश

देवानामिदमामनन्ति मुनयः कान्तं क्रतुं चाक्षुषं
रुद्रेणेदमुमाकृतव्यतिकरे स्वांगे विभक्तं द्विधा ।
त्रैगुण्योद्भवयत्र लोकचरितं नानारसं दृश्यते
नाट्यंभिन्नरुचेर्जनस्य बहुधाप्येकं समाराधनम् ।।[1]

उक्त अभिमत प्रकट करते हुए महाकवि कालिदास ने नाटक के स्वरूप, उसके महत्त्व और उसके प्रभाव तीनों का विवेचन एक साथ ही किया है। और यह बताया है कि नाटक ही वह समन्वित कला है जिसके द्वारा सभी श्रेणियों और सभी सामाजिक स्तरों के मनुष्यों को एक साथ ही ज्ञान और आनन्द दोनों प्राप्त होते हैं, अर्थात् रस ही नाटक का रूप है, सबको एक समान प्रभावित करने की शक्ति रखना ही उसका महत्त्व है और ज्ञान तथा आनन्द प्रदान करना ही उसके प्रभाव का परिणाम है। इस प्रकार भारतीय रूपक-रचना-विधान में रस ही साध्य और रस ही साधन भी है। यह रस सृष्टि शताब्दियों तक अपने मस्तिष्क को मथानी बनाकर भारतीय मनीषियों द्वारा चिन्तासागर के मंथन से उपलब्ध परमोज्वल रत्न है।

परन्तु यूरोपीय विद्वानों को बहुत दिनों तक यह धुन लगी थी कि भारत में जो कुछ अच्छा और प्रशंसनीय है उसका मूल यूरोप में ही बताया जाए और उसे यूरोपीय प्रभाव का परिणाम ही सिद्ध किया जाए। इसीलिए भारतीय नाटकों की प्राचीनता और मौलिकता पर परदा डालने के लिए डॉ. वेबर नामक एक जर्मन विद्वान् ने अपने 'संस्कृत लिटरेचर' नामक ग्रन्थ में यह मत प्रकट किया कि नाट्यकला की सृष्टि का प्रथम श्रेय यूनान को है। प्रो. मैकडानेल ने अपने 'संस्कृत साहित्य के इतिहास' में और भी भीषण अभिमत प्रकट किया और यह बताने की चेष्टा की कि साधारणतया

---

1. मुनियों का मत है कि नाटक एक ऐसा यज्ञ है जो देवताओं की आँखों को भी जँचता है। स्वयं शिव ने गिरिजा से विवाह कर नाटक का अपने शरीर में दो भाग किया, अर्थात् तांडव और लास्य का योग किया है। नाटक में सत्व, रज और तम तीनों ही गुणों का समावेश रहता है। साथ ही संसार में जो विविध प्रकार के चरित्र दिखाई देते हैं, उनका भी दर्शन नाटक में होता है। उसमें विविध रस भी रहते हैं। इस प्रकार नाटक ऐसी वस्तु है जो भिन्न-भिन्न रुचिवाले मनुष्यों को एक साथ ही आनन्द और सन्तोष प्रदान करता है।

हिन्दुओं के यहाँ नाट्यशाला का अस्तित्व नहीं था। वे सार्वजनिक रंगमंच निर्माण की कला से अनभिज्ञ थे और इसीलिए उनके नाटक राजाओं महाराजाओं की नृत्यशाला में ही खेले जाते थे।

एक ओर जब कि उक्त मिथ्या प्रचार चल रहा था, दूसरी ओर प्रो. विलसन जैसे निष्पक्ष विद्वानों ने निस्संकोच घोषणा की कि 'हिन्दुओं के नाटकों में ही संसार के प्राचीनतम नाटक हैं। नाट्यकला या नाट्यशास्त्र की जानकारी में हिन्दू किसी के ऋणी नहीं हैं।' साथ ही महामहोपाध्याय पंडित हरप्रसाद शास्त्री प्रभृति भारतीय विद्वानों ने भी भारतीय नाटकों की प्राचीनता विविध भाँति के प्रमाणों से सिद्ध की। उक्त शास्त्री जी ने अंग्रेजी में एक लेख प्रकाशित कर जो कुछ बताया था उसका आशय निम्नलिखित है–

'सरगुजा में रामगढ़ की पहाड़ियों की दो गुफाओं में कुछ उत्कीर्ण अभिलेख मिले हैं जो अशोक के समय की लिपि में है। डॉक्टर ब्लौक ने उन्हें पढ़कर निश्चय किया था कि उन अभिलेखों का विषय नाट्यकला ही है। उन्होंने यह भी अनुमान किया कि हिन्दुओं की यह विशाल नाट्यशाला ईसवी पूर्व तीसरी शताब्दी में निर्मित हुई थी।'

शास्त्री जी ने नाट्यशास्त्र का हवाला देते हुए 'प्रेक्षागृह' शब्द पर विशेष बल दिया था। वास्तव में प्रेक्षागृह के सम्बन्ध में जो विस्तृत विवरण नाट्यशास्त्र में उपलब्ध है वही भारत की नाटक विषयक स्वतंत्र उद्भावना का प्रमाण है। उसमें तीन प्रकार के प्रेक्षागृहों (थिएटर हॉल) का वर्णन है। प्रथम प्रकार का प्रेक्षागृह विकृष्ट कहलाता था। वह अंडाकार और लम्बाई में एक सौ आठ हाथ होता था। ऐसी नाट्यशाला देवताओं की होती थी। दूसरे प्रकार का प्रेक्षागृह 64 हाथ लम्बा और 32 हाथ चौड़ा होता था, पर था यह भी अंडाकार ही। यह प्रेक्षागृह राजाओं का होता था। तीसरे प्रकार की नाट्यशाला समभुज त्रिकोणाकार होती थी। इसकी प्रत्येक भुजा 32 हाथ लम्बी होती थी। यही गृहस्थ नागरिकों की नाट्यशाला थी।

उक्त तीनों प्रकार की नाट्यशालाओं के आधे भाग में दर्शक बैठते थे। विभिन्न वर्णों के बैठने के स्थान विभिन्न रंगों के खम्भों से विभाजित किए जाते थे। आधुनिक गैलरी की भाँति एक के बाद दूसरा आसन बनाया जाता था जो क्रमशः आगेवाले आसन से एक-एक हाथ ऊँचा होता जाता था। सबसे आगे वाले आसनों पर ब्राह्मण बैठते थे और उनका स्थान सफ़ेद रंग के खम्भों से निर्दिष्ट किया जाता था। ब्राह्मणों के पीछे क्षत्रिय बैठते थे और उनका स्थान लाल रंग के खम्भों से चिह्नित किया जाता था।

इनके पीछे उत्तर-पश्चिम में वैश्यों के और उत्तर-पूर्व में शूद्रों के आसन रहते थे। वैश्यों के आसन नीले रंग के खम्भों से चिह्नित किए जाते थे। अन्य रंगों के कुछ और भी खम्भे रहते थे। उनके पास जो आसन होते थे, उनमें वर्णाश्रम के बाहर के लोग बैठते थे। इस नीचे की आसनश्रेणी के ऊपर एक बरामदा-सा बना रहता था। वहाँ भी पूर्वोक्त प्रकार से चिह्नित और विभक्त आसन रहते थे। नाट्यशाला का दूसरा आधा भाग अभिनेताओं के अधिकार में रहता था। इस भाग से सबसे पिछले अंश को 'रंगशीर्ष' कहते थे। इस अंश में छह खम्भे और समस्त स्थान का अष्टमांश स्थान रहता

था। नाट्यवेद के सृष्टिकर्ता ब्रह्मा और अनान्य देवताओं की पूजा यहीं पर सबसे पहले की जाती थी।

नेपथ्य अथवा सज्जागृह में दो दरवाज़े रहते थे। रंगमंच कभी-कभी दो मंजिला बनाया जाता था। दूसरे खंड में स्वर्ग के दृश्यों का अभिनय किया जाता था। नाट्यशाला के प्रत्येक अंश के निर्माण के समय भिन्न-भिन्न देवताओं की पूजा की व्यवस्था थी। प्रत्येक बार ब्राह्मणभोजन कराने की भी प्रथा थी। हीनांग, विकलांग, कुरूप व्यक्ति को नाट्यशाला निर्माण का कोई भी काम नहीं सौंपा जाता था। संन्यासी और यति लोग नाट्यशाला की हद के भीतर पैर नहीं रखने पाते थे। जर्जर या इन्द्रध्वज की स्थापना ही नाट्यशाला सम्बन्धी आवश्यक देव कर्मों में प्रधान कर्म समझी जाती थी। उत्सव के पहले दिन संध्याकाल में मंत्र पढ़कर नाट्यशाला में इन्द्रध्वज गाड़ा जाता था। ध्वजारोपण के दूसरे दिन सब देवी-देवताओं की पूजा के बाद जर्जर की पूजा होती थी। इसके पहले क्रमशः ब्रह्मा, शिव, कार्तिकेय आदि की स्थापना होती थी। ध्वजा के प्रथम खंड में श्वेत वस्त्र, दूसरे में नील वस्त्र, तीसरे में पीला, चौथे में लाल और पाँचवें में विविध वर्ण का वस्त्र लपेटा जाता था। असुर विजय के उपरान्त इन्द्र ने ध्वजारोपण किया था, उसके बाद प्रथम नाट्य का अभिनय हुआ। नाट्यशाला की रचना पूर्ण होने पर भरतमुनि ने ब्रह्मा से पूछा कि किस विषय का अभिनय किया जाए? तब ब्रह्मा ने अमृत के लिए 'सागरमंथन' का अभिनय करने की आज्ञा दी। इस अभिनय से देवताओं को विशेष आनन्द मिला। उसके बाद देवताओं ने शिवजी को नाट्याभिनय दिखाकर प्रसन्न करना चाहा तब हिमालय पर शिव के सामने 'त्रिपुरदहन' का अभिनय किया गया। अभिनय देखकर शिव बहुत प्रसन्न हुए। उन्होंने अभिनय के उत्कर्ष के लिए उसमें नृत्य को भी शामिल करने की राय दी। दक्षयज्ञ-विध्वंस के बाद उस दिन संध्या समय शिवजी ने विचित्र प्रकार से गीतवाद्य के साथ नृत्य किया था। उस दिन उन्होंने अनेक देवताओं के रूप में अनेक प्रकार से नृत्य दिखलाया था।

नाट्याभिनय के पूर्व निम्नलिखित 10 अनुष्ठान किए जाते थे। वाद्य यंत्र आदि का आयोजन, अपने दल के बीच वादकों का अवस्थिति स्थान, संगीत का आरम्भ, वाद्य परीक्षा, कंठस्वर के साथ बाजे के स्वर को मिलाना, तंतु-यंत्र (सारंगी) के साथ आवाज़ मिलाना, विविध बाजे बजाना, सब बाजों के स्वर का समन्वय करके एक ताल बजाना, ताल विधान और ईश्वर की स्तुति। ये सब व्यवस्थाएँ रंगमंच के बाहर यवनिका की आड़ में की जाती थीं। उसके बाद यवनिका उठाकर सूत्रधार रंगमंच में प्रवेश करता था। वह दसों दिशाओं में घूम-घूमकर दसों दिग्पालों को प्रमाण करता था, फिर नांदीपाठ किया जाता था, और जर्जर स्तोत्र के कई श्लोक पढ़े जाते थे। तदनंतर यथार्थ अभिनय का आरम्भ होता था।

भारतीय दृष्टि ने नाटक को काव्य के ही एक भेद के रूप में देखा है और उसे दृश्य-काव्य कहा है। 'दृश्य' में 'काव्यत्व' के इसी आरोप ने सम्भवतः भारतीय नाटककारों को अपने नाटकों में अधिक से अधिक कविता का समावेश करने के लिए

प्रेरित किया जिसका प्रभाव हिन्दी नाटकों पर भी पड़ा और हिन्दी में जयशंकर 'प्रसाद' के 'स्कन्दगुप्त' नाटक की रचना के समय तक साधारण संवाद भी पद्यात्मक रखने का प्रयत्न चलता रहा।

पद्य के इस अस्वाभाविक प्रभाव से भारतीय नाटक ही नहीं, यूरोपीय नाटक भी बचे न रह सके। यूनान के प्राचीन नाटकों में जो पद्य-संभार था वह उन्नीसवीं शताब्दी तक के यूरोपीय नाटकों में दिखाई पड़ा। यद्यपि शेक्सपियर जैसे महान् कलाकारों के हाथ में पड़कर कविता मानो जनसाधारण की भाषा बन गई थी परन्तु अधिकांश नाटककारों की कविता अस्वाभाविक तुकबंदी से ऊपर न उठ सकी।

इसी स्थल पर यह भी उल्लेख्य है कि अठारहवीं शताब्दी तक यूरोपीय नाटकों का कोई प्रभाव भारतीय नाटकों पर नहीं पड़ा। साथ ही भारतीय और यूरोपीय नाटकों के विकास की कहानी भी अलग अलग है। सन् 1192-93 में दिल्ली पर कुतुबुद्दीन का अधिकार होने के बाद से कलकत्ते में एक रूसी भाग्यान्वेषक लेवेडफ द्वारा आयोजित बाँग्ला नाटक 'छद्मवेश' के सन् 1795 ई. में अभिनय तक भारतीय नाटकों के लिए रंगमंच निषिद्ध रहा। इस बीच इधर उधर कतिपय संस्कृत नाटक मनोरंजन के तौर पर लिखे तो गए परन्तु साधारणतया भारत में नाटकों का विकास ठप पड़ गया। उधर इस अवधि में यूरोप नाटक का बराबर विकास करता गया। सन् 1757 में पलासी युद्ध के फलस्वरूप भारत में अँग्रेजों के पाँव दृढ़तापूर्वक जम जाने के बाद कलकत्ते में उनका पहला रंगमंच 'दि प्लेहाउस' (नाटकघर) बन गया और उसमें अंग्रेजी नाटकों का अभिनय होने लगा। इस प्रकार प्रायः साढ़े पाँच सौ वर्षों तक भारत में नाटकों पर जो प्रशासनिक प्रतिबंध लगा था वह अपने आप उठ गया। यह बाँध टूटने भर की देर थी कि यूरोपीय नाट्यधारा की टक्कर लगते ही भारतीय नाटकों की सुप्त अन्तःसलिला भी जाग उठी। पहले तो इस धारा को उसके मौलिक रूप में ही अक्षुण्ण रखने का प्रयत्न किया गया। इस प्रयत्न के असाध्य सिद्ध होने पर दोनों धाराओं में समन्वय करने की चेष्टा की गई, परन्तु अन्ततः यह चेष्टा भी विफल ही रही और यूरोपीय नाट्यधारा उत्तरोत्तर भारतीय नाट्यधारा को आत्मसात् करती गई जिसका परिणाम यह हुआ कि आज भारतीय नाटकों पर भारतीय नाट्यशास्त्र का कोई प्रभाव शेष नहीं रह गया है और उनकी रचना विशुद्ध यूरोपीय नाटकों के अनुकरण पर हो रही है।

भारतीय रूपकरहस्य

यद्यपि हिन्दी में सभी प्रकार की अभिनेय और दृश्यों में विभाजित संवादात्मक रचनाओं के लिए 'नाटक' शब्द रूढ़ हो गया है, परन्तु भारतीय साहित्यशास्त्र के अनुसार उसे रूपक ही कहना चाहिए। उक्तशास्त्रानुसार नाटक रूपक का एक भेद मात्र है और अभिनेता के लिए 'नट' शब्द का प्रयोग किया गया है।

नट और नाटक शब्दों की व्युत्पत्ति के सम्बन्ध में विद्वानों में मतभेद बना रहा है। अनेक यूरोपीय और उनका अंधानुकरण करनेवाले कुछ भारतीय विद्वानों ने भी– यह मत प्रकट किया है कि 'नट' शब्द 'नृत्' धातु के प्राकृत अपभ्रंश से बना है और उसी से 'नाटक' शब्द व्युत्पन्न होता है। उधर संस्कृत के वैयाकरणों ने पाणिनि के धातुपाठ में 'नट् नृत्तौ' और 'नट् अवस्पन्दने' जैसी स्वतंत्र धातु को देखकर उन्हीं से नाट्य और नाटक शब्दों की व्युत्पत्ति की है। उन लोगों के अनुसार वाक्यार्थ के अभिनय को नाट्य कहते हैं और पदार्थ के अभिनय को नृत्य[2]। दशरूपककार धनंजय का मत है कि विभिन्न अवस्थाओं की नक़ल नाट्य हैं, नृत्य भावाश्रित हैं और नृत्त ताललयाश्रित[3]। कहने का तात्पर्य यह है कि किसी के कार्यव्यापार की नक़ल करना नाट्य है। विविध भावों को आंगिक मुद्राओं से प्रकट करना नृत्य है और ताल तथा लय में बँधकर नाचना नृत्त है। अर्थ यह है कि नृत्य और नृत्त नाटक के अंग तो हो सकते हैं परन्तु वे तब तक नाटक नहीं कहला सकते जब तक उनमें नाट्य अर्थात् अनुकरण का समावेश न हो। अर्थ यह कि दूसरे के रूप का आरोप किए बिना नाटक बन ही नहीं सकता। यही दूसरे का रूप भरना ही रूपक है। इसके दस भेद किए गए हैं–(1) नाटक, (2) प्रकरण, (3) भाण, (4) प्रहसन, (5) डिम, (6) व्यायोग, (7) समवकार, (8) वीथी, (9) अंक और (10) ईहामृग[4]।

इनके अतिरिक्त भारतीय नाट्यशास्त्र में अठारह उपरूपकों की भी कल्पना की गई है, जैसे–(1) नाटिका, (2) त्रोटक, (3) गोष्ठी, (4) सट्टक, (5) नाट्यरासक, (6) प्रस्थान, (7) उल्लाप्य, (8) काव्य, (9) प्रेंखण, (10) रासक, (11) संलापक, (12) श्रीगदित, (13) शिल्पक, (14) विलासिका, (15) दुर्मल्लिका, (16) प्रकरण, (17) हल्लीश और (18) भाणिका।

भारतीय रूपकरचना के मुख्य अंग तीन हैं–वस्तु, नेता और रस। इन्हीं तीनों के आधार पर रूपकों और उपरूपकों के उक्त भेद किए गए हैं।

वस्तु

रूपक का प्रथम अंग वस्तु अथवा कथानक है, जिसे अंग्रेजी में 'प्लाट' कहते हैं। कथावस्तु दो प्रकार की होती है–(1) आधिकारिक, और (2) प्रासंगिक। रूपक की मुख्य कथावस्तु आधिकारिक कहलाती है और उस मुख्य काव्यवस्तु के पोषण अथवा विकास के लिए प्रयुक्त कथावस्तु प्रासंगिक कही जाती है। उदाहरण के लिए यदि रामायण को रूपक माना जाए तो राम-सीता की कथा आधिकारिक कहलाएगी और

---

2. वाक्यार्थाभिनयो नाट्यम्। पदार्थाभिनयो नृत्यम्। व्यलोलिटि सूत्र की व्याख्या (सिद्धान्तकौमुदी)
3. अवस्थानुकृतिर्नाट्यम्। भावाश्रयं नृत्यम्। नृत्तम् ताललयाश्रयम्। –दशरूपक।
4. नाटकं सप्रकरणं भाणः प्रहसनं डिमः।
व्यायोगसमवकारौ वीथ्यङ्केहामृगा इति। –दशरूपक।

बालि-सुग्रीव की कथा प्रासंगिक। प्रासंगिक कथा का मुख्य उद्देश्य आधिकारिक कथा की फलनिर्वहणता में सहायता देना मात्र होता है, किन्तु कभी-कभी इसका स्वतंत्र फल भी दिखाई देता है।

प्रासंगिक कथावस्तु के भी दो भेद होते हैं–(1) प्रकरी, (2) पताका। जो प्रासंगिक कथावस्तु अनुबंध सहित (लगातार) रूपक में दूर तक चलती रहती है उसे पताका कहते हैं, परन्तु जो प्रासंगिक कथावस्तु रूपक में कुछ दूर चल कर समाप्त हो जाती है उसे प्रकरी कहा जाता है[5]।

हमारे आचार्यों ने रूपक की विभिन्न अवस्था, अर्थप्रकृति और सन्धि के आधार पर भी कथावस्तु का विवेचन किया है और तीनों की संख्या पाँच-पाँच निर्धारित की है।

किसी भी कथावस्तु के आरम्भ से लेकर अन्त तक विकास के पाँच स्तर होते हैं। इन्हीं पाँच स्तरों को रूपक की पंच अवस्थाएँ कहा जाता है, जैसे–(1) आरम्भ, (2) प्रयत्न, (3) प्राप्त्याशा, (4) नियताप्ति और (5) फलागम। प्रयत्न कथावस्तु की वह पहली अवस्था है जिसमें रूपक का प्रमुख पात्र किसी वस्तु की प्राप्ति के प्रति औत्सुक्य दिखाता या किसी कार्यविशेष के सम्पादन के लिए संकल्प करता है। कथावस्तु की दूसरी अवस्था प्रयत्न कहलाती है, क्योंकि इस स्तर पर आकर पात्र अपनी संकल्पपूर्ति के लिए विविध संघर्षमय यत्न करता है। इस प्रयत्न में जब कुछ सफलता की क्षीण रेखा दिखाई देने लगती है तो वह स्थिति प्राप्त्याशा कहलाती है।

कथावस्तु की चौथी अवस्था में सफलता प्रायः निश्चित हो जाती है। इसी से इसे नियताप्ति की अवस्था कहते हैं। अन्त में कथावस्तु में वह स्थिति आ जाती है जब कि आरम्भ में किए गए संकल्प की पूर्ति हो जाती है और मुख्य पात्र फल का भोक्ता हो जाता है। यही कथावस्तु की अन्तिम अवस्था फलागम है जिसके बाद कथा समाप्त हो जाती है।

कथावस्तु को प्रधान फल की प्राप्ति की ओर अग्रसर करनेवाले चमत्कारयुक्त अंशों को अर्थप्रकृति कहते हैं। इन अर्थप्रकृतियों के भी पाँच भेद किए गए हैं–(1) बीज (2) बिन्दु (3) पताका (4) प्रकरी, और (5) कार्य।

मुख्य फल का हेतु वह कथाभाग बीज कहलाता है जो क्रमशः विकसित होता चलता है। जो बात समाप्त होनेवाली अवान्तर कथा को आगे बढ़ाती है उसे बिन्दु कहते हैं। कार्य वह घटना है जिसके लिए सभी उपायों का अवलम्बन किया जाए और जिसकी सिद्धि के लिए सामग्री इकट्ठी की गई हो। पताका और प्रकरी का उल्लेख पहले ही किया जा चुका है।

उक्त अर्थप्रकृतियों और अवस्थाओं के मिश्रण से सन्धियों का जन्म होता है, अर्थात् बीज, बिन्दु, पताका, प्रकरी तथा कार्य ये पाँच अर्थप्रकृतियाँ जब क्रमशः आरम्भ, प्रयत्न, प्राप्त्याशा, नियताप्ति और फलागम इन पाँच अवस्थाओं से मिलती

5. सानुबंधं पताकाख्यं प्रकरी च प्रदेशभाक्। –दशरूपक

हैं तो क्रमशः जिन पाँच सन्धियों की रचना होती है, उन्हें मुख, प्रतिमुख, गर्भ, विमर्श तथा उपसंहृति (निर्वहण) कहते हैं। इन सन्धियों के भी अनेक अंग होते हैं।

मुखसन्धि बीजारम्भ में प्रयुक्त होती है और इसमें विविध प्रकार के रसों को उत्पन्न करनेवाली बीजोत्पत्ति पाई जाती है। प्रतिमुखसन्धि में बिन्दु नामक अर्थप्रकृति और प्रयत्न नामक अवस्था का मिश्रण होता है। इस सन्धि में बीज लक्ष्यालक्ष्य रूप में फूट पड़ता है, अर्थात् कुछ दिखाई देता है और कुछ नहीं दिखाई देता। गर्भसन्धि वहाँ होती है जहाँ दिखाई देने के बाद बीज नष्ट हो जाता है और उसकी खोज बार-बार की जाती है। इस सन्धि में प्राप्त्याशा का रहना आवश्यक है। अवमर्श सन्धि उस स्थल पर होती है जहाँ क्रोध, व्यसन अथवा लोभ से फलप्राप्ति के विषय में आलोचना की जाए तथा गर्भसन्धि द्वारा बीज प्रकट कर दिया गया हो। अन्तिम सन्धि उस स्थल पर होती है जहाँ कथावस्तु के बीज से युक्त मुख आदि यत्र-तत्र बिखरे अर्थ एक अर्थ की सिद्धि के लिए समेट लिए जाते हैं।

नेता

रूपक के प्रधान पात्र को नायक या नेता कहते हैं, क्योंकि वह नाटकीय कथा की शृंखला को अग्रसर करता हुआ अन्त तक ले जाता है। स्वभावभेद से नायक चार प्रकार के होते हैं—शान्त, ललित, उदात्त और उद्धत। इनमें से प्रत्येक में धीरता का गुण आवश्यक है। इन चारों के पुनः चार उपभेद होते हैं—अनुकूल, दक्षिण, शठ और धृष्ट। ये चारों भेद एक ही नायक की उत्तरोत्तर वृद्धिगत होती हुई अवस्थाओं के भी हो सकते हैं।

धीरशान्त—इस नायक में नायकोचित सामान्य गुण रहते हैं। साधारणतया क्षत्रिय राजा या राजकुमार के अतिरिक्त सात्विक वृत्तिप्रधान शेष सभी धीरशान्त नायक हो सकते हैं[6]। धनंजय के अनुसार धीरशान्त नायक द्विजादिक में से ही होता है।

धीरललित—इसका स्वभाव निश्चित, सुखी तथा मृदु होता है। यह कलाओं में आसक्त रहता है। यह प्रायः ऐसा राजा होता है जो कार्यभार मंत्रियों पर छोड़कर नए-नए प्रेम-प्रपंच किया करता है।

धीरोदात्त—इस नायक में धीरता, क्षमा, गम्भीरता, दृढ़ता आदि गुण पराकाष्ठा पर पहुँचे हुए होते हैं। इसे शोक, क्रोध आदि विचलित नहीं कर पाते। इसे अपने सत्कार्यों पर अभिमान हो सकता है परन्तु वह प्रकट होता है विनयपूर्वक ही।

धीरोद्धत—यह नायक द्वेषी, मायावी, छली, प्रचंड, चंचल, असहनशील, अहंकारी, शूर और अपने आप अपनी प्रशंसा करनेवाला होता है। इसे अपनी शक्तियों का बड़ा अभिमान रहता है।

---

6. सामान्यगुणयुक्तस्तु धीरशान्तो द्विजादिकः। —दशरूपक
दशरूपक के टीकाकार धनिक ने द्विजादिक की व्याख्या 'विप्रवणिक्सचिवादि' की है।

रस

रस सिद्धान्त भारतीय नाट्यशास्त्र की सर्वाधिक महत्त्वमयी उपलब्धि है। यद्यपि मानसशास्त्र, जिसे साधारणतया मनोविज्ञान (साइकोलॉजी) कहते हैं, विगत शताब्दी का यूरोपीय आविष्कार कहा जाता है, परन्तु है वह खोज मात्र ही, क्योंकि शताब्दियों पूर्व भारत में जिस रससिद्धान्त की स्थापना हुई थी उसका आधार भी मानसशास्त्र (साइकोलॉजी) ही था। हमारे प्राचीन रस सिद्धान्त और यूरोप के अर्वाचीन मनोविज्ञान दोनों के कारबार की मूल पूँजी मानव मन ही है।

प्रत्येक प्राणी कुछ मूलवृत्तियाँ, जिन्हें सहज वृत्तियाँ भी कहते हैं, लेकर संसार में आता है। इन्हीं मूलवृत्तियों को अंग्रेजी में 'इंसटिंक्ट' कहते हैं। प्रत्येक मूलवृत्ति के साथ उस वृत्ति के भाव का आवेग भी लगा रहता है। भाव का यही आवेग अथवा भावावेग अंग्रेजी में 'इमोशन' कहलाता है। अतः मनोविज्ञान विशारदों के अनुसार मूलवृत्ति वह जन्मजात और अन्य व्यवहारों की अपेक्षा अधिक अपरिवर्तनीय व्यवहार है जो किसी एक जीवजाति में समान रूप से व्याप्त हो। मैकडूगल ने मूलवृत्तियों की संख्या चौदह स्थिर की है। भावावेगों के साथ उनकी तालिका निम्नलिखित है–

मूलवृत्ति (इंसटिंक्ट)	**भावावेग (इमोशन)**
1. पलायन	भय, आशंका
2. संघर्ष	क्रोध
3. ग्लानि	घृणा
4. प्रजनन	कोमलभाव, प्रेम
5. सहाययाचन	संकट
6. मैथुन	कामवासना
7. कुतूहल	कौतूहल, आश्चर्य
8. आत्मसमर्पण	चित्तनिरोध
9. आत्माभिव्यक्ति	उत्साह
10. संघवृत्ति	एकाकीपन
11. खाद्यान्वेषण	क्षुधा
12. संग्रह	स्वामित्व
13. निर्माण	निर्माणेच्छा
14. हास	विनोद

उक्त मूलवृत्तियों में तेरह मनुष्य और मनुष्येत्तर प्राणियो में समान होती है परन्तु चौदहवीं वृत्ति केवल मनुष्य में होती है। यतः रस अर्थात् अनिर्वचनीय चरमानुभूति और परमानुभूति का सम्बन्ध मनुष्य के मानस से है, अतः भारतीय रस सिद्धान्त के

प्रवर्तकों ने रस उत्पन्न करनेवाली मानव की मूल मनोवृत्तियों की संख्या नौ ही स्थिर की है और यही ठीक भी जान पड़ता है। क्योंकि मैकडूगल द्वारा निर्दिष्ट अनेक मूलवृत्तियों का उन्हीं में समाहार किया जा सकता है, जैसे–मैकडूगल ने प्रजनन, मैथुन, निर्माण, और संघवृत्ति को पृथक्-पृथक् चार मूलवृत्तियों के रूप में स्वीकार किया है। परन्तु यदि तनिक गहराई में उतरकर देखा जाए तो उक्त चारों के मूल में एक ही सिद्धान्त काम करता दिखाई देगा। 'एकोऽहं बहुस्यामि' (मैं एक हूँ, अनेक हो जाऊँ) की भावना ही उक्त चारों वृत्तियों के मूल में है। वही परिस्थितिभेद से कहीं प्रजनन वृत्ति बनती है, तो कभी मैथुन की वृत्ति। वही संघवृत्ति और निर्माण के रूप में प्रस्फुटित होती है। साथ ही प्रजनन और मैथुन में मैथुन प्रजनन का कारण और प्रजनन मैथुन का परिणाम है। इसी प्रकार संग्रह की भी कोई स्वतंत्र सत्ता नहीं है। वह आत्माभिव्यक्ति का ही एक रूप है। ऐसी दशा में यदि प्रजनन को ही चार मूल वृत्तियों के स्थान पर एक मूल वृत्तिमान लिया जाए और संग्रह का समाहार आत्माभिव्यक्ति में कर लिया जाए तो मैकडूगल द्वारा निर्दिष्ट मूलवृत्तियों की संख्या चौदह से घटकर दस रह जाएगी।

उक्त दस मूल वृत्तियों में भी एक हैं खाद्यान्वेषण जिसका भावावेग भूख है। इस वृत्ति का सम्बन्ध मन की अपेक्षा तन से कहीं अधिक है, अर्थात् खाद्यान्वेषण एक विशुद्ध शारीरिक आवश्यकता है। इसीलिए परवर्ती मनोविज्ञानविद् यह मत भी प्रकट करते हैं कि खाद्यान्वेषण की गणना मूलवृत्तियों में न करनी चाहिए। फलतः मूलवृत्तियों की संख्या कुल नौ रह जाती है। उन नौ मूलवृत्तियों की उनके भावावेगों के सहित तालिका निम्नलिखित है–

मूल वृत्ति	**भावावेग**
1. प्रजनन, मैथुन आदि	प्रेम, रति, कामवासना आदि
2. हास्य	विनोद
3. आत्माभिव्यक्ति	उत्साह
4. संघर्ष	क्रोध
5. पलायन	भय
6. ग्लानि	घृणा
7. सहाययाचन	शोक, संकट
8. कुतूहल	आश्चर्य
9. आत्मसमर्पण	चित्तनिरोध

इधर भारतीय रससिद्धान्त में भी नौ रस सर्वप्रसिद्ध हैं। रस का विवेचन करते हुए महर्षि भरतमुनि ने कहा कि विभाव-अनुभाव और व्यभिचारी भावों के संयोग से रसनिष्पत्ति होती है[7]।' इस रस-तत्त्व का आविष्कार इस अन्वेषण का परिणाम था कि काव्य पढ़ने

7. विभावानुभावव्यभिचारिसंयोगाद्रसनिष्पत्तिः। –नाट्यशास्त्र।

या सुनने और नाटक देखने से पाठक, श्रोता और दर्शक को सुख क्यों मिलता है और उस सुख का स्वरूप क्या है। अग्निपुराण के अनुसार[8] आनन्द स्वरूप परब्रह्म की अभिव्यक्ति को ही चमत्कार अथवा रस कहते हैं। उपनिषद्वाक्य 'रसो वै सः' से यह स्पष्ट है। उसका प्रथम विकार अहंकार है। अहंकार से अभिमान उत्पन्न होता है। और अभिमान से रति की उत्पत्ति होती है। वह पुष्ट होकर शृंगार रस का रूप धारण करती है। शृंगार से हास्य, रौद्र से करुण, वीर से अद्‌भुत और वीभत्स से भयानक रसों की उत्पत्ति होती है। रसों की उत्पत्ति का यही क्रम महर्षि भरत के नाट्यशास्त्र में भी है।

इस प्रकार चार मूल रसों से आठ रस बने। पुनः भावों का अभाव भी एक भाव ही है। इस भावना से उस स्थिति की कल्पना शान्त रस के नाम से की गई जिसमें उपर्युक्त आठों भावों में से प्रत्येक का उपशम[9] हो जाता है। यहाँ यह स्मरणीय है कि जड़ता में भी किसी भाव की अनुभूति नहीं रहती। फिर भी उस स्थिति की अनुभूति के आस्वादन को शान्त रस नहीं कह सकते, क्योंकि रस की अनुभूति चेतनागत है, जड़तागत नहीं। इस प्रकार आज हमारे साहित्य में शृंगार, हास्य, करुण, वीर, रौद्र, वीभत्स, भयानक, अद्‌भुत और शान्त नामक नौ रस प्रसिद्ध हैं।

पुनः जैसे परमात्मा की सगुण विष्णुमूर्ति चतुर्भुज मानी जाती है, वैसे ही उसकी प्रभविष्णु रसमूर्ति भी चार भुजाओं वाली है अर्थात् रस के चार अंग हैं—स्थायी भाव, विभाव, अनुभाव और संचारी भाव। इन चारों भावों का समष्टिगत प्रभाव ही रस कहलाता है।

तिल में तेल, ईख में रस और धारा में तरंग जैसे बराबर बनी रहती है, उसी प्रकार मानव मन में जो भाव सदा बने रहते हैं, उन्हें स्थायी भाव कहते हैं। इन स्थायी भावों

---

8. अक्षरं परमंब्रह्म सनातनमजं विभुम्
वेदान्तेषु वदन्त्येकं चैतन्यंज्योतिरीश्वरम् ।।
आनन्दः सहजस्तस्य व्यज्यते स कदाचन् ।
व्यक्तिः सा तस्य चैतन्यचमत्काररसाह्वया ।
आद्यस्तस्य विकारो यः सोऽहङ्कार इति स्मृतः
ततो भिमानास्तत्रेदं समाप्तं भुवनत्रयम् ।
अभिमानाद्रतिः सा च परिपोषमुपेयुषीः
व्यभिचार्यादिसामान्याच्छृंगार इति गीयते ।
तद्‌भेदाः काममितरे हास्याद्या अप्यनेकशः
स्वस्वदि विशेषोत्थपरिघोषस्व लक्षणाः ।
सत्वादिगुणसन्तानाज्जायन्ते परमात्मनः
रागाद्‌भवतिशृंगारो रौद्रस्तैक्ष्ण्यात् प्रजायते ।
वीरोवष्टम्भजः सङ्कोचभूर्बीभत्स इष्यते ।
शृंगाराज्जायते हासो रौद्रात्तु करुणो रसः
वीराच्चाद्‌भुतनिष्पत्तिः स्याद्वीभत्साद्भयानकः । (हरि., ना. 2 (1600-61)
9. न यत्र दुःखं न सुखं न चिन्ता न द्वेषरागौ न च काचिदिच्छा
रसस्तु शांतः कथितो मुनीन्द्रैः सर्वेषु भावेषु शमप्रधानः ।।

की संख्या भी नौ है, जैसे–रति, हास, उत्साह, क्रोध, भय, जुगुप्सा, शोक, आश्चर्य और निर्वेद। इनमें से प्रत्येक क्रमशः शृंगार, हास्य, वीर, रौद्र, भयानक, वीभत्स, करुण, अद्‌भुत और शान्त रस का स्थायी भाव है। संसार में मनुष्य के जितने कर्म हैं वे उपर्युक्त नौ भावों के अन्तर्गत ही चरितार्थ होते हैं। इसी बात को यों भी कह सकते हैं कि जगत् में मानव कर्म का जो महाजाल चतुर्दिक् फैला हुआ है वह लपेटकर कुल नौ कर्मसूत्रों के अन्तर्गत समेटा जा सकता है, अर्थात् मानवकृत कर्म के रूप भले ही असंख्य हों, उनका मूल कुल नौ कर्मों में है जिन्हें मानसशास्त्र के अन्तर्गत नौ मूलवृत्तियाँ बताया जा चुका है। इस प्रकार मानसशास्त्र में उल्लिखित नौ वृत्तियों को नौ मूलकर्म भी कहा जा सकता है।

जैसे उपर्युक्त नवों मूलकर्मों की वृत्ति सहज है, अर्थात् मनुष्य के साथ ही पैदा होती है, ठीक उसी प्रकार उक्त कर्मों का प्रेरक भाव भी तत्तत् कर्मों के साथ ही उत्पन्न होता है अर्थात् किसी भी कर्म का प्रेरक भाव उसी कर्म के अन्तर्गत रहता है। मानसशास्त्र इसी प्रेरक भाव को भावावेग कहता है और रसशास्त्र इसके स्थिरता प्राप्त कर लेने पर इसे ही स्थायी भाव बताता है जो निम्नलिखित तालिका से प्रकट है–

मानस-शास्त्रीय भावावेग	**रसशास्त्रीय स्थायी भाव**
1. प्रेम, रति, कामवासना आदि	रति
2. विनोद	हास
3. उत्साह	उत्साह
4. क्रोध	क्रोध
5. भय	भय
6. घृणा	जुगुप्सा
7. शोक, संकट	शोक
8. आश्चर्य	आश्चर्य
9. चित्तनिरोध	निर्वेद

उपर्युक्त विवेचन से प्रकट है कि मूलवृत्ति मूलकर्म है और भावावेग उस मूलकर्म का मूल कारण है। यही मूल कारण धीरे-धीरे रस का स्थायी भाव हो जाता है और रस इसी स्थायी भाव के विभाव अनुभाव और संचारी भावों से मिलने का प्रभाव है।

जो भाव रस के लिए उपयोगी होकर उसी के अन्तर्गत कुछ समय तक संचरण अथवा व्यभिचरण कर विलीन हो जाते हैं वे संचारी अथवा व्यभिचारी भाव कहलाते हैं। ये भी एक प्रकार से भाव ही हैं, पर अमुख्य, जो कभी प्रधान भावों द्वारा प्रवर्तित होते हैं तो कभी निज अनुभवों सहित स्वतंत्र रूप में भी प्रकट होते हैं। प्रधान भाव ही स्थायी भाव हैं। स्थायी और संचारी भावों में मुख्य अन्तर यह है कि स्थायी भाव ही पूर्ण रस की अवस्था को प्राप्त होते हैं, संचारी भाव नहीं। इसे और भी स्पष्ट समझने के लिये यह उदाहरण पर्याप्त होगा कि जैसे किसी कल्लोलिनी में छोटी-छोटी धाराएँ

एक के बाद एक उसे पुष्ट करती हुई कुछ दूर तक उसके साथ चलती हैं और पुनः उसी में विलीन हो जाती हैं, उसी प्रकार संचारी भाव भी स्थायीभाव के साथ कुछ दूर चलकर उसे पुष्ट करते हैं और फिर उसी में विलीन हो जाते हैं। संचारियों के तैंतीस भेद प्रसिद्ध हैं परन्तु यही अन्तिम संख्या नहीं है।

जिन लक्षणों द्वारा रसास्वाद का अनुभव या अनुमान कराया जाता है वे अनुभाव कहलाते हैं। ऐसा अनुमान या अनुभव सत्वगत, कायगत, वाणीगत और वेशभूषागत होता है, अतः अनुभाव के भी चार भेद हैं।

जिस माध्यम से रस प्रकट होता है उसे विभाव कहते हैं। इनके भी दो भेद होते हैं–आलम्बन और उद्दीपन। काव्य या नाटक के नायक नायिका का आधार लेकर ही रस प्रकट होता है। अतः ये आलम्बन विभाव कहे जाते हैं और रस को प्रोत्तेजित करनेवाले साधन उद्दीपन विभाव माने जाते हैं।

यह पहले ही कहा जा चुका है कि नाट्यशास्त्र में रूपक के जो अनेक भेद किए गए हैं उनका आधार रस ही है, क्योंकि अभिनेता को किसी भाव का अभिनय करते देखकर रसावस्था पर पहुँचे हुए उस भाव की दर्शक को अनुभूति होती है। जब तक दर्शक यह समझता रहता है कि मैं दर्शक हूँ, यह अभिनेता है और यह अभिनेता अमुक भाव दिखा रहा है। तब तक उसे रस की कल्पना मात्र होती है। वह रसास्वाद से वंचित रहता है। परन्तु ज्योंही दर्शक का हृदय अहं की अभिज्ञा से मुक्त होकर अभिनीत भाव में तल्लीन होते हुए तद्रूप हो जाता है, त्यों ही वह रस दशा को प्राप्त भाव से अभिभूत हो उठता है और यही स्थिति साधारणतया साधारणीकरण की स्थिति कही जा सकती है।

भारतेन्दुपूर्व भारतीय रंगमंच

बारहवीं शताब्दी के अन्तिम दशक में हमारे उत्तरी सीमांत से मध्य एशियाई बर्बरों के आक्रमण की जो जोरदार आँधी आई उससे हमारे रंगमंच के दीपक बुझ गए, परदे तार-तार होकर हवा में उड़ गए, अभिनेताओं के मुख पर धूल की इतनी मोटी तह जम गई कि स्वयं भारतीयों को उनकी ओर देखने में घृणा होने लगी। केवल विदूषक अपनी बेहयाई से भाँड़ बनकर बचे रह गए, अभिनेत्रियाँ केवल नर्तकी और गायिका बनकर बचीं और वीणा तथा मृदंग की रक्षा तभी हो सकी जब एक अपने दो तुम्बों में से एक खोकर सितार बन गई और दूसरे ने दो टूक होकर तबले का रूप धारण कर लिया। श्री देवेन्द्रनाथ दासगुप्त ने इसी स्थिति पर खेद प्रकट करते हुए कहा है कि 'अन्यान्य[1] शिल्प और कलाओं की भाँति नाट्यकला में भी भारत एक समय कम गौरवान्वित नहीं था। क्या रामायण और महाभारत के समय, क्या अशोक के राज्यकाल में, क्या पौराणिक युग में, कभी भी नाट्यकला के उत्कर्ष साधन में भारत ने अपने पैर पीछे नहीं हटाए, किन्तु मुसलमानी प्रभाव के समय ही इस कला को अवनति की सबसे नीची सीढ़ी पर उतर जाना पड़ा, क्योंकि धर्मविरुद्ध कहकर मुसलमान सम्राट्गण नाटक का पोषण नहीं करते थे। 'उनकी दृष्टि में चित्र[2] कला भी क़ुफ्र थी और संगीत[3] कला भी। अभिनय तो शायद सबसे बड़ा क़ुफ्र था। परन्तु

---

1. अन्यान्य शिल्प ओ कलार न्याय नाट्यकलाय ओ भारत एक समये अल्प गौरवान्वित छिलो ना। कि रामायण, कि महाभारतेर समय काले, कि अशोकेर राज्याधिकारे, कि पौराणिक युगे, नाट्यकलार उत्कर्ष सम्पादने भारत कखन ओ पश्चात्पद हय नाई। कितु मुसलमान प्रभावेर समयेई एई कला अवनतिर अधस्तन सोपाने अवरोहण करे; कारण, धर्म विगहित बोलिया मुसलमान सम्राटगन नाट्यामोदेर पोषकता करितेन ना।' –साहित्येर कथा, पृ. 259।
2. 'सुल्तान ने ईश्वर के भय के कारण आदेश दे दिया कि इन कारख़ानों में चित्र न बनाए जाएँ, इसलिए कि यह शरा के विरुद्ध है।...शरा के विरुद्ध दूसरी बात यह होती थी कि पीतल, ताँबे, सोने तथा चाँदी में चित्रकारी होती थी। यह शरा के विरुद्ध था। सुल्तान फ़ीरोजशाह ने यह सब बंद करा दिया।' –तुग़लककालीन भारत में तारीखे फ़ीरोजशाही का अनुवाद, पृ. सं. 147-148।
3. इतिहास की साधारण पाठ्य पुस्तकों में यह उल्लेख रहता है कि औरंगज़ेब ने संगीत पर प्रतिबंध लगा दिया था जिस पर संगीतज्ञों ने संगीत का पुतला बनाकर जुलूस निकाला। जब जुलूस शाही महलों के नीचे पहुँचा तो शोरगुल सुनकर औरंगज़ेब का ध्यान उधर आकर्षित हुआ और तथ्य का पता लगने पर उसने कहा कि इसे इतना गाड़ो कि फिर न उठ सके। –सं.।

धार्मिक दृष्टि से मुसलमान और सांस्कृतिक दृष्टि से बर्बर होते हुए भी वे अन्ततः मनुष्य तो थे ही। अतः जो संगीत पशु-पक्षियों को भी प्रभावित करता है, उसके प्रभाव से वे अपने को कैसे मुक्त रखते? पुनः इस्लाम के कारण उन मध्य एशियाई बर्बरों का जिस अरबी और ईरानी संस्कृति से सम्पर्क हुआ था उसने उन्हें चंग, रबाब आदि के रूप में कुछ वाद्य पहले से ही प्रदान कर दिए थे। फलतः मानव की सहज संगीतप्रियता और उक्त वाद्यों के योग ने उन्हें बर्बर से पशु और पशु से पाषाण न होने दिया और इसका परिणाम यह हुआ कि धार्मिक निषेध रहते हुए भी चित्रकला और संगीतकला का पोषण भारत के इस्लामी दरबारों में हिन्दू राजसभाओं के समान ही होता रहा और उन्हें उन्नति का अवसर बराबर मिलता रहा। रंगमंच का विनाश होने पर भी इस प्रकार नाटक के उक्त दो अंग सुरक्षित रह गए।

नाटक के शेष दो मुख्य अंगों ने अर्थात् कथा और अभिनय ने भी, भूमि पर लोटकर ही सही, कुछ हद तक अपनी रक्षा की अर्थात् चौराहों, सरायों, बड़े आदमियों की बैठकों और शाही मज़लिसों में किस्साख्वाँ[4] कहलानेवाले लोगों ने अपनी कहानी कहने की कला द्वारा कहानी सम्बन्धी जनरुचि को बनाए रखा और भाँड़ों ने अभिनय को, उसके विकृत रूप में ही सही[5], पूर्णतया मृत होने से बचा

---

4. कथापाठक निजाम शीराजी को पाँच सहस्र रुपये दिए गए' –पृ. सं. 152।
'हमने आज्ञा दी कि और फ़र्राश तथा किस्साख्वाँ' लोग तसलीम कहें या कहानी कहते समय इसी शे'र से आरम्भ करें।' –पृ. सं. 273।

–जहाँगीर का आत्मचरित (जहाँगीरनामा), अनुवादक ब्रजरत्नदास।

5. अलाउद्दीन खिलजी के पुत्र मुबारकशाह ने तोबा नामक एक गुजराती भाँड़ को अपने दरबार में बड़ा सम्मान प्रदान कर दिया था। वह भाँड़ दरबार में नंगा ही घुस आता था। बड़े-बड़े सरदारों के वस्त्र पर मलमूत्र त्याग कर देता था और बुरी-बुरी गालियाँ बकता था। –पृ. सं. 133, –तारीखे फ़ीरोजशाही का अनुवाद, खिलजीकालीन भारत में।
'करेला–एक भाँड़ दिल्ली का रहनेवाला नवाब शुजाउद्दौला के साथ गया था। वह अपने फ़न में साहबेकमाल था।' –पृ. सं. 244, –आबेहयात।
'अक्टूबर 1823 में जेनरल पैजेट लखनऊ आए। लखनऊ के बादशाह ग़ाज़ीउद्दीन हैदर के यहाँ उनकी दावत हुई। उस वक्त तफ़रीह के जो सामान मुहैया किए गए उनमें भाँड़ों की नक़लें भी थीं। –पृ. सं. 39।

–लखनऊ का शाही स्टेज।

'इसी बादशाह ने दिसम्बर 1825 ई. में नूरा भाड़ जो किमख़ाब की एक चपकन इनायत की।' जुलाई 1837 में ई. में नसरुद्दीन हैदर बादशाह अवध के इंतकाल के बाद दूंबख्त मिर्ज़ा मुन्नाजान तख़्तनशीन हुए...तो 'अल्लाहवाले' नूरा भाँड़ का बेटा नाचने लगा –पृ. सं. 40, लखनऊ का शाही स्टेज।
'यहाँ दूसरा करेला भाँड़ नसीरुद्दीन हैदर के ज़माने तक मौजूद था। इसके बाद सजन, कायम, दायम, नौशा, बीबीकदर वग़ैरह की शोहरत हुई।...आखिरी ज़माने में फ़ज्लेहुसैन, खिलौना, बादशाहपसन्द, क्या खूब के तायफे बहुत मशहूर थे। अब भी अलीजान ग़नीमत है' –गुज़िश्ता लखनऊ, पृ. सं. 182-183।

लिया। कुछ देशी विदेशी भाँड़ तो राजनीतिक संकटों के अवसर पर बड़े उपयोगी सिद्ध हुए[6]।

रूपक के रूप की बीज रूप में रक्षा करनेवालों में रामलीला और रासलीलावालों की भी गणना की जानी चाहिए। हिन्दुओं की दृष्टि में सारी सृष्टि भगवान की लीला मात्र है, इसलिए वे रूपक जिनमें भगवच्चरित्र के चित्र उपस्थित किए जाते थे 'लीला' कहे गए। यह कहने की आवश्यकता नहीं कि इन लीलाओं का स्वरूप सर्वदा और सर्वथा धार्मिक ही बना रहा। लीला का स्वरूप धार्मिक था, इसके प्रमाण में इतना ही कहा जा सकता है कि बड़े-बड़े भक्त और महात्मा ऐसी लीलाओं में दिलचस्पी ही नहीं रखते थे बल्कि कभी-कभी स्वयं भी अभिनय करते थे। ऐसे महापुरुषों में महाप्रभु श्री चैतन्यदेव और महात्मा तुलसीदास के नाम लिए जा सकते हैं। चैतन्यदेव तो 'स्वयं अभिनयादि नवरस रसज्ञ और नृत्य-कला-विशारद थे। क्या अभिनय, क्या नृत्य, सभी में वे अपूर्व भावसंचार करते थे। ...उनका अभिनय देखकर सभी वाह्य-ज्ञान-शून्य हो जाते थे[7]।' गोस्वामी तुलसीदास जी द्वारा प्रचलित रामलीला और कृष्ण की काली-दमन-लीला अब भी काशी में प्रति वर्ष होती है। कृष्ण की रासलीला के धार्मिक स्वरूप का पूर्ण दिग्दर्शन 'रास सर्वस्व' नामक ग्रन्थ में प्राप्त होता है। ऐसी ही किसी रासलीला को देख सैयद इंशाअल्ला ख़ाँ इतने मुग्ध हुए कि अपनी सिद्ध शैली में उसका विवरण

---

6. मशहूर है कि मुहम्मदशाह बादशाह देहली...अपने इसी किस्म के अशगाल में मसरूफ़ थे कि नादिरशाह का हमला दिल्ली पर हुआ। सोहबते शाही में मूखिल (बाधक) होने के डर से कोई शख्स इस बुरी ख़बर को अपने मुँह से नहीं निकाल सकता था। मजबूरन् एक नक्काल के जरिए यह ख़बर बादशाह को पहुँचाई गई।'

—तारीखे अदब उर्दू, अध्याय 15, पृ. सं. 148।

'पलाशीर युद्धेर 7-8 वस्सर पूर्वे नादिरशाह जे दिल्ली आक्रमण करेन तखनकार कथा बलितेछि। ...अत्याचारेर मात्रा चरमे उठिल। ...रास्ता घाट, घरबाड़ी मनुष्य शोणिते प्लावित हइया गेल। ...एई समये 'टुकी' नामे एकजन विदेशी अभिनेतार अभिनय दक्षताय नादिर एतोई मुग्ध इन जे ताहारई प्रार्थनाय तिनि नगरेर अवरोध उन्मोचनेर आदेश करेन। टुकीर अनुकम्पाय लक्षालक्ष लोकेर प्राणरक्षा हय।'

—साहित्येर कथा, पृ. सं. 264।

(पलासी युद्ध के सात आठ वर्ष पूर्व नादिरशाह ने दिल्ली पर आक्रमण किया था। उसी समय की बात कहता हूँ। अत्याचार चरम सीमा पर पहुँच गया। हाट-बाट, घर-द्वार सभी मानव रक्त में डूब गए। इसी समय 'टुकी' नामक एक विदेशी अभिनेता के अभिनय कौशल से नादिरशाह इतना मुग्ध हुआ कि उसकी प्रार्थना पर उसने नगर का घेरा उठा लेने की आज्ञा दी। टुकी की कृपा से लाखों प्राणियों की प्राणरक्षा हुई।)

7. तिनि स्वयं अभिनयादि नवरस-रसज्ञा ओ नृत्य-कला-विशारद छिलेन कि अभिनए, कि नृत्ये, तिनि अपूर्व भावसंचार करितेन। ताहार...अभिनय देखिया सकले बाह्य-ज्ञान-शून्य हइत—' पृ. सं. 83, साहित्येर कथा।

लिखकर छोड़ गए[8]। यह रासलीला इतनी लोकप्रिय हुई कि अपने महलों में उसका अभिनय कराने के लिए अवध के अन्तिम बादशाह वाजिदअली शाह ने अपनी युवराजावस्था[9] में ही 'राधा-कन्हैया[10] का किस्सा' नामक एक छोटे से संगीतरूपक की रचना की, जिसे उर्दू का पहला नाटक माना जाता है। परन्तु उसे हम भी हिन्दी का पहला संगीतरूपक कह सकते हैं, क्योंकि उर्दू हिन्दी की ही एक शैली है।

उधर बंगाल में इन्हीं लीलाओं जैसी यात्रा[11] नामक एक अभिनय परिपाटी बहुत दिनों से चली आ रही थी, जिसमें धार्मिक कथाएँ ही अभिनीत की जाती थीं। उसमें जब लौकिक कथाओं का भी समावेश होने लगा तो धार्मिक यात्राभिनय से इसका भेद दिखाने के लिए इसे 'सखेर यात्रा' अर्थात् 'शौकिया यात्रा' कहा जाने लगा। प्रारम्भ में प्रसिद्ध 'विद्या सुन्दर' की कथा ही इस सखेर यात्रा' में अभिनीत की जाती थी। बाद में उसे ही नाटक का रूप मिला जिसके द्वारा भारतेन्दु हरिश्चन्द्र को नाटक लिखने की प्रेरणा प्राप्त हुई।

अभिनय की दृष्टि से इस प्रकार उत्तर भारत में रामलीला और कृष्णलीला जनता का और भाँड़ भगतिए बादशाहों, नवाबों और राजाओं का तथा बंगाल में यात्राभिनय बंगालियों का मनोरंजन कर रहे थे कि एक बार भारत में पुनः रंगमंच की प्रतिष्ठा हुई। प्लासी की लड़ाई (1756 ई.) के बाद ही अंग्रेजों ने कलकत्ते में अपना प्रथम रंगमंच स्थापित किया, जिसका नाम 'प्ले हाउस' था। सन् 1795 ई. के पहले ही अंग्रेजों ने

---

8. और वाह वाह वाह! वह रईस लाला रामदास की ओर वह सारा आलम और काला कंबलवाला ग्वाला और वह सौ सिर का काला। और वह ओस और वह घास। और लाख गऊ का दूध और गवासा। और नाच गाकर और रस का सागर। और उस राग का लगाव, और आग का अलाव। और हरहर दरग मरग सा, ममोला सा और गोकुल का सारा आवास और उधर का अधूरा दिलासा। और वह धूमधाम का रौला। सुलग सुलग धुक धुक सर गाल को राख धूल मल, इस तौर कि–

   हा हा ऊधो हरि द्वारका को सिधारो।
   काहू कहा रोस सगरो दोस हमारो ।। –सिलके गौहर

9. वाजिदअली शाह का जन्म 30 जुलाई, सन् 1822 को हुआ था। वे 20 से 25 साल तक की उम्र में, अर्थात् 1842 से 1847 तक, युवराज रहे।

10. परिशिष्ट देखिए।

11. प्राचीन भारत में अवसरविशेष पर किसी देवस्थान की यात्रा के उपलक्ष में जो मेला भरता था उस मेले में मनोरंजन के लिए अभिनय भी होता था। विक्रम की आठवीं शती में रचित भवभूति के 'मालती माधव' में सूत्रधार का वचन है–'मारिष, सुविदितानि रंगमंगलानि। सन्निपातेतश्च भगवतः कालप्रियनाथस्य यात्रा प्रसंगेन नानादिगन्तवास्तव्यो जनः। तत्किमित्युदासते भरताः।' अर्थात् आर्य! नाट्यस्थान में मंगल कार्य भली भाँति सम्पन्न कर लिए गए हैं। भगवान महाकाल के यात्रा उत्सव में दूर-दूर चारों दिशाओं से लोग आए हैं? फिर अभिनेतागण चुपचाप क्यों हैं।' इस विवरण से स्पष्ट हो जाता है कि कभी यात्राभिनय भारत भर में व्याप्त था। कालांतर में उसने उत्तर भारत में रामलीला और कृष्णलीला का रूप ग्रहण किया परन्तु बंगाल में उसका 'यात्रा' नाम अभी तक बचा रह गया है।

कलकत्ते में 'कैलकटा थिएटर' नामक एक रंगमंच और स्थापित कर लिया। कहने की आवश्यकता नहीं कि इन रंगमंचों पर अंग्रेजी नाटक ही अभिनीत किए जाते थे। लेवेडफ नामक जिस रूसी का उल्लेख पहले किया जा चुका है, वह सन् 1795 में भारत आया था। उसने देखा कि 'कैलकटा थिएटर' अंग्रेजों का मनोरंजन कर खूब पैसा पैदा कर रहा है। फलतः देशी जनता का अर्थात् बंगालियों का मनोरंजन कर उसने भी धनोपार्जन करना निश्चित किया। 'डिसगाइज' नामक एक अंग्रेजी नाटक चुनकर लेवेडफ ने गोलोकनाथ दास नामक एक व्यक्ति से उसका बाँग्ला अनुवाद कराया। गोलोक नाथ ने ही लेवेडफ के नाटक के लिए अभिनेत्रियों की भी व्यवस्था की। परन्तु लेवेडफ के इस नाटक का अभिनय केवल दो बार हुआ। पहली बार शुक्रवार 27 नवंबर, सन् 1795 ई. की रात और दूसरी बार सोमवार 21 मार्च, सन् 1796 ई. की रात में। लेवेडफ का नाम भारतीय रंगमंच के इतिहास में इसलिए अमर रहेगा कि वही पहला व्यक्ति है कि जिसने सर्व प्रथम भारत में यूरोपीय शैली के रंगमंच पर देशी भाषा में नाटक का अभिनय कराया। इसके बाद कलकत्ते में यूरोपीय रंग शैली पर देशी नाटकों के अभिनय के लिए रास्ता खुल गया। सन् 1832 में शामबाज़ार के नवीनकृष्ण वस्तु के यहाँ विद्यासुन्दर और 1856 ई. में चड़क डाँगा निवासी जयराम बसाक के घर पर रामनारायण तर्कालंकार के मौलिक बाँग्ला नाटक कुलीनकुलसर्वस्व का अभिनय हुआ। कलकत्ते में 'बंगाल थिएटर', 'ओरिएंटल थिएटर' आदि अनेक रंगमंचों की स्थापना हुईं। भारत में रंगमंच के पुनःस्थापन की यह हलचल जिस समय बंगाल में व्याप्त थी, उसी समय भारतेन्दु हरिश्चन्द्र 9-10 वर्ष की अवस्था में पुरी यात्रा के सिलसिले में वहाँ पहुँचे थे और उक्त हलचल से प्रभावित हुए थे।

दूसरी ओर उक्त हलचल ने भारत के दो देशी नरेशों को भी प्रभावित किया। उनमें से एक थे अवध के बादशाह वाजिदअली शाह और दूसरे थे झाँसी के राजा श्रीमंत गंगाधर राव। वाजिदअली शाह यदि केवल नाट्यप्रयोक्ता का कार्य करते थे तो गंगाधर राव यह कार्य करने के साथ ही कभी-कभी स्वयं भी रंगमंच पर उतर पड़ते थे। ये गंगाधर राव स्वनामधन्य झाँसी की रानी लक्ष्मीबाई के पति थे। राजाओं और नवाबों की यह नाट्याभिरुचि जनसाधारण को प्रभावित करती कि इसके पहले ही सन् 1857 का भारतीय स्वातंत्र्य संग्राम आरम्भ हो गया और उसकी खूनी लहरों में झाँसी का राजसिंहासन और लखनऊ का शाही तख़्त दोनों ही डूब गए।

उक्त युद्ध की ज्वाला शान्त होने पर सार्वजनिक रंगमंच का पर्दा उठा। लखनऊ में बादशाह वाजिदअली अपने महलों में शाही रंगमंच स्थापित कर चुके थे कि सन् 1853 ई. में लखनऊ के मियाँ अमानत ने 'इन्दर सभा' की रचना की। यह नाटक से अधिक संगीतनाट्य था, परन्तु हुआ यह अत्यन्त लोकप्रिय। इसके अनेक संस्करण निकले। अनुवाद भी अनेक भाषाओं में हुआ। भारतेन्दु हरिश्चन्द्र ने भी इसकी परिवृत्ति (पैरोडी) बंदर सभा लिखी। यही उर्दू का पहला नाटक है जो सर्वप्रथम सार्वजनिक रंगमंच पर आया।

इस समय तक अंग्रेजी और बाँग्ला रंगमंचों की सफलता से कुछ पारसी धनी व्यापारी भी उसकी ओर आकृष्ट हुए। उन्होंने देखा कि रंगमंच भी धनोपार्जन का अच्छा साधन है। फलतः कलकत्ता, बम्बई जैसे बड़े नगरों में यूरोपीय रंगमंच की शैली पर पारसियों ने भी रंगमंच स्थापित किए। ऐसी पेशेवर कम्पनियों में पहली कम्पनी सेठ पेस्टनजी फ्रामजी की थी जिसका नाम 'ओरिजिनल थिएट्रिकल कम्पनी' था। पेस्टन जी फ्रामजी स्वयं अच्छे अभिनेता थे। इनके अतिरिक्त इनकी कम्पनी के अन्य अच्छे अभिनेताओं में खुरशेदजी बालीवाला कावसजी खटाऊ, सोहराबजी और जहाँगीरजी की गणना की जाती थी। पेस्टनजी की कम्पनी के नाटक मियाँ अमानत की इन्दर सभा के अनुकरण पर लिखे जाते थे और उनकी भाषा भद्दी उर्दू होती थी[12]। रौनक बनारसी और मियाँ हुसैनी जरीफ़ इस समय के प्रसिद्ध नाटककार थे।

रौनक बनारसी भारतेन्दु के समकालिक थे परन्तु बम्बई में रहते थे, जहाँ सन् 1882 ई. में इनका एक नाटक 'इंसाफ़ महमूद शाह' गुजराती भाषा में प्रकाशित हुआ था।

जब ओरिजिनल कम्पनी के मालिक सेठ पेस्टनजी का देहान्त हो गया तो उनकी कम्पनी के दो अभिनेताओं अर्थात् खुरशेदजी बालीवाला और कावसजी खटाऊ ने अलग-अलग नाटक कम्पनियाँ स्थापित की। खुरशेदजी की कम्पनी का नाम विक्टोरिया थियेट्रिकल कम्पनी था। सन् 1877 के दिल्ली दरबार के अवसर पर यह कम्पनी दिल्ली में मौजूद थी और सम्भवतः यही वह कम्पनी थी जिसने वाराणसी के नाचघर में शकुन्तला नाटक का अभिनय किया था जिसके कुरुचिपूर्ण दृश्य को देखकर डॉ. थीबो, प्रमदादास मित्र और भारतेन्दु हरिश्चन्द्र प्रभृति यह कहते हुए उठ आए थे कि 'अब नहीं देखा जाता। ये लोग कालिदास की हत्या कर रहे हैं[13]।' रुस्तमजी, मिस खुरशेद, मिस मेहताब, मिस मेरी बंटन आदि इस कम्पनी के प्रसिद्ध अभिनेता-अभिनेत्री और तालिब बनारसी इसके नाटककार थे। तालिब का वास्तविक नाम मुंशी विनायक प्रसाद था, जिनकी मृत्यु सन् 1914 ई. में हुई।

कावसजी खटाऊ ने जिस कम्पनी की स्थापना की थी—उसका नाम अलफ्रेड थिएट्रिकल कम्पनी था। खुरशेदजी यदि बहुत बड़े हास्य अभिनेता थे तो कावसजी बहुत बड़े गम्भीर अभिनेता। इनके अतिरिक्त इस कम्पनी के प्रसिद्ध अभिनेता-अभिनेत्रियों में मंचेरशाह, गुलजार ख़ाँ, माधोराम, मास्टर मोहन, मास्टर मंचेरजी, मिस जोहरा और मिस गौहर की गणना की जाती थी। अहसन और पंडित नारायणप्रसाद 'बेताब' इस कम्पनी के नाटककार थे। सन् 1914 में लाहौर में कावसजी का देहांत हो जाने के चार-पाँच वर्ष बाद तक उनके पुत्र जहाँगीर जी कम्पनी को चलाते रहे, परन्तु अन्त में कलकत्ते के प्रसिद्ध मदन थियेटर्स के मालिक मदनजी के हाथ उन्होंने कम्पनी बेच दी।

---

12. रामबाबू सक्सेना कृत 'तारीखे अदब उर्दू', पन्द्रहवाँ अध्याय, पृ. सं. 151।

13. भारतेन्दु हरिश्चन्द्र का 'नाटक' शीर्षक निबन्ध।

'सत्य हरिश्चन्द्र' का रचना-विधान

प्रस्तुत रूपक की कथावस्तु पौराणिक है और उसका बहुत बड़ा अंश-कहीं शब्दशः और कहीं छाया रूप में संस्कृत से अनुवादित भी है। इसका रचना-विधान भी प्रायः शास्त्रीय ही है। प्रतीत होता है कि हिन्दी के पाठ्य और अभिनेय नाटकों में यही एक मात्र ऐसा रूपक है जिसकी रचना संयोगवश अधिकतम नाट्यशास्त्रीय नियमों के अनुसार हो गई है, अर्थात् इस रूपक में रूपककार के अनजाने ही नाट्यशास्त्र के नियमों का बहुत बड़े अंश में निर्वाह हो गया है।

वस्तु, नेता और रस के आधार पर नाट्यशास्त्र में रूपक के दस भेद किए गए हैं। यदि नाटक पाँच से दस अंकों का होता है तो व्यायोग एक ही अंक का। इसी प्रकार यदि नाटक में नायक धीरोदात्त होता है तो व्यायोग में धीरोद्धत। डिम और ईहामृग में चार ही अंक में होते हैं। सत्य हरिश्चन्द्र में भी चार ही अंक हैं, अतः अपने इस लक्षण के अनुसार प्रस्तुत रूपक की गणना ईहामृग के अन्तर्गत भी हो सकती है और डिम के भी, परन्तु जहाँ ईहामृग के अन्य लक्षण इस पर नहीं घटते वहीं डिम का प्रायः प्रत्येक लक्षण इसमें परिलक्षित होता है[1]। साहित्यदर्पण के अनुसार रूपक के उस भेद को डिम कहते हैं जिसमें माया, इन्द्रजाल, युद्ध अथवा क्रोधादि से व्यग्रहृदय व्यक्तियों की चेष्टाएँ अधिक रहती हैं। उसमें उल्कापात तथा सूर्यचन्द्रोपराग का वर्णन रहता है। इसकी कथा लोक-विख्यात् होती है। इनमें रौद्र अंगी अर्थात् प्रधान रस होता है और शेष रस अंगरूप से उपनिबद्ध किए जाते हैं, किन्तु शान्त, हास्य और शृंगार रस इसमें सर्वथा वर्जित है। इसमें चार अंक होते हैं परन्तु प्रवेशक-विष्कंभक की योजना नहीं की जाती। इसमें सोलह प्रकार के नायक होते हैं जो देव, गंधर्व, यक्ष,

---

1. मायेन्द्रजालसंग्रामक्रोधोद्भ्रान्तादिचेष्टितैः
उपरागैश्च भूयिष्ठो डिमः ख्यातेतिवृत्तकः।
अंगी रौद्ररसस्तत्र सर्वेंगानिरसाः पुनः
चत्वारोऽङ्का मता नेह विष्कम्भक प्रवेशकौ ।। हरि. ना. 3 (1600-61)
नायका देवगन्धर्वयक्षरक्षोमहोरगाः
भूतप्रेतपिशाचाद्याः षोड्शात्यन्तमुद्धता ।
वृत्तयः कैशिकीहीना निविमर्शाश्च सन्धयः
दीप्ताः स्युः षड्सा शान्तहास्य शृंगारवर्जिताः ।

राक्षस, सर्प, भूत, प्रेत, पिशाच आदि जैसे अत्यन्त उद्धत प्रकृति के हुआ करते हैं। कैशिकी को छोड़कर अन्य तीन वृत्तियों अर्थात् सात्वती, आरभटी और भारती की योजना इसमें की जाती है। विमर्श के अतिरिक्त अन्य सन्धियों की योजना भी आवश्यक है।

[2]भारत के नाट्यशास्त्रानुसार डिम की कथावस्तु प्रख्यात् होनी चाहिए। नायक भी तेजस्वी और प्रसिद्ध होना चाहिए। शृंगार और हास्य को छोड़कर रौद्र, वीर, भयानक, वीभत्स, करुण और अद्‌भुत रसों की योजना होनी चाहिए। निर्घात उल्कापात, सूर्य-चन्द्रग्रहण, युद्ध, खींचातानी, क्रोधयुक्त वचन, माया, इन्द्रजाल, उत्थान, पतन आदि का नियोजन होना चाहिए। इसमें सात्वती और आरभटी वृत्तियाँ आवश्यक हैं।

नाट्यशास्त्र विषयक एक अन्य प्रधान ग्रन्थ दशरूपक के रचयिता धनंजय का भी डिम के सम्बन्ध में प्रायः वही अभिमत है जो महामुनि भरत और श्री विश्वनाथ का है। उनके अनुसार भी 'डिम' नामक रूपक की कथावस्तु प्रसिद्ध रामायणादि से गृहीत होती है। इसमें कैशिकी के अतिरिक्त अन्यवृत्तियों–सात्वती, आरभटी व भारती का समावेश होता है। इसमें नेता देवता, गन्धर्व, यक्ष, राक्षस, नाग आदि मर्त्येतर जाति के होते हैं अथवा भूत, प्रेत, पिशाच आदि पात्रों का भी समावेश होता है। इसके पात्र संख्या में सोलह होते हैं तथा वे बड़े उद्धत होते हैं। इसमें शृंगार और हास्य के अतिरिक्त बाकी छह रसों का प्रदीपन पाया जाता है। इसका अंगीरस रौद्र होता है तथा इसमें माया, इन्द्रजाल, युद्ध, क्रोध, उद्‌भ्रांति आदि चेष्टाओं तथा चन्द्रग्रहण और सूर्यग्रहण का भी दृश्य दिखाया जाता है। इसमें केवल चार अंक होते हैं तथा विमर्श सन्धि के अतिरिक्त बाकी चार सन्धियाँ पाई जाती हैं[3]।

2. प्रख्यातवस्तु विषयः प्रख्यातोदात्त नायकश्चैव
षड्रस लक्षणयुक्तश्चतुरङ्को वै डिमः कार्यः ।
शृंगार हास्य वर्ज्यः शेषः सर्वै रसैः समायुक्तः
दीप्तरस काव्ययोनिर्नानाभावोपसम्पन्नः ।
निर्घातोल्कापातैरुपरागेणेन्दु सूर्ययोर्युक्तः
युद्धनियुद्धान्धर्ष संकेत कृतश्च कर्तव्यः ।
मायेन्द्रजालबहुलो बहुपुस्तोत्थानयोगयुक्तश्च
देवभुजगेन्द्रराक्षसयक्षपिशाचावकीर्णश्च ।
षोडशनायकबहुलः सात्वत्यारभटिवृत्तिसम्पन्नः
कार्यो डिमः प्रयत्नान्नानाश्रयभावसम्पन्नः ।

3. डिमे वस्तु प्रसिद्धं स्याद्वृत्तयः कैशिकी बिना ।
नेतारो देव गन्धर्व यज्ञ रक्षो महोरगाः ।।
भूत प्रेत पिशाचाद्याः षोडशात्यन्तमुद्धताः ।
रसैरहास्य शृंगारैः षड्भिर्दीप्तैः समन्वितः
मावेन्द्रकाल संग्राम कोधोभ्रान्तादिचेष्टितैः
चन्द्र सूर्बोपरागैश्च... ... ...।

इस प्रकार संक्षेपतः डिम के निम्नलिखित बारह मुख्य लक्षण होते हैं, जैसे–

(1) कथावस्तु प्रसिद्ध रामायणादि से गृहीत होती है।

(2) पात्र संख्या सोलह होती है।

(3) उस में केवल चार अंक होते हैं।

(4) श्रृंगार और हास्य रस वर्जित होते हैं, अर्थात् उक्त दो रसों को छोड़कर शेष छह अर्थात् वीर, रौद्र, भयानक, वीभत्स, करुण और अद्‌भुत् रसों की अवतारण की जाती है।

(5) इनमें भी मुख्य रस रौद्र होता है।

(6) माया, इन्द्रजाल, युद्ध, क्रोध, उद्‌भ्रांति और चन्द्र सूर्य ग्रहणादि के दृश्य होते हैं।

(7) नेता-देवता, गंधर्व, यक्ष, राक्षस, नाग आदि मर्त्येतर जाति के होते हैं अथवा भूत-प्रेत, पिशाच आदि पात्रों का समावेश होता है।

(8) कैशिकी वृत्ति को छोड़कर शेष तीन सात्वती, आरभटी और भारती वृत्तियाँ होती हैं।

(9) विमर्श सन्धि का निषेध कर, मुख, प्रतिमुख, गर्भ और निर्वहण सन्धियों का नियोजन होता है।

(10) विष्कंभक प्रवेशक नहीं होता।

(11) नायक धीरोद्धत होता है।

(12) शेष बातें नाटक की ही भाँति होती हैं।

अब यदि उक्त लक्षणों के प्रकाश में प्रस्तुत रूपक के रचना-विधान पर दृष्टिपात करें तो हम स्पष्ट देखेंगे कि इसकी कथावस्तु मार्कण्डेय पुराण के हरिश्चन्द्रोपाख्यान से ली गई है और लोकविश्रुत भी है, अर्थात् हरिश्चन्द्र की कथा तैत्तिरीय ब्राह्मण, पद्मपुराण, श्रीमद्‌भागवत, देवी भागवत आदि पुराणेतिहास ग्रन्थों में बार-बार लिखी गयी है। साथ ही मूल रूपक के मुख्य पात्रों की संख्या भी सोलह ही है, जैसे–(1) इन्द्र (2) हरिश्चन्द्र (3) नारद (बटुक) (4) महादेव (उपाध्याय), (5) सत्य (वेताल और चांडालानुचर) (6) धर्म (चांडाल और कापालिक), (7) रोहिताश्व, (8) भैरव, (9) पाप, (10) विश्वामित्र, (11) पुरोहित ब्राह्मण, (12) द्वारपाल, (13) नारायण, (14) शैव्या, (15) पार्वती, (16) सखी। इनमें इन्दु, महादेव, नारायण आदि देव वर्ग के पात्र हैं जो अमर्त्य हैं। इसमें भूत-प्रेत, पिशाचों की क्रीड़ा का भी एक दृश्य है। समूचे रूपक में श्रृंगार और हास्य रसों का सर्वथा अभाव है। हरिश्चन्द्र के चरित्र में दानवीरता की पराकाष्ठा है क्योंकि स्वप्न में प्रदत्त दान को भी उन्होंने महत्त्व दिया। विश्वामित्र का आचरण रौद्ररस समन्वित है। श्मशान के दृश्य में भयानकता और वीभत्सता दोनों हैं। उस दृश्य का सहसा परिवर्तित हो जाना अद्‌भुत रस की सृष्टि करता है। करुण रस का परिपाक इस सीमा तक हुआ है कि दर्शक या पाठक की आँखें सूखी रह ही

नहीं पातीं[4] और भ्रम हो जाता है कि करुण रस ही प्रस्तुत रूपक का प्रधान रस है[5]। परन्तु वस्तुतः प्रतीत यही होता है कि इसका मुख्य रस रौद्र ही है। रौद्र रस का स्थायी भाव क्रोध होता है। हरिश्चन्द्र के प्रति विश्वामित्र के मन में जो क्रोध है वही इस नाटक के प्रत्येक व्यापार के मूल में प्रेरक शक्ति बन कर प्रकट होता है। भ्रूभंग, बाहुस्फोटन, तर्जन, स्वकृत वीरकर्म-वर्णन आदि अनुभाव होते हैं। मोह, अमर्ष आदि व्यभिचारी भाव होते हैं। शत्रु की चेष्टाएँ उद्दीपन विभाव का काम करती हैं।

प्रस्तुत रूपक में क्रोध के भाव से ही नाटक का आरम्भ होता है। नारद के जाने का कारण पूछने पर इन्द्र का उत्तर मिलते ही विश्वामित्र पूछते हैं 'तो हरिश्चन्द्र में ऐसे कौन से गुण हैं? (सहज ही भृकुटी चढ़ जाती है।)

इन्द्र—(ऋषि का भ्रूभंग देखकर...उनका क्रोध बढ़ाता हुआ)...इन्हीं बातों से तो नारदजी बिना बात ही अप्रसन्न हुए।

विश्वामित्र—मैं अभी देखता हूँ न!...(क्रोधपूर्वक उठकर चलना चाहते हैं।)

× × × ×

'विश्वाममित्र (क्रोध से) सच है रे पाप पाखंड, मिथ्यादान वीर!...बाईं भुजा फिर से कृपाण धारण किया चाहती है। (अत्यन्त क्रोध से लम्बी साँस लेकर और बाँह उठाकर) अरे ब्रह्मा! सम्हाल अपनी सृष्टि को, नहीं तो परम तेजःपुंज दीर्घ तपोवर्द्धित मेरे आज इस असह्य क्रोध से सारा संसार नाश हो जाएगा।...ब्रह्मा का तो गर्व उसी दिन मैंने चूर्ण किया जिस दिन दूसरी सृष्टि बनाई।'

× × × ×

'हरिश्चन्द्र (पैरों पर गिर के) महाराज! क्षमा कीजिए। मैंने इस बुद्धि से नहीं कहा था। सारी पृथ्वी आपकी, मैं आपका, भला आप ऐसी क्षुद्र बात मुँह से निकालते हैं (ईषत् क्रोध से) और आप बारम्बार मुझे झूठा न कहिए। सुनिए कि यह मेरी प्रतिज्ञा है...'

हरिश्चन्द्र की उक्त चेष्टाएँ और वचन विश्वामित्र का क्रोध और भी उद्दीप्त करते हैं और वे 'क्रोध' तथा अनादरपूर्वक 'हँसकर' कह चलते हैं—

'ह ह ह ह! सच है, सच है रे मूढ़। क्यों नहीं आखिर सूर्यवंशी है। तो दे हमारी पृथ्वी।'

---

4. '...फलतः सत्य हरिश्चन्द्र के अभिनय की योजना हुई। ...यह अभिनय बड़ा ही सफल हुआ। ...इस अभिनय के अवसर पर बलिया के अंग्रेज जिलाधीश श्री राबर्ट्स भी अपनी पत्नी के साथ उपस्थित थे। अन्तिम दृश्य में श्मशान पर कर उगाहने के समय भारतेन्दु का अभिनय इतना सुन्दर और करुणोत्पादक हुआ कि मेम साहिबा विचलित हो उठीं। करुणा की धार धैर्य तथा शिष्टाचार के बाँध को तोड़ कर आँसुओं के रूप में बह चली।' —श्री बलदेव उपाध्याय का 'हिन्दी जगत् की एक विभूति' शीर्षक लेख, नागरीप्रचारिणी पत्रिका का भारतेन्दु जन्मशती अंक।
5. इसी प्रतीति के वशीभूत होकर स्वयं नाटककार ने प्रस्तुत रूपक के प्रथम संस्करण में इसे 'करुणा रस अंगी' घोषित किया था और उनके इसी करुण तथा कविता के शृंगार रसात्मक रंग को देखकर उर्दू साहित्य के सुप्रसिद्ध इतिहासकार रामबाबू सक्सेना ने यह सम्मति प्रकट की थी कि 'मशहूर कालिदास और भवभूति (कालिदास और भवभूति) के रंग में इनका कलाम डूबा हुआ।' —तारीखे अदब उर्दू, हिस्सा नस्र, पृ. 163।

यही नहीं एक स्थल पर विश्वामित्र यह भी कहते हैं कि–'कुछ इन्द्र के कहने पर ही नहीं, हमारा इस पर स्वतः भी क्रोध है।' और जैसा कि कहा जा चुका है, यही क्रोध रौद्ररस का स्थायी भाव है जो प्रस्तुत रूपक का प्रधान रस है।

प्रस्तुत रूपक में चार ही अंक हैं और विष्कंभक प्रवेशक का अभाव भी है। साथ ही जहाँ तक माया, और इन्द्रजाल का होना आवश्यक है, हम देखते हैं कि इन्द्रजाल 'शब्द' ने जैसी सार्थकता इस रूपक में प्राप्त की है वैसी सम्भवतः अन्य किसी प्रसंग में नहीं; क्योंकि यह समूचा रूपक 'इन्द्र का जाल' और भगवान की 'माया' ही तो है। इन्द्र ने इसे स्पष्ट रूप से स्वीकार भी किया, जैसे–"महाराज, मुझे क्षमा कीजिए। यह सब मेरी दुष्टता थी।...श्री शिवजी ने भैरवनाथ को आज्ञा दी थी, आप उपाध्याय बने थे, नारद जी बटुक बने थे...धर्म ने चांडाल और कापालिक का भेष लिया और सत्य ने चांडाल के अनुचर और बैताल का रूप धारण किया। न आप बिके न दास हुए। यह सब चरित्र भगवान नारायण की इच्छा से केवल आपके सुयश हेतु किया गया।" बताने की आवश्यकता नहीं कि 'भगवान नारायण की इच्छा से किए गए चरित्र' का अर्थ 'भगवद् माया' है और माया की स्वाभाविक परिणति उद्भ्रांति ही है।

इसी स्थल पर वृत्तियों की छानबीन कर लेना भी आवश्यक है। नाट्य की माता वृत्तियों की निर्द्धारित संख्या चार है, जैसे कैशिकी, सात्वती, आरभटी और भारती। इनमें श्रृंगार रस की अभिव्यंजना कैशिकी में, वीर रस की सात्वती में, रौद्र और वीभत्स रस की आरभटी तथा सभी रसों की अभिव्यक्ति भारती वृत्ति में की जाती है[6]। उधर यह कहा जा चुका है कि 'डिम' में कैशिकी वृत्ति वर्जित है और यतः सत्य हरिश्चन्द्र में श्रृंगार रस नहीं है। अतः कैशिकी वृत्ति भी नहीं है। शेष तीनों वृत्तियाँ अर्थात् सात्वती, आरभटी और भारती प्रस्तुत रूपक में वर्तमान हैं।

सर्वप्रथम सात्वती वृत्ति पर विचार कीजिए। इस वृत्ति में सत्व, शौर्य, त्याग, दया और तेज का प्रकाश किया जाता है[7]। सत्व का सम्बन्ध आत्मिक सद्गुणों से है। फलतः हरिश्चन्द्र के चरित्र में उक्त सात्विक गुण अर्थात् शौर्य, त्याग, दया और तेज पग-पग पर दिखाई पड़ते हैं, जैसे–हरिश्चन्द्र के इस वचन से प्रकट है–'हाँ, यह देखा है कि एक क्रोधी ब्राह्मण विद्यासाधन करने को सब दिव्य महाविद्याओं को खींचता है और जब मैं स्त्री जानकर उनको बचाने गया हूँ तो वह मुझी से रुष्ट हो गया है और जब बड़े विनय से मैंने उसे मनाया है तो उसने मुझसे मेरा सारा राज्य माँगा है। मैंने उसे प्रसन्न करने को अपना सब राज्य दे दिया।' नारियों को कष्ट में देखकर उन्हें बचाने का विचार दया की भावना से प्रेरित है। समूचे राज्य का दान त्याग का परिचायक तो

---

6. श्रृंगारे कैशिकी वीरे सात्वत्यारभटी पुनः
रसे रौद्रे च वीभत्से वृत्तिः सर्वत्र भारती ।
चतस्रो वृत्तयो ह्येताः सर्वनाट्यस्य मातृकाः
स्युर्नायिकादिव्यापारविशेषानाटकादिषु ।। –साहित्य दर्पण
7. सात्वती बहुला सत्वशौर्यत्यागदयार्जवैः। –साहित्य दर्पण।

है ही, साथ ही उसमें उच्चकोटि की दानवीरता भी है और वीरता की भावना जब कार्यरूप में परिणत होती है तो उसे ही शूरता कहते हैं। हरिश्चन्द्र की विनयशीलता में तेजस्विता अर्थात् आर्जव का भी अभाव नहीं है। प्रस्तुत रूपक में अनेक स्थलों पर उनकी यह तेजस्विता विशद रूप में प्रस्फुटित हुई है, जैसे–उस स्थल पर जहाँ विश्वामित्र के तर्जन-गर्जन पर हरिश्चन्द्र यह कह चलते हैं कि 'सारी पृथ्वी आपकी, मैं आपका, भला आप ऐसी क्षुद्र बात मुँह से निकालते हैं। और आप बारम्बार मुझे झूठा न कहिए। सुनिए मेरी यह प्रतिज्ञा है–

चन्द्र टरै, सूरज टरै, टरै जगत ब्योहार ।
पै दृढ़ श्रीहरिश्चन्द्र को टरै न सत्य विचार ।।

पुनः इस वृत्ति में प्रसन्नता की प्राप्ति, अत्यन्त हलका शृंगार और अद्‌भुत का प्रकाशन भी होता है। 'सत्य हरिश्चन्द्र' में हरिश्चन्द्र को ही नहीं, सभी को प्रसन्नता की प्राप्ति हुई है। अत्यन्त सूक्ष्म शृंगार का पुट भी वहाँ विप्रलंभ के रूप में मौजूद है जहाँ बरसात की रात में राजा हरिश्चन्द्र कहते हैं कि 'हा! इस दुख की दशा में हमसे प्रिया अलग पड़ी है। कैसी भी हीन अवस्था हो पर अपना प्यारा जो पास रहे तो कुछ कष्ट नहीं मालूम पड़ता है। सच है–

टूट टाट घर टपकत, खटियौ टूट ।
पिय कै बाँह उसिसवाँ, सुख कै लूट ।।'

और अद्‌भुत का प्रकाशन भी उस स्थल पर पूर्ण रूप से होता है जहाँ श्मशान का दृश्य 'परिवर्तित' हो जाता है और भगवान नारायण सहसा प्रकट होकर हरिश्चन्द्र का हाथ थाम लेते हैं।

आरभटी वृत्ति में माया, इन्द्रजाल, संग्राम, क्रोध, अधीरता आदि चेष्टाओं में निरत मन के कर्मजाल की योजना की जाती है। इसी के साथ परपक्ष का वध अथवा बंधन भी दिखाया जाता है। इसके चार भेद होते हैं, जैसे–वस्तुस्थापन, संफेट, संक्षिप्ति और अवपातन[8]।

प्रस्तुत रूपक में माया, इन्द्रजाल, क्रोध और अधीरता से प्रेरित विश्वामित्र के मन का कर्मजाल आदि से अन्त तक फैला हुआ है। हरिश्चन्द्र का दास्य भाव ही परपक्ष का बंधन है और सर्पदंश से रोहिताश्व की मृत्यु की गणना परपक्ष के वध के अन्तर्गत की जा सकती है।

जहाँ तक इसके चारों भेदों का सम्बन्ध है उनकी स्थिति भी प्रस्तुत रूपक में यत्किंचित् देखी ही जा सकती है, जैसे–माया आदि के द्वारा वस्तु का प्रकटन वस्तूस्थापन है और क्रुद्ध तथा त्वराशील पक्ष और विपक्ष का परस्पर समाघात संफेट है जो क्रमशः भगवान की माया तथा विश्वामित्र और हरिश्चन्द्र के प्रारम्भिक संवादों

८. मायेन्द्रजाल संग्राम क्रोधादभ्रान्तादिचेष्टतैः
संयुक्ता वधबन्धाद्यैरुद्धत रभटा मता ।
वस्तूस्थापन सम्फेटो संक्षिप्तिरवपातनम् ।। (सा.द.)

में प्रकट होता है। इसी प्रकार एक नाटकीय चरित की किसी एक विशिष्टता के स्थान पर उसकी दूसरी विशेषता का प्रकट होना संक्षिप्ति है, जैसे–विश्वामित्र का क्रोधी स्वभाव अन्त में शान्त और इन्द्र का दंभ विनयशीलता के रूप में परिवर्तित हुआ है। पुनः रूपक के अन्त में जहाँ त्रास और हर्ष का संमेलन हुआ है वहाँ 'अवपातन' नामक आरभटी प्रकार है।

भारती वृत्ति अभिनय प्रधान न होकर वाग्व्यापार प्रधान होती है। दृश्य काव्य की स्थापना में जहाँ कथावस्तु की सूचना दी जाती है, कवि का नाम बताया जाता है और मधुर श्लोकों के द्वारा सामाजिकों को प्रसन्न करने की चेष्टा की जाती है वहाँ यही वृत्ति परिलक्षित होती[९]। इसके अंगचतुष्ट्य में प्रथम 'प्ररोचना' है। प्ररोचना का प्रयोग रूपक की प्रशंसा द्वारा सामाजिकों को अभिनय देखने के लिए आकृष्ट करने में होता है। इसके द्वारा रूपक अथवा रूपककार की महिमा का संकीर्तन कर दर्शकों को अभिनय के प्रति आकृष्ट किया जाता है, जैसे–'सत्य हरिश्चन्द्र' में सूत्रधार नटी का निम्नलिखित संवाद–

'सूत्रधार – ठीक है, यही हो। भला इससे अच्छा और कौन नाटक होगा। एक तो इन लोगों ने उसे अभी देखा नहीं है, दूसरे आख्यान भी करुणापूर्ण राजा हरिश्चन्द्र का है, तीसरे उसका कवि भी हम लोगों का एकमात्र जीवन है।

नटी – हा! प्यारे हरिश्चन्द्र का संसार ने कुछ भी गुण रूप न समझा। क्या हुआ 'कहेंगे सबैही नैन नीर भरि भरि पाछे प्यारे हरिचन्द की कहानी रह जाएगी।'

सूत्रधार – इसमें क्या सन्देह है। काशी के पंडितों ही ने कहा है–
सब सज्जन के मान को, कारन इक हरिचन्द ।
जिमि सुभाव दिन रैन के, कारन नित हरिचन्द ।।

और उनके मित्र पंडित शीतलाप्रसाद जी ने इस नाटक के नायक से उनकी समता भी की है। इससे उनके बनाए नाटकों में भी सत्य हरिश्चन्द्र ही आज खेलने को जी चाहता है।

नटी – कैसी समता, मैं भी सुनूँ।

सूत्रधार – जो गुन नृप हरिचन्द मैं, जगहित सुनियत कान ।
सो सब कवि हरिचन्द मैं, लखहु प्रतच्छ सुजान ।।'

प्रस्तुत प्रकरण समाप्त करने के पूर्व पंच अर्थ प्रकृतियों, पंच अवस्थाओं और उन दोनों के मिश्रण से बनी हुई पंच सन्धियों पर भी विचार कर लेना अप्रासंगिक न होगा। संसार का कोई भी कार्य क्यों न हो वह सर्वदा और सर्वथा सोद्देश्य

९. रंग प्रसाद्य मधुरैः श्लोकैः काव्यार्थ सूचकैः।
रूपकस्य कवेराख्यां गोत्राव्वपि संकीर्तयेत् ।।
... ... भारती वृत्तिमाश्रितः । (सा.द.)

हुआ करता है। निरुद्देश्य कार्य करने की क्षमता केवल विक्षिप्तों में ही होती है। विक्षिप्तता का परिणाम न होने के कारण रूपक रचना भी सोद्देश्य हुआ करती है, अर्थात् उसकी रचना का कोई मूल प्रयोजन अर्थात् अर्थ हुआ करता है। इसी प्रयोजन अथवा अर्थ की प्रकृति को नाट्यशास्त्र की पारिभाषिक पदावली में अर्थ प्रकृति कहते हैं। 'प्रकृति' का तात्पर्य 'सिद्धि हेतु' अथवा 'साधक उपाय' होता है। दूसरे शब्दों में अर्थ प्रकृति का तात्पर्य फलोपाय है। रूपक की कथावस्तु में फल का उक्त उपाय अर्थात् अर्थ प्रकृतियाँ क्रमशः पाँच स्तरों पर प्रकट होती हैं, जिन्हें बीज, बिन्दु, पताका, प्रकरी और कार्य कहते हैं। नाट्यशास्त्र के आचार्यों ने इन अर्थ प्रकृतियों को भली भाँति समझ कर रूपक में यथाविधि इनकी योजना करने का आदेश किया है[10]।

जैसे साधारणतया वृक्ष लगाकर उससे फल प्राप्त करने के लिए बीजवपन किया जाता है वैसे ही रूपक के मुख्य फल का हेतु अथवा उपाय स्वरूप बीज, जो प्रथम अर्थ प्रकृति है, रूपक प्रबन्ध के आरम्भ में ही अत्यन्त सूक्ष्म रूप से छींट दिया जाता है। वह उत्तरोत्तर विकसित होता रहता है। रूपक में वृत्तविच्छेद की सम्भावना उत्पन्न होने पर उसे दूर कर जो अविच्छेद का कारण बनता है उसे बिन्दु नामक अर्थ प्रकृति कहते हैं। रूपक में प्रधान फल के सहायक उस प्रासंगिक इतिवृत्त को पताका कहते हैं जो व्यापक हुआ करता है। प्रकरी भी प्रासंगिक इति वृत्त है परन्तु यह अल्पदेशिक होता है, अर्थात् इसकी व्यापकता पताका जैसी नहीं होती। जिस प्रधान साध्य के लिए नायक के कार्य कलाप का आरम्भ होता है और जिसकी सिद्धि हो जाने पर उसके कार्य की समाप्ति हो जाती है, उसे ही कार्य रूप अर्थ प्रकृति कहते हैं।

यद्यपि 'सत्य हरिश्चन्द्र' के रचयिता ने अपने रूपक के समर्पण में अपने 'नाथ' को 'एक नया कौतुक' दिखाते हुए, उनके 'सत्य पथ पर चलनेवाले कितना कष्ट उठाते हैं' इसे ही अपने रूपक का मुख्य दर्शनीय विषय बताया है तथापि उसका प्रधान उद्देश्य 'भगवान नारायण की इच्छा से' राजा हरिश्चन्द्र के 'सुयश हेतु' किए गए चरित्र द्वारा उनकी कीर्ति 'चन्द्र सूर्य तक' स्थिर रखना है। रूपक के उक्त फल को प्रकट करने का प्रधान उपाय उनके सत्य का परीक्षण ही है। इस उपाय स्वरूप बीज का वपन अत्यन्त सूक्ष्म रूप में रूपक के प्रथम अंक में ही वहाँ हो जाता है जहाँ इन्द्र के यह कहने पर कि 'कोई परीक्षा लेता तो मालूम पड़ता', विश्वामित्र यह कहते हुए कि 'मैं अभी देखता हूँ न' तत्काल इस कार्य के लिए तैयार हो जाते हैं।

बिन्दु का दर्शन द्वितीय अंक में उस स्थल पर होता है जहाँ 'राज्य हरिश्चन्द्र मंत्री की भाँति सम्हालने की' घोषणा करते हैं और इस प्रकार वृत्त–विच्छेद की

---

10. बीजं बिदुः पताका च प्रकरी कार्यमेव च ।
अर्थ प्रकृतयः पञ्च शत्वा योज्या यथा विधि ।। (सा.द.)

सम्भावना उत्पन्न हो जाने पर द्वारपाल आकर 'महाराजाधिराज' को एक बड़े क्रोधी ब्राह्मण के द्वार पर खड़े रहने की सूचना देता है तथा उसे तत्काल आदरपूर्वक ले आने का आदेश पाता है।

रूपक की प्रधान फल-प्राप्ति में सहायता के निमित्त सदाशिव के नायकत्व में देवताओं के यत्नों का जो प्रासंगिक इति वृत्त तीसरे अंक से आरम्भ होता है वही पताका है और उसकी व्याप्ति चौथे अंक के अन्त में नारायण के प्रकट होने तक रहती है।

प्रस्तुत रूपक में प्रकरी का अभाव है, क्योंकि नारायण के प्रकट होते ही कार्य रूप अर्थ प्रकृति प्रकट हो जाती है और जिस प्रधान साध्य के लिए नायक के कार्य-कलाप का आरम्भ हुआ था—उसकी सिद्धि हो जाने पर उसके कार्य की समाप्ति हो जाती है।

किसी भी रूपक में फल के उद्‌देश्य से जो कार्य व्यापार आरम्भ किया जाता है उसकी क्रमशः पाँच दशाएँ होती हैं जिन्हें अवस्था पंचक कहते हैं, जैसे—आरम्भ, यत्न, प्राप्त्याशा, नियताप्ति और फलागम। मुख्य फल की सिद्धि के लिए दिखाई जानेवाली उत्सुकता ही वह अवस्था है जिसे 'आरम्भ' कहते हैं। यह उत्सुकता मुख्य फल की सिद्धि के लिए उपाय विषयक ही नहीं होती अपितु उत्सुकता के अनुरूप वाणी और मन का जो व्यापार दिखाया जाता है वह भी आरम्भ नामक अवस्था ही है। 'सत्य हरिश्चन्द्र' में हरिश्चन्द्र के सत्य-परीक्षण नामक उपाय के प्रति जो उत्सुकता इन्द्र के मानसिक और विश्वामित्र के वाचिक व्यापार में दिखाई गई है वही आरम्भ नामक प्रथम कार्यावस्था है जो इन्द्र के पास नारद के आगमन से लेकर विश्वामित्र के क्रोधपूर्वक उठकर चलना चाहने तक है।

फल प्राप्ति के लिए सत्वर उद्योग के रूप में प्रकट होनेवाली कार्यावस्था प्रयत्न कही जाती है। इस दिशा में विश्वामित्र द्वारा किया गया 'सत्वर उद्योग' शैव्या और हरिश्चन्द्र के स्वप्नदर्शन और हरिश्चन्द्र द्वारा विश्वामित्र को दिए जानेवाले सम्पूर्ण राज्य के दान तथा उस दान की दक्षिणा के निमित्त सपरिवार आत्मविक्रय विषयक हरिश्चन्द्र की प्रतिज्ञा में दिखाई देता है—दूसरे शब्दों में समूचा द्वितीय अंक प्रयत्नावस्था के अन्तर्गत है।

उस कार्यावस्था को प्राप्त्याशा कहा जाता है, जिसमें फलसिद्धि के साधक और प्रतिबंधक के पारस्परिक द्वन्द्व में फलसिद्धि की आशा अथवा सम्भावना प्रकट होती है। 'सत्य हरिश्चन्द्र' के सम्पूर्ण तृतीय अंक से लेकर चौथे अंक में उस स्थल तक यही अवस्था है जहाँ क़फ़न लेने के लिए हरिश्चन्द्र हाथ फैलाते हैं और रोती हुई शैव्या 'रोहिताश्व का मृत कंबल फाड़ना चाहती है।' इस प्रकार विघ्न-बाधा के निवारण द्वारा फल-प्राप्ति की सम्भावना के निश्चय की 'नियताप्ति' नामक कार्यावस्था प्रस्फुटित नहीं हो पाती कि 'फलागम' नामक वह कार्यावस्था प्रकट हो पड़ती है जिसे समग्र फल-लाभ कहा जाता है।

जैसा कि पहले ही कहा जा चुका है पंच अर्थप्रकृतियों और पाँच अवस्थाओं के क्रमशः संमिश्रण से पंच सन्धियों की उत्पत्ति होती है, जैसे–मुख, प्रतिमुख, गर्भ, विमर्श और निर्वहण सन्धि जो निम्नलिखित तालिका से स्पष्ट है–

अर्थ प्रकृति		**अवस्था**	**सन्धि**
(1) बीज	+	आरम्भ	मुख
(2) बिन्दु	+	प्रयत्न	प्रतिमुख
(3) पताका	+	प्राप्त्याशा	गर्भ
(4) प्रकरी	+	नियताप्ति	विमर्श
(5) कार्य	+	फलागम	निर्वहण

प्रस्तुत रूपक में प्रकरीरूप अर्थ प्रकृति और अवस्था रूप नियताप्ति का अभाव है, अतः इसमें विमर्श सन्धि का स्वभावतः अभाव हो जाता है और शेष चार सन्धियाँ ही रह जाती हैं जो किसी भी रूपक को 'डिम' संज्ञा देने के लिए आवश्यक हैं। इस प्रकार सत्य हरिश्चन्द्र के प्रथम अंक में मुख सन्धि, द्वितीय अंक में प्रतिमुख सन्धि, तृतीय अंक से लेकर चतुर्थ अंक की समाप्ति के पूर्व तक गर्भ सन्धि और ठीक अन्त में निवर्हण सन्धि आ जाती है। 'डिम' नामक रूपकोपभेद का अन्तिम लक्षण यह है कि उसमें शेष बातें नाटक की ही भाँति होती हैं। 'सत्य हरिश्चन्द्र' में ये शेष बातें प्रस्तावना, पूर्व रंग, नान्दी, और अंकावतार आदि के रूप में देखी जा सकती हैं। इस प्रकार प्रस्तुत रूपक की कथावस्तु संक्षेप में निम्नलिखित है।

अयोध्यापति राजा हरिश्चन्द्र की सत्यधर्म के प्रति निष्ठा से भगवान नारायण अत्यन्त प्रसन्न होते हैं और 'यावत्चन्द्रदिवाकरौ' उनकी कीर्ति स्थिर रखने के लिए यह चरित्र करते हैं कि इन्द्र की द्वेषजन्य भावना से प्रेरित होकर विश्वामित्र के मन में भगवान् की इच्छा चरितार्थ करने का भाव उत्पन्न होता है। वे इस फल के लिए कठोर परीक्षा रूपी उपाय का अवलम्बन करते हैं और राजा हरिश्चन्द्र की विविध परीक्षाएँ होती हैं। अन्त में राजा हरिश्चन्द्र सभी परीक्षाओं में उत्तीर्ण होते हैं और फलतः धीरोद्धत नायक विश्वामित्र को यह फल-लाभ होता है कि हरिश्चन्द्र का सुयश प्रलय तक स्थिर रखने में वे समर्थ हो जाते हैं।

परन्तु प्रस्तुत रूपक प्रबन्ध में कथावस्तु का निबन्धन ठीक इसी प्रकार से न हो सका और साधारणतया 'सत्य हरिश्चन्द्र' 'डिम' न माना जाकर 'नाटक' माना गया तथा राजा हरिश्चन्द्र इस 'नाटक' के धीरोदात्त नायक माने गए जिसके फलस्वरूप डॉ. श्यामसुन्दरदास जैसे आलोचक के मन में भी यह प्रश्न उठ खड़ा हुआ कि नाटक के नायक हरिश्चन्द्र हैं या विश्वामित्र? उन्हें इसी उलझन के कारण इसमें न तो भारतीय नाट्यशास्त्र के नियमों का निर्वाह दिखाई पड़ा और न पश्चिमीय नाट्य पद्धति का। इसका परिणाम यह हुआ कि भारतेन्दु के दौहित्र श्री ब्रजरत्नदास जी ने काशी हिन्दू विश्वविद्यालय के हिन्दी विभाग के 'दो प्रोफेसरान' अर्थात्

डॉ. श्यामसुन्दरदास और लाला भगवानदीन जी के भ्रम-भंजन का बीड़ा उठाया और वकील होने के कारण अपने पक्ष का समर्थन करने में अच्छी 'वकालत' की। खैरियत हुई कि 'प्रोफेसरान' का जवाब देने के लिए अन्य 'वकला' सामने नहीं आए, अन्य यह 'मामला' 'स्मालकाज कोर्ट' से 'हाई कोर्ट' और 'हाई कोर्ट' से तत्कालीन 'प्रिवी कौन्सिल' तक पहुँचता और तब भी निर्णय हो पाता या नहीं, इसमें सन्देह है, क्योंकि ब्रजरत्नदास जी यह सिद्ध न कर सके थे कि नाटक के नायक राजा हरिश्चन्द्र ने किस फल-सिद्धि के लिए कौन-सा प्रयत्न किया था। साथ ही हिन्दू विश्वविद्यालय के एक तीसरे 'प्रोफेसर' आचार्य रामचन्द्र शुक्ल के इस चलते आरोप से कि 'सत्य हरिश्चन्द्र' किसी पुराने बाँग्ला नाटक का अनुवाद जान पड़ता है' अपने 'मुअक्किल' को छुड़ाने के लिए किसी दृढ़ प्रमाण के अभाव में एक चतुर वकील के हथकंडे से काम लेते हुए इस सन्देह की सृष्टि की कि 'मैंने भी एक सज्जन से सुना था कि यह गुजराती के किसी नाटक का छायानुवाद है', क्योंकि साधारण 'मुकदमेबाज़' भी यह जानता है कि सन्देह का लाभ 'अभियुक्त' को ही मिलता है।

परन्तु तथ्य यह है कि इस सारी उलझन और सारे वाद-विवाद का कारण सम्भवतः स्वयं भारतेन्दुजी का वह भ्रम था जिसके वशीभूत होकर उन्होंने अपने रूपक का नामकरण 'सत्य हरिश्चन्द्र' कर दिया था। इस दिशा में छानबीन करते हुए हम यह देखते हैं कि सत्य हरिश्चन्द्र की रचना के मूल में क्षेमीश्वर के चंड कौशिक का मुख्य स्थान है, क्योंकि प्रस्तुत नाटक के दो अंक अर्थात् तृतीय और चतुर्थ अंक 'चंड कौशिक' के तृतीय, चतुर्थ और पंचम अंकों के प्रायः शब्दानुवाद हैं। अतः यह प्रश्न स्वाभाविक हो जाता है कि जब भारतेन्दु ने तीन अंकों का अनुवाद किया ही तो शेष दो अंकों का भी अनुवाद क्यों न कर दिया। यह कोई नयी बात भी न होती, क्योंकि इसके पूर्व संस्कृत से उन्होंने तीन नाटकों का अनुवाद किया ही था।

सौभाग्यवश उक्त प्रश्न का उत्तर स्वयं भारतेन्दु ने रूपक के उपक्रम में दे दिया है। उनकी यह रचना फ़रमायशी थी। उन्होंने एक मित्र के आग्रह पर बालकों के लिए इसकी रचना की थी।

तात्कालिक शिक्षा पद्धति में छात्रों के लिए सर्वाधिक विवर्जित दो रस थे– शृंगार और हास्य। उधर चंड कौशिक के आरम्भिक दो अंकों में यदि शैव्या के साथ प्रेमालाप के कारण शृंगार रस है तो विदूषक की उपस्थिति हास्य की सृष्टि करती है। फलतः परिवर्तन अनिवार्य हो गया और उस रूप में प्रकट हुआ जिसे हम सत्य हरिश्चन्द्र के प्रथम और द्वितीय अंकों में देखते हैं।

यह भी संयोग की बात थी कि चंडकौशिक नाटक की पाँच अंकों की कथा के चार अंकों में निबन्धन और शृंगार तथा हास्य के विवर्जन ने 'सत्य हरिश्चन्द्र' को रूपक का एक भेद 'डिम' बना दिया। परन्तु भारतेन्दु ने स्वयं इसे डिम नहीं

कहा। उन्होंने इसे केवल 'चार खेलों में एक रूपक' बताया। कारण यह कि उन्होंने सकारण राजा हरिश्चन्द्र को अपने प्रस्तुत नाटक का नायक मान लिया और इसकी संगति 'डिम' के धीरोद्धत नायक से किसी भाँति न बैठती थी। वस्तुतः चंडकौशिक नाटक के धीरोद्धत नायक विश्वामित्र हैं और सत्य हरिश्चन्द्र दो अंकों में परिवर्तन के साथ उसी का स्वच्छन्द भावानुवाद है। अतः प्रस्तुत नाटक के नायक भी विश्वामित्र ही हैं। स्पष्टता और कठोरता पूर्वक 'डिम' के नियमों का निर्वाह न होने का कारण भी यही है।

प्रस्तुत रूपक के उपादान

जैसे महात्मा तुलसीदास ने 'नाना पुराण निगमागम' तथा अन्य स्थानों से भी सामग्री लेकर अपने 'रामचरितमानस' की रचना की थी उसी प्रकार भारतेन्दु ने भी संस्कृत और हिन्दी के कवियों की अनेक उक्तियों तथा नाटकों और पुराणों की सामग्री का उपयोग सत्य हरिश्चन्द्र की रचना में किया है। प्रस्तुत रूपक के नामकरण से लेकर कथावस्तु और संवाद तक में यही प्रक्रिया काम में लायी गयी प्रतीत होती है। इस संगृहीत सामग्री में सर्वाधिक अंश आर्य क्षेमीश्वर का है जो प्रस्तुत संस्करण की पादटिप्पणियों के रूप में उनके 'चंड कौशिक' से लिए गए उद्धरणों में देखा जा सकता है। साथ ही दूसरों की सामग्री का योग भी इसमें थोड़ा-बहुत है। संक्षेपतः उनका उल्लेख करते समय सर्वप्रथम जिस बात पर दृष्टि जाती है वह प्रस्तुत रूपक का नामकरण है।

नामकरण

राजा हरिश्चन्द्र के वृत्त को लेकर जितने रूपकों की रचना हुई है उनका नामकरण या तो हरिश्चन्द्र, राजा हरिश्चन्द्र, सत्यवादी हरिश्चन्द्र, श्मशाने मिलन, अयोध्या का राजा, हरिश्चन्द्रयशः चन्द्रिका के रूप में हुआ है या चंडकौशिक, कुपित कौशिक, कौशिक का क्रोध आदि रूपों में। परन्तु भारतेन्दु ने अपने रूपक का नाम 'सत्य हरिश्चन्द्र' रखा है।

यद्यपि अपने 'नाटक' शीर्षक निबन्ध में उन्होंने 158 संस्कृत रूपकों की लम्बी तालिका दी है और रामचन्द्र तथा उनके रुक्मिणी-परिणय आदि नाटकों का उल्लेख करते हुए भी राजा हरिश्चन्द्र सम्बन्धी उनके नाटक का नाम नहीं लिखा है तो भी इस सम्बन्ध में सन्देह होता है कि उन्हें इस नाम की प्रेरणा उसी प्रबन्धशतकर्ता महाकवि रामचन्द्र के नाटक 'सत्य हरिश्चन्द्र' से मिली है। यह नाटक कभी न कभी उनके दृष्टि-पथ से सम्भवतः गुजरा था और उनके अन्तर्मन पर अपनी स्मृति की छाप भी छोड़ गया था, जैसा कि उनके इन दोहों से प्रतीत होता है–

जेहि पाली इक्ष्वाकु सों अबलौं रविकुल राज ।
ताहि देत हरिचन्द नृप, विश्वामित्रहिं आज ।।
वसुधे! तुम बहु सुख कियो, मम पुरुषन की होय ।
धरम बद्ध हरिश्चन्द्र को, छमहु सु परबसु जोय ।।

उक्त दोहे निश्चय ही आर्य क्षेमीश्वर के इस श्लोक के अनुवाद हैं–

वैवस्वतैर्नृपतिभिः किल लोकधात्रि!
त्वं देवि! वीर-यशसा सह रक्षितासि।
त्यक्ता मया यदसि दुर्लभ-पात्र-लोभा-
देकं क्षमस्व मम दुर्नयमेनमेव।

साथ ही यह भी प्रतीत होता है कि इसी प्रसंग पर रचे हुए महाकवि रामचन्द्र के निम्नलिखित श्लोक के शब्द भी उनके दिमाग में घूम रहे थे–

'इक्ष्वाकुक्षितिपाल पौरुष कथा साक्षिण्ययोध्ये नमः
पौराः सांप्रतमेव वो मुनिरधिष्ठाता गुरुर्दैवतम्।
दत्तास्मै यदियं मया वसुमती सप्तार्णवीमेखला
भास्वद्वंश्यभुवां हि भूतल भुजां सत्यव्रतं पालितम्।।'

साथ ही यह भी नहीं कहा जा सकता कि भारतेन्दु ने इस नाटक को किसी अन्य नाम से पढ़ा हो, क्योंकि महाकवि रामचन्द्र के 'सत्य हरिश्चन्द्र नाटक' का सूत्रधार स्पष्ट कहता है कि–

'श्रीसिद्धहेमाभिधानशब्दानुशासन वेधसः श्रीमदाचार्य हेमचन्द्रस्य शिष्येन रामचन्द्रेण विरचितं सत्य हरिश्चन्द्राभिधानमादिरूपकमभिनीय सभा–जनमनु-रंजयिष्याम इति किला स्माकं मनोरथः।' अर्थात् 'हमारी इच्छा है कि श्रीसिद्धहेमाभिधान शब्दानुशासन के विधाता श्रीमदाचार्य हेमचन्द्र के शिष्य रामचन्द्र द्वारा रचित सत्य हरिश्चन्द्र नामक रूपक का अभिनय कर हम लोग सभाजनों का मनोरंजन करें।' ऐसी स्थिति में यह कल्पना सत्य से दूर न मानी जानी चाहिए कि अपने रूपक के लिए 'सत्य हरिश्चन्द्र' नाम भारतेन्दु ने रामचन्द्र के नाटक के नाम से ही प्राप्त किया।

कथावस्तु

यों तो राजा हरिश्चन्द्र और विश्वामित्र का थोड़ा-बहुत उल्लेख तैत्तिरीय ब्राह्मण, वाल्मीकीय रामायण, महाभारत, श्रीमद्‌भागवत, देवी भागवत, पद्मपुराण, मार्कण्डेय पुराण आदि पुराने ग्रन्थों में मिलता ही है और हिन्दी में भी उनकी कथा को लेकर कम से कम सोलहवीं शताब्दी से ही पद्यात्मक रचनाएँ[1] की जाने लगी थीं। परन्तु

1. ऐसी दो रचनाओं की सूचना नागरीप्रचारिणी सभा की खोज रिपोर्ट में दी गयी है। एक के सम्बन्ध में 15 अगस्त, सन् 1910 की नागरीप्रचारिणी पत्रिका में 'हिन्दी हस्तलिखित पुस्तकों की खोज विषयक जून मास की रिपोर्ट' प्रकाशित करते हुए स्व. श्यामबिहारी मिश्र ने लिखा था कि '×× आजमगढ़ में 'राजा हरिश्चन्द्र की कथा' नामक एक पुस्तक मिली जिसे प. जगन्नाथ मिश्र ने बनाया था। यह महाशय अकबर बादशाह के नवरत्नों में से एक थे।' और दूसरी अजैगढ़ (पन्ना) में हाल में ही मिली है। इसके पन्ने जीर्ण हैं। लेखक का नाम ध्यानदास है। दोहा, चौपाई, सोरठा छन्दों में पुस्तक लिखी गई है और 'अठारहवीं शताब्दी की प्रतिलिपित प्रतीत होती है।'

'सत्य हरिश्चन्द्र' की कथावस्तु कुछ परिवर्तनों के साथ 'चंडकौशिक' पर ही आधारित है जिसका प्रधान उपजीव्य मार्कण्डेय पुराण है जिसके आठवें अध्याय में यह कथा विस्तार से वर्णित है। 'चंडकौशिक' का आरम्भ राजा के मृगया गमन से होता है जहाँ महाविद्या-साधन में लगे हुए विश्वामित्र के कार्य में हरिश्चन्द्र बाधक बनते हैं और उनके क्रुद्ध होने पर अपना राज्य उन्हें दान दे देते हैं। भारतेन्दु अपनी रचना में राजा द्वारा यह राज्य-दान स्वप्न में कराते हैं। कथावस्तु में यही मुख्य परिवर्तन उन्होंने किया है। परन्तु स्वप्न की यह कल्पना भी सर्वथा उनकी निजी नहीं है। उनके दिमाग में यह बात मार्कण्डेय पुराण से ही आई है जहाँ यह वर्णन है कि यों बारह महीने बीत गए जो सौ वर्ष के समान कटे। महाराज एक दिन अपने घर के लोगों के लिए शोक करते हुए रुक्ष शरीर लिए दुःख से सो गए। वे पड़े-पड़े स्वप्न देखने लगे[2]।' भारतेन्दु ने इसी स्वप्न के विषय और क्रम में परिवर्तन कर उसे अपने रूपकोपयोगी बनाया है।

उन्होंने राजा और रानी को जो स्वप्न दिखाया है उसमें भी इस बात का ध्यान रखा है कि उस स्वप्न-दर्शन का फल पौराणिक होते हुए कथावस्तु के मेल में रहे। रानी ने स्वप्न में राजा को सारे अंग में भस्म लगाए देखा, जिसका फल अनिष्ट ही है[3] और राजा ने एक क्रोधी ब्राह्मण को रुष्ट होते देखा जिसका फल दरिद्रता और विपत्ति है[4]।

चंडकौशिक में श्मशान का भयानक वर्णन होने के बावजूद आर्य क्षेमीश्वर ने पिशाचों और डाकिनियों से गीत नहीं गवाया है परन्तु भारतेन्दु ने 'सत्य हरिश्चन्द्र' के उसी दृश्य में पिशाचों और डाकिनियों के 'सोलो' और 'कोरस' गान की व्यवस्था की है। यह परिवर्तन भी पारसी रंगमंच की नक़ल न होकर मार्कण्डेय पुराण के ही आधार पर हुआ है, जहाँ यह वर्णन है कि 'आग की चरचराहट, गिद्धों की चीख, कुटुम्बियों की रुलाई और शृंगालों का आनन्द बढ़ रहा था। भूत, बैताल, पिशाच और राक्षसों के गाने का शब्द प्रलय की भाँति घोर गर्जन करता था[5]।'

अनुवादित और उद्धृत उक्तियाँ

मुख्यतया 'चंडकौशिक' की ही प्रेरणा का परिणाम होने के कारण स्वभावतः उसकी उक्तियाँ प्रचुर परिमाण में अनुवादित होकर 'सत्य हरिश्चन्द्र' में आई हैं। प्रस्तुत

---

2. मार्कण्डेय पुराण–अध्याय 8, श्लोक संख्या 126-127।
3. सर्व्वाणि शुल्कानि प्रशंसितानि भस्मास्थिकार्पास विवर्जतानि ।
4. स्वप्ने रुष्टं ब्राह्मणं च ब्राह्मणीं कोपसंयुताम् ।
   विपत्तिश्च भवेद् तस्य लक्ष्मीर्याति गृहात् ध्रुवम् ।।
   –ब्रह्मवैवर्त पुराण 82 अध्याय।
5. मार्कण्डेय पुराण, अध्याय 8, श्लोक संख्या 113, 114।

संस्करण की पाद-टिप्पणियों में वे उद्धृत भी की गयी हैं। परन्तु इसी के साथ 'क्वचिदन्यतोऽपि' उक्तियों का अनुवाद कर भारतेन्दु ने उन्हें अपनी रचना में स्थान दिया है। ऐसी अनुवादित उक्तियाँ नारद और इन्द्र के संवाद तथा गंगा-वर्णन में अधिक हैं। उदाहरणार्थ जैसे नारद का यह कथन कि महात्मा और दुरात्मा में इतना ही भेद है कि इनके मन, वचन और कर्म एक रहते हैं इनके भिन्न-भिन्न, निम्नलिखित संस्कृत सूक्ति का अनुवाद है–

मनस्यन्यद्वचस्यन्यत्कार्यमन्यद्दुरात्मनाम् ।
मनस्येकं वचस्येकं कर्मण्येकं महात्मनाम् ।।

(वृद्धचाणक्य शतक)

नारद की इस उक्ति पर कि 'अधिकार में क्षमा, विपत्ति में धैर्य, सम्पत्ति में अनभिमान और युद्ध में जिसकी स्थिरता है वह ईश्वर की सृष्टि का रत्न है।' भर्तृहरि और कवयित्री फल्गुहस्तिनी की निम्नलिखित सूक्तियों की छाया है–

विपदि धैर्यमथाभ्युदये क्षमा
सदसि वाक्पटुता युधि विक्रमः ।
यदसि चाभिरुचिर्व्यसनं श्रुतौ
प्रकृतिसिद्धमिदं हि महात्मनाम् ।।

(भर्तृहरि)

और

सृजतितावदशेष गुणाकरं पुरुषरतनमलंकरण भुवि ।

(फाल्गुहस्तिनी)

नारद के इस कथन में कि 'जो न्याय न छोड़े वही धीर', भर्तृहरि की इस उक्ति का स्वर गूँज रहा है कि 'न्याय्यात्पथः प्रविचलंति पदं न धीराः।'

इसी प्रकार गंगा वर्णन–गंगा विषयक विभिन्न स्तोत्रों की पंक्तियों को लेकर गठित हुआ है, जैसे–

सुभग स्वर्ग-सोपान-सरिस सबके मनभावत ।
दरसन मज्जन पान त्रिविध भय दूर मिटावत ।।

शंकराचार्य की निम्नलिखित पंक्तियों के भाव को लेकर लिखा गया जान पड़ता है–

सकलकलुषभंगे स्वर्गसोपानसंगे ।
तरलतरतरंगे देवि गंगे प्रसीद ।।

'शिव-सिर-मालतिमाल भगीरथ-नृपति-पुन्य फल' का पूर्वार्द्ध स्पष्टतः रहीम की इस पंक्ति से लिया गया है–

'अच्युत-चरण-तरंगिणी, शिव-सिर-मालति-माल'

हिन्दी कवियों की रचनाओं में गिरिधरदास और देव की सवैया और कवित्तों के साथ ही किसी कवि का एक दोहा और एक बरवै छन्द भी प्रस्तुत रूपक में उद्धृत

किया गया है, जिनमें से उक्त बरवै भी रामनरेश त्रिपाठी के अनुसार रहीम का है[6] और श्री ब्रजरत्नदास के कथनानुसार दोहा कबीर का[7]।

रंगनिर्देश

'सत्य हरिश्चन्द्र' की सर्वाधिक विलक्षण वस्तु जो तत्काल, ध्यान आकृष्ट करती है वह भारतेन्दु का व्यापक रंग-निर्देश है जिसके अन्तर्गत उन्होंने किस पात्र की कैसी वेशभूषा होनी चाहिए, इसका विवरण दिया है। यह चीज़ न तो पुराने संस्कृत नाटकों में मिलती है, न प्राचीन यूनानी नाटकों में। उनमें अधिक से अधिक पात्र-सूची दे दी गयी है और पात्र रंगमंच पर कब आयें जायें, इसका निर्देश कर दिया गया है। इब्सन ही वह पहला यूरोपीय नाटककार है जिसने बड़े विस्तार से रंग-निर्देश दिया है, परन्तु उसने भी पात्रों की वेशभूषा निश्चित नहीं की है। उसकी कला से अत्यन्त प्रभावित बर्नाड शॉ ने अपने पात्रों की वेशभूषा का निर्देश करना आरम्भ किया था जैसे 'हाऊ ही लाइड टु हर हजबैंड' नामक उनके एक नाटक में एक पात्र की वेशभूषा के सम्बन्ध में यह निर्देश दिया गया।

'उसका प्रेमी, जो अठारह वर्ष का एक सुन्दर तरुण है, सायंकालीन पोशाक और बिना आस्तीन के लबादे में, हाथों में फूलों का गुच्छा और आपेरा हैट लिये हुए अकेले प्रवेश करता है।'

परन्तु बर्नाड शॉ का पहला नाटक 'विडोवर्स हाउजेज' सन् 1892 में लिखा गया था। अतः भारतेन्दु किसी भी प्रकार से शॉ की रंग-निर्देश प्रणाली का अनुकरण न कर सकते थे। ऐसी स्थिति में जान यह पड़ता है कि उन्हें वाजिदअली शाह रचित 'किस्सा राधा-कन्हैया का' नामक संगीत रूपक कहीं से मिल गया। अपने इस रूपक में वाजिदअली शाह ने वेशभूषा के सम्बन्ध में बड़े लम्बे-चौड़े निर्देश दिए थे। शाहेअवध का उक्त गीति नाट्यप्रस्तुत संस्करण के परिशिष्ट में दे दिया गया है जिसे देखने से विदित हो जाएगा कि यह चीज़ भारतेन्दु ने वहीं से ली है। अन्य कवियों की रचनाओं का उद्धरण लेने में भी सम्भवतः उन्होंने वाजिदअली शाह का ही अनुकरण किया है। उक्त विवेचन से यह भ्रम हो सकता है कि 'सत्य हरिश्चन्द्र में भारतेन्दु का अपना कोई कृतित्व नहीं है और उसमें जो कुछ है वह सब दूसरों का

---

6. कविता-कौमुदी, प्रथम भाग। परन्तु रहीम के किसी अन्य संग्रह में यह नहीं मिलता। हिन्दू विश्वविद्यालय के डॉ. भोलाशंकर व्यास का अनुमान है कि यह किसी लोकगीत का टुकड़ा है।
7. डॉ. श्यामसुन्दरदास द्वारा सम्पादित कबीर ग्रन्थावली में यह दोहा नहीं है। 'सरदार वल्लभभाई विद्यापीठ, गुजरात' के अध्यापक श्री रामेश्वर खंडेलवाल का कहना है कि 'यदि मेरी स्मृति धोखा नहीं देती है तो 'राजस्थान बोर्ड के लिए श्यामसुन्दरदास जी द्वारा प्रस्तुत 'पद्मरत्नमाला' में यह बाँकीदास जी की रचना के रूप में उद्धृत है।'

ही। परन्तु बात ऐसी है नहीं। भारतेन्दु की विशेषता उनकी मौलिक उद्‌भावना में नहीं है अपितु उनकी मौलिकता का दर्शन उनके उस 'मधुच्छत्र' की सजावट में मिलता है जिसका निर्माण उन्होंने विविध पुष्पों से मकरंद संगृहीत कर किया है और जिसका नाम 'सत्य हरिश्चन्द्र' है। भारतेन्दु के सम्बन्ध में स्व. रामबाबू सक्सेना के इस कथन से सहमत होना चाहिए कि 'प्लाट की दुरुस्ती और किस्से को खूबसूरत बना देने में वह अज़ब कमाल रखते थे[8]।'

8. तारीखे अदब उर्दू, बाब 15, पृ. 163।

'सत्य हरिश्चन्द्र' पर मुख्य आक्षेप

साधारणतया प्रतिकूल वचन निक्षेप को आक्षेप कहते हैं। ऐसे आक्षेप आकाश के 'हरिश्चन्द्र' पर भी होते रहे हैं तो पृथ्वी के हरिश्चन्द्र का उनसे बच निकलना अस्वाभाविक और इसीलिए आश्चर्यजनक भी होता परन्तु आलोचकों की सतत् सजग और 'स-तर्क' दृष्टि ने ऐसा न होने दिया। फलतः 'सत्य हरिश्चन्द्र' और उसके रचयिता हरिश्चन्द्र पर विविध आलोचकों द्वारा जो आक्षेप किए गए हैं वे मुख्यतया निम्नलिखित हैं–

(1) सत्य हरिश्चन्द्र नाटक (?) की भाषा व्याकरण की दृष्टि से सदोष है।

(2) उसमें काल विरुद्ध सन्दर्भ भी हैं।

(3) वह किसी संस्कृत, बाँग्ला या गुजराती नाटक का अनुवाद है।

(4) भारतेन्दु को न तो पाश्चात्य नाटक रचना-विधान का ज्ञान था, न भारतीय।

(5) वे आत्मश्लाघा के भी अपराधी हैं।

जहाँ तक प्रथम आक्षेप का प्रश्न है, उसका एक मात्र उत्तर यही हो सकता है कि किसी भी वस्तु के दोष-गुण स्वयं उस वस्तु के अस्तित्वसापेक्ष होते हैं। पहले वस्तु का प्रादुर्भाव होता है और यह होने के बाद ही उसके गुण-दोष का विवेचन तथा उनके नियमन की भी व्यवस्था की जा सकती है, अर्थात् पहले भाषा बनेगी और तभी बाद में उसके व्याकरण की रचना सम्भव हो सकेगी।

भारतेन्दु हरिश्चन्द्र को 'आधुनिक हिन्दी का जन्मदाता' कहा जाता है। उन्होंने ही सन् 1873 में 'कालचक्र' में लिखा था कि 'हिन्दी नयी चाल में ढली।' यहीं यह उल्लेख्य है कि हिन्दी जिस नयी चाल में ढली उस चाल के चलन की अव्यक्त आकांक्षा जन-मन में पहले से ही जाग चुकी थी। अपने मन में सभी अनुभव कर रहे थे कि हिन्दी गद्य का कोई सुष्ठु और सर्वमान्य रूप निश्चित हो जाना चाहिए। इसीलिए उस समय भाषा के सम्बन्ध में विविध प्रयोग किए गए।

राजा शिवप्रसाद सितारेहिन्द 'आमफहम और खास पसन्द' भाषा के पक्षपाती थे। उनका पक्ष तात्कालिक परिस्थितियों को देखते हुए उचित ही था परन्तु देश में जिस नवचेतना का संचार हो रहा था उससे उसका मेल न बैठ सका। राजा साहब उर्दू के 'चोर दरवाज़े' से हिन्दी को 'राजमहल' में चुपचाप घुसाना चाहते थे और भारतेन्दु हरिश्चन्द्र उसमें हिन्दी का प्रवेश सिंहद्वार से जनगण के बल पर डंके की चोट कराने

के लिए कटिबद्ध थे। दोनों का उद्‌देश्य समान था परन्तु उस उद्‌देश्य की पूर्ति सम्बन्धी दोनों के मार्ग अलग-अलग थे। मार्ग की इसी भिन्नता ने उस समय भाषा सम्बन्धी संघर्ष का सूत्रपात किया जिसमें घिस-पिस कर भाषा ने वह रूप ग्रहण किया जो आज सर्वमान्य है।

ऐसी स्थिति में स्वभावतः यह प्रश्न उठता है कि उस समय हिन्दी का व्याकरण ही कौन-सा था जिसके आधार पर भारतेन्दु की भाषा सदोष कही जा सके। भाषा का रूप स्थिर हो जाने पर जिस व्याकरण की रचना हुई उसके नियमों की कसौटी पर भारतेन्दु की भाषा को कसना उनके प्रति अन्याय ही कहा जाएगा। आधुनिक अंग्रेजी व्याकरण की दृष्टि से शेक्सपियर की भाषा पर कोई भी विचार नहीं करता अपितु अंग्रेजी में शेक्सपियर-व्याकरण ही अलग बना लिया गया है। हिन्दी में इसी प्रकार भारतेन्दु व्याकरण बन जाना चाहिए और तब उसी के अनुसार उनकी भाषा में दोष दिखाना चाहिए।

सत्य हरिश्चन्द्र रूपक में जिन काल-विरुद्ध सन्दर्भों का उल्लेख किया जाता है वे मुख्यतया दो हैं—एक तो काशी नगरी का वर्णन और दूसरे गंगा-वर्णन। प्रथम वर्णन के सम्बन्ध में कहा जाता है कि वह राजा हरिश्चन्द्र के समय की काशी का वर्णन न होकर कवि हरिश्चन्द्र की समकालीन काशी का वर्णन है। इस सम्बन्ध में पहली विचारणीय बात यह है कि उक्त वर्णन पद्यात्मक है और वह भी भारतेन्दु की रचना न हो कर उनके पिता की रचना है जिसे उन्होंने उद्‌धृत कर लिया है। दूसरा गंगा-वर्णन स्वयं भारतेन्दु विरचित है।

उक्त उद्धरण में उनके पिता द्वारा रचित दो कवित्त और दो सवैया छन्द हैं। इन सबको मिलाकर इनमें नगर की जो मुख्य विशेषताएँ वर्णित हैं वे इतनी ही हैं कि नगर में चारों वर्णों और चारों आश्रमों का निवास है, गगनचुम्बी रत्न और स्वर्ण जटित अट्टालिकाओं की पंक्तियाँ हैं, सभी देवताओं और तीर्थों का निवास है, मोक्षप्रदायिनी गंगा नदी है, चूने से लिपे-पुते भवनों पर ध्वजा पताका फहराती है, मंदिरों में घंटे और नगाड़े बजते हैं, भवनों में मधुर वाद्य वादन और गायन होता है, ब्राह्मण वेद-पाठ करते हैं और सुन्दरियों का समूह गंगा-स्नान में अपनी शोभा दिखाता है।

उक्त वर्णन में सभी बातें ऐसी हैं जो भारतीय काव्यों के नगर-वर्णन में प्रायः पाई जाती हैं, जैसे—श्रीहर्ष के 'नैषधीय चरित' में जब हंस राजा भीम की राजधानी कुंडिनपुर में प्रवेश करता है तो उसके दृष्टिपथ में वह नगरी इस प्रकार आती है—

भूमि विजयी राजा भीम के बाहुबल से पालित और कैलास पर्वत के समान ऊँचे भवनों से सुशोभित नगरी को उस पक्षी ने देखा। उस नगरी में स्फटिक निर्मित चन्द्रमा के समान उज्ज्वल दीवारवाले भवन पृथ्वी के रतिकालिक मुस्कान के समान शोभित थे।...उस नगरी की वापिका सुन्दर दाँत वाली स्त्रियों के शरीर से घुले हुए अंगराग से कलुषित होने पर मानिनियों के समान रात्रि बीतने पर भी निर्मल (प्रसन्न) नहीं हुई।...प्रत्येक बाज़ार में सोंधे सत्तू के पीसे जाने के कारण चक्कियों से निकला

हुआ घर्घर शब्द गृहाभिमुख पथिकों को आकृष्ट करता था और मेघध्वनि उन्हें शीघ्र घर पहुँचने की प्रेरणा देती थी।...उस पुरी के रत्नजटित भवन दिन भर सूर्य किरणों से तृषित होकर रात्रि के समय अपनी लाल पताका रूपी जिह्वाओं से चन्द्रमा की किरणों को शीतोपचार के लिए चाटते थे।...उस नगरी के भवनों पर लगी हुई श्वेत पताकाएँ आकाश में उस गंगा के समान लहराती थीं जिसका नयी सृष्टि के साथ विश्वामित्र निर्माण कर रहे थे परन्तु ब्रह्मा के चारों मुखों से की गई स्तुतियों के कारण जिसे सृष्टि के साथ ही उन्होंने अधूरी छोड़ दिया था[1]।

मंदसौर के सं. 529 (472 ई.) के वत्सभट्टि के शिला पट्ट पर दशपुर नगर के वर्णन में कहा गया है कि वहाँ विशाल भवन थे जिनके ऊपर पताकाएँ फहराती थीं। ऊँची सफ़ेद अट्टालिकाएँ, जिन पर सुन्दरियाँ विराजमान थीं, ऐसी प्रतीत होती थीं मानों बिजली से संयुक्त शुभ्र मेघ मालाएँ हों[2]।

इसी प्रकार 'कुमारसम्भव' में शिव-विवाह के प्रसंग में कालिदास ने कहा है कि चूने से लिपे-पुते उज्ज्वल भवनों के कंगूरों को अपने शिरस्थित चन्द्रमा की चाँदनी से और भी चमकाते हुए, ध्वजाओं और पताकाओं से सजे हुए राज-मार्गों पर महादेव जी चले[3]।

---

1. अथ भीमभुजेन पालिता नगरी मजुरसौ धराजिता ।
   पतगस्य जगाम दृक्पथं हरशैलोपमसौधराजिता ।। (हरि.ना. 5 (1600-61)
   दथित प्रति यत्र सतता रतिहासा इब रेजिरे भुवः ।
   स्फटिकोपल विग्रहा गृहाः शशभृद्भित्तनिरङ्कभित्तयः ।।
   × × × ×
   सुदती जनमज्जनार्पितैर्घुसृणैर्यत्र कषायिताशया ।
   न निशाखिलयापिबापिका प्रससाद ग्रहिलेव मानिनी ।।
   × × × ×
   प्रतिहट्ठपथे घरट्टजात्पथिकाह्वानद सक्तुसौरभैः ।
   कलहान्न घनान्यदुत्थितादधुनान्युज्झति घर्घरस्वरः ।।
   × × × ×
   स्वरुचारुणया पताकया दिनमर्केण समीयुषोत्तृषः ।
   लिलिहुर्बहुधा सुधाकरं निशि माणिक्यमया यदालयाः ।।
   × × × ×
   अश्रान्तश्रुतिपाठपूतरसनाविर्भूतभूरिस्तबा-
   जिह्वब्रह्ममुखौधविघ्नितनव स्वर्गक्रियाकेलिना ।
   पूर्वं गाधिसुतेन सामिघटिता मुक्ता नु मन्दाकिनी ।
   यत्प्रासाददुकूलवल्लिरनिलान्दोलैरखेलद्दिवि ।।
2. चलत्पताकान्यबलासनाथान्यत्यर्थशुबलान्यधिकोन्नतानि ।
   तडिल्लता चित्रसिताभ्रकूट तुल्योपमानानि गृहाणि यत्र ।।
3. तावत्पताकाकुलमिन्दुमौलिरुत्तोरणं राजपथं प्रपेदे।
   प्रासादशृंगाणि दिवापि कुर्वञ्ज्योत्स्नाभिषेकद्विगुणद्युतीनि ।।

यह तो संस्कृत के मूर्द्धन्य काव्यों में नगर-वर्णन की पद्धति रही। ऐसे प्रसंगों में अपभ्रंश के कवि भी इसी पद्धति पर चले। सन्देशरासक में विरहिणी के प्रश्न का उत्तर देते हुए पथिक ने कहा कि–हे कमलनयनी, हे चन्द्रमुखी! चतुर जनों से भरा-पूरा, सफ़ेद ऊँची चहारदिवारी से घिरा तथा तीन नगरों से सुशोभित सामोरु नामक नगर है। वहाँ मूर्ख कोई नहीं है, सभी पंडित हैं।...कहीं चतुर्वेदी वेदपाठ करते दिखाई देते हैं।...बाँसुरी, वीणा, काहल, मृदंग आदि बजने के शब्द सुन पड़ते हैं[4]।'

नगर-वर्णन की यही परम्परा देसी भाषा के काव्यों में भी प्रगृहीत हुई। अठारहवीं शताब्दी के गुजराती कवि रत्नदास ने अपने 'हरिश्चन्द्राख्यान' में अयोध्यापुरी का वर्णन इस प्रकार किया कि 'परम पावन सरयू नदी के पवित्र तट पर अयोध्यापुरी बसी है। उस नगर के द्वार विचित्र प्रकार के हैं। चारों ओर चौकियाँ हैं। चार सुन्दर चौहट्टे हैं। प्रत्येक चौहट्टे में हज़ारों बाज़ार सुशोभित हैं। यहाँ जो कुछ भी है वह सम्पन्नता और प्रसन्नतापूर्ण है। चित्रकारों ने उसे भली भाँति चित्रित किया है। उस नगरी में पवित्रता छाई हुई है। वहाँ चारों वर्णों का निवास है जो अपने-अपने आचार का पालन करते हैं। ब्राह्मणों के द्वार पर नित्य वेदपाठ होता रहता है[5]।'

इसी आख्यान में राजा हरिश्चन्द्र के वाराणसी पहुँचने पर उनसे कवि ने पुर का वर्णन इस प्रकार कराया है–

'हरिश्चन्द्र इस प्रकार बोले–मैं नतमस्तक होकर कहता हूँ, हे स्वामी सुनिए। मैं वाराणसी पुरी में आ गया। यहाँ वेद-ध्वनि छा रही है। उसे सुनकर बड़ा आनन्द होता है। यहाँ बहुत से शिव मन्दिर हैं। उन पर अगणित ध्वजाएँ लगी हुई हैं। उन ऊँचे मंदिरों की उपमा कैलास से ही दी जा सकती है। यहाँ चारों वर्णों के लोग सुखी हैं।

---

4. णयरणामु सामोरु सरोरुहदलनयणि ।
णायरजण सम्पुन्नु हरिस ससिहरवयणि ।।
धवलतुंगपायारिहि तिउरिहि मंडियउ ।
णहु दीसइ कुइ मुक्खु सयलु जणु पंडियउ ।।
कह व ठाइ चउवेइहि वेउ पयासियइ ।
के आइन्निहिं वंसवीण काहल मुरउ ।। –सन्देशरासक, द्वितीय प्रक्रम।

5. 'नदी सरयू परम पावन; पुलिन पुण्य पवित्र।
अयोध्यापुरी बसे सुन्दर, पोल प्रकार विचित्र।
चहुदिशे चोकी, कर्यां चौटां रूडां ऐंशी चार।
चौटा चौटा प्रत्ये सुंन्दर समां हाट हज़ार।
विविध विस्तारे वणुं छे माल ऊपर माल।
रंग्या सुरीते चित्रकारे सर्व तेह विशाल।
पवित्रता छे पुरी माहे वसे वर्ण अढार।
जेनो जेवा जोईये, तेनो तेवो आचार
निगमनां निर्घोष नित्य विप्रकेरे द्वार ।।'

रमणीक गंगातट पर धर्म की चर्चा सुन पड़ती हैं। सप्त पुरियों के बीच साक्षात् काशीपुरी सुशोभित है[6]।

अतः कहने का तात्पर्य इतना ही कि 'सत्य हरिश्चन्द्र' में नगरवर्णन न तो राजा हरिश्चन्द्र के समय का है और न कवि हरिश्चन्द्र के समय का। उसमें जो विशेषताएँ वर्णित हैं वे परम्परागत मात्र हैं और यत्किंचित् स्थानगत परिवर्तन के साथ किसी भी नगर के वर्णन में प्रायः वर्णित होती रही हैं।

'सत्य हरिश्चन्द्र' के आलोचकों ने इस आधार पर कि भूतल पर गंगा को लाने वाले भगीरथ राजा हरिश्चन्द्र के बहुत बाद हुए थे, रूपक में गंगा-वर्णन पर सर्वाधिक आपत्ति की है और इस तथ्य पर बिल्कुल ध्यान नहीं दिया है कि पौराणिक वर्णन विभिन्न युगों, मनवंतरों और कल्पों के जिस झमेले में फँसे हुए हैं उसमें साधारण बुद्धि का प्रवेश नहीं। इस सम्बन्ध में एक ही उदाहरण पर्याप्त होगा। राजा हरिश्चन्द्र तो त्रेतायुग में हुए थे और देवासुर द्वारा समुद्र-मंथन सतयुग में हुआ था। पद्मपुराण के अनुसार समुद्रमंथन के फलस्वरूप जब लक्ष्मी प्रकट हुईं तो उन्हें हाथियों ने गंगाजल से स्नान कराया था। इसलिए स्वभावतः प्रश्न उठता है कि उस समय गंगाजल का वर्णन कैसे सम्भव हुआ। वस्तुतः साहित्यिक आलोचना करते समय पौराणिक झमेलेबाजी में उलझने की कोई विशेष आवश्यकता ही नहीं है। पुराण पुराणेतिहास होते हुए भी विशुद्ध इतिहास नहीं हैं, अतः उनके आधार पर किसी वर्णन के काल विरुद्ध होने का प्रश्न ही न उठाना चाहिए।

अब जहाँ तक 'सत्य हरिश्चन्द्र' की मौलिकता का प्रश्न है जिस समय डॉ. श्यामसुन्दरदास और लाला भगवानदीन में से एक इसे संस्कृत चंडकौशिक का अनुवाद बताने को अनुचित बता रहे थे और दूसरे इसका आधार चंडकौशिक को घोषित कर रहे थे कि आचार्य रामचन्द्र शुक्ल ने अपने 'इतिहास' में खुलकर इसे

---

6. 'आव्युं पुर वाराणसी सुणो स्वामी जी!
ऐम बोलं हरिचन्द, कहुँ शिर नामी जी ।
वेदतणी धुनि थाय छे, सुणो स्वामी जी ।
तेथी उपजे अति आनद, कहुँ शिर नामी जी ।
शिव स्थानक दीसे घणां, सुणो स्वामी जी!
तेणे धजातणो नहि पार, कहुँ शिर नामी जी ।
ऐने कैलासनी उपमा, सुणो स्वामी जी ।
सुखिया अहिं वर्णं अढार, कहुँ शिर नामी जी
गंगातट रलियामणुं, सुणो स्वामी जी।
सुणिये धर्मनी बात, कहुँ शिर नामी जी
सप्त पुरीमां शोभिती, सुणो स्वामी जी
काशीपुरी साक्षात्, कहुँ शिन नामी जी।'

भारतेन्दु के अनुवादित नाटकों की कोटि में रख दिया और यह सम्मति प्रकट की कि 'सत्य हरिश्चन्द्र' मौलिक समझा जाता है, पर हमने एक पुराना बाँग्ला नाटक देखा है जिसका वह अनुवाद कहा जा सकता है[7]।'

आचार्य जी की उक्त संमति को देखते हुए राजा हरिश्चन्द्र के वृत्त सम्बन्धी बाँग्ला नाटकों की खोज आवश्यक हो गई। इस खोज के सिलसिले में निम्नलिखित सात बाँग्ला नाटक दिखाई पड़े–

(1) अघोरचन्द्र काव्यतीर्थ कृत हरिश्चन्द्र

(2) कवीन्द्र रवीन्द्र के भ्राता ज्योतिरींद्रनाथ ठाकुर द्वारा अनुवादित चंड कौशिक

(3) काशीनाथ भट्टाचार्य द्वारा प्रकाशित कुपित कौशिक

(4) विनयकृष्ण मुखोपाध्याय रचित हरिश्चन्द्र वा श्मसाने मिलन

(5) मनमोहन वसु रचित हरिश्चन्द्र नाटक

(6) फणिभूषण विद्याविनोद कृत हरिश्चन्द्र और

(7) अमृतलाल वसु प्रणीत हरिश्चन्द्र[8]।

उक्त सात नाटकों में से छ–'सत्य हरिश्चन्द्र' के बाद प्रकाशित हुए थे। केवल मनमोहन वसु का हरिश्चन्द्र भारतेन्दु के 'सत्य हरिश्चन्द्र' से दो वर्ष पूर्व अर्थात् सन् 1874 में प्रकाशित दिखाई पड़ा, परन्तु दोनों में इतना अधिक अन्तर है कि 'सत्य हरिश्चन्द्र' मनमोहन वसु के 'हरिश्चन्द्र नाटक' का अनुवाद कथमपि नहीं कहा जा सकता। दोनों की एक पंक्ति में भी कहीं साम्य नहीं है। हरिश्चन्द्र, रोहित, विश्वामित्र और शैव्या को छोड़कर दोनों के पात्र भी भिन्न-भिन्न हैं, जैसे– मनमोहन वसु के नाटक में उक्त चारों के अतिरिक्त निम्नलिखित पात्र हैं–

(1) तुंगद्वीप का राजपुत्र खगेन्द्र, (2) राज-सहचर नागेश्वर, (3) मंत्री, (4) मंत्रिपुत्र वसन्त, (5) विश्वामित्र का शिष्य पातंजल, (6) काशी का नगरपाल, (7) प्रहरी जगन्नाथ, (8) राजकिंकर विदुर, (9) श्मशान-चांडाल भदो और कमला, मल्लिका और कांचनी नामक तीन स्त्रियाँ। साथ ही इसमें पाँच अंक हैं।

दूसरी ओर 'कुपित कौशिक' और 'सत्य हरिश्चन्द्र' के दो अन्तिम अंकों में बहुत अधिक समानता दिखाई पड़ती है। दोनों के पात्र भी प्रायः एक ही हैं और भाव में केवल भाषागत अन्तर है जो निम्नलिखित उद्धरणों में स्पष्ट दिखाई देता है–

---

7. हिन्दी साहित्य का इतिहास (संशोधित और परिवर्द्धित संस्करण) पृ. 422।

8. इस नाटक के सम्बन्ध में शान्तिनिकेतन के हिन्दी अध्यापक मेरे मित्र डॉ. शिवनाथ ने मुझे यह सूचना देने की कृपा की है कि 'अधुना यही मत स्थिर है कि यह रचना नृत्य-गोपाल राम कविरत्न की है। और 'श्री अमृतलाल वसु द्वारा प्रकाशित है।' श्री सतीशचन्द्र मुखोपाध्याय द्वारा प्रकाशित 'अमृत लालेर ग्रन्थावली', प्रथम भाग में इसे पढ़ने के कारण मैंने इसे वसु महाशय द्वारा प्रणीत समझा था। –सं.

	सत्य हरिश्चन्द्र (तीसरा अंक)		**कुपित कौशिक (तृतीय अंक)**
हरिश्चन्द्र—	अरे सुनो भाई सेठ, साहूकार, महाजन, दूकानदारों, हम किसी कारण से अपने को पाँच हज़ार मोहर पर बेचते हैं, किसी को लेना हो तो लो।...	राजा—	शुनो शुनो, साधुगन, साधिवारे प्रयोजन निज देह करिबो विक्रय। शत स्वर्ण मूल्य देओ, एई देह किने लेओ जा'र ईथे प्रयोजन हय।
	(ऊपर देखकर) क्या कहा? 'क्यों तुम ऐसा दुष्कर कर्म करते हो? आर्य, यह मत पूछो; यह सब कर्म की गति है।	(नेपथ्ये)	कि हे! शरीर विक्रय! एई दारुण कर्म तूमि कैनो करछो?
	(ऊपर देखकर) क्या कहा? 'तुम क्या कर सकते हो, क्या समझते हो, और किस तरह रहोगे?' ...जैसे स्वामी रक्खेगा वैसे रहेंगे...	राजा—	भाई! तोमार से कथाय काज कि? संसार विचित्र स्थान। शुनो, शुनो, साधुगन....
	(ऊपर देखकर) क्या कहा 'कुछ दाम कम करो। आर्य, हम लोग तो क्षत्रिय हैं, हम दो बात कहाँ से जानें।	(नेपथ्ये)	तोमार कि रूप क्षमता आछे हे? कि कर्म जानो? कि कर्म कोरिते पारो?
	× × ×	राजा—	(ईषत् हासिया) प्रभू जा आज्ञा कोरिबेन। प्रभुर आज्ञापालन कराई भृत्येर परम धर्म!
		(नेपथ्ये)	तूमि दामटा बड़ चड़ा बलेछो।
		राजा—	आमरा क्षत्रिय! बार-बार बोलिते जानिना।
			× × ×
उपाध्याय—	क्यों रे कौंडिन्य! सच ही दासी बिकती है?	भट्टाचार्य—	वत्स कौंडिन्य! सत्यई कि बाज़ारे दासी विक्रय हइचे?
बटुक—	हाँ गुरुजी, क्या मैं झूठ कहूँगा। आप ही देख लीजिए।	छात्र—	आज्ञे, आपनार काछे आमि कि मिथ्या बोलि?
उपाध्याय—	तो चल।...।	भट्टा—	तबे चल। देखा जाकगे।
			× × ×
शैव्या —	परपुरुष से संभाषण और उच्छिष्ट भोजन छोड़कर और जो जो कहिएगा सब सेवा करूँगी।	शैव्या —	पर पुरुषेर उपासना कोरिवो ना। पोरेर उच्छिष्ट खाबो ना—ता छाड़ा-सकल कर्म्म कोरिबो।
	× × ×		× × ×

उपाध्याय–	अहा! यह निस्सन्देह किसी बड़े कुल की है। इसका मुख सहज लज्जा से ऊँचा नहीं होता और दृष्टि बराबर पैर पर ही है, जो बोलती है धीरे-धीरे सम्हाल कर बोलती है।	भट्टा–	मस्तके घोमटा, मुख बिनत लज्जाए। पद भिन्न अन्य दिके, दृष्टि नाहि जाए। धीर गति सुमधुर, परिमित कथा। उच्च कुले जन्म एर, नाहिको अन्यथा।।
	× × ×		× × ×
हरिश्चन्द्र–	ऋण छूट्यो, पूर्‌यो वचन, द्विजहु न दीनो शाप। सत्य पालि, चंडालहू होई, आजु मोहि दाप ।।	राजा–	मुक्त हइलाम आमि ब्राह्मणेर ऋणे शापानल ज्वलिलोना एइ जीवन-तृणे सत्य रक्षा हलो, धर्म रहिलो अक्षय चंडाल दासत्व एवे श्लाघार विषय।
	× × ×		× × ×
	(चौथा अंक)		**(चतुर्थ अंक)**
हरिश्चन्द्र–	'बिना हम से कहे और बिना हमें आधा क़फ़न दिए कोई संस्कार न करे।	राजा–	मृत वस्त्र नाहिं दिया, ना जानाये मोरे। श्मसानेर कार्य जेन, केहो नाहि कोरे।
	× × ×		× × ×
हरिश्चन्द्र–	चिताभस्म सब अंग लगाये अस्थि-अभूषन बिबिध बनाए हाथ कपाल मसान जगावत को यह चल्यो रुद्र सम आवत	राजा–	माथाय मड़ार खूलि, भस्म माखा गाय। सर्वांग जड़ित देखि, हाड़ेर मालाय ।। खट्वांग मड़ार माथा, एक एक करे। भूतनाथ सम वेशे, श्मसाने बिचरे ।।
	× × ×		× × ×
शैव्या–...	नहीं, नहीं अब मैं न जीऊँगी। या तो इस पेड़ में फांसी लगाकर मर जाऊँगी...। (उन्मत्त की भाँति उठकर दौड़ना चाहती है।)	राजा–	(आड़ाले) (वृक्षे रज्जु दुलाइवार उद्यम) स्वाधीन मानवगन शोक दुःखहते जीवन त्यजिया पाय निष्कृति जगते स्वदेह विक्रयी जारा शिरे दास्यभार मरणे ओ ताहा देर नाहिं अधिकार
हरि.–	(आड़ में से) तनहिं बेंचि दासी कहवाई मरत स्वामि आयसु बिनु पाई करु न अधर्म सोच जिय माहीं पराधीन सपने सुख नाहीं ।		

उक्त तुलनात्मक उद्धरणों के आधार पर विश्वासपूर्वक कहा जा सकता है कि आचार्य शुक्ल जी ने जो बाँग्ला नाटक पढ़ा था वह 'कुपित कौशिक' ही था और आचार्यजी का यह भ्रम भी स्वाभाविक ही था कि 'हरिश्चन्द्र' किसी बाँग्ला नाटक का अनुवाद है, यद्यपि तथ्य यह है कि भारतेन्दु और उक्त बाँग्ला नाटक के लेखक दोनों ही ने 'चंडकौशिक' के आधार पर अपनी रचनाएँ स्वतंत्र रूप से प्रस्तुत की हैं।

साथ ही भारतेन्दु द्वारा 'कुपित कौशिक' का अनुवाद इसलिए भी असम्भव है क्योंकि 'सत्य हरिश्चन्द्र' का प्रकाशन सन् 1876 में हुआ था और 'कुपित कौशिक' का 1878 में[9]। इस प्रकार 'सत्य हरिश्चन्द्र' 'कुपित कौशिक' से दो वर्ष पूर्व ही प्रकाशित हो चुका था। दूसरी ओर यह भी निश्चित है कि 'कुपित कौशिक' के रचयिता ने 'सत्य हरिश्चन्द्र' से कोई सहायता नहीं ली। यदि ऐसा होता तो 'चंडकौशिक' से कोई सहायता नहीं ली। यदि ऐसा होता तो 'चंडकौशिक' की कथावस्तु में परिवर्तन कर जिस ढंग से भारतेन्दु ने 'सत्य हरिश्चन्द्र' के प्रारम्भिक दो अंकों की रचना की है उसकी कुछ न कुछ झलक 'कुपित कौशिक' में अवश्य दिखाई देती। परन्तु 'कुपित कौशिक' में ऐसी कोई बात नहीं है।

पुनः 'सत्य हरिश्चन्द्र' और 'कुपित कौशिक' की रचना के उद्देश्यों में भिन्नता है। भारतेन्दु ने 'सत्य हरिश्चन्द्र' के 'उपक्रम' में अपनी रचना का कारण बताते हुए लिखा है कि–मेरे मित्र बाबू बालेश्वर प्रसाद बी.ए. ने मुझसे कहा कि आप कोई ऐसा नाटक भी लिखैं जो लड़कों के पढ़ने-पढ़ाने के योग्य हो, क्योंकि शृंगार रस के आपने जो नाटक लिखे हैं वे बड़े लोगों के पढ़ने के हैं, लड़कों को उनसे कोई लाभ नहीं। उन्हीं की इच्छानुसार मैंने यह सत्य हरिश्चन्द्र नामक रूपक लिखा है।' परन्तु 'कुपित कौशिक' के रचयिता ने अपनी रचना के 'विज्ञापन' में यह कहा है कि–'यह सब देख-सुनकर मन में आया कि यदि किसी नाटक में अधिक संख्या में गीत रहें, तो ऐसा होने पर जान पड़ता है कि यात्रा नाटक करने वालों के लिए विशेष सुविधा हो सकती है। यही सुविधा प्रस्तुत करने के अभिप्राय से ही आर्य क्षेमीश्वर प्रणीत संस्कृत चंड कौशिक नाटक का अवलम्बन कर यह कुपित कौशिक लिखा गया। इसमें तीस गीत है[10]।

इससे स्पष्ट है कि जहाँ एक लड़कों को पढ़ने-पढ़ाने के लिए लिखा गया वहाँ दूसरे की रचना यात्रा नाटक खेलने वालों के लिए हुई थी।

प्रकाशन की दृष्टि से भी मनमोहन वसु के नाटक को छोड़कर शेष बाँग्ला नाटकों में 'कुपित कौशिक' सबसे पुराना है। अतः आचार्य शुक्लजी का यह कथन ठीक ही है कि– 'मैंने एक पुराना बाँग्ला नाटक देखा है।' यदि 'इतिहास' लिखते समय यह नाटक आचार्य जी के सामने रहा होता और 'सत्य हरिश्चन्द्र' की प्रकाशन-तिथि से इसके प्रकाशन काल

---

9. कुपित कौशिक नाटक, संस्कृत हइते संकलित 30 टी गीत समेत हुगली बुधोदय यंत्रे श्रीकाशीनाथ भट्टाचार्य द्वारा मुद्रित सन् 1285 साल 25 वैशाख संवत् 1935 (कुपित कौशिक के आवरण पृ. से उद्धृत)

10. विज्ञापन
एई सकल देखिया शुनिया मने हइलो जे जदि कोन ओ नाटके अधिक संख्याय गीत थाके, ताहा हइले बोथ हय, यात्राकारकदिगेर पक्षे विशेष सुविधा हइते पारे। सेई सुविधां करणेर अभिप्रायेई आर्य क्षेमीश्वर प्रणीत संस्कृत चड कौशिक नाटक अवलम्बन कोरिया एई कुपित कौशिक नाटक लिखित हइलो। इहाते 30 टी गीत आछे! –कुपित कौशिक।

का मिलान वे कर पाये होते तो उनके इतिहास में इसकी गणना भारतेन्दु द्वारा अनुवादित नाटकों में कदापि न हुई होती जो केवल देखी-दिखाई होने के कारण हो गई।

अब इसी प्रसंग में श्री ब्रजरत्नदास की इस सुनी-सुनाई बात पर भी विचार कर लेना समीचीन प्रतीत होता है कि 'यह गुजराती के किसी नाटक का छायानुवाद है।'

यह पहले दिखाया जा चुका है कि राजा हरिश्चन्द्र की कथा गुजराती मे पहले से ही बड़ी लोकप्रिय थी। रत्नदास और रत्नदास से भी पूर्व विष्णुदास और कवि नाकर ने भी इस प्रसंग पर काव्यरचना की थी। इस हृदयद्रावक पौराणिक वृत्त के प्रति गुजराती जनता की गहरी रुचि का ही यह परिणाम था कि बाँग्ला से भी पहले गुजराती में हरिश्चन्द्र नाटक की रचना हुई और बीसवीं शताब्दी में भी यह क्रम जारी है। फलतः गुजराती में इस विषय पर लिखित निम्नलिखित नाटक प्रसिद्ध हुए–

(1) रणछोड़राम उदयराम द्विवेदी लिखित 'हरिश्चन्द्र नाटक।'

(2) कबराजी कैखुसरो नैरोजजी लिखित 'हरिश्चन्द्र नाटक।'

(3) लवजी दयाभाई मुंशी लिखित 'सत्यवादी हरिश्चन्द्र।'

(4) कामदार और जोशी के 'हरिश्चन्द्र नाम बे (दो) नाटकों।'

इनमें से अन्तिम दो क्रमशः सन् 1910 और सन् 1933 ई. में प्रकाशित हुए थे। कैखुसरो नौरोजजी और भारतेन्दु के हरिश्चन्द्र नाटक एक ही वर्ष अर्थात् सन् 1876 ई. में प्रकाशित हुए। द्विवेदी रणछोड़राम उदयराम का नाटक सबसे पहले अर्थात् सन् 1871 ई. में प्रकाशित हुआ था। अतः गुजराती का यही एकमात्र नाटक है जो 'सत्य हरिश्चन्द्र' के प्रकाशित होने के पाँच वर्ष पूर्व प्रकाश में आया। इसकी पृष्ठ संख्या 178 है। फलतः अपने इस विस्तार के कारण यह रंगमंच के अयोग्य सिद्ध हुआ। शायद यही कारण है कि इस नाटक के आधार पर कैखुसरो नौरोज जी को सन् 1876 में रंगमंच के योग्य 56 पृष्ठों के हरिश्चन्द्र[11] नाटक की रचना करनी पड़ी[12]।

---

11. सम्भवतः यही नाटक है जिसे बाल्यावस्था में महात्मा गांधी ने देखा था और जिसकी अमिट छाप उनके हृदय पर जीवन भर पड़ी रही। इसके प्रभाव के सम्बन्ध में उन्होंने अपनी 'आत्मकथा' में लिखा है कि–'प्रायः ठीक इसी समय के आस-पास एक नाटक मंडली द्वारा खेले जाने वाले एक नाटक को देखने की अनुमति अपने पिता से प्राप्त की। इस हरिश्चन्द्र नाटक ने मेरे हृदय को वशीभूत कर लिया। यह नाटक देखने में मैं थकता ही न था। परन्तु आखिर कितनी बार मुझे यह नाटक देखने की अनुमति मिलती? इस नाटक का भूत मेरे सिर पर सवार था और निश्चय ही मैंने अगणित बार मन ही मन हरिश्चन्द्र का अभिनय किया होगा। मैं दिन-रात अपने आप से प्रश्न करता था कि सभी लोग हरिश्चन्द्र की भाँति सत्यवादी क्यों नहीं हो सकते? सत्यपालन और उसके लिए हरिश्चन्द्र की तरह कष्टसहन के आदर्श की प्रेरणा मुझे इस नाटक से मिली। मैं हरिश्चन्द्र की कथा में अक्षरशः विश्वास करता था। उसका स्मरण मुझे प्रायः रुलाता था। आज मेरी सामान्य बुद्धि मुझे बताती है कि हरिश्चन्द्र ऐतिहासिक व्यक्ति नहीं हो सकते। फिर भी हरिश्चन्द्र और श्रवण मेरे लिए सजीव वास्तविकता हैं और मुझे विश्वास है कि यदि आज भी मुझे वे दोनों नाटक पढ़ने के लिए मिलें तो पहले की ही भाँति मेरा हृदय द्रवित हो उठेगा।
12. मेरे मित्र डॉ. श्यामसुन्दर शुक्ल के माध्यम से एक गुजराती विद्वान् ने मुझे सूचना दी है कि द्विवेदी रणछोड़राम का नाटक उस अंग्रेजी नाटक का अनुवाद है जो तमिल भाषा के एक नाटक से अनुवादित किया गया था।

जो हो, भारतेन्दु के 'सत्य हरिश्चन्द्र' और द्विवेदि रणछोड़राम के 'हरिश्चन्द्र' में उतनी ही समानता है जितनी एक ही विषय पर लिखित दो नाटकों में होती है। अतः जब तक और सामग्री प्रकाश में नहीं आती तब तक यही मानना होगा कि 'सत्य हरिश्चन्द्र' किसी बाँग्ला या गुजराती नाटक का अनुवाद नहीं है। उसमें 'चंडकौशिक' की सामग्री का यद्यपि प्रचुर उपयोग किया गया है यथापि उसकी अपनी मौलिकता है, और वह 'चंडकौशिक' का अनुवाद नहीं कहा जा सकता। वस्तुतः ऐसी तीन ही पुस्तकें दिखाई पड़ी हैं जिन्हें 'चंडकौशिक' का ठीक-ठीक अनुवाद कह सकते हैं। इनमें से दो बाँग्ला में हैं और एक जर्मन में। ज्योतिरीन्द्रनाथ ठाकुर के बाँग्ला 'चंड कौशिक' का उल्लेख पहले किया जा चुका है। इसमें 88 पृष्ठ हैं और यह सन् 1901 में कलकत्ते की 'सान्याल एंड कम्पनी' द्वारा प्रकाशित किया गया था। ठाकुर महाशय से 66 वर्ष पूर्व जगन्नाथ तर्कालंकार ने चंडकौशिक का बाँग्ला अनुवाद टिप्पणी सहित किया था जो सन् 1867 में प्रकाशित हुआ था। इसमें 113 पृष्ठ हैं। 'चंडकौशिक' का जर्मन अनुवाद 'कौशिकाज़्ज़ोर्न' (कौशिक का क्रोध) नाम से 85 पृष्ठों में लाइपजिग से सन् 1882 में प्रकाशित किया गया था।

भारतेन्दु की किसी भी रूपक-रचना में भारतीय या पाश्चात्य नाट्यपद्धति का पूरा-पूरा निर्वाह न पाकर डॉ. श्यामसुन्दर दास ने झल्लाहट भरे स्वर में यह अभिमत प्रकट कर दिया था कि उन्हें न तो पाश्चात्य रूपक-रचना-विधान का ज्ञान था और न भारतीय नाट्यशास्त्र का ही। इस अभिमत की सर्वांगीण परीक्षा के लिए भारतेन्दु की केवल मौलिक नाट्य रचनाएँ ही कसौटी बनाई जा सकती हैं और वे रचनाएँ संख्या में केवल सात हैं, जिनमें से 'सत्य हरिश्चन्द्र' के सम्बन्ध में विचार करते हुए यह सिद्ध किया जा चुका है कि उसमें भारतीय नाट्यशास्त्र के नियमों का आकस्मिक ढंग से बहुत कुछ निर्वाह हो गया है। परन्तु इसी 'आकस्मिकता' के कारण वह रूपक उनकी नाट्यशास्त्रीय रचना की कसौटी बनने के लिए अयोग्य हो जाता है। शेष 6 में 'वैदिक हिंसा हिंसा न भवति' और 'अन्धेर नगरी' को भारतेन्दु ने प्रहसन, 'श्री चन्द्रावली' को नाटिका, 'विषस्य विषमौषधम्' को भाण, 'भारत दुर्दशा' को नाट्यरासक और 'नील देवी' को संगीत रूपक बताया है। इनमें से सभी पर रूपक और उप रूपकों के तत्तत् लक्षण कुछ न कुछ घटते ही हैं। अतः चलते ढंग से यह निर्णय नहीं किया जा सकता कि उन्हें भारतीय नाट्यशास्त्र के नियमों का ज्ञान नहीं था। अधिक से अधिक यही कहा जा सकता है कि नियमों का ज्ञान रहने पर भी वे उनका पूर्ण रूप से निर्वाह नहीं कर सके।

आत्मश्लाघाविषयक अन्तिम आरोप की निस्सारता भी स्वयंसिद्ध है। उन्होंने सत्य हरिश्चन्द्र, श्री चन्द्रावली और प्रेम-योगिनी की प्रस्तावनाओं में अपने लिए जो कुछ कहा है, उनमें चन्द्रावली और प्रेम-योगिनी के निम्नलिखित आत्मविषयक उद्गार आलोचकों को विशेष रूप से खटके हैं–

'परम प्रेमनिधि रसिकवर अति उदार गुन-खान ।
जगजन-रंजन आशु कवि को हरचिन्द समान ?

जिन श्री गिरिधरदास कवि रचे ग्रन्थ चालीस।
ता सुत श्रीहरिचन्द को, को न नवावै सीस।
जग जिन तृन सम करि तज्यौ अपने प्रेम प्रभाव।
करि गुलाबसों आचमन लीजत वाको नाँव।'

'प्रेम-योगिनी' में उन्होंने अपने को 'प्रेम की एकमात्र मूर्ति, सत्य का एकमात्र आश्रय, सौजन्य का एकमात्र पात्र, भारत का एकमात्र हित, हिन्दी का एकमात्र जनक और भाषा नाटकों का एकमात्र जन्मदाता' कहा है।

साधारणतया इस प्रकार अपने गुणों का बखान सुरुचि का परिचायक नहीं समझा जाता। परन्तु संस्कृत, हिन्दी और उर्दू साहित्य का एक साधारण विद्यार्थी भी यह जानता है कि उसमें अपने विषय में कुछ न कुछ कहने की कवि-परम्परा रही है। सतोगुणी स्वभाव के साहित्यकारों ने जहाँ अपने सम्बन्ध में अत्यन्त विनीत उद्‌गार प्रकट किए हैं, वहीं रजोगुणी प्रकृति वालों ने बढ़-चढ़ कर बातें की हैं। तमोगुणी प्रकृति का व्यक्ति शायद साहित्यकार बन ही नहीं सकता। प्रथम कोटि में जहाँ कालिदास, तुलसीदास और जायसी जैसे महाकवि दिखाई देते हैं, वहीं द्वितीय कोटि में अपने को अद्वितीय बताने वाले जयदेव, विद्यापति, कबीर, इंशा और हरिश्चन्द्र जैसों की गणना की जा सकती है। साहित्य-क्षेत्र में उतरने वाली महिलाएँ भी इस सर्वमान्य नियम का अपवाद नहीं रह सकीं। संस्कृत की सुप्रसिद्ध कवयित्री श्यामांगी विज्जका की यह गर्वोक्ति विख्यात है कि–

नीलोत्पलदलश्यामां विज्जकां मामजानता।
वृथैव दण्डिना प्रोक्तं सर्वशुक्ला सरस्वती।।

अर्थात् नीले कमलदल के समान श्यामांगी-मुझ विज्जका से अपरिचित रहने के कारण ही दंडी ने व्यर्थ ही कह दिया कि सरस्वती सर्वशुक्ला है।

इसी प्रकार एक दूसरी कवयित्री ने जिसने अपने को 'कर्णाट-राज-प्रिया' कहा है, केवल ब्रह्मा, वाल्मीकि और व्यास पर विशेष अनुग्रह करते हुए उन्हें प्रमाण किया है और शेष गद्य-पद्य रचनाकारों के सिर पर यह कहते हुए अपना बायाँ पैर रखने की घोषणा की है कि–

एकोभून्नलिनात्परस्तु पुलिनात् वल्मीकतश्चापरः।
ते सर्वेऽपि सदा त्रिलोकगुरुवस्तेषां नमस्कुर्महे।
अर्वांचो यदि गद्यपद्य रचनैश्चेतश्चमत्कुर्वते।
तेषां मूर्ध्नि ददामि वामचरणं कर्णाट-राजप्रिया।।

इसी से मिलती-जुलती एक उक्ति शाकल्लमल्ल के नाम से भी प्रसिद्ध है। साथ ही यदि जयदेव ने गर्व के साथ यह कहा है कि–

यदि हरि-स्मरणे सरसं मनो
यदि विलास कथासु कुतूहलम्
मधुर कोमलकान्त पदावलीं
शृणु तदा जयदेव सरस्वतीम्।।

तो विद्यापति ने अपनी भाषा की तुलना बालचन्द से करने में तनिक भी संकोच नहीं दिखाया और घोषणा कर दी कि–

बालचन्द बिज्जावइ भासा
दुहुं नहिं लग्गइ दुज्जन हासा
ऊ परमेसर हर सिर सोहई
ई निश्चय नायर मन मोहई ।।

इसी प्रकार सन्त कबीर नें अपने लिए 'ज्यों की त्यों धरि दीनी चदरिया' कहते हुए अभिमानपूर्वक 'सुर नर मुनि' सबको हेय समझा है और हज़रत इंशा ने निस्संकोच आत्म-प्रशंसा का नगाड़ा पीटते हुए कहा है कि–

इक तिफ्ले दबिस्तां है फलातूं मेरे आगे ।
क्या मूँ है अरस्तू जो करे चूँ मेरे आगे ।।
बोले है यही खामा कि किस किसको मैं बाँधूं ।
बादल से चले आते हैं मजमूँ मेरे आगे ।।

ऐसी स्थिति में भारतेन्दु को आत्मश्लाघा का अपराधी न कह कर अधिक से अधिक परम्परा-पालक ही मानना चाहिए।

'सत्य हरिश्चन्द्र' का परवर्ती प्रभाव

'सत्य हरिश्चन्द्र' का प्रथम संस्करण सन् 1876 ई. में प्रकाशित हुआ था। उसके पूर्व यह 'काशी पत्रिका' में प्रकाशित हो चुका था। भारतेन्दु की नाट्य रचनाओं में इसे अभूतपूर्व लोकप्रियता प्राप्त हुई। फलतः इसका आश्रय लेकर गद्य-पद्यात्मक ही नहीं, नाट्यात्मक रचनाएँ भी की जाने लगीं! ऐसी रचनाओं में 'तमाशा', 'गर्दिशे तकदीर', 'सत्यवादी हरिश्चन्द्र' 'सत्य हरिश्चन्द्र' और 'सद्धर्मकसौटी' नामक चार नाटकों और 'हरिश्चन्द्र' काव्य तथा 'हरिश्चन्द्र-शैव्या' और 'शैव्या-हरिश्चन्द्र' नामक दो गद्यात्मक कथाओं का उल्लेख किया जा सकता है।

यह तो पहले से ही विदित है कि पारसी नाटक कम्पनियों की स्थापना भारतेन्दु के समय ही प्रारम्भ हो चुकी थी। आगे चलकर वैसी कम्पनियों ने अपने-अपने नाटककारों द्वारा प्रस्तुत रूपक के आधार पर स्वयं अभिनय के लिए विभिन्न नामों से नाट्य रचनाएँ कराईं, जिनमें से चार नाटकों का उल्लेख ऊपर किया जा चुका है[1]। परन्तु उपर्युक्त रचनाओं में एक के भी लेखक ने भारतेन्दु का न तो प्रभाव स्वीकार किया है और न आभार प्रदर्शन ही।

हिन्दी के दुर्भाग्य से उसके लेखकों में यह दुष्प्रवृत्ति रही है कि वे ऋण स्वीकार करने में सदैव आनाकानी करते रहे। स्वयं भारतेन्दु ने यद्यपि अपने 'सत्य हरिश्चन्द्र' के उपक्रम में 'चंडकौशिक' का उल्लेख किया है और एक जगह पाद-टिप्पणी में यह भी लिखा है कि 'इसमें प्रायः सब श्लोक आर्य क्षेमीश्वर के बनाए चंड कौशिक से उद्धृत किए गए हैं, तथापि यह कहीं नहीं स्वीकार किया कि तीसरे और चौथे अंक की कितनी अधिक सामग्री के लिए वे क्षेमीश्वर के ऋणी हैं। जब हिन्दी के एक 'महाजन' की यह दशा है तो अपने को 'सर्वहारा' कहने वाले साहित्यकारों से क्या आशा की जा सकती है। प्रायः तीस वर्ष पूर्व अन्तरराष्ट्रीय

1. इनके अतिरिक्त आज से 40-41 वर्ष पूर्व 8-10 वर्ष की अवस्था में मैंने दो विभिन्न नाटक कम्पनियों के हरिश्चन्द्र नाटकों का अभिनय काशी में देखा था। इनमें से एक का नाम सम्भवतः 'सूर विजय नाटक समाज' था। दूसरी कम्पनी का नाम मुझे स्मरण नहीं है। केवल इतना ही स्मरण है कि उसके नाटक में राजा हरिश्चन्द्र से एक गजल गवाई गई थी जिसकी पहली पंक्ति शायद यह है कि 'आज काशी में मेरा कोई खरीदार नहीं', और शैव्या ने विश्वामित्र के शिष्य से गाते हुए पूछा था–'तेरा काशी है कितनी दूर, पंडिता।'–सं.

ख्यातिप्राप्त एक हिन्दी कहानी लेखक की एक कहानी को एक आलोचक ने हालकेन के प्रसिद्ध उपन्यास 'इटर्नल सिटी' से समानार्थक वाक्य उद्‌धृत करते हुए विश्वासपुरस्सर उसकी छाया पर रचित सिद्ध किया था और कहा था कि उक्त कहानी भाव और भाषा दोनों ही दृष्टियों से 'इटर्नल सिटी' पर आधारित है। इस आरोप के उत्तर में उक्त कहानीकार ने एक मासिकपत्र में इस आशय की स्वीकारोक्ति भी की थी 'जिस पत्र में यह कहानी प्रकाशित हुई है उसके सम्पादक को मैंने इस तथ्य की सूचना दे दी थी।' फिर भी न तो उस सम्पादक ने ही उनकी सफाई का समर्थन किया और न बाद में जब यह कहानी पुस्तकाकार संगृहीत होकर प्रकट हुई तो उसमें ही इस तथ्य का उल्लेख हुआ। हिन्दी के एक दूसरे आचार्य विरुदधारी कहानीकार जो अपने को 'धृष्ट लेखक' कह कर गौरव अनुभव करते थे और लोगों को अपनी 'विधवा लेखनी' का पाणिग्रहण करने के लिए आमंत्रित करते फिरते थे, दूसरों की कहानी चुराने में काफी कुख्यात हुए थे। अच्छा होता कि हिन्दी के लेखक इस दिशा में गोस्वामी तुलसीदास जी जैसा सन्तसुलभ सत्साहस दिखाते, परन्तु यह प्रसंगांतर है।

भारतेन्दु के 'सत्य हरिश्चन्द्र' से प्रभावित रचनाओं में प्रथम स्थान 'तमाशा' 'गर्दिशे तकदीर' का है। इसे आगरा निवासी मिर्ज़ा नजीरबेग ने 'दि पारसी रायल ऑपेरा कम्पनी' के लिए रचा था। यह उर्दू नाटक है। इसकी रचना 'सत्य हरिश्चन्द्र' के प्रायः दस वर्ष बाद हुई थी।

एक दूसरे 'सत्य हरिश्चन्द्र' नाटक के लेखक का नाम अज्ञात है। जून सन् 1919 ई. में काशी से इसका दूसरा संस्करण प्रकाशित हुआ था। उसमें परिचयस्वरूप यह बताया गया था कि 'देश-देश की नाटक मंडलियाँ, भिन्न-भिन्न रूप और नाम से अभिनय कर दर्शकों को सत्यव्रती होने का आदेश करती हैं, उसे ही नाटक प्रेमियों के विनोदार्थ एक नाटक प्रेमी से प्राप्त कर बाबू जयरामदास गुप्त ने नागरी अक्षरों में सम्पादित किया और बाबू शिवरामदास गुप्त ने प्रकाशित किया।' इस नाटक में कहीं-कहीं भारतेन्दु के शब्द ही अक्षरशः ले लिए गए हैं, जैसे–

'चन्द्र टले सूरज टले, टले पृथ्वी आकाश।
टले न अपने वचन से ऐ स्वामी यह दास।।'

यह स्पष्टतः भारतेन्दु के निम्नलिखित दोहे का विकृत रूप है–

चन्द्र टरै, सूरज टरै, टरै जगत व्योहार।
पै दृढ़ श्री हरिचन्द को, टरै न सत्यविचार।।

सत्यवादी हरिश्चन्द्र नामक एक तीसरे 'शिक्षाप्रद पौराणिक' नाटक की रचना दिल्ली निवासी मास्टर चन्द्रभान 'चन्द्र' ने 'दिग्विजय थियेट्रिकल कम्पनी आफ पूना' के लिए की थी और 'देहाती पुस्तक भंडार, चावड़ी बाज़ार, देहली' ने उसे प्रकाशित किया था। इसके गद्य-पद्य दोनों की भाषा अनगढ़ और भद्दी है। इसमें भी भारतेन्दु के वाक्य तोड़े-मरोड़े गए हैं।

भारतेन्दु के सत्य हरिश्चन्द्र नाटक के साथ सर्वाधिक निर्लज्ज मज़ाक़ 'सद्धर्म कसौटी', अर्थात् 'सत्य हरिश्चन्द्र' नाटक में किया गया है। यह बैजेग्राम निवासी किन्हीं रामभजन मिश्र की रचना है जिसे 'विक्रमाब्द 1956' (सन् 1899 ई.) में सुलतानमल प्रिंटिंग प्रेस छावनी, नीमच ने प्रकाशित किया था। इसमें एक भी पंक्ति ऐसी नहीं है जो भारतेन्दु के शब्दों का रूपान्तर अथवा विशुद्ध उद्धरण न हो। कतिपय उदाहरण पर्याप्त होंगे, जैसे–

	सत्य हरिश्चन्द्र		**सद्धर्म कसौटी**
द्वारपाल–	महाराज! नारदजी आते हैं।	द्वारपाल–	महाराज आये हैं नारद ऋषि। हों हाजिर अगर मर्जी हो आपकी–
इन्द्र –	आने दो अच्छे अवसर पर आये।	इन्द्र –	न कर देर इज़्ज़त से तू उनको ला।
द्वार.–	जो आज्ञा।	द्वार.–	बहुत खूब जो हुक्म हो आपका।
	× × ×		× × ×
	(नारदजी जाते हैं)		(नारद जाते हैं)
विश्वामित्र–	यह क्यों? आज नारदभगवान ऐसी जली-कटी क्यों बोलते थे, क्या तुमने कुछ कहा था?	विश्वा.–	भगवान नारद आज हुए ऐसे क्यों खफा।
	× × ×		× × ×
विश्वा.–	तो हरिश्चन्द्र में ऐसे कौन से गुण हैं?	विश्वा.–	तारीफ़ की है बात क्या उसमें बतावो भी।
इन्द्र–	महाराज सिपारसी लोग चाहे जिसको बढ़ा दें, चाहे घटा दें। भला सत्य धर्म पालन क्या हँसी खेल है। यह आप जैसे महात्माओं का ही काम है...और फिर कोई परीक्षा लेता तो मालूम पड़ता।	इन्द्र–	चाहे जिसे बढ़ा दें जगत में खुशामदी। सत्वादी बनना सहल नहीं है वो क्या भला यह आपसे सत्पुरुषों का ही काम है सदा। खुल जावे सत्यवाद होवे इम्तिहां अगर।
विश्वा.–	मैं अभी देखता हूँ न! जो हरिश्चन्द्र को तेजोभ्रष्ट न किया तो मेरा नाम विश्वामित्र नहीं....। (क्रोधपूर्वक उठकर जाना चाहते हैं कि परदा गिरता है)	विश्वा.–	देखो मैं आजमाता अभी हूँ उसे जाकर। (आस्ताई धुन जिला ताल सूल फ़ाख्ता) सत्य डिगाऊँ झूठ बुलाऊँ तब ऋषी कहाऊँ।

			सुन लो ऐ महाराज, (आदि) (विश्वामित्र का जाना ड्रापसीन होना)
	× × ×		× × ×
ब्राह्मण–	महाराज गुरुजी ने यह अभिमंत्रित जल भेजा है, इसे महारानी पहिले तो नेत्रों से लगा लें और फिर थोड़ा-सा पान भी कर लें और यह रक्षाबंधन भेजा है, इसे कुमार रोहिताश्व की दाहिनी भुजा पर बाँध दें। फिर इस जल से मैं मार्जन करूँगा।	ब्राह्मण–	मंत्र पढ़ों जल गुरु दियो,करौ ताहि कुछ पान । कछू लगावो नेत्र सों, करिहै शिव कल्यान । यह रक्षा बंधन दियो, श्रीगुरु जी हित साधि । दहिनी भुज पर कुँवर के, ताहि दीजियो बाँधि । सावधान ह्वै बैठिये, करूँ मार्जन फेर ।
शैव्या–	मालती! यह रक्षा बंधन तू सम्हाल के अपने पास रख। जब रोहिताश्व मिले उसके दहिने हाथ पर बाँध दीजियो।	रानी–	(मालती से) रक्षा यह तू, रखियो अपने पास । मिले कुँवर तब बांधियो, दहिनी भुज पर तास ।।
ब्रा.–	देवास्त्वामभिषिञ्चन्तु ब्रह्मा विष्णु शिवादयः गन्धर्वा....कुर्वन्तु ते सदा। पितरो गुह्य का....मातरः सर्वे त्वाम.....कुर्वन्तुते सदा। भद्र मस्तु शिवं....प्रसीदतु पति पुत्र युतां...शरदांशतं। (मार्जन का जल पृथ्वी पर फेंक कर) यत्पापं रोगम्शुभं तद्दूरे प्रति हतमस्तु।	ब्रा.–	देवास्त्वाम..........शिवादयः गंधर्वाः..........ते सदा । पितरो..........मातरः सर्वेत्वा..........ते सदा। भद्रमस्तु..........प्रसीदतु, पतिपुत्र..........शरदांशतम् (मार्जन का जल पृथ्वी पर डालकर) यत्पापं रोगम्शुभं, तद्दूरे प्रति-हतमस्तु ।
	× × ×		× × ×
हरिश्चन्द्र–	जेहिपाली इक्ष्वाकुलों, अबलौं रवि कुल राज। ताहि देत हरिचन्द नृप, विश्वा-मित्रहिं आज ।। वसुधे तुम बहुसुख कियों, मम पुरुषन की होय।	राजा.–	इक्ष्वाकु से ले आज तलक सूर्य कुल ने जो । पाली है वही देता हूँ, मैं विश्वामित्र को । वसुधे मेरे बुजुर्गों की हो ऐश किया खूब ।

	धरमबद्ध हरिचन्द को, छमहु सुपरबस जोय ।।		हूँ धर्म में बँधा मैं, मुझे माफ़ कीजियो ।।
	× × ×		× × ×
	पिशाचों का क्रीड़ा कुतूहल भी देखने योग्य है।....हा! इस दुख की दशा में भी हमसे प्रिया अलग पड़ी है। कैसी भी हीन अवस्था हो पर अपना प्यारा जो पास रहे तो कुछ भी कष्ट नहीं मालूम पड़ता।		पिशाचों का भी क्रीड़ा कौतूहल देखने योग्य है। पर हाय कैसे दुख की बात है कि इस कारी अँधियारी वर्षा की रातों में भी हम अपनी प्राण प्यारी से अलग पड़े हैं। कैसा ही दुःख हो, परन्तु यदि अपने प्यारे के पास हो तो इन आपत्तियों में भी कभी न उदास हो।
	(चांडाल के वेष में धर्म और सत्य आते हैं।)		(धर्म और सत्य का भंगी के वेष में आना)
			धुन जिला = तालदादरा
धर्म–	हम प्रतच्छ हरिरूप जगत् हमरे बल चालत जल थल नभ थिर मो प्रभाव मरजाद न टालत हम ही नर के मीत सदा (साँचे हितकारी) इक हमही सँग जात तजत जब पितु सुत नारी	धर्म्म–	जल थल आकाश ताबे, मेरे कुल जहान है । मेरे ही बल से ठहरा हुआ आसमान है । माँ बाप जोरू लड़के, तजैं है बशर की जब तब भी नहीं मैं छोड़ता, जाने जहान है ।।
			....
	(आगे बढ़कर) अरे हरजनवाँ! मोहर का सन्दूक ले आवा है न?		(धर्म सत्य से) और सुनतो हरजनवां मुझको बता। तू लाया है सन्दूक मुहरों की क्या?
	× × ×		× × ×
शैव्या–	(रोती हुई) नाथ जो आज्ञा। (रोहिताश्व का मृत कंबल फाड़ा चाहती है कि रंगभूमि की पृथ्वी हिलती है, तोप छूटने का-सा बड़ा शब्द और बिजली का-सा उँजाला होता है, नेपथ्य में बाजे बजते हैं और 'बस, धन्य और जय जय' की ध्वनि	रानी–	जो आज्ञा। (रोहित का कफन फाड़ा चाहती है। रंगभूमि हिलती है, तोप छूटने की सी आवाज़। बिजली का सा उजाला होता है नेपथ्य में बाजे की आवाज़ के साथ जयजय और धन्य धन्य की आवाज़ आती है फूल बरसते हैं भगवान

	होती है, फूल बरसते हैं, और भगवाननारायण प्रकट होकर राजा हरिश्चन्द्र का हाथ पकड़ लेते हैं)		नारायण प्रगट होकर महाराज हरिश्चन्द्र का हाथ पकड़ लेते हैं।)
मं.—	बस महाराज बस, धर्म और सत्य सबकी परमावधि हो गई। देखो तुम्हारे पुण्य भय से पृथ्वी बारम्बार काँपती है, अब त्रैलौक्य की रक्षा करो।	भगवान—	बस बस ऐ महाराज हरिश्चन्द्र बस करो। धर्म और सत्य दोनों की हद आज गई हो। देखो यह पुण्य भय से तुम्हारे है बार बार कम्पती ज़मीन रहम करो, इसको लो उबार।।
	× × ×		× × ×
ह. और शै.—	आश्चर्य, आनन्द, करुणा और प्रेम से कुछ कह नहीं सकते, आँखों से आँसू बहते हैं और एकटक भगवान के मुखारविन्द की ओर देखते हैं। श्री महादेव, पार्वती, भैरव, धर्म, इन्द्र और विश्वमित्र आते हैं।)		(हरिश्चन्द्र और शैव्या आश्चर्य, आनन्द, करुणा, और प्रेम से कुछ कह नहीं सकते, आँखों से आँसू बहते हैं और एक टक भगवान के मुखार्विन्द की ओर देखते हैं—श्री महादेव जी, पार्वती, भैरव, धर्म, सत्य, इन्द्र और विश्वामित्र आते हैं।)

उक्त अकृतज्ञ नक़लची ने भारतेन्दु के 'सत्य हरिश्चन्द्र' नाटक की यह भद्दी नक़ल करने के बावजूद भूलकर भी कहीं भारतेन्दु का नाम नहीं लिया है बल्कि धृष्टतापूर्वक यह अवश्य लिखा है कि 'कई एक मित्रों ने सत्य हरिश्चन्द्र नाटक को ठीक-ठीक रचने का अनुरोध किया और उन्हीं की आज्ञा को शिरोधार्य कर' उसने यह औदार्य्य प्रकट किया कि 'इस नाटक की रचना में मुझे श्रीयुत बाबू मुन्नीलाल जी अहलकार महकमे पश्चिमी मालवा एजंसी से अधिक सहायता मिली जिसके हेतु मैं चित्त से उनका कृतज्ञ हूँ।'

बैजे ग्राम, जिला उन्नाव निवासी होने के कारण उक्त रामजसन मिश्र प्रसिद्ध भारतेन्दु—भक्त श्री प्रतापनारायण मिश्र के दामाद जान पड़ते हैं, परन्तु उक्त उद्धरण के आधार पर दोनों की प्रवृत्तियों का अन्तर स्पष्ट है।

चार सर्गो का हरिश्चन्द्र काव्य ब्रजभाषा के सुप्रसिद्ध महा कवि 'रत्नाकर' जी की प्रारम्भिक रचना है जिसका उद्देश्य 'सूर्यवंशी कोशलेश महाराज हरिश्चन्द्र के उदार चरित का आदर्श' दिखाना है परन्तु है यह भारतेन्दु के 'सत्य हरिश्चन्द्र' का स्वतंत्र छन्दोबद्ध रूपांतर मात्र ही। उक्त रूपक के चार अंक इसमें चार सर्ग बन गए हैं, अर्थात् प्रत्येक अंक की कथा क्रमशः चार सर्गों में वर्णित है। निम्नलिखित तुलनात्मक उद्धरणों से यह तथ्य प्रमाणित होता है।

प्रथम अंक	**प्रथम सर्ग–**
इन्द्र– भला उसके गृह चरित्र कैसे हैं। नारद– दूसरों के लिए उदाहरण बनने योग्य।	पै कहिये कछु गृहचरित्र ताके हैं कैसे। बोले मुनि पुनि-होन उचित सज्जन के जैसे ।।
× × ×	× × ×
इन्द्र– (आपही आप) इनसे काम न होगा। ... ... द्वारपाल– महाराज, विश्वामित्र जी आये हैं। विश्वामित्र– आज नारद भगवान ऐसी जली कटी क्यों बोलते थे, क्या तुमने कुछ कहा था?	सोच्यो सरत लखात, काज इनके न सहारे। ताही समय महामुनि, विश्वामित्र पधारे।। ... ... पूछ्यौ विश्वामित्र-विचित्र आज यह कैसी बानी। कहा भयौ सुरराज कही, कत मुनिवर ज्ञानी।।
× × ×	× × ×
विश्वामित्र– मैं अभी देखता हूँ न! जो हरिश्चन्द्र को तेजो भ्रष्ट न किया तो मेरा नाम विश्वामित्र नहीं......। (क्रोधपूर्वक उठकर चलना चाहते हैं)	देखौ बेगिहि जौ त कौ नहिं तेज नसावौं । तौ पुनि पन करि कहौं न विश्वामित्र कहावौं । यौं कहि आतुर दै असीस लै बिदा पधारे । चलत धरत पग धरनि किए लोचन रतनारे ।।
द्वितीय अंक	**द्वितीय सर्ग–**
विश्वा– स्वस्ति। अब इस महादान की दक्षिणा कहाँ है? ह.– महाराज जो आज्ञा हो वह अभी आती है। वि.– भला दस[1] सहस्त्र स्वर्ण मुद्रा से कम इतने बड़े दान की दक्षिणा क्या होगी?	कह्यौ भूप कर जोरि होहि इच्छा सो लीजै । बोले ऋषिवर सहस स्वर्ण मुद्रा बस दीजै ।। 'जो आज्ञा' कहि नृपति बेगि मंत्रिहिं बुलवायौ

1. रूपक में दस सहस्त्र और काव्य में सहस्त्र स्वर्ण मुद्रा के अन्तर का कारण यह है कि सम्भवतः 'रत्नाकर' जी के सामने 'सत्य हरिश्चन्द्र' का सन् 1876 वाला पहला संस्करण उपस्थित था जिसमें विश्वामित्र ने 'सहस्त्र स्वर्णमुद्रा' की माँग की थी और हरिश्चन्द्र ने मंत्री को 'हज़ार स्वर्ण मुद्रा' लाने की आज्ञा दी थी। परन्तु लेखक के रचना में संशोधन तक का अधिकार समझनेवाले किसी सम्पादक ने इतने ही संशोधन से सन्तुष्ट न होकर इस प्रसंग में से एक वाक्य भी निकाल दिया। उक्त संस्करण में विश्वामित्र ने राजा का मुँह चिढ़ाते हुए कहा–था कि '...मंत्री कहाँ से लावेगा? क्या अब खजाना तेरा है कि तैं मंत्री पर हुकुम चलाता है? झूठा कहीं का...।' परवर्ती संस्करणों में किसी सम्पादक ने रेखांकित वाक्य निकाल दिया। फलतः यह वाक्य न तो स्वर्गीय डॉ. श्यामसुन्दर द्वारा सम्पादित और इंडियन प्रेस द्वारा प्रकाशित 'भारतेन्दु नाटकावली' में मिलता है और न नागरीप्रचारिणी सभा द्वारा प्रकाशित और श्री ब्रजरत्नदास द्वारा सम्पादित 'भारतेन्दु ग्रन्थावली' पहला भाग में ही।

ह.– मंत्री! दस हज़ार स्वर्ण मुद्रा अभी लाओ।	सहस स्वर्ण मुद्रा आनन हित हरषि पठायौ ।।
तीसरा अंक	**तीसरा सर्ग–**
उपाध्याय–(राजा को देखकर आश्चर्य से) अरे यह विशाल नेत्र, प्रशस्त वक्षस्थल और संसार का रक्षा करने योग्य लम्बा लम्बी भुजावाला कौन मनुष्य है, और मुकुट के योग्य सिर पर तृण क्यों रक्खा है।	लखि तिनकौं ह्वै चकित हृदय अन्तर इमि भाष्यौ । छत्रमुकुट के जोग सीस यह, क्यों तृन राख्यौ ।। अति प्रलम्ब आजानुबाहु दृग कानन-चारी । उन्नत ललित ललाट बिसद बच्छस्थलधारी ।।
× × ×	× × ×
(नेपथ्य में) धिक् तपो धिक् व्रतमिदं धिक्ज्ञानं धिक् बहुश्रुतम् । नीतवानसियद् ब्रह्मन् हरिश्चन्द्रमिमां दशाम् ।।	'धिक् सब तप, ब्रत, ज्ञान तथा धिक्' बहुश्रुतताई । जो हरिचन्द भुआलहिं यह दुर्दसा दिखाई ।।
वि.– (बड़े क्रोध से) आः हमको धिक्कार देने वाला यह कौन दुष्ट है? ((ऊपर देखकर) ओ विश्वेदेवा! (क्रोध से जल हाथ में लेकर) अरे क्षत्रिय के पक्षपातियों! तुम अभी विमान से गिरो और क्षत्रिय कुल में तुम्हारा जन्म हो और वहाँ भी लड़कपन ही में ब्राह्मण के हाथ से मारे जाओ। (जल छोड़ते हैं।) (नेपथ्य में हाहाकार के साथ बड़ा शब्द होता है।)	सुनि यह धुनि मुनि मानि माख मुख नभ दिसि कीन्ह्यौ । विश्वेदेवनि निरखि साप अति रिसभरि दीन्ह्यौ ।। 'रे छत्री-कुल-पच्छ सदा उर रच्छन हारे । अन्तरिच्छ सौं बेगिहिं गिरौ समच्छ हमारे ।। छत्रिहिं कुल में होहि जन्म पुनि जाइ तिहारे । बालपनहिं मैं जाहु बहुरि दुज हाथनि मारे ।। जल छोड़त इमि माषि भयौ कोलाहल भारी ।।
चौथा अंक (स्थान–दक्षिण श्मशान–) (कम्मल ओढ़े और एक मोटा लट्ठ लिये राजा हरिश्चन्द्र दिखाई पड़ते हैं)	**चौथा सर्ग–** कीन्हें कंबल वसन तथा लीन्हें लाठी कर । सत्यव्रती हरिश्चन्द्र हुते

लट्ठ— (लट्ठ कंधे पर रखकर फिरता हुआ) ख़बरदार, ख़बरदार, बिना हमसे कहे और बिना हमें आधा कफन दिए कोई संस्कार करे।

× × ×

पुत्र हरिश्चन्द्र!
सावधान! यही अन्तिम परीक्षा है। तुम्हारे पुरुखा इक्ष्वाकु से लेकर त्रिशंकु पर्यन्त आकाश में नेत्र भरे खड़े एक टक तुम्हारा मुख देख रहे हैं। आज तक इस वंश में ऐसा कठिन दुःख किसी को नहीं हुआ था। ऐसा न हो कि इनका सिर नीचा हो। अपने धैर्य का स्मरण करो।

× × ×

ह.— भगवन्! मुझे अब कौन
इच्छा है? मैं और क्या
वर माँगू तथापि भरत
का यह वाक्य सुफल हो—
खलगनन सों सज्जन दुखी
मति होई हरिपद रति रहै।
उपधर्म छूटै, सत्व निज
भारत गहै, कर दुख बहै ।।
बुध तजहि मत्सर, नारि नर
सम होहिं, सब जग सुख लहै ।
तजि ग्राम कविता सुकविजन
की अमृत बानी सब कहै ।।

टहरत मरघट पर ।।
कहत पुकारि पुकारि
बिना कर कफ़न चुकाए ।
करहि क्रिया जनि कोइ,
देत हम सबहि जताए ।।

× × ×

सावधान अब वत्स
परिच्छा अन्तिम है यह ।
डगन न पावै सत्य
हरिच्छा अन्तिम है यह ।।
ऐसौ कठिन कलेस
सह्यौ कोऊ नृप नाहीं ।
अपनेहिं कैसौ धैर्य धरौ
याहू दुख माहीं ।।
तव पुरुषा इछ्वाकु आदि
सब नभ मैं ठाढ़े ।
सजल नयन धरकत हिय
जुत इहिं अवसर गाढ़े ।।
संसय संका सोक
सोच संकोच समाए ।
सांस रोकि तब मुख
निरखत बिन पलक गिराए ।।
देखहु तिनके सीस होन अवनत नहिं पावैं।।

... ...

अब कोउ इच्छा रही
होहि मन माहिं कहैं तौ
पै तो हूँ यह होहि सुफल
बर वाक्य भरत कौ ।।
सज्जन कौं सुख होइ
सदा हरिपद रति भावै ।
छूटैं सब उपधर्म सत्व
निज भारत पावै
मत्सरता अरु फूट रहन
इहिं ठाम न पावै ।
कुकविनिकौ बिसराइ
सुकवि-बानी जग गावै ।।

कहने की आवश्यकता नहीं कि न तो रत्नाकर जी ने अपने 'हरिश्चन्द्र' काव्य की कोई भूमिका लिखी और न कहीं इसी तथ्य का उल्लेख किया कि उनकी उक्त रचना 'सत्य हरिश्चन्द्र' का काव्यात्मक रूपान्तर है।

शैव्या हरिश्चन्द्र और हरिश्चन्द्र-शैव्या नामक दो गद्य कथाएँ भी कुछ ही अंशों में 'सत्य हरिश्चन्द्र' से अनुप्राणित हैं। शैव्या हरिश्चन्द्र के लेखक पं. कार्तिकियचरण मुखोपाध्याय हैं और प्रकाशक हैं बैजनाथ केडिया प्रोप्राइटर हिन्दी पुस्तक एजेंसी कलकत्ता। संवत् 1989 वि. में प्रकाशित इस पोथी के प्रकाशकीय निवेदन में कहा गया है कि 'सती-रत्नमाला की पुस्तक होने के कारण इसमें महारानी शैव्या की अविचल पति-भक्ति, उनकी अपार कष्ट-सहिष्णुता उनकी सुविमल कर्तव्य परायणता आदि को ही प्रधानता दी गई है।' इसमें कहीं किसी प्रकार से 'सत्य हरिश्चन्द्र' का उल्लेख न होने पर भी कहीं संवादों पर उसकी छाप दिखाई देती है।

पंडित नरोत्तम व्यास कृत 'हरिश्चन्द्र शैव्या' रामलाल वर्मा द्वारा सं. 1979 वि. प्रकाशित हुई थी। भूमिका में लेखक ने यह घोषणा करते हुए भी कि 'यह पुस्तक मेरी स्वतंत्र रचना है' यह स्वीकार किया है कि 'हिन्दी में भारतेन्दु हरिश्चन्द्र कृत 'सत्य हरिश्चन्द्र', बाँग्ला में 'पतिब्रता' और 'शैव्या' आदि पुस्तकें पढ़ीं और उनसे अपने इच्छानुसार घटनाओं का यथार्थ रूप संग्रह कर यह पुस्तक तैयार की।'

इस प्रकार यह सिद्ध हो जाता है कि भारतेन्दु के 'सत्य हरिश्चन्द्र' ने अत्यन्त लोकप्रियता प्राप्त करते हुए छोटे-बड़े अनेक लेखकों को इस विषय पर रचना करने की गहरी प्रेरणा प्रदान की जिसके फलरूप हिन्दी के साथ ही उर्दू के नाटकों पर भी उनका प्रभाव पड़ा। श्री रामबाबू सक्सेना के शब्दों में इनके तसानीफ (रचनाओं) का असर मावाद के उर्दू डरामों पर बहुत कुछ हुआ, मसलन् राजा हरिश्चन्द्र, रुकमिनी मंगल, बुलवा (बुढ़वा?) मंगल, वग़ैरह।'[2]

2. तारीखे अदब उर्दू, हिस्सा नस्र, पृ. 163

नम्र निवेदन

आजा से पूरे वर्ष भर पूर्व जिस समय 'सभा' ने 'सत्य हरिश्चन्द्र' का सम्पादन कार्य मुझे सौंपने की कृपा की थी उस समय मैंने समझा था कि यह कार्य तो चुटकी बजाते सम्पन्न हो जाएगा। आरम्भ में लेखक की संक्षिप्त-सी जीवनी देते हुए चलते स्कूली ढंग से रूपक के पात्रों का चरित्र चित्रण कर देना ही पर्याप्त होगा और बहुत हुआ तो परम्परा से इस पर की गयी आलोचनाओं का पिष्टपेषण कर दिया जाएगा। परन्तु पुनर्विचार करने पर प्रतीत हुआ कि जहाँ तक विद्यार्थियों का प्रश्न है, इतना काम तो उन्हें पढ़ाते समय उनके अध्यापक ही कर लेते हैं। अतः ऐसी बातें लिखना समय नष्ट करने के साथ ही उन अध्यापकों के कार्य-क्षेत्र में व्यर्थ ही हस्तक्षेप करना भी है। वस्तुतः आवश्यकता इस बात की है कि 'सत्य हरिश्चन्द्र' के सम्बन्ध में जो अनेक तथ्य विवादास्पद पड़े हैं उन पर विचार किया जाए और अपने विचारों को भी विद्वानों के समक्ष विचारार्थ उपस्थित किया जाए।

उधर 'सभा' का आदेश था कि सम्पादन कार्य जल्दी से जल्दी अर्थात् अधिक से अधिक दो सप्ताह में समाप्त हो जाना चाहिए, क्योंकि पाठ्यपुस्तक भी रहने के कारण विद्यार्थियों को इसकी आवश्यकता है। फलतः मैंने तत्काल कार्य आरम्भ कर दिया। कुछ काम हुआ भी। परन्तु जैसे सभी शुभ कर्मों में कोई न कोई दैहिक, दैविक या भौतिक विघ्न पड़ जाया करता है, मेरे इस कार्य में भी सामंती खंडहर के कुछ प्रेतों ने विकट बाधा उपस्थित कर दी।

उस समय मैं 'परिहरि हरिहर चरन' उन्हीं 'भूतगन घोर' को भज रहा था। संयोगवश उनके खाने-कमाने की एक योजना में कुछ अड़चन आ पड़ी। अतः खस की टट्टी में बैठ कर विद्युत् व्यंजन की बहार लेते हुए उन्होंने मुझे उक्त अड़चन दूर करने के लिए लू से सुलगती हुई उत्तर प्रदेश के मैदानी भागों की भट्ठी में निस्संकोच झोंक दिया। मैं भी 'सत्य हरिश्चन्द्र' का काम छोड़कर जैसे 'असत्य हरिश्चन्द्र' का काम करने चल पड़ा और विविध कष्ट सहन कर उसे पूरा भी किया। परन्तु मेरे परिश्रम का पुरस्कार देने के समय जब मुझे शिशु अश्वत्थामा समझ कर दूध की जगह आटे का घोल पिला कर बहलाने का प्रयत्न किया गया, तब मेरा मन गहरे अवसाद में डूब गया। उस गहराई से तीन महीने बाद अनाथनाथ जगन्नाथ-सुलभ नटवरलीला की भागवती कृपा का मंगलमय विधान होने पर ही मैं उबर सका और विद्या-गुरु विश्वनाथ के प्रसाद

का अभिवंदन करते हुए सर्वस्थूल तन विघ्न-निकन्दन शिवनन्दन का सादर स्मरण कर नये स्थान पर कार्यारम्भ कर सका। इस अवसर पर गोस्वामी जी की यह उक्ति कि 'लिखत सुधाकर गालिखि राहू' बिलकुल उलट गई और मेरे सम्बन्ध में 'राहू लिखत सुधाकर लिखिगा' बनकर चरितार्थ हुई।

इस बीच 'सत्य हरिश्चन्द्र' पर जितना काम हुआ था, वह एक कोने पड़ा रहा और दीवाली की सफाई में मेरे अनजाने ही रद्दी समझा जाकर साफ कर दिया गया। उधर 'सभा' की ओर से कड़ा तकाजा हो रहा था। मैं नये सिरे से काम करने बैठा। इस बार कार्यारम्भ करते ही मुझे ऐसा प्रतीत हुआ कि यह रूपक किसी रहस्यमय योगायोग से कुछ 'डिम' का उदारहरण बन गया है और इस प्रकार हिन्दी में इसका महत्त्व कुछ और भी विशिष्ट हो गया है। वैसे संस्कृत में भी डिमों की संख्या इनी-गिनी ही है। यहाँ तक कि भरतमुनि ने 'डिम' के उदाहरण में जिस 'त्रिपुरदाह' का उल्लेख किया है उसे 'साहित्य-शास्त्र' पर ग्रन्थ लिखने वाले प्राचीन आचार्य भी नहीं देख सके। उसे लुप्त हुए शताब्दियाँ विलुप्त हो चुकी हैं और इसीलिए उसके अभाव की पूर्ति करने के लिए तेरहवीं शताब्दी में वत्सराज को उसी नाम से एक नये डिम की रचना करनी पड़ी थी।

अब सभा का तकाजा और 'सत्य हरिश्चन्द्र' पर काम दोनों ही उत्तरोत्तर बढ़ने लगे। ऐसा प्रतीत होने लगा कि यदि किसी समृद्ध ग्रन्थागार में संचित ज्ञान का पौष्टिक आहार न मिला तो मेरी दुर्बल योग्यता यह भारी भार वहन करने में असमर्थ हो जाएगी। मैं यह भी समझ रहा था कि ऐसा ग्रन्थागार-कलकत्ता जाने पर ही उपलब्ध हो सकेगा परन्तु इस कार्य के लिए छुट्टी लेकर अपने नये कर्तव्य में प्रमाद दिखाना उचित न जान पड़ा। अतः जो कुछ सामग्री प्रस्तुत हो सकी थी, वह गत जनवरी में 'सभा' में भेज दी।

फरवरी में केवल 'सत्य हरिश्चन्द्र' का रचना-विधान मात्र लिखा जा सका परन्तु जब पहली मई से दो मास के लिए ग्रीष्मावकाश प्राप्त हुआ तो सभा के तकाजे में पुनः गरमाहट आई और वह इतनी बढ़ी कि मैं उत्तप्त हो उठा और चार मई की शाम कलकत्ते के लिए रवाना हो गया।

जब मैं कलकत्ते के राष्ट्रीय ग्रन्थालय में पहुँचा तो मालूम हुआ कि उक्त ग्रन्थालय के एक नये भवन का उद्घाटन करने के लिए भारत के प्रधानमंत्री भी वहाँ दूसरे ही दिन आने वाले हैं। उस समारोह की तैयारी में व्यस्त रहते हुए भी वहाँ के अधिकारियों और विशेषतः ग्रन्थालय के हिन्दी विभाग के कर्ताधर्ता श्री कृष्णाचार्य ने सामग्री संकलित करने की जो सुविधा मुझे दी उसके लिए मैं उनका कृतज्ञ हूँ।

काशी लौटकर जब उस संकलित सामग्री का उपयोग करने बैठा तो देखा कि मूल पुस्तक के अनुपात में भूमिका का बेतहाशा विस्तार होता जा रहा है। यों तो सूक्ष्म की व्याख्या करने और विषय को स्पष्ट करने के लिए उदाहरण देने में विराट साहित्य तैयार हो ही जाता है फिर भी 'बित्ता भर के बाले मियाँ डेढ़ हाथ की दाढ़ी' की कल्पना भी कम हास्यापद नहीं होती। इसलिए 'सत्य हरिश्चन्द्र का रचनाविधान'

शीर्षक प्रसंग के लिए जितने विस्तार की आवश्यकता थी–उसमें संकोच करना पड़ा। भारतेन्दु के व्यक्तित्व और कृतित्व पर भी कोई विचार प्रकट न किया जा सका। प्रस्तुत रूपक के परवर्ती संस्करणों में प्रकाशकों या सम्पादकों द्वारा किए गए संशोधनों के कारण जो पाठ-भेद हो गया है, उसका उल्लेख भी न किया जा सका। केवल प्रथम संस्करण के प्रथम पृष्ठ और आवरण पृष्ठ का चित्र देकर ही इस बार सन्तोष करना पड़ रहा है। यह कार्य भी कारमाइकेल लाइब्रेरी, काशी के मंत्री श्री गोपीकृष्ण बार-एट-लॉ के सौजन्य से ही सम्भव हो सका है, क्योंकि उक्त संस्करण वहीं से उपलब्ध हो सका था। एतदर्थ उन्हें धन्यवाद।

साधारणतया भारतेन्दु के जितने चित्र उनकी रुचियों और सामाजिक अवस्थाओं का प्रतिनिधित्व करने वाले मिलते हैं उनका वर्गीकरण निम्नलिखित ढंग से किया जा सकता है–

(1) तत्कालीन उच्च सरकारी अधिकारियों के दरबारी, तमगा और शमलाधारी हरिश्चन्द्र।
(2) काशी के आदिरस विलासी नागरिक हरिश्चन्द्र।
(3) बनारसी अग्रवाल समाज के चौधरी हरिश्चन्द्र।
(4) जगत्सेठ वंशोद्भूत वाराणसी के रईस हरिश्चन्द्र।
(5) विविध वेषधारणपटु बहुरूपिया हरिश्चन्द्र।
(6) वीर वैष्णव भक्त हरिश्चन्द्र, और
(7) साहित्य-पुरुष हरिश्चन्द्र।

भारतेन्दु की रचनाओं के साथ प्रायः उपर्युक्त प्रारम्भिक छह चित्रों में से कोई एक दिया जाता रहा है। नागरी प्रचारिणी पत्रिका के भारतेन्दु जन्मशती अंक और श्यामसुन्दर दास जी लिखित हरिश्चन्द्र में एक चित्र ऐसा भी है जिसके नीचे उसके परिचय में लिखा हुआ है–'भारतेन्दु की प्रौढ़ावस्था का चित्र।' वस्तुतः जो व्यक्ति इस धराधाम पर कुल चौंतीस वर्ष ही रहा हो उसकी 'प्रौढ़ावस्था' का भी चित्र खोज निकालना सचमुच बड़े कलेजे का काम है।

प्रस्तुत संस्करण के साथ 'साहित्य पुरुष' हरिश्चन्द्र का चित्र दिया जा रहा है। मेरी धारणा है कि श्री चन्द्रावली में भारतेन्दु ने सूत्रधार द्वारा शुकदेव जी का जो वेष-वर्णन कराया है वह वस्तुतः उनका अपना ही चित्र है। भारतेन्दु की आकृति और प्रकृति के साथ यह वर्णन मिलाया जा सकता है–

'अति कोमल सब अंग रंग साँवरो सलोना ।
घूँघर वाले बालन पै बलि वारौं टोना ।
भुज विशाल मुख चन्द झलमले, नैन लजौहैं ।
जुग कमान सी खिंची गड़त हिय में दोउ भौंहे ।
छबि लखत नैन छिन टरत नहिं शोभा नहीं कहि जाति है ।
मनु प्रेमपुंजही रूप धरि आवत आजु लखात है ।।'

प्रथम संस्करण के समर्पण-पत्र की तिथि से विदित होता है कि आज से ठीक 85 वर्ष पूर्व आज ही के दिन 'सत्य हरिश्चन्द्र' प्रथम बार पुस्तकाकार प्रकाशित हुआ था। यह भी एक योगायोग ही है।

प्रस्तुत रूपक के तीसरे और चौथे अंक की पादटिप्पणियों के रूप में उद्धृत चंडकौशिक की सामग्री में प्रूफ की ग़लतियाँ तो रह ही गईं, साथ ही समानार्थक भाववाली शब्दावली का क्रम भी बिगड़ गया। भूमिका में भी कुछ भद्दी भूलें रह गईं, जैसे ऐतरेय की जगह तैत्तिरीय छप गया। उक्त पादटिप्पणियों में पात्रों की वेशभूषा, प्राचीनकाल में श्मशान पर प्राणदंड की व्यवस्था-महाविद्याओं, विश्वेदेवाओं, अष्टसिद्धि-नवनिधि की सूची, फूलमती आदि विषयक टिप्पणियाँ भारतेन्दु की हैं। शेष प्रायः मेरी। अगले संस्करण में इनका अन्तर स्पष्ट कर दिया जाएगा। सम्प्रति अपनी त्रुटियों, भ्रमों और विलम्ब के लिए क्षमायाचना करते हुए इतना ही निवेदन करता हूँ कि–

'तकता हूँ रूए परदए दर, बनके अजनबी
शौके तमाशा आँखों में पिन्हा किए हुए।
थोड़ी है रात, स्वाँग बहुत, जा रहा हूँ मैं
मुद्दत हुई है सैरे बयाबाँ किए हुए।।'

–**रुद्र काशिकेय**

काशी
शुद्ध ज्येष्ठ शुक्ल 5,
सं. 2018 वि.

सत्यहरिश्चन्द्र

एक रूपक

चार खेलों में

चन्द्रावली इत्यादि नाटकों के कवि

श्रीहरिश्चन्द्र

लिखित

श्रीयुत बाबू बालेश्वरप्रसाद बी० ए० की

आज्ञानुसार

काशीपत्रिका नामक पाक्षिक हिन्दी पत्र

से संग्रहीत होकर

बनारस

मेडिकल हाल प्रेस में छापा गया ॥

सन १८७६ ई० ।

समर्पण*

नाथ!

यह एक नया कौतुक देखो। तुम्हारे सत्य पथ पर चलनेवाले कितना कष्ट उठाते हैं वही इसमें दिखाया है। भला हम क्या कहैं? जो हरिश्चन्द्र ने किया वह तो अब कोई भी भारतवासी न करैगा पर उस वंश ही के नाते इनको भी मानना। हमारी करतूत तो कुछ भी नहीं पर तुम्हारी तो बहुत कुछ है। बस इतनी ही सही। लो सत्य हरिश्चन्द्र तुम्हें समर्पित है अंगीकार करो। छल मत समझन सत्य का शब्द सार्थ है कुछ पुस्तक के बहाने समर्पण नहीं है।

ज्येष्ठ शुद्ध 5 सं. 1933

तुम्हारा,

–हरिश्चन्द्र

---

* प्रथम संस्करण से अविकल।

उपक्रम

मेरे मित्र बाबू बालेश्वरप्रसाद बी.ए. ने मुझसे कहा कि आप कोई ऐसा नाटक भी लिखें जो लड़कों के पढ़ने-पढ़ाने के योग्य हो, क्योंकि शृंगाररस के आपने जो नाटक लिखे हैं वे बड़े लोगों के पढ़ने के हैं, लड़कों को उनसे कोई लाभ नहीं। उन्हीं की इच्छानुसार मैंने यह 'सत्य हरिश्चन्द्र' नामक रूपक लिखा है। इसमें सूर्य कुल संभूत राजा हरिश्चन्द्र की कथा है। राजा हरिश्चन्द्र सूर्यवंश का अट्ठाइसवाँ राजा रामचन्द्र से पैंतीस पीढ़ी पहले त्रिशंकु का पुत्र था। इसने शौभपुर नामक एक नगर बसाया था और यह बड़ा ही दानी था। इसकी कथा शास्त्रों में बहुत प्रसिद्ध है और संस्कृत में राजा महिपाल देव के समय में आर्य क्षेमीश्वर कवि ने 'चंडकौशिक' नामक नाटक इन्हीं हरिश्चन्द्र के चरित्र में बनाया है। अनुमान होता है कि इस नाटक को बने चार सौ बरस से ऊपर हुए क्योंकि विश्वनाथ कविराज ने अपने साहित्य ग्रन्थ में इसका नाम लिखा है। कौशिक विश्वामित्र का नाम है। हरिश्चन्द्र और विश्वामित्र दोनों शब्द व्याकरण की रीति से स्वयंसिद्ध हैं। विश्वामित्र कान्यकुब्ज का क्षत्रिय राजा था। वह एक बेर संयोग से वसिष्ठ के आश्रम में गया और जब वसिष्ठ ने सैन-समेत उसकी जाफत अपनी शबला नाम की कामधेनु गऊ के प्रताप से बड़े धूमधाम से की तो विश्वामित्र ने वह कामधेनु लेनी चाही। जब हज़ारों हाथी, घोड़े और ऊँट के बदले भी वसिष्ठ ने गऊ न दी तो विश्वामित्र ने गऊ छीन लेनी चाही! वसिष्ठ की आज्ञा से कामधेनु ने विश्वामित्र की सब सेना नाश कर दी और विश्वामित्र के सौ पुत्र भी वसिष्ठ ने शाप से जला दिए। विश्वामित्र इस पराजय से उदास हो कर तप करने लगे और महादेवजी से वरदान में सब अस्त्र पाकर फिर वसिष्ठ से लड़ने आए। वसिष्ठ ने मंत्र के बल से एक ऐसा ब्रह्मदंड खड़ा कर दिया कि विश्वामित्र के सब अस्त्र निष्फल हुए। हारकर विश्वामित्र ने सोचा कि अब तप कर के ब्राह्मण होना चाहिए और वे तप करके अन्त में ब्राह्मण और ब्रह्मर्षि हो गए। यह वाल्मीकीय रामायण के अयोध्या[1] कांड के 52 से 60 सर्ग तक सविस्तार वर्णित है।

जब हरिश्चन्द्र के पिता त्रिशंकु ने इसी शरीर से स्वर्ग जाने के हेतु वसिष्ठजी से कहा तो उन्होंने उत्तर दिया कि यह अशक्य काम हमसे न होगा। तब त्रिशंकु वसिष्ठ

1. अयोध्याकांड नहीं बालकांड चाहिए।

के सौ पुत्रों के पास गया और उनसे भी कोरा जवाब पाया तब उसने कहा कि तुम्हारे पिता और तुम लोगों ने हमारी इच्छा पूरी नहीं की और हमको कोरा जवाब दिया इससे अब हम दूसरा पुरोहित करते हैं। वसिष्ठ के पुत्रों ने इस बात से रुष्ट होकर त्रिशंकु को शाप दिया कि तू चांडाल हो जा। बिचारा त्रिशंकु चांडाल बन कर विश्वामित्र के पास गया और दुखी हो उनसे अपना सब हाल वर्णन किया। विश्वामित्र ने अपने पुराने बैर का बदला लेने का अच्छा अवसर सोचकर राजा से प्रतिज्ञा की कि इसी देह से तुमको स्वर्ग भेजेंगे और सब मुनियों को बुलाकर यज्ञ करना चाहा। सब ऋषि आए पर वसिष्ठ के सौ पुत्र नहीं आए और उन्होंने कहा कि जहाँ चांडाल यजमान और क्षत्रिय पुरोहित, वहाँ कौन जाए। क्रोधी विश्वामित्र ने इस बात से रुष्ट होकर शाप से वसिष्ठ के उन सौ पुत्रों को भस्म कर दिया। यह देखकर और बिचारे ऋषि मारे डर के यज्ञ करने लगे। जब मंत्रों से बुलाने से देवता लोग यज्ञभाग लेने न आए तो विश्वामित्र ने क्रोध से श्रुवा उठाकर कहा कि त्रिशंकु यज्ञ से कुछ काम नहीं, तुम हमारे तपोबल से स्वर्ग जाओ। त्रिशंकु इतना कहते ही आकाश की ओर उड़ा। जब इन्द्र ने देखा कि त्रिशंकु सशरीर स्वर्ग में आना चाहता है तो उसने पुकारा कि अरे तू यहाँ आने योग्य नहीं है, नीचे गिर। त्रिशंकु यह सुनते ही उलटा होकर नीचे गिरा और उसने विश्वामित्र से त्राहि-त्राहि पुकारा। विश्वामित्र ने तपोबल से उसको वहाँ बीच ही में स्थिर रक्खा। कर्म्मनाशा नामक नदी त्रिशंकु के ही लार से बनी है। फिर देवताओं पर क्रोध करके विश्वामित्र ने सृष्टि ही दूसरी करनी चाही। दक्षिण ध्रुव के समीप सप्तर्षि और नक्षत्र इन्होंने नए बनाए और बहुत से जीव-जंतु फल मूल बनाकर जब इन्द्रादि देवता भी दूसरे बनाने चाहे तब देवता लोग डरकर इनसे क्षमा माँगने गए। इन्होंने अपनी बनाई सृष्टि स्थिर रखकर और दक्षिणाकाश में त्रिशंकु को ग्रह की भाँति प्रकाशमान स्थिर रख क्षमा किया। यह सब रामायण ही में है। फिर एक बेर पानी नहीं बरसा, इससे बड़ा अकाल पड़ा। विश्वामित्र एक चांडाल के घर भीख माँगने गए और जब कुत्ते का मांस पाया तो उसी से देवताओं को बलि दिया। देवता लोग इनके भय से काँप गए और इन्द्र ने उस समय पानी बरसाया यह प्रसंग महाभारत के शान्तिपर्व के 141 अध्याय में है। फिर हरिश्चन्द्र की विपत्ति सुनकर क्रोध से वसिष्ठ जी ने उनको शाप दिया कि तुम बकुला हो जाओ और विश्वामित्र ने यह सुनकर वसिष्ठ को शाप दिया कि तुम आड़ी[2] हो जाओ। पक्षी बनकर दोनों ने बड़ा घोर युद्ध किया जिससे त्रैलोक्य काँप गया। अन्त में ब्रह्मा ने दोनों में मेल कराया। यह उपाख्यान मार्कण्डेय पुराण के नवें अध्याय में है। इनकी उत्पत्ति यों है। भृगु ने जब अपने पुत्र च्यवन ऋषि को ब्याह किए देखा तो वे बड़े प्रसन्न हुए और बेटा बहू देखने को उनके घर आए। उन दोनों ने पिता का पूजा किया और वे हाथ जोड़कर सामने खड़े हो गए। भृगु ने बहू से कहा कि बेटी वर माँग। सत्यवती ने यह वर माँगा कि मुझे तो वेदशास्त्र जानने वाला और मेरी माता को युद्ध

2. किसी जाति का गिद्ध।

विद्या-विशारद पुत्र हो। भृगु ने 'एवमस्तु' कह कर ध्यान दे प्राणायाम किया और उनके श्वास से दो चरु उत्पन्न हुए। भृगु ने वह बहू को देकर कहा कि यह लाल चरु तो तुम्हारी माता प्रति ऋतु समय में अश्वत्थ का आलिंगन करके खाए और तुम यह सफ़ेद चरु उसी भाँति औदुम्बर का आलिंगन करके खाना। भृगु के वाक्यानुसार सत्यवती ने कन्नौज के राजा गाधि की स्त्री अपनी माता से सब कहा। उसकी माता ने यह समझ कर कि ऋषि ने अपनी पतोहू को अच्छा बालक होने को चरु दिया होगा; जब ऋतु काल आया तो लाल चरु कन्या को खिलाया और सफ़ेद आप खाया। भगवान भृगु ने तपोबल से जब यह बात जानी तो आकर बहू से कहा कि तुमने चरु को उलट-पलट किया, इससे तुम्हारा लड़का ब्राह्मण हो कर भी क्षत्रियकर्मा होगा और तुम्हारा भाई क्षत्रिय होकर भी ब्राह्मण हो जाएगा। सत्यवती ने जब ससुर से इस अपराध की क्षमा चाही तब उन्होंने कहा कि अच्छा तुम्हारे पुत्र के बदले पौत्र क्षत्रियकर्मा होगा। उसी राजा गाधि को तो विश्वामित्र हुए और च्यवन को जमदग्नि और जमदग्नि को परशुराम हुए। यह उपाख्यान कालिकापुराण के चौरासिवें अध्याय में स्पष्ट है।

इन उपाख्यानों के जानने से इस नाटक के पढ़नेवालों को बड़ी सहायता मिलेगी। इस भारतवर्ष में उत्पन्न और इन्हीं हम लोगों के पूर्व पुरुषों में महाराज हरिश्चन्द्र भी थे, यह समझकर इस नाटक के पढ़नेवाले कुछ भी अपना चरित्र सुधारेंगे तो कवि का परिश्रम सुफल होगा।

पात्र-सूची

1. विश्वामित्र
2. हरिश्चन्द्र
3. इन्द्र
4. रोहिताश्व
5. नारद (बटुक)
6. धर्म (क्रमशः चांडाल और कापालिक)
7. सत्य (क्रमशः बैताल और हरजनवाँ)
8. शिवजी (उपाध्याय)
9. भगवान नारायण
10. भैरव
11. पाप
12. स्वस्त्ययनकर्ता ब्राह्मण
13. द्वारपाल
14. शैव्या
15. पार्वती
16. शैव्या की सहेली

सत्य हरिश्चन्द्र

एक रूपक

करुणा रस भरी

भयानक और वीर अंग

चार अंकों में

प्रथम अंक .... इन्द्र सभा

द्वितीय अंक .... हरिश्चन्द्र की सभा

तृतीय अंक .... काशी में विक्रय

चतुर्थ अंक .... श्मशान

अथ सत्य हरिश्चन्द्र

(मंगलाचरण)

सत्यासक्त दयाल द्विज प्रिय अघ हर सुख कन्द ।
जनहित कमला तजन जय शिव नृप कवि हरिचन्द ॥१

(नान्दी के पीछे सूत्रधार आता है)

[illegible] जो, राजा हरिश्चन्द्र, [illegible], चन्द्रमा और [illegible] का वर्णन करता है ।

[illegible] नीले रंग की घाटक का [illegible] दोनों [illegible] हुए, गले में [illegible] की [illegible] और [illegible], सिर पर [illegible] में [illegible] पैजामा, [illegible], सिर पर [illegible]

सत्य हरिश्चन्द्र

मंगलाचरण

दोहा

सत्यासक्त दयाल द्विज, प्रिय अघहर सुखकन्द ।
जनहित कमलातजन जय, शिव नृप कवि हरिचन्द[1] ।।

(नांदी के पीछे सूत्रधार[2] आता है।)

सूत्रधार – अहा! आज की संध्या भी धन्य है कि इतने गुणज्ञ और रसिक लोग एकत्र हैं और सब की इच्छा है कि हिन्दी भाषा का कोई नवीन नाटक देखें। धन्य है विद्या का प्रकाश कि जहाँ लोग नाटक[3] किस चिड़िया का नाम है, इतना भी नहीं जानते थे, भला वहाँ अब लोगों की इच्छा इधर प्रवृत्त तो हुई। परन्तु, हा! सोच की बात है कि जो बड़े-बड़े लोग हैं और जिनके किए कुछ हो सकता है वे ऐसी अंध परम्परा में फँसे हैं और ऐसे बेपरवाह और अभिमानी हैं कि सच्चे गुणियों की कहीं पूछ ही नहीं है। केवल उन्हीं की चाह, उन्हीं की बात है जिन्हें झूठी खैरखाही दिखाना वा लम्बा-चौड़ा गाल बजाना आता है। (कुछ सोचकर) क्या हुआ,

---

1. यह श्लेष शिवजी, राजा हरिश्चन्द्र, श्रीकृष्ण, चन्द्रमा, और कवि पाँच का वर्णन करता है। मंगलाचरण वाला दोहा नांदी पाठ ही है। प्रस्तुत दोहे में कवि ने श्लेष के बल पर शिव जी के साथ ही राजा हरिश्चन्द्र, श्रीकृष्ण, चन्द्रमा और स्वयं अपना भी वर्णन किया है। उल्लेख यह है कि क्षेमीश्वर ने भी अपने चंड-कौशिक के नांदीपाठ में शिव का ही वर्णन किया है। **–सं.**
2. सूत्रधार हरे व नीले रंग की साटन का कामदार जाँघिया पहने, उसके आगे पटुके की तरह कमरबंद के दोनों किनारे नीचे ऊपर लटकते हुए, गले में चुस्त, सामने बुताम की मिरजई, ऊपर माला वग़ैरह और सब गहने, सिर पर पिटारा, पैर में घुँघरू, हाथ में छड़ी; वा पैजामा, काछनी, सिर पर मुकुट। स.ह. 3 (1600-61)
3. भारत के प्राचीन संस्कृत साहित्य में अगणित नाटक हैं। अतः यह कथन समीचीन नहीं कि 'जहाँ के लोग नाटक किस चिड़िया का नाम है, इतना भी नहीं जानते थे।' वस्तुतः नाटककार के ये उद्‌गार अपनी समकालीन परिस्थिति को ही देखकर प्रकट हुए हैं।

ढंग पर चला जाएगा तो यों भी बहुत कुछ हो रहेगा। काल बड़ा बली है, धीरे-धीरे सब आप ही कर देगा। पर भला, आज इन लोगों को लीला कौन-सी दिखाऊँ। (सोचकर) अच्छा, उनसे भी तो पूछ लें? ऐसे कौतुकों में पुरुषों की अपेक्षा स्त्रियों की बुद्धि विशेष लड़ती है। (नेपथ्य की ओर देखकर) मोहना! अपनी भाभी को ज़रा इधर तो भेजना। (नेपथ्य में से 'मैं तो आप ही आती थी' कहती हुई नटी[4] आती है।)

नटी – मैं तो आप ही आती थी। वह एक मनिहारिन आ गई थी, उसी के बखेड़े में लग गई, नहीं तो अब तक कभी की आ चुकी होती। कहिए, आज जो लीला करनी हो वह पहिले ही से जानी रहे तो मैं और सभी से कहकर सावधान कर दूँ।

सूत्रधार – आज का नाटक तो हमने तुम्हारी ही प्रसन्नता पर छोड़ दिया है।

नटी – हम लोगों को तो सत्य हरिश्चन्द्र आजकल अच्छी तरह याद है और उसका खेल भी सब छोटे बड़े को मँज रहा है।

सूत्रधार – ठीक है, यही हो। भला इससे अच्छा और कौन नाटक होगा। एक तो इन लोगों ने उसे अभी देखा नहीं है, दूसरे आख्यान भी करुणापूर्ण राजा हरिश्चन्द्र का है, तीसरे उसका कवि भी हम लोगों का एकमात्र जीवन है।

नटी – (लम्बी साँस लेकर) हाँ! प्यारे हरिश्चन्द्र का संसार ने कुछ भी गुण-रूप न समझा। क्या हुआ 'कहैंगे सबै ही नैन नीर भरि भरि पाछे, प्यारे हरिचन्द की कहानी रहि जाएगी।'

सूत्रधार – इसमें क्या सन्देह है। काशी के पंडितों ही ने कहा है–

सब सज्जन के मान को, कारन इक हरिचन्द ।
जिमि सुभाव दिन रैन के, कारन नित हरिचन्द[5] ।।

और फिर उनके मित्र पंडित शीतलाप्रसाद जी ने इस नाटक के नायक से उनकी समता भी की है। इससे उनके बनाए नाटकों में भी सत्य हरिश्चन्द्र ही आज खेलने को जी चाहता है।

नटी – कैसी समता, मैं भी सुनूँ?

सूत्रधार – जो गुन नृप हरिचन्द मैं, लगहित सुनियत कान ।
सो सब कवि हरिचन्द मैं, लखहु प्रतच्छ सुजान[6] ।।

(नेपथ्य में)

---

4. महाराष्ट्री भेष, कमर पर पेटी कसे व मर्दाना कपड़ा पहिने पर जेवर सब जनाने।
5. हरि = सूर्य।
विद्वज्जनप्रतिष्ठाकारणमेवं हरिश्चन्द्रः। यद्वत् स्वभावगत्यादिनरात्र्योर्वा हरिश्चन्द्रः।।'
6. श्रूयते ये हरिश्चन्द्रे जगदाह्लादिनो गुणाः। दृश्यन्ते ते हरिश्चन्द्रे चन्द्रवत प्रियदर्शने।'

अरे!
यहाँ सत्य भय एक के, काँपत सब सुर लोक।
यह दूजो हरिचन्द को, करन इन्द्र उर सोक ।।4।।

सूत्रधार – (सुनकर और नेपथ्य की ओर देखकर) यह देखो हम लोगों को बात करते देर न हुई कि मोहना इन्द्र बनकर आ पहुँचा। तो अब चलो हम लोग भी तैयार हों।

(दोनों जाते हैं।)

इति प्रस्तावना

प्रथम अंक

(यवनिका उठती है)

(स्थान–इन्द्रसभा, बीच में गद्दी तकिया धरा हुआ, घर सजा हुआ)

(इन्द्र[1] आता है)

इन्द्र – *('यहाँ सत्य भय एक के' यह दोहा फिर से पढ़ता हुआ इधर उधर घूमता है।)*

(द्वारपाल[2] आता है)

द्वारपाल – महाराज! नारद जी आते हैं।

इन्द्र – आने दो, अच्छे अवसर पर आए।

द्वारपाल – जो आज्ञा।

इन्द्र – *(आप ही आप)* नारद जी सारी पृथ्वी पर इधर उधर फिरा करते हैं, इनसे सब बातों का पक्का पता लगेगा। हमने माना कि राजा हरिश्चन्द्र को स्वर्ग लेने की इच्छा न हो तथापि उसके धर्म की एक बेर परीक्षा तो लेनी चाहिए।

(नारद जी[3] आते हैं)

इन्द्र – (हाथ जोड़कर दंडवत करता है) आइए, आइए, धन्य भाग्य, आज किधर भूल पड़े?

---

1. जामा, किरीट, कुंडल और गहने पहने हुए, हाथ में वज्र (कई फल का छोटा भाला) लिए हुए।
2. छज्जेदार पगड़ी, चपकन, घेरदार पाजामा पहने, कमरबंद कसे और हाथ में आसा लिए हुए।
3. धोती की लाँग कसे, गाँती बाँधे, सिर से पाँव तक चन्दन का खौर दिए, पैरों में घुँघरू, सिर के बाल छोटे और हाथ में बीन लिए हुए, आने और जाने के समय 'रामकृष्ण गोविन्द' की ध्वनि नेपथ्य में से हो।

नारद – हमें और भी कोई काम है? केवल यहाँ से वहाँ और वहाँ से यहाँ, यही हमें है कि और भी कुछ।

इन्द्र – साधु स्वभाव ही से परोपकारी होते हैं, विशेष करके आप ऐसे जो हमारे से दीन गृहस्थों को घर बैठे दर्शन देते हैं, क्योंकि जो लोग गृहस्थ और कामकाजी हैं वे स्वभाव ही से गृहस्थी के बंधनों से ऐसे जकड़े जाते हैं कि साधु-संगम तो उनको सपने में भी दुर्लभ हो जाता है, न वे अपने प्रबन्धों से छुट्टी पावेंगे, न कहीं जाएँगे।

नारद – आपको इतना शिष्टाचार नहीं सोहता। आप देवराज हैं और आपके संग की तो बड़े बड़े ऋषि मुनि इच्छा करते हैं, फिर आपको सत्संग कौन दुर्लभ है? केवल जैसा राजा लोगों में एक सहज मुँह देखा व्यापार होता है, वैसी ही बातें आप इस समय कर रहे हैं।

इन्द्र – हमको बड़ा सोच है कि आपने हमारी बातों को शिष्टाचार समझा। क्षमा कीजिए। आपसे हम बनावट नहीं करते। भला विराजिए तो सही। ये बातें तो होती ही रहेंगी।

नारद – विराजिए। *(दोनों बैठते हैं)*

इन्द्र – कहिए, इस समय कहाँ से आना हुआ?

नारद – अयोध्या से, अहा! राजा हरिश्चन्द्र धन्य है। मैं तो उसके निष्कपट और अकृत्रिम स्वभाव से बहुत ही सन्तुष्ट हुआ। यद्यपि इसी सूर्यकुल में अनेक बड़े-बड़े धार्मिक हुए पर हरिश्चन्द्र तो हरिश्चन्द्र ही है।

इन्द्र – *(आप ही आप)* यह भी तो उसी का गुण गाते हैं।

नारद – महाराज! सत्य की तो मानो हरिश्चन्द्र मूर्ति हैं। निस्सन्देह ऐसे मनुष्य के उत्पन्न होने से भारतभूमि का सिर केवल इनके स्मरण से उस समय भी ऊँचा रहेगा जब यह पराधीन होकर हीनावस्था को प्राप्त होगी।

इन्द्र – *(आप ही आप)* अहा! हृदय भी ईश्वर ने क्या ही वस्तु बनाई है। यद्यपि इसका स्वभाव सहज ही गुणग्राही हो तथापि दूसरों की उत्कट कीर्ति से इसमें ईर्षा होती है। उसमें भी जो जितने बड़े हैं उनकी ईर्षा भी उतनी ही बड़ी है। हमारे ऐसे बड़े पदाधिकारियों को शत्रु उतना सन्ताप नहीं देते जितना दूसरों की सम्पत्ति और कीर्ति।

नारद – आप क्या सोच रहे हैं?

इन्द्र – कुछ नहीं। यों ही मैं यह सोचता था कि हरिश्चन्द्र की कीर्ति आजकल छोटे-बड़े सबके मुँह से सुनाई पड़ती है, इससे निश्चय होता है कि नहीं, हरिश्चन्द्र निस्सन्देह बड़ा मनुष्य है।

नारद – क्यों नहीं, बड़ाई उसी का नाम है जिसे छोटे बड़े सब मानें। और फिर नाम भी तो उसी का रह जाएगा जो दृढ़ होकर धर्मसाधन करेगा। *(आप ही आप)* और उसकी बड़ाई का यह भी तो एक बड़ा प्रमाण है कि आप ऐसे लोग उससे बुरा मानते हैं, क्योंकि जिससे बड़े बड़े लोग डाह करें पर उसका कुछ बिगाड़ न सकें, वह निस्सन्देह बहुत बड़ा मनुष्य है।

इन्द्र – भला उसके गृहचरित्र कैसे हैं?

नारद – दूसरों के लिए उदाहरण बनने के योग्य। भला पहिले जिसने अपने निज के और अपने घर के चरित्र ही नहीं शुद्ध किए हैं उसकी और बातों पर क्या विश्वास हो सकता है। शरीर में चरित्र ही मुख्य वस्तु है। वचन से उपदेशक और क्रियादिक से कैसा भी धर्मनिष्ठ क्यों न हो पर यदि उसके चरित्र शुद्ध नहीं हैं तो लोगों में वह टकसाल न समझा जाएगा और उसकी बातें प्रमाण न होंगी। महात्मा और दुरात्मा में इतना ही भेद है कि इनके मन, वचन और कर्म एक रहते हैं, इनके भिन्न-भिन्न[4]। निस्सन्देह हरिश्चन्द्र महाशय हैं। उसके आशय बहुत उदार हैं, इसमें कोई सन्देह नहीं।

इन्द्र – भला आप उदार वा महाशय किसको कहते हैं?

नारद – जिसका भीतर-बाहर एक-सा हो और विद्यानुरागिता, उपकार प्रियता आदि गुण जिसमें सहज हों, अधिकार में[5] क्षमा, विपत्ति में धैर्य, सम्पत्ति में अनभिमान और युद्ध में जिसकी स्थिरता है वह ईश्वर की सृष्टि का रत्न है और उसकी माता पुत्रवती है। हरिश्चन्द्र में ये सब बातें सहज हैं। दान करके उसको प्रसन्नता होती है और कितना भी दे पर सन्तोष नहीं होता, यही समझता है कि अभी कुछ दिया ही नहीं।

इन्द्र – *(आप ही आप)* हृदय! पत्थर के होकर तुम यह सब कान खोल के सुनो।

नारद – और इन गुणों पर ईश्वर की निश्चला भक्ति उसमें ऐसी है जो सबका भूषण है, क्योंकि उसके बिना किसी की शोभा नहीं। फिर इन सब बातों पर विशेषता यह है कि राज्य का प्रबन्ध ऐसा उत्तम और दृढ़ है कि लोगों को सन्देह होता है कि इन्हें राजकाज देखने

---

4. मनस्यन्यद्वचस्यन्यत्कार्ये चान्यद्दुरात्मनाम् ।
मनस्येक वचस्येक कर्मण्येकं महात्मनाम् ।

—चाणक्यनीति

5. विपदि धैयमथाभ्युदये क्षमा सदसि वाक्पटुता युधि विक्रमः ।
यशसि चाभिरुचिर्व्यसनं श्रुतौ प्रकृतिसिद्धमिदं हि महात्मनाम् ।।

(भर्तृहरिनीतिशतक)

की छुट्टी कब मिलती है। सच है, छोटे जी के लोग थोड़े ही कामों में ऐसे घबड़ा जाते हैं मानों सारे संसार का बोझ इन्हीं पर है, पर जो बड़े लोग हैं उनके सब काम महारम्भ होते हैं तब भी उनके मुख पर कहीं से व्याकुलता नहीं झलकती, क्योंकि एक तो उनके उदार चित्त में धैर्य और अवकाश बहुत है, दूसरे उनके समय व्यर्थ नहीं जाते और ऐसे यथायोग्य बँटे रहते हैं जिससे उन पर कभी भीड़ पड़ती ही नहीं।

इन्द्र – भला महाराज, वह ऐसे दानी हैं तो उनकी लक्ष्मी कैसे स्थिर है?

नारद – यही तो हम कहते हैं। निस्सन्देह वह राजा कुल का कलंक है जिसने बिना पात्र विचारे दान देते-देते सब लक्ष्मी का क्षय कर दिया, आप कुछ उपार्जन किया ही नहीं, जो था नाश हो गया! और जहाँ प्रबन्ध है वहाँ धन की क्या कमी है? मनुष्य कितना धन देगा और याचक कितना लेंगे।

इन्द्र – पर यदि कोई अपने वित्त के बाहर माँगे या ऐसी वस्तु माँगे जिससे दाता की सर्वस्वहानि होती हो तो वह दे कि नहीं?

नारद -- क्यों नहीं। अपना सर्वस्व वह क्षण भर में दे सकता है, पात्र चाहिए। जिसको धन पाकर सत्पात्र में उसके त्याग की शक्ति नहीं है, वह उदार कहाँ हुआ।

इन्द्र – *(आप ही आप)* भला, देखेंगे न।

नारद – राजन्! मानियों के आगे प्राण और धन तो कोई वस्तु ही नहीं है। वे तो अपने सहज स्वभाव ही से सत्य और विचार तथा दृढ़ता में ऐसे बँधे हैं कि सत्पात्र मिलने या बात पड़ने पर उनको स्वर्ण का पर्वत भी तिल-सा दिखाई देता है और उसमें भी हरिश्चन्द्र–जिसका सत्य पर ऐसा स्नेह है जैसा भूमि, कोष, रानी और तलवार पर भी नहीं है। जो सत्यानुरागी ही नहीं है भला उससे न्याय कब होगा और जिसमें न्याय नहीं है वह राजा ही काहे का है। कैसी भी विपत्ति और उभय संकट पड़ें और कैसी ही हानि व लाभ हो पर जो न्याय न छोड़े वही धीर और वही राजा। और उस न्याय का मूल सत्य है।

इन्द्र – तो भला वह जिसे जो देने को कहेगा वह देगा व जो करने को कहेगा वह करेगा?

नारद – क्या आप उसका परिहास करते है? किसी बड़े के विषय में ऐसी शंका ही उसकी निन्दा है। क्या आपने उसका यह सहज साभिमान वचन नहीं सुना है?

चन्द टरै सूरज टरै, टरै जगत ब्योहार ।
पै दृढ़ श्रीहरिचन्द को, टरै न सत्यविचार ।।

इन्द्र – *(आप ही आप)* तो फिर इसी सत्य के पीछे नाश भी होंगे, हमको भी अच्छा उपाय मिला। *(प्रगट)* हाँ, पर आप यह भी जानते हैं कि क्या वह यह सब धर्म स्वर्ग लेने को करता है!

नारद – वाह! भला जो ऐसे हैं उनके आगे स्वर्ग क्या वस्तु है? क्या बड़े लोग धर्म स्वर्ग पाने को करते हैं? जो अपने निर्मल चरित्र से सन्तुष्ट हैं उनके आगे स्वर्ग कौन वस्तु है? फिर भला जिनके शुद्ध हृदय और सहज व्यवहार हैं वे क्या यश या स्वर्ग के लालच से धर्म करते हैं? वे तो आपके स्वर्ग को सहज में दूसरे को दे सकते हैं और जिन लोगों को भगवान् के चरणारविन्द में भक्ति है वे क्या किसी कामना से धर्माचरण करते हैं। यह भी तो एक क्षुद्रता है कि इस लोक में एक देकर परलोक में दो की आशा रखना।

इन्द्र – *(आप ही आप)* हमने माना कि उसकी स्वर्ग लेने की इच्छा न हो तथापि अपने कर्मों से वह स्वर्ग का अधिकारी तो हो जाएगा।

नारद – और जिनको अपने किए शुभ अनुष्ठानों से आप सन्तोष मिलता है उनके उस असीम आनन्द के आगे आपके स्वर्ग का अमृतपान और अप्सरा तो महा महातुच्छ हैं। क्या अच्छे लोग कभी किसी शुभ कृत्य का बदला चाहते हैं?

इन्द्र – तथापि एक बेर उनके सत्य की परीक्षा होती तो अच्छा होता।

नारद – राजन्! आपका यह सब सोचना बहुत अयोग्य है। ईश्वर ने आपको बड़ा किया है तो आपको दूसरों की उन्नति और उत्तमता पर सन्तोष करना चाहिए। ईर्षा करना तो क्षुद्राशयों का काम है। महाशय वही है जो दूसरों की बड़ाई से अपनी बड़ाई समझे।

इन्द्र – *(आप ही आप)* इनसे काम न होगा। *(बात बहलाकर प्रगट)* नहीं, नहीं मेरी यह इच्छा थी कि मैं भी उनके गुणों को अपनी आँखों से देखता। भला मैं ऐसी परीक्षा थोड़े लेना चाहता हूँ जिससे उन्हें कुछ कष्ट हो।

नारद – *(आप ही आप)* अहा! बड़ा पद मिलने से कोई बड़ा नहीं होता। बड़ा वही है जिसका चित्त बड़ा है। अधिकार तो बड़ा है पर जिसके चित्त में सदा क्षुद्र और नीच बातें सूझा करती हैं, वह आदर के योग्य नहीं है। परन्तु जो कैसा भी दरिद्र है पर उसका चित्त उदार और बड़ा है, वही आदरणीय है।

(द्वारपाल आता है)

द्वारपाल – महाराज, विश्वामित्र जी आए हैं।

इन्द्र – *(आप ही आप)* हाँ, इनसे यह काम होगा। अच्छे अवसर पर आए। जैसा काम हो, वैसे ही स्वभाव के लोग भी चाहिए। *(प्रगट)* हाँ हाँ लिवा लाओ।

द्वारपाल – जो आज्ञा। *(जाता है)*

(विश्वामित्र जी[6] आते हैं)

इन्द्र – *(प्रणामादि शिष्टाचार करके)* आइए भगवन्, विराजिए।

विश्वामित्र – *(नारद जी को प्रणाम करके और इन्द्र को आशीर्वाद देकर बैठते हैं।)*

नारद – तो अब हम जाते हैं, क्योंकि पिता के पास हमें किसी आवश्यक काम से जाना है।

विश्वामित्र – यह क्या? हमारे आते ही आप चले, भला ऐसी रुष्टता किस काम की?

नारद – हरे हरे! आप ऐसी बात सोचते हैं–राम राम! भला आपके आने से हम क्यों जाएँगे? मैं तो जाने ही को था कि इतने में आप आ गए।

इन्द्र – *(हँस कर)* आपकी जो इच्छा।

नारद – *(आप ही आप)* हमारी इच्छा क्या, अब तो आप ही की यह इच्छा है कि हम जाएँ, क्योंकि अब आप तो विश्व के अमित्र जी से राजा हरिश्चन्द्र को दुःख देने की सलाह कीजिएगा, तो हम उसके बाधक क्यों हों। पर इतना निश्चय रहे कि सज्जन को दुर्जन लोग जितना कष्ट देते हैं उतनी ही उनकी सत्यकीर्ति तपाए सोने की भाँति और भी चमकती है, क्योंकि विपत्ति बिना सत्य की परीक्षा नहीं होती। *(प्रगट)* यद्यपि 'जो इच्छा' आपने सहज भाव से कहा है, तथापि परस्पर में ऐसे उदासीन वचन नहीं कहते, क्योंकि इन वाक्यों से रूखापन झलकता है। मैं कुछ इसका ध्यान नहीं करता, केवल मित्र भाव से कहता हूँ। लो, जाता हूँ और यही आशीर्वाद देकर जाता हूँ कि तुम किसी को कष्टदायक मत हो, क्योंकि अधिकार पाकर कष्ट देना यह बड़ों की शोभा नहीं, सुख देना शोभा है।

इन्द्र – *(कुछ लज्जित होकर प्रणाम करता है।) (नारद जी जाते हैं।)*

विश्वामित्र – यह क्यों? आज नारद भगवान् ऐसी जली-कटी क्यों बोलते थे, क्या तुमने कुछ कहा था?

इन्द्र – नहीं तो, राजा हरिश्चन्द्र का प्रसंग निकला था, सो उन्होंने उसकी बड़ी स्तुति की और हमारा उच्चपद का आदरणीय स्वभाव उस परकीर्ति को सहन न कर सका, इसमें कुछ बात ही बात ऐसा सन्देह होता है कि वे रुष्ट हो गए।

---

6. मृगचर्म, दाढ़ी, जटा, हाथों में पवित्री और कमंडल, खड़ाऊँ पर चढ़े।

विश्वामित्र – तो हरिश्चन्द्र में कौन-से ऐसे गुण हैं? *(सहज ही भृकुटी चढ़ जाती है।)*

इन्द्र – *(ऋषि का भ्रूभंग देखकर चित्त में सन्तोष करके उनका क्रोध बढ़ाता हुआ)* महाराज, सिपारसी लोग चाहे जिसको बढ़ा दें; चाहे घटा दें। भला सत्य-धर्म-पालन क्या हँसी खेल है। यह आप ऐसे महात्माओं ही का काम है, जिन्होंने घर-बार छोड़ दिया है। भला राज करके और घर में रह के मनुष्य क्या धर्म का हठ करेगा? और फिर कोई परीक्षा लेता तो मालूम पड़ता। इन्हीं बातों से तो नारद जी बिना बात ही अप्रसन्न हुए।

विश्वामित्र – मैं अभी देखता हूँ न। जो हरिश्चन्द्र को तेजोभ्रष्ट न किया तो मेरा नाम विश्वामित्र नहीं। भला मेरे सामने वह क्या सत्यवादी बनेगा और क्या दानीपने का अभिमान करेगा?

(क्रोधपूर्वक उठकर चला चाहते हैं कि परदा गिरता है)

इति प्रथम अंक।

दूसरा अंक

(स्थान—राजा हरिश्चन्द्र का राजभवन)

(रानी शैव्या[1] बैठी हैं और एक सहेली[2] बगल में खड़ी है)

रानी — अरी! आज मैंने ऐसे बुरे-बुरे सपने देखे हैं कि जब से सो के उठी हूँ, कलेजा काँप रहा है। भगवान् कुशल करें।

सहेली — महाराज के पुण्य प्रताप से सब कुशल ही होगा, आप कुछ चिन्ता न करें। भला क्या सपना देखा है, मैं भी सुनूँ?

रानी — महाराज को तो मैंने सारे अंग में भस्म लगाए देखा है और अपने को बाल खोले और *(आँखों में आँसू भरकर)* रोहिताश्व को देखा है कि उसे साँप काट गया है।

सहेली — राम! राम! भगवान् सब कुशल करेगा। भगवान् करे, रोहिताश्व जुग जुग जिए और जब तक गंगा-जमुना में पानी है, आपका सोहाग अचल रहे। भला आपने इसकी शान्ति का भी कुछ उपाय किया है?

रानी — हाँ, गुरु जी से तो सब समाचार कहला भेजा है, देखूँ वे क्या करते हैं।

सहेली — हे भगवान्, हमारे महाराज, कुँवर सब कुशल से रहैं, मैं आँचल पसारे यह वरदान माँगती हूँ।

(ब्राह्मण[3] आता है)

ब्राह्मण — *(आशीर्वाद देता है।)*

स्वस्त्यस्तु ते कुशलमस्तु चिरायुरस्तु ।
गोवाजिहस्तिधनधान्यसमृद्धिरस्तु ।।
ऐश्वर्यमस्तु कुशलोस्तु रिपुक्षयोस्तु ।
सन्तानवृद्धिसहिता हरिभक्तिरस्तु ।।

---

1. लहँगा, साड़ी, सब जनाना गहना, बदी, वेना इत्यादि।
2. साड़ी, सादा सिंगार।
3. धोती, उपरना, सिर पर चुंदी वा सिर पर बाल, दाढ़ी, हाथों में पवित्री, तिलक, खड़ाऊँ। (हरि.ना. 4 (1600-61)

रानी – *(हाथ जोड़कर प्रणाम करती है।)*

ब्राह्मण – महाराज, गुरु जी ने यह अभिमंत्रित जल भेजा है, इसे महारानी पहिले तो नेत्रों से लगा लें और फिर थोड़ा-सा पान भी कर लें और यह रक्षाबंधन भेजा है, इसे कुमार रोहिताश्व की दाहिनी भुजा पर बाँध दें। फिर इस जल से मैं मार्जन करूँगा।

रानी – *(नेत्र में जल लगाकर, कुछ मुँह फेरकर आचमन करके)* मालती! यह रक्षाबंधन तू सम्हाल के अपने पास रख। जब रोहिताश्व मिले, उसके दाहिने हाथ पर बाँध दीजियो।

सहेली – जो आज्ञा *(रक्षाबंधन अपने पास रखती है)।*

ब्राह्मण – तो अब आप सावधान हो जाएँ, मैं मार्जन कर लूँ।

रानी – *(सावधान होकर)* जो आज्ञा।

ब्राह्मण – *(दूर्वा से मार्जन करता है)*

देवास्त्वामभिषिञ्चन्तु ब्रह्मविष्णुशिवादयः ।
गन्धर्वाः किन्नरा नागाः रक्षां कुर्वन्तु ते सदा ।।
पितरो गुह्यकायक्षाः देव्यो भूताश्च मातरः ।
सर्वे त्वामभिषिञ्चन्तु रक्षां कुर्वन्तु ते सदा ।।
भद्रमस्तु शिवञ्चास्तु महालक्ष्मी प्रसीदतु ।
पतिपुत्रयुता साध्वि जीवत्वं शरदां शतं ।।

(मार्जन का जल पृथ्वी पर फेंककर)

यत्पापं रोगमशुभं तद्दूरे प्रतिहतमस्तु ।

(फिर रानी पर मार्जन करके)

यम्मंगलं शुभं सौभाग्यं धनधान्यमारोग्यम्बहु ।
पुत्रत्वं तत्सर्व्वमीशप्रसादात् ब्राह्मणवचनात् त्वय्यस्तु ।।

(मार्जन करके फूल, अक्षत रानी के हाथ में देता है)

रानी – *(हाथ जोड़कर ब्राह्मण को दक्षिणा देती है)* महाराज, गुरु जी से मेरी ओर से विनती करके दंडवत कह दीजिएगा।

ब्राह्मण – जो आज्ञा। *(आशीर्वाद देकर जाता है।)*

रानी – आज महाराज अब तक सभा में नहीं आए।

सहेली – अब आते होंगे, पूजा में कुछ देर लगी होगी।

(नेपथ्य में वैतालिक गाते हैं)

(राग भैरव)

प्रगटहु रवि-कुल-रवि निसि बीती प्रजा-कमलगन फूले ।
मंद परे रिपुगन तारा-सम जन-भय-तम उनमूले ।।
नसे चोर लंपट खल लखि जग तुव प्रताप प्रगटायो ।
मागध-बंदी-सूत-चिरैयन मिलि कलरोर मचायो ।।
तुव जस-सीतल-पौन परसि चटकीं गुलाब की कलियाँ ।
अति सुख पाइ असीस देत सोइ करि अँगुरिन चट अलियाँ ।।
भए धरम मैं थित सब द्विजजन, प्रजा काज निज लागे ।
रिपु-जुवती-मुख-कुमुद मंद, जन-चक्रवाक अनुरागे ।।
अरघ सरिस उपहार लिए नृप ठाढ़े तिन कहँ तोखौ ।
न्याय कृपा सों ऊँच नीच सम समुझि परसि कर पोखौ ।।

(नेपथ्य में से बाजे की धुन सुन पड़ती है।)

रानी – महाराज ठाकुर जी के मंदिर से चले, देखो बाजों का शब्द सुनाई देता है और बंदी लोग भी गाते आते हैं।

सहेली – आप कहती हैं चले? वह देखिए, आ पहुँचे कि चले।

रानी – *(घबड़ाकर आदर के हेतु उठती है।)*

(परिकर[4] सहित महाराज हरिश्चन्द्र[5] आते हैं)

(रानी प्रणाम करती है और सब लोग यथास्थान बैठते हैं)

हरिश्चन्द्र – *(रानी से प्रीतिपूर्वक)* प्रिये! आज तुम्हारा मुखचन्द्र मलिन क्यों हो रहा है।

रानी – पिछली रात मैंने कुछ दुःस्वप्न ऐसे देखे हैं, जिनसे चित्त व्याकुल हो रहा है।

हरिश्चन्द्र – प्रिये! यद्यपि स्त्रियों का स्वभाव सहज ही भीरु होता है पर तुम तो वीरकन्या, वीरपत्नी और वीरमाता हो। तुम्हारा स्वभाव ऐसा क्यों?

रानी – नाथ! मोह से धीरज जाता रहता है।

हरिश्चन्द्र – तो गुरु जी से कुछ शान्ति करने को नहीं कहलाया?

रानी – महाराज! शान्ति तो गुरु जी ने कर दी है।

---

4. राजा के परिकर में प्रथम मंत्री, नीमा, पैजामा, कमरबंद, दुशाला, पगड़ी, सिरपेंच सजे। दो मुसाहिब साधारण सभ्यों के वेश में। एक निशानवाला सेवक के वेश में। निशान पर सूर्य के नीचे 'सत्यं नास्ति भयं क्वचित्' लिखा हुआ। चार शस्त्रधारी अंगरक्षक, दो सेवक।
5. सफ़ेद वा केसरी जामा, पैजामा, कमरबंद, मर्दाना सब गहना, सिर पर किरीट व पगड़ी, सिरपेंच, तुर्रा, हाथ में तलवार, दुशाला या कोई चमकता रूमाल ओढ़े।

हरिश्चन्द्र – तब क्या चिन्ता है। शास्त्र और ईश्वर पर विश्वास रखो, सब कल्याण होगा। सदा सर्वदा सहज मंगल साधन करते भी जो आपत्ति आ पड़े तो उसे निरी ईश्वर की इच्छा ही समझ के सन्तोष करना चाहिए।

रानी – महाराज! स्वप्न के शुभाशुभ का विचार कुछ महाराज ने भी ग्रन्थों में देखा है?

हरिश्चन्द्र – *(रानी की बात अनसुनी करके)* स्वप्न तो कुछ हमने भी देखा है। *(चिन्तापूर्वक स्मरण करके)* हाँ, यह देखा है कि एक क्रोधी ब्राह्मण विद्यासाधन करने को सब दिव्य महाविद्याओं को खींचता है और जब मैं स्त्री जानकर उनको बचाने गया हूँ तो वह मुझी से रुष्ट हो गया है और फिर जब बड़े विनय से मैंने उसे मनाया है तो उसने मुझसे मेरा सारा राज्य माँगा है। मैंने उसे प्रसन्न करने को अपना सब राज्य दे दिया।

(इतना कहकर अत्यन्त व्याकुलता का नाट्य करता है।)

रानी – नाथ! आप एक साथ ऐसे व्याकुल क्यों हो गए?

हरिश्चन्द्र – मैं यह सोचता हूँ कि अब उस ब्राह्मण को कहाँ पाऊँगा और बिना उसकी थाती उसे सौंपे भोजन कैसे करूँगा?

रानी – नाथ! क्या स्वप्न के व्यवहार को भी आप सत्य मानिएगा।

हरिश्चन्द्र – प्रिये! हरिश्चन्द्र की अर्धांगिनी होकर तुम्हें ऐसा कहना उचित नहीं है। हा! भला तुम ऐसी बात मुँह से निकालती हो? स्वप्न किसने देखा है? मैंने न? फिर क्या? स्वप्नसंसार अपने काल में असत्य है, इसका कौन प्रमाण है, और जो अब असत्य कहो तो मरने के पीछे इस संसार में परलोक के हेतु लोग धर्माचरण क्यों करते हैं? दिया सो दिया, क्या स्वप्न में, क्या प्रत्यक्ष!

रानी – *(हाथ जोड़कर)* नाथ! क्षमा कीजिए, स्त्री की बुद्धि ही कितनी।

हरिश्चन्द्र – *(चिन्ता करके)* पर मैं अब करूँ क्या? अच्छा प्रधान, नगर में डौंड़ी पिटवा दो कि राज्य को सब लोग आज से अज्ञात-नाम-गोत्र ब्राह्मण का समझे। उसके अभाव में हरिश्चन्द्र उसके सेवक की भाँति उसकी थाती समझ के राजकार्य करेगा। और दो मुहर राजकाज के हेतु बनवा लो। एक पर अज्ञात नाम-गोत्र ब्राह्मण-सेवक हरिश्चन्द्र और दूसरे पर राजाधिराज अज्ञात-नाम गोत्र-ब्राह्मण महाराज खुदा रहे और आज से राजकाज के सब पत्रों पर भी यही नाम रहे। देश के राजाओं और बड़े-बड़े कार्याधीशों को भी आज्ञापत्र भेज दो कि महाराज हरिश्चन्द्र ने स्वप्न में अज्ञात-

नाम-गोत्र-ब्राह्मण को पृथ्वी दी है, इससे आज से उनका राज्य हरिश्चन्द्र मंत्री की भाँति सम्हालेगा!

(द्वारपाल आता है)

द्वारपाल – महाराजाधिराज! एक बड़ा क्रोधी ब्राह्मण दरवाज़े पर खड़ा है और व्यर्थ हम लोगों को गाली देता है।

हरिश्चन्द्र – *(घबड़ाकर)* अभी आदरपूर्वक ले आओ।

द्वारपाल – जो आज्ञा। *(जाता है)*

हरिश्चन्द्र – यदि ईश्वरेच्छा से यह वही ब्राह्मण हो तो बड़ी बात है।

(द्वारपाल के साथ विश्वामित्र[6] आते हैं)

हरिश्चन्द्र – *(आदरपूर्वक आगे से लेकर और प्रणाम करके)* महाराज! पधारिए यह आसन है।

विश्वामित्र – बैठे, बैठे, बैठ चुके; बोल, अभी तैंने मुझे पहिचाना नहीं?

हरिश्चन्द्र – *(घबड़ाकर)* महाराज! पूर्वपरिचित तो आप ज्ञात होते हैं।

विश्वामित्र – *(क्रोध से)* सच है रे क्षत्रियाधम! तू काहे को पहिचानेगा? सच है रे सूर्यकुलकलंक, तू क्यों पहिचानेगा? धिक्कार तेरे मिथ्या धर्माभिमान को। ऐसे ही लोग पृथ्वी को अपने बोझ से दबाते हैं। अरे दुष्ट! तैं भूल गया, कल पृथ्वी किसको दान दी थी? जानता नहीं कि मैं कौन हूँ।

'जातिस्वयंग्रहणदुर्ललितैकविप्रं ।
दृष्यद्वशिष्ठसुतकाननधूमकेतुम् ।।
सर्गान्तराहरणभीतजगत्कृतान्तं ।
चांडालयाजिनमवैषि न कौशिकं माम् ।।'

हरिश्चन्द्र – *(पैरों पर गिर के बड़े विनय से)* महाराज! भला आपको त्रैलोक्य में ऐसा कौन है जो न जानेगा?

'अन्नक्षयादिषु तथा विहितात्मवृत्तिं ।
राज्यप्रतिग्रहपराङ्मुखमानसं त्वाम् ।।
आडीबकप्रधनकम्पितजीवलोकं ।
कस्तेजसां च तपसां च निधिर्निवेत्ति ।।'

विश्वामित्र – *(क्रोध से)* सच है रे पापपाखंड, मिथ्यादानवीर! तू क्यों न मुझे 'राजप्रतिग्रहपराङ्मुख' कहेगा, क्योंकि तैने तो कल सारी पृथ्वी मुझे दान न दी है। ठहर, ठहर; देख, इस झूठ का कैसा फल भोगता

6. जटा और दाढ़ी बढ़ाए, खड़ाऊँ पहने, गले में मृगछाला बाँधे, धोती पर बाघ की मोटी करधनी, एक हाथ में कुश और कमंडल।

है। हा! इसे देखकर क्रोध से जैसे मेरी दाहिनी भुजा शाप देने को उठती है, वैसे ही जातिस्मरण के संस्कार से बायीं भुजा फिर से कृपाण ग्रहण करना चाहती है। *(अत्यन्त क्रोध से लम्बी साँस लेकर और बाँह उठाकर)* अरे ब्रह्मा! सम्हाल अपनी सृष्टि को, नहीं तो परम तेजःपुंज दीर्घ तपोवर्धित मेरे आज इस असह्य क्रोध से सारा संसार नाश हो जाएगा। अथवा संसार के नाश ही से क्या? ब्रह्मा का तो गर्व उसी दिन मैंने चूर्ण किया जिस दिन दूसरी सृष्टि बनाई, आज इस राजकुलांगार का अभिमान चूर्ण करूँगा, जो मिथ्या अहंकार के बल से जगत् में दानी प्रसिद्ध हो रहा है।

हरिश्चन्द्र – *(पैरों पर गिर के)* महाराज! क्षमा कीजिए, मैंने इस बुद्धि से नहीं कहा था। सारी पृथ्वी आपकी, मैं आपका, भला आप ऐसी क्षुद्र बात मुँह से निकालते हैं। *(ईषत् क्रोध से)* और आप बारम्बार मुझे झूठा न कहिए। सुनिए मेरी यह प्रतिज्ञा है–

"चन्द टरै सूरज टरै, टरै जगत् ब्योहार ।
पै दृढ़ श्रीहरिचन्द को, टरै न सत्य विचार ।।"

विश्वामित्र – *(क्रोध और अनादरपूर्वक हँसकर)* ह ह ह ह! सच है, सच है रे मूढ़। क्यों नहीं, आखिर सूर्यवंशी है। तो दे हमारी पृथ्वी।

हरिश्चन्द्र – लीजिए, इसमें विलम्ब क्या है? मैंने तो आपके आगमन के पूर्व ही से अपना अधिकार छोड़ दिया है *(पृथ्वी की ओर देखकर)*

जेहि पाली इक्ष्वाकु सों, अब लौं रविकुल राज ।
ताहि देत हरिचन्द नृप, विश्वामित्रहिं आज ।।
बसुधे! तुम बहु सुख कियो, मम पुरुषन की होय ।
धरमबद्ध हरिचन्द को, छमहु सु परबस जोय[7] ।।

विश्वामित्र – *(आप ही आप)* अच्छा! अभी अभिमान दिखा ले। तो मेरा नाम विश्वामित्र जो तुझको सत्यभ्रष्ट करके छोड़ा और लक्ष्मी से तो हो ही चुका है। *(प्रगट)* स्वस्ति। अब इस महादान की दक्षिणा कहाँ है?

हरिश्चन्द्र – महाराज? जो आज्ञा हो, वह अभी आती है।

विश्वामित्र – भला दस सहस्र स्वर्णमुद्रा से कम इतने बड़े दान की दक्षिणा क्या होगी?

हरिश्चन्द्र – जो आज्ञा *(मंत्री से)* मंत्री! दस हज़ार स्वर्णमुद्रा अभी लाओ।

विश्वामित्र -- *(क्रोध से)* 'मंत्री', दस हज़ार स्वर्णमुद्रा अभी लाओ' मंत्री कहाँ से लावेगा? क्या अब खजाना तेरा है? झूठा कहीं का, देना ही नहीं था तो मुँह से कहा क्यों? चल, मैं नहीं लेता ऐसे मनुष्य की दक्षिणा।

---

7. वैवस्वतैर्नृपतिभिः किल लोक धात्रि!
त्वं देवि! वीर यशसा सह रक्षितासि ।

हरिश्चन्द्र – *(हाथ जोड़कर विनय से)* महाराज, ठीक है। खजाना अब सब आपका है। मैं भूला, क्षमा कीजिए। क्या हुआ, खजाना नहीं है तो मेरा शरीर तो है।

विश्वामित्र – एक महीने में जो मुझे दक्षिणा न मिलेगी तो मैं तुझ पर कठिन ब्रह्मदंड गिराऊँगा। देख, केवल एक मास की अवधि है।

हरिश्चन्द्र – महाराज! मैं ब्रह्मदंड से उतना नहीं डरता जितना सत्यदंड से। इससे–

बेंचि देह दारा सुअन, होई दास हू मंद[8] ।
रखिहै निज बच सत्य करि, अभिमानी हरिचन्द ।।

(आकाश से फूल की वृष्टि और बाजे के साथ जयध्वनि होती है। यवनिका गिरती है।)

॥ इति दूसरा अंक ॥

---

8. ददामि पालयन् सत्य ब्राह्मणाय प्रतिश्रुतम् ।
हरिश्चन्द्र इवाद्यैव पुत्रदारात्म विक्रयात् ।। (चं.कौ., पृ. 4)

तीसरे अंक में अंकावतार[1]

(स्थान–वाराणसी का बाहरी प्रांत–तालाब)

(पाप[2] आता है[3])

पाप – [4]*(इधर-उधर दौड़ता और हाँफता हुआ)* मरे रे मरे, जले रे जले, कहाँ जाएँ सारी पृथ्वी तो हरिश्चन्द्र के पुण्य से ऐसी पवित्र हो रही है कि कहीं हम ठहर ही नहीं सकते। सुना है कि राजा हरिश्चन्द्र काशी गए हैं, क्योंकि दक्षिणा के वास्ते विश्वामित्र ने कहा कि सारी पृथ्वी तो हमको तुमने दान दे दी है, इससे पृथ्वी में जितना धन है सब हमारा हो चुका और तुम पृथ्वी में कहीं भी अपने को बेचकर हमसे उऋण नहीं हो सकते। यह बात जब हरिश्चन्द्र ने सुनी तो बहुत ही घबड़ाए और सोच-विचार कर उन्होंने कहा कि बहुत अच्छा! महाराज, हम काशी में अपना शरीर बेचेंगे, क्योंकि शास्त्रों में लिखा है कि काशी पृथ्वी के बाहर शिव के त्रिशूल पर है। यह सुनकर हम भी दौड़े कि चलो हम भी काशी चलें, क्योंकि जहाँ हरिश्चन्द्र का राज्य न होगा वहाँ हमारे प्राण बचेंगे, सो यहाँ और भी उत्पात हो रहा है। जहाँ देखो वहाँ स्नान, पूजा, जपपाठ, दान धर्म, होम इत्यादि में लोग ऐसे लगे रहते हैं कि हमारी मानों जड़ ही खोद डालेंगे। रात-दिन शंख घंटे की घनघोर के साथ वेद की धुनि मानो ललकार-ललकार के हमारे शत्रु धर्म की जय मनाती है और हमारे ताप से कैसा भी मनुष्य क्यों न तपा हो, भगवती भागीरथी के जलकण मिले वायु से उसका हृदय एक साथ ही शीतल हो जाता है। इसके उपरान्त शि शि शि...ध्वनि अलग मारे डालती

---

1. 'चंडकौशिक' के तीसरे अंक में भी यही दृश्य है।
2. काजल-सा रंग, लाल नेत्र, महाकुरुप, हाथ में नंगी तलवार लिए नीतचा काछा काछे।
3. ततः प्रविशति वीभत्सवेषः पापपुरुषः'।
4. विकट परिक्रम्योच्चैर्विहस्य।

है। हाय! कहाँ जाएँ, क्या करें! हमारी तो संसार से मानों जड़ ही कटी जाती है। भला और जगह तो कुछ हमारी चलती भी है पर यहाँ तो मानों हमारा राज ही नहीं। कैसा भी बड़ा पापी क्यों न हो यहाँ आया कि गति भई!

(नेपथ्य में)

सच है–"येषां क्वापि गतिर्नास्ति तेषां वाराणसी गतिः"।

पाप – अरे रे! कौन महा भयंकर भेष अंग में भभूत पोते, एड़ी तक जटा लटकाए, लाल-लाल आँख निकाले, साक्षात् काल की भाँति त्रिशूल घुमाता चला आता है। प्राण, तुम्हें जो अपनी रक्षा करनी हो तो भाग पाताल में। अब इस समय भूमंडल में तुम्हारा ठिकाना लगना कठिन ही है। *(भागता हुआ जाता है)*

[5]*(भैरव[6] आते हैं)*

भैरव – सच–'येषां क्वापि गतिर्नास्ति तेषां वाराणसी गतिः'। देखो इतना बड़ा पुण्यशील राजा हरिश्चन्द्र भी अपनी आत्मा और स्त्री पुत्र बेचने को यहीं आया है। अहा! धन्य है सत्य[7] आज जब भगवान् भूतनाथ राजा हरिश्चन्द्र का वृत्तान्त भवानी से कहने लगे तो उनके तीनों नेत्र अश्रु से पूर्ण हो गए और रोमांच होने से सब शरीर के भस्मकण अलग-अलग हो गए। मुझको आज्ञा भी हुई है कि अलक्ष रूप से तुम सर्वदा राजा हरिश्चन्द्र की अंगरक्षा करना। इससे चलूँ मैं भी भेष बदलकर भगवान् के आज्ञापालन में प्रवृत्त हूँ।

(जाते हैं, यवनिका गिरती है।)

तीसरे अंक में यह अंकावतार समाप्त हुआ।

---

5. चंड कौशिक में इस स्थान पर शिवजी के भृंगी गण ने प्रवेश किया है। भारतेन्दु जी ने यह परिवर्तन उचित ही किया, क्योंकि भैरवनाथ काशी के कोतवाल कहे जाते हैं और काशी खंड के अनुसार काशी की रक्षा का भार उन्हीं पर है। –सं.
6. महादेवजी का सा सिंगार, तीन नेत्र, नीला रंग, एक हाथ में त्रिशूल दूसरे में प्याला।
7. कथमन्यथा राजर्षि हरिश्चन्द्रस्यापि दशाविपर्य्यचमद्य देवो देव्यै निवेदितवान्।
   यस्यादभुतं कथयतश्चरितं भवस्य
   रोमांचभिन्नकण भस्मघनांगयष्टेः।
   व्यावल्गितभ्रु नयनत्रय माविरासीद्
   वेल्लच्छशाङ्कशकलश्चपलश्चमौलिः ।। (चं.कौ., पृ. 44)

तीसरा अंक

(स्थान–काशी के घाट किनारे की सड़क)

(महाराज हरिश्चन्द्र घूमते हुए दिखाई पड़ते हैं।)

हरिश्चन्द्र – देखो काशी भी पहुँच गए[1] अहा! धन्य है काशी! भगवति वाराणसी! तुम्हें अनेक प्रणाम हैं। अहा! काशी की कैसी अनुपम शोभा है।

चारहु आश्रम बर्न बसैं मनि कंचन धाम अकास विभासिका।
सोभा नहीं कहि जाए कछू विधि नै रची मानो पुरीन की नासिका।।
आपु बसै 'गिरिधारन जू' तट देवनदी बर बारि बिलासिका।
पुन्य प्रकासिका पाप बिनासिका हीय हुलासिका सोहत कासिका।।1।।

बसैं बिन्दुमाधव बिसेसरादि देव सबै दरसन ही तें लागै जममुख मसी है।
तीरथ अनादि पंचगंगा मनिकर्निकादि सात आवरण मध्य पुन्य रूप धँसी है।।
'गिरिधरदास' पास भागीरथी सोभा देत जाकी धार तीरै आसु कर्म रूप रसी है।
ससी सम जसी असी बरना में बसी पाप-खसी-हेतु असी ऐसी लसी बारानसी है।।2।।[2]

रचित प्रभासी भासी अवलि मकानन की जिनमें अकासी फबै रतन नकासी है।
फिरै दास दासी विप्र गृही औ सन्यासी लसैं वर गुनरासी देवपुरी हूँ न जासी है।
'गिरिधरदास' बिस्व कीरति बिलासी रमा हासी लौं उजासी जाकी जगत् हुलासी है।
खासी परकासी पुनवासी चंद्रिकासी जाके बासी अबिनासी अघनासी ऐसी कासी है।।3।।

देखो? जैसा ईश्वर ने यह सुन्दर अँगूठी के नगीने-सा नगर बनाया है, वैसी ही नदी भी इसके लिए दी है। धन्य गंगे!

जम की सब त्रास बिनास करी मुख ते निज नाम उचारन में।
सब पाप प्रतापहिं दूर दस्यो तुम आपन आप निहारन में।
अहो गंग अनंग के शत्रु करे बहु नेक जलै मुख डारन में।
'गिरिधारन जू' कितने बिरचे घिरधारन धारन धारन में।।4।।

---

1. (अग्रतोऽवलोक्य संहर्षम्) कथमिदं वाराणसी! भगवति वाराणसी। नमस्ते। (चं.कौ., पृ. 45)
2. ये चारों कवित्त ग्रन्थकर्ता के पिता श्री बाबू गोपालचन्द्र के बनाए हैं। ये कविता में अपना नाम गिरिधरदास रखते थे।

कुछ महात्म्य ही पर नहीं, गंगाजी का जल भी ऐसा ही उत्तम और मनोहर है! अहा!

नव उज्वल जलधार हार हीरक सी सोहति ।
बिच बिच छहरति बूँद मध्य मुक्तामनि पोहति ।।

लोल लहर लहि पवन एक पैं इक इमि आवत ।
जिमि नरगन मन बिबिध मनोरथ करत मिटावत ।।

सुभग स्वर्ग सोपान सरिस सब के मन भावत ।
दरसन मज्जन पान त्रिविध भय दूर मिटावत ।
श्रीहरिपद-नख-चन्द्रकांत-मनि-द्रवित सुधारस ।।

ब्रह्म-कमंडल-मंडन, भव-खंडन, सुर-सरबस ।
शिव-सिर-मालतिमाल, भगीरथ-नृपति-पुन्य-फल ।।

ऐरावत गजगिरिपति-हिम-नग-कंठहार कल ।
सगर सुवन सठ सहस परस जल मात्र उधारण ।।

अगनित धारा रूप धारि सागर संचारण ।
काशी कहँ प्रिय जानि ललकि भेंट्यो जग धाई ।।

सपनेहूँ नहिं तजी रही अंकम लपटाई ।
कहूँ बँधे नव घाट उच्च गिरिवर सम सोहत ।।

कहुँ छतरी कहुँ मढी बड़ी मन मोहत जोहत ।
धवल धाम चहुँ ओर फरहरत धुजा पताका ।।

घहरत घंटा धुनि धमकत धौंसा करि साका ।
मधुरी नौबत बजत कहूँ नारी नर गावत ।।

वेद पढ़त कहुँ द्विज कहुँ जोगी ध्यान लगावत ।
कहुँ सुन्दरी नहात नीर कर जुगल उछारत ।।

जुग अंबुज मिलि मुक्त गुच्छ मनु सुच्छ निकारत ।
धोअत सुन्दरि बदन करन अति ही छबि पावत ।।

बारिधि नाते ससि कलंक मनु कमल मिटावत ।
सुंदरि ससि मुख नीर मध्य इमि सुन्दर सोहत ।।

कमल बेलि लहलही नवल कुसुमन मन मोहत ।
दीठि जहीं जहँ जात रहत तितहीं ठहराई ।।
गंगा छवि हरिचन्द कछू बरनी नहिं जाई ।

(कुछ सोचकर) पर हा! जो अपना जी दुखी होता है तो संसार सूना जान पड़ता है–

असनं वसनं वासो येषां चैवाविधानताः ।
मगधेन समा काशी गंगाप्यंगारवाहिनी[3] ।।'

विश्वामित्र को पृथ्वी दान करके जितना चित्त प्रसन्न नहीं हुआ उतना अब बिना दक्षिणा दिए दुखी होता है[4]। हा! कैसे कष्ट की बात है, राजपाट, धनधाम, सब छूटा। अब दक्षिणा कहाँ से देंगे। क्या करें! हम सत्य धर्म कभी छोड़ेंगे ही नहीं और मुनि ऐसे क्रोधी हैं कि बिना दक्षिणा मिले शाप देने को तैयार होंगे और जो वह शाप न भी देंगे तो क्या? हम ब्राह्मण का ऋण चुकाए बिना शरीर भी तो नहीं त्याग सकते। क्या करें? कुबेर को जीतकर[5] धन लावें? पर कोई शस्त्र भी तो नहीं है। तो क्या किसी से माँगकर दें? पर क्षत्रिय का तो धर्म नहीं कि किसी के आगे हाथ पसारे, फिर ऋण काढ़ें? पर देंगे कहाँ से? हा देखो काशी में आकर लोग संसार के बंधन से छूटते हैं पर हमको यहाँ भी हाय हाय मची है। हा! पृथ्वी! तू फट क्यों नहीं जाती कि मैं अपना कलंकित मुँह फिर किसी को न दिखाऊँ *(आतंक से)* पर यह क्या?[6] सूर्यवंश में उत्पन्न होकर हमारे ये कर्म हैं कि ब्राह्मण का ऋण दिए बिना पृथ्वी में समा जाना सोचे। *(कुछ सोचकर)* हमारी तो इस समय कुछ बुद्धि ही नहीं काम करती, क्या करें? हमें तो संसार सूना दिख पड़ता है। *(चिन्ता करके एक साथ हर्ष से)* वाह अभी तो स्त्री पुत्र और हम तीन तीन मनुष्य तैयार हैं। क्या हम लोगों के बिकने से दस सहस्त्र स्वर्णमुद्रा भी न मिलेगी? तब फिर किस बात का इतना सोच? न जाने

---

3. जिनका भोजन, वस्त्र और निवास ठीक ठीक नहीं है उनको काशी भी मगध है और गंगा भी तपानेवाली है।
4. दत्वैता द्विजसत्तमाय वसुधां प्रीत्या प्रसन्न मनः,
स्मृत्वा ताम्यति दक्षिणां विधिवशाद्गुर्वी मनिर्यातिताम् । (च.कौ., पृ. 44)
5. किं जित्वा धनमाहरामि धनदं त्यक्त श्रियः किंजयै–
र्याञ्चा दैन्यमपि द्विजाति सुलभं न क्षत्रियाः कुर्वते ।। (चं.कौ., पृ. 46)
6. दारा सूनुरयं शरीरकमिदं त्यागावशिष्टं त्रयं
संप्राप्तोऽवधिरप्यसत्यमपरित्याज्यं मुनिः कोपनः ।
ब्रह्मस्वोपहतं च जीवितमिदं न त्यक्तुमप्युत्सहे
किंकर्तव्य विचार मूढ़ मनसः सर्वत्र शून्यादिशः । (चं.कौ., पृ. 45)

बुद्धि इतनी देर तक कहाँ सोई थी। हमने तो पहले ही विश्वामित्र से कहा था–

बेंचि देह दारा सुअन, होइ दासहू मंद।
रखिहै निज बच सत्य करि, अभिमानी हरिचन्द ।।

(नेपथ्य में) तो क्यों नहीं जल्दी अपने को बेंचता? क्या हमें और काम नहीं है कि तेरे पीछे-पीछे दक्षिणा के वास्ते लगे फिरें?

हरिश्चन्द्र – अरे मुनि तो आ पहुँचे। क्या हुआ, आज उनसे एक-दो दिन की अवधि और लेंगे।

(विश्वामित्र आते हैं)

विश्वामित्र – *(आप ही आप)*[7] हमारी विद्या सिद्ध हुई भी इसी दुष्ट के कारण सब बहक गई। कुछ इन्द्र के कहने ही पर नहीं, हमारा इस पर स्वतः भी क्रोध है। पर क्या करें, इसके सत्य, धैर्य और विनय के आगे हमारा क्रोध कुछ काम नहीं करता।[8] यद्यपि यह राज्यभ्रष्ट हो चुका पर जब तक इसे सत्यभ्रष्ट न कर लूँगा तब तक मेरा सन्तोष न होगा। *(आगे देखकर)* अरे यही दुरात्मा *(कुछ रुककर)* वा महात्मा हरिश्चन्द्र हैं *(प्रकट)* क्यों रे, आज महीने में कै दिन बाकी हैं? बोल कब दक्षिणा देगा?

हरिश्चन्द्र – *(घबड़ाकर)* अहा! महात्मा कौशिक! भगवन् प्रणाम करता हूँ। *(दंडवत करता है)*[9]

विश्वामित्र – हुई प्रणाम, बोल, तैने दक्षिणा देने का क्या उपाय किया? आज महीना पूरा हुआ, अब मैं एक क्षण भर भी न मानूँगा। दे अभी, नहीं तो–*(शाप के वास्ते कमंडल से जल हाथ में लेते हैं।)*[10]

---

7. प्रणाशाद्विधानां करतलगतानामुपचितो
निरुद्धो दुर्बुद्धेर्विनयमसृणैस्तस्य चरितैः
शिखी वेगादन्तर्ज्वलितवन शुष्केन्धनगतो
बहिर्धारासिक्तं विपिनमिव मन्युर्दहतिमाम् ।। (चं.कौ., पृ. 47-48)

8. पश्यामि यावच्चलितं न सत्यात् राज्यादिष... ... ...।
स्तावन्न मे शान्ति मुपैति मन्युः ।।
(दृष्ट्वा सविस्मयम्) अये कथमसौ प्राप्त एव दुरात्मा, अथवा महात्मैव।...?

9. राजा- (ससंभ्रमम्) कथं भगवान् कौशिकः। भगवन्! अभिवादये। (चं.कौ., पृ. 48)

10. (इति शापजलं गृहणाति)
राजा (ससंभ्रमम् पादयोर्निपत्य) भगवन्! प्रसीद् प्रसीद, मर्षय मर्षय।
अस्तं रवावसम्प्राप्ते यदि नाप्नोषि दक्षिणाम्।
शापार्हो वा वधार्हो वा स्वाधीनोऽयं जनस्तव ।। पृ. (49)

हरिश्चन्द्र – *(पैरों पर गिरकर)* भगवन्! क्षमा कीजिए। यदि आज सूर्यास्त के पहिले मैं न दूँ तो जो चाहे कीजिएगा। मैं अभी अपने को बेंचकर मुद्रा ले आता हूँ।

विश्वामित्र – *(आप ही आप)* वाह रे महानुभावता! *(प्रगट)* अच्छा आज साँझ तक और सही। साँझ को न देगा तो मैं शाप ही न दूँगा वरं च त्रैलोक्य में आज ही विदित कर दूँगा कि हरिश्चन्द्र सत्यभ्रष्ट हुआ। *(जाते हैं)*

हरिश्चन्द्र – भला किसी तरह मुनि से प्राण बचे। अब चले अपना शरीर बेंचकर दक्षिणा देने का उपाय सोंचे। हा! ऋण[11] भी कैसी बुरी वस्तु है। इस लोक में वही मनुष्य कृतार्थ है जिसने ऋण चुका देने को कभी क्रोधी और क्रूर लहनदार की लाल-लाल आँखें नहीं देखी हैं। *(आगे चलकर)* अरे क्या बजार में आ गए, अच्छा *(शिर पर तृण रखकर[12])* अरे सुनो भाई सेठ, साहूकार, महाजन, दूकानदारों, हम किसी कारण से अपने को पाँच हज़ार मोहर पर बेंचते हैं, किसी को लेना हो तो लो। *(इसी तरह कहता हुआ इधर-उधर फिरता है)* देखो, कोई दिन वह था कि किसी मनुष्य विक्रय को अनुचित जानकर हम दूसरे को दंड देते थे पर आज वही कर्म हम आप करते हैं। दैव बली है[13]। *(अरे सुनो भाई' इत्यादि कहता*

---

11. लोक द्वय प्रतिमवैकनिदानमेतद्
धिक प्राणिनामृणमहो परिणाम घोरम्
एकः स एव हि पुमान् परमस्त्रिलोके
क्रुद्धस्य येन धनिकस्य मुखं न दृष्टम् ।
(परिक्रम्य दृष्ट्वा सहर्षम्) कथमियं वणिग्वीथी! (शिरसि तृणं दत्वा सावष्टम्भम्) भो भोः साधवः!
केनापि खलु कार्येण गत्यन्तरमपश्यता
लक्षेणायं सुवर्णानामात्मा विक्रीयते मया ।
तद् गृहणन्तु मामार्या! गृह्णन्तु पृ. 49-50

12. इस काल में जब कोई दास्य स्वीकार करता था तो सिर पर तृण रखता था।

13. किं ब्रूथ? कमर्थमिद् त्वया दारुण कर्म प्रारब्धमिति?
किमनेनातिनिर्बन्धने, विचित्र खल्वयं जीवलोकः ।
(... ...आकाशे) किं ब्रूथ? काते शक्तिः, किं ते कर्म, कीदृशश्च ज्ञानमिति? (स्मित्वा)
यद्यदादिशति स्वामी तत् करोम्यविचारितम् ।
शासनास्खलनं भर्तु-र्भृत्मस्य परमो गुणः ।।
(आकर्ण्य) किं ब्रूथ? भूरितरं मूल्यमुक्तवानसि, तत्पुनस्तादिभिधीयता मिति? (सावेदम्) भो भोः साधवः! क्षत्रिया वयं, न पुनः पुनरभिधातुं जानीमस्तद् गम्यताम्। पृ. 50
(नेपथ्ये)
(मूल में प्राकृत) आर्य पुत्र! माखलु माखलु आत्मम्भरो भव। तथा सुखसंविभागिनी मां मन्दभागिनी कृत्वा साम्प्रतम् का ते संविभाग पराङ्मुखता। तत् प्रसीद। मामेव अस्मिन् कार्ये आरोपय, पश्यिमस्ते इदानीं च प्रणयः। पृ. 51।

हुआ इधर उधर फिरता है, ऊपर देखकर) क्या कहा? 'क्यों तुम ऐसा दुष्कर कर्म करते हो?' आर्य, यह मत पूछो, यह सब कर्म की गति है। *(ऊपर देखकर)* क्या कहा? 'तुम क्या कर सकते हो, क्या समझते हो, और किस तरह रहोगे?' समझते सब कुछ हैं पर इस अवसर पर समझना कुछ काम नहीं आता, और जैसे स्वामी रखेगा वैसे रहेंगे। जब अपने को बेंच ही दिया तब इसका क्या विचार है। *(ऊपर देखकर)* क्या कहा 'कुछ दाम कम करो।' आर्य हम लोग तो क्षत्रिय हैं, हम दो बात कहाँ से जानें, जो कुछ ठीक था, कह दिया।

(नेपथ्य में से)

आर्यपुत्र! ऐसे समय में हमको छोड़े जाते हो! तुम दास होगे तो मैं स्वाधीन रहकर क्या करूँगी? स्त्री को अर्धांगिनी कहते हैं, इससे पहिले बायाँ अंग बेंच लो तब दहिना अंग बेंचो।

हरिश्चन्द्र – *(सुनकर बड़े शोक से)* हा! रानी की यह दशा इन आँखों से कैसे देखी जाएगी?

(सड़क पर शैव्या और बालक फिरते हुए दिखाई पड़ते हैं)[14]

शैव्या – कोई महात्मा कृपा करके हमको मोल ले तो बड़ा उपकार हो।

बालक – अमको बी कोई मोल ले तो बला उपकाल हो।

शैव्या – *(आँखों में आँसू भरकर)* पुत्र! चन्द्रकुलभूषण महाराज वीरसेन का नाती और सूर्यकुल की शोभा महाराज हरिश्चन्द्र का पुत्र होकर तू क्यों ऐसे कातर वचन कहता है! मैं अभी जीती हूँ! *(रोती है)*

बालक – *(माँ का आँचल पकड़ के)* माँ, तुमको कोई मोल लेगा तो अमको भी मोल लेगा। आँ आँ माँ लोती काएको औ।

(कुछ रोना-सा मुँह बना के शैव्या का आँचल पकड़ के झूलने लगता है)

शैव्या – *(आँसू पोंछकर)* मेरे भाग्य से पूछ।

---

14. (ततः प्रविशति बालकेनानुगम्यमाना क्लैव्यं नाटयन्ती शैव्या) शैव्या–क्रीणीत मामार्य्याः क्रीणीत इतोतऽर्द्ध मूल्येन समपदासीम् । बालक! –आर्याः मामपि क्रीणीत।

हरिश्चन्द्र – अहह! भाग्य! यह भी तुम्हें देखना था! हा! अयोध्या[15] की प्रजा रोती रह गई। हम उनको कुछ धीरज भी न दे आए। उनकी अब कौन गति होगी? हा! यह नहीं कि राज छूटने पर भी छुटकारा हो। अब यह देखना पड़ा। हृदय! तुम इस चक्रवर्ती के सेवायोग्य बालक और स्त्री को बिकता देखकर टुकड़े-टुकड़े क्यों नहीं हो जाते?

(बारम्बार लम्बी साँसे लेकर आँसू बहाता है)

शैव्या – *('कोई महात्मा' इत्यादि कहती हुई ऊपर देखकर)*[16] क्या कहा? 'क्या क्या करोगी?' परपुरुष के संभाषण और उच्छिष्ट भोजन छोड़कर और सब सेवा करूँगी। *(ऊपर देखकर)* क्या कहा? इतने मोल पर कौन लेगा?' आर्य! कोई साधु ब्राह्मण महात्मा कृपा करके ले ही लेंगे। *(उपाध्याय और बटुक आते हैं)*[17]

उपाध्याय – क्यों रे कौंडिन्य! सच ही दासी बिकती है?

बटुक – हाँ गुरुजी, क्या मैं झूठ कहूँगा। आप ही देख लीजिए।

उपाध्याय – तो चल, आगे-आगे भीड़ हटाता चल। देख धाराप्रवाह की भाँति कैसे सब कामकाजी लोग इधर से उधर फिर रहे हैं, भीड़ के मारे पैर धरने की जगह नहीं है और मारे कोलाहल के कान नहीं दिया जाता[18]।

बटुक – *(आगे-आगे चलता हुआ)* हटो भाई हटो। *(कुछ आगे बढ़ कर)* गुरुजी यह जहाँ भीड़ लगी है, वहीं होगी[19]।

उपाध्याय – *(शैव्या को देखकर)* अरे, यही दासी बिकती है?

---

15. धारा सिक्त तृणाय बिन्दुतरलाः कामं निरस्ताश्रियस्त्यक्तास्ते सुहृदोऽश्रुदीनवदनानाश्वा शतास्ताः प्रजाः। दाराणां तनयस्य विक्रयमहोदृष्ट्वापियच्चेतस्य क्ररेण स्फुटित न मेऽद्य हृदय वज्रेण मन्ये कृतम्। पृ. 51

16. शैव्या (आकाशे कर्णं दत्वा) आर्य्या! कि भणत की दृशारते समय इति? परपुरुष पर्युपासन परोच्छिष्ट भोजनं परिहृत्य सवकर्मकारिणीति। ईदृशो मे समयः। कि भणत? कत्वाम् अनेन समयेन क्रेष्यताति? तद् गच्छत, प्रसादत, किं युष्माकम् अनेन प्रयाजनम्। द्विजवरों दीनजनानुकम्पो अन्यः कोऽपि साधुर्मां क्रेष्यति।

17. (ततः प्रविशति उपाध्यायो वटुश्च)
उपा–वत्स कौण्डन्य! सत्यमेवापणे दासी विक्रयते।
बटुः–किमलोकमुपाध्यायो विज्ञाप्यते।
उप–तेन हि तत्रैव गच्छावः। पृ. 52

18. उमा–अहो अति बलवान् संमर्द्दः।

19. बटुः–उपाध्याय! यत्रैष गुरु को जनसंभ्दर्दो दृश्यते तत्र तथा भवितव्यमिति तर्कयामि। आर्या! अन्तरम् अन्तरम्।

शैव्या – *('अरे कोई हमको मोल ले' इत्यादि कहती और रोती है)*[20]

बालक – *(माता की भाँति तोतली बोली से कहता है)*

उपाध्याय – पुत्री, कहो! तुम कौन कौन सेवा करोगी?

शैव्या – परपुरुष से संभाषण और उच्छिष्ट भोजन छोड़कर और जो जो कहिएगा, सब सेवा करूँगी।

उपाध्याय – वाह! ठीक है। अच्छा लो यह सुवर्ण। हमारी ब्राह्मणी अग्निहोत्र की अग्नि की सेवा से घर के कामकाज नहीं कर सकती, सो तुम सँभालना।

शैव्या – *(हाथ फैलाकर)* महाराज, आपने बड़ा उपकार किया।

उपाध्याय – *(शैव्या को भली भाँति देखकर, आप ही आप)* अहा! यह निस्सन्देह किसी बड़े कुल की है। इसका मुख सहज लज्जा से ऊँचा नहीं होता और दृष्टि बराबर पैर ही पर है। जो बोलती है, धीरे-धीरे सँभालकर बोलती है। हा! इसकी यह गति क्यों हुई! *(प्रगट)* पुत्री, तुम्हारे पति हैं न?

शैव्या – *(राजा की ओर देखती है)*[21]

---

20. शैव्या (सवैक्लव्यम्) – क्रीणीतमामार्याः। क्रीणीत।
बालक–मम्पि।
उप–(दृष्ट्वा साश्चर्यम्) कथमियं सा? भवति! कीदृशस्ते समयः?
शैव्या–परपुरुषपर्युपासनं परोच्छिष्ट भोजनं परिह्रत्य सर्व कर्म कारणीति।
उपा–(सहर्षम्) सुष्टु खल्वयन्ते समयः। ...पत्नी ममाग्नि परिचर्या-पराधीनतयान सम्यग्गृहाबेक्षक्षमा तद् गृह्यतां सुवर्णम्।
शैव्या–अनुगृहीतास्मि। यदार्यः आज्ञापयति।
उपा–(चिरमवलोक्य सविस्मयमात्यगतम्)

शिरोबदवगुंठित, सहजरूढ़लज्जाननं
गतश्चपरिमंथरं, चरण कोटि लक्ष्ये दृशौ ।
वचः परिमित च यन्मधुर मन्दमन्दाक्षरं
निजं तदियमंगनावदतिनूनमुच्चैः कुलम् ।।

(सचिन्तम्) न युक्तमस्याकृतिविशेषस्येदमवस्थान्तरम्। तत्कथमिमां दशामनुप्राप्ता। भवेत्येवं तावत्। (प्रकाशम्) अयि! जीवति ते भर्ता? (पृ. 54)

21. शैव्या–(शिरसा संज्ञां ददाति)
राजा–(निश्वस्यात्मगतम्) कथं जीवति। जीवतः किलकलत्रस्येदभवस्थान्तरम्।
उपा–... ... ...
शैव्या–(राजानमवलोकयति)
उपा–(दुष्टा सविस्मयम् अयेकथमयमस्यामर्ता। (रचिरनिर्वर्ण्या सखेदम्)

वृषस्कन्धं मत्तद्विरदकर पीनायतभुजं
वपुर्व्यूढोरस्कं ननु भुवनरक्षाक्षममिदम् ।
तृणं मौलौ चूड़ामणिसमुचितेकिंत्विदमहो
नरं वामारम्भं कमिव न विधाताप्रहरति ।।

हरिश्चन्द्र – *(आप ही आप दुःख से)* अब नहीं है। पति के होते भी ऐसी स्त्री की यह दशा हो!

उपाध्याय – *(राजा को देखकर आश्चर्य से)* अरे यह विशाल नेत्र, प्रशस्त वक्षस्थल और संसार की रक्षा करने के योग्य लम्बी-लम्बी भुजावाला कौन मनुष्य है, और मुकुट के योग्य सिर पर तृण क्यों रक्खा है? *(प्रगट)* महात्मा! तुम हमको अपने दुःख का भागी समझो और कृपापूर्वक अपना सब वृत्तांत कहो।

हरिश्चन्द्र – भगवन्! और तो विदित करने का अवसर नहीं है, इतना ही कह सकता हूँ कि ब्राह्मण के ऋण के कारण यह दशा हुई।

उपाध्याय – तो हमसे धन लेकर आप शीघ्र ही ऋणमुक्त होइए!

हरिश्चन्द्र – *(दोनों कानों पर हाथ रखकर)* राम राम! यह तो ब्राह्मण की वृत्ति है। आपसे धन लेकर हमारी कौन गति होगी?

उपाध्याय – तो पाँच हज़ार पर आप दोनों में से जो चाहे सो हमारे संग चले।

शैव्या – *(राजा से हाथ जोड़कर)* नाथ, हमारे आछत आप मत बिकिए, जिसमें हमको अपनी आँख से यह न देखना पड़े, हमारी इतनी बिनती मानिए। *(रोती है।)*

हरिश्चन्द्र – *(आँसू रोककर)* अच्छा! तुम्हीं जाओ। *(आप ही आप)*
हा! यह वज्रहृदय हरिश्चन्द्र ही का है कि अब भी नहीं विदीर्ण होता!

शैव्या – *(राजा के कपड़े में सोना बाँधती हुई)* नाथ! अब तो दर्शन भी दुर्लभ होंगे। *(रोती हुई उपाध्याय से)* आर्य! आप क्षण[22] भर क्षमा करें तो आर्यपुत्र का भली भाँति दर्शन कर लूँ। फिर यह मुख कहाँ और मैं कहाँ!

उपाध्याय – हाँ हाँ, मैं जाता हूँ, कौंडिन्य यहाँ है, तुम उसके साथ आना। *(जाता है)*

शैव्या – *(रोकर)* नाथ, मेरे अपराधों को क्षमा करना।

(उपसृत्य सास्त्रम्) भो महात्मन् स्वदुःखसंभागविभागिनं (पृ. 54) मां कर्तुमर्हसि। तत् कथ्यतां किमर्थ मेवं त्वयारध्वांमति।

राजा–(... ...) ... ... (... ...) भो साधो! न विस्तरस्येदानो देश कालौ। ततः समासतः कथयामि श्रूयताम्। ब्रह्मस्वपीड़िते नेदं मया प्रारब्धम्। अतः पर न ममातिनिर्बन्धयितुमर्हसि।

उपा–तेन हि तत् प्रतिगृह्यतां नो धनम्।

राजा–(कर्णोपिधाय) भो भोः साधो! प्रथम वर्ण वृत्तिरियं प्रतिषिद्धास्मद्विधानानाम्। तद्यदि मामनुकम्पनीय मन्यसे तन्मूल्य सम्बधेन दातुमर्हसि।

शै.–नार्हति कां प्रथमोपगतामार्योऽतिक्रमितुम्। तदनुगृहाण माम् एषास्मितेशरणागता।

उपा–(सास्त्रम्) लक्षार्द्ध यदिदं हेम्ना युवयो रेवतद्धम्। परस्परानुरोधेन यद्युक्तं तद्विधीयताम्।

22. मुहूर्त्त प्रतिपालयत्वार्थः, यावदाय पुत्रं सुसंदृष्टं करोमि। (पृ. 55)
उपा.–एष कौण्डिन्यस्तिष्ठति (इति निष्क्रान्तः)

हरिश्चन्द्र – *(अत्यन्त घबड़ाकर)* अरे, अरे विधाता; तुझे यही[23] करना था। *(आप ही आप)* हा! पहिले महारानी बनाकर अब देव ने इसे दासी बनाया। यह भी देखना बदा था[24]। हमारी इस दुर्गति से आज कुलगुरु भगवान सूर्य का भी मुख मलिन हो रहा है। *(रोता हुआ प्रगट रानी से)* प्रिये! सर्व भाव से उपाध्याय को प्रसन्न रखना और सेवा करना।

शैव्या – *(रोकर)* नाथ, जो आज्ञा।

बटुक – उपाध्याय जी गए, अब चलो जल्दी करो।

हरिश्चन्द्र – *(आँखों में आँसू भरके)* देवी *(फिर रुककर अत्यन्त सोच से आप ही आप)* हाय! अब मैं देवी क्यों कहता हूँ, अब तो विधाता ने इसे दासी बनाया। *(धैर्य से)* देवी![25] उपाध्याय की आराधना भली भाँति करना और इनके सब शिष्यों से भी सुहृद्भाव रखना, ब्राह्मण की स्त्री की प्रीतिपूर्वक सेवा करना, बालक का यथासम्भव पालन करना और अपने धर्म और प्राण की रक्षा करना। विशेष हम क्या समझावै, जो जो दैव दिखावे उसे धीरज से देखना। *(आँसू बहते हैं)।*

शैव्या – जो आज्ञा। *(राजा के पैरों पर गिरके रोती है)*

हरिश्चन्द्र – *(धैर्यपूर्वक)* प्रिये! देर मत करो, बटुक घबड़ा रहे हैं।

शैव्या – *(उठकर रोती और राजा की ओर देखती हुई धीरे-धीरे चलती है।)*

बालक – *(राजा से)* पिताजी, माँ कहाँ जाती ऐं?[26]

---

23. नन्यनु मतमेव प्रभवतो विधेः (सोपालम्भ भात्यगतम्) ननु भो हतविधे! देवीभावं नीत्वा परगृह परिचारिका कृता यदियम्।
... ...

24. निजकुलं परिवादं नम्रमूर्ते–
रपिसवितुर्मलिनीकृतामुखश्रीः।

25. आराध्योऽय ब्राह्मणस्ते सशिष्यं
पत्नी चास्य प्रीतिदायोपचर्या ।
रक्ष्याः प्राणा बालकः पालनीयो
युद्यदैवं शास्ति तत्तद्विधेयम् ।
शैव्या–यदार्यपुत्र आज्ञापयति। (इति निर्गन्तुमिच्छति राजानमवलोक्यं वैक्लव्य नाटयति)

26. बाल–आवूक, कुत्र अम्बा गच्छति?
राजा–यत्र त पितुः कलत्रं दासी भूत्वा गम्यते ।
बाल–अरे बटो, कुत्रत्वमम्बांनेतुमिच्छसि।
(इति मातुः पटान्तं धारयति)
बटु–...(इति छिप्त्वा पातयति)
बालकः–(साधारभंगं पितरौ पश्यति)
राजा–भो ब्राह्मण, अनपराद्धं किलशैशव। तन्नार्हस्येवं कर्तुम्। (बालकमुत्थाप्य शिरस्याघ्रायालिंग्य च)
किं वत्स मन्युभर विस्फुरिताधरोष्ठः
पापस्य पश्यसि मुखं मम निघृणस्य
येषां प्रिया न शिशवः पिहिताशनानां
तेषामपि प्रियतमा वनिता तिरश्चाम् ।
तत् किं मां चांडालमनुगच्छसि, मातरनेवानुगच्छ ।

हरिश्चन्द्र – *(धैर्य से आँसू रोककर)* जहाँ हमारे भाग्य ने उसे दासी बनाया है।

बालक – *(बटुक से)* अले माँ को मत ले जा। *(माँ का आँचल पकड़के खींचता है)*

बटुक – *(बालक को ढकेलकर)* चल चल, देर होती है।

बालक – *(ढकेलने से गिरकर रोता हुआ उठकर अत्यन्त क्रोध और करुणा से माता-पिता की ओर देखता है)*

हरिश्चन्द्र – ब्राह्मण देवता! बालकों के अपराध से नहीं रुष्ट होना चाहिए। *(बालक को उठाकर धूल पोंछ के मुँह चूमता हुआ)* पुत्र! मुझ चांडाल का मुख इस समय ऐसे क्रोध से क्यों देखता है? ब्राह्मण का क्रोध तो सभी दशा में सहना चाहिए। जाओ माता के संग, मुझ भाग्यहीन के साथ रहकर क्या करोगे? *(रानी से)* प्रिये! धैर्य धरो। अपना कुल और जाति स्मरण करो। अब जाओ, देर होती है। *(रानी और बालक रोते हुए बटुक के साथ जाते हैं।)*

हरिश्चन्द्र – धन्य हरिश्चन्द्र! तुम्हारे सिवाय और ऐसा कठोर हृदय किसका होगा? संसार में धन और जन छोड़कर लोग स्त्री की रक्षा करते हैं पर तुमने उसका भी त्याग किया।

(विश्वामित्र आते हैं)[27]

हरिश्चन्द्र – *(पैर पर गिरके प्रणाम करता है)*

विश्वामित्र – ला, दे दक्षिणा। अब साँझ होने में कुछ देर नहीं है।

हरिश्चन्द्र – *(हाथ जोड़कर)* महाराज आधी लीजिए, आधी अभी देता हूँ। *(सोना देता है)*

विश्वामित्र – हम आधी दक्षिणा ले के क्या करें, दे चाहे जहाँ से सब दक्षिणा।

(नेपथ्य में)[28]

---

27. (ततः प्रविशति कौशिकः)
राजा–भगवन् गृह्यतां तावदर्द्धम्।

28. (नेपथ्ये)
कौशिक–(श्रुत्वा सक्रोधम्) आः के पुनरयो धिक् शब्देन मां गर्हयन्ति।
(ऊर्ध्वमवलोक्य) अये कथममी विमानचारिणो विश्वेदेवाः। (क्रोधं नाटयित्वा कमंडलुवारिणोपस्पृश्य शापजलं गृहीत्वा) धिगनात्मज्ञाः। अरे रे क्षुद्र क्षत्रियपक्षपातिनः।

पंचानामपि यो जन्म क्षत्रयोनौ भविष्यति
तथापि ब्राह्मणो द्रोणिः कुमारान् वो हनिष्यति
(... ...) अये कथमपी।
मद्दृष्टिपातभय कम्पित लोक घंटा–
टंकार पूरित वियत् स्खलतो विमानात् ।
बेल्लद्धनां शुक विदष्ट किरीट कोटि
प्रभ्रष्ट कुंडलमवांमुखमापतन्ति ।

राजा–(ऊर्द्धमवलोक्य सभयम्) अहो प्रभावस्तपसां ।

गृह्यतामर्ज्जितमिदं भार्यातनय विक्रयात् ।
शेषस्यार्द्धे करिष्यामि चांडालेप्यात्र विक्रयम् ।।

धिक् तपो धिक् व्रतमिदं धिक ज्ञानं धिक बहुश्रुतम् ।
नीतवानसियद्ब्रह्मन् हरिश्चन्द्रमिमां दशा ।।

विश्वामित्र – *(बड़े क्रोध से)* आ. हमको धिक्कार देनेवाला यह कौन दुष्ट है? ऊपर देखकर) अरे विश्वेदेवा! *(क्रोध से जल हाथ में लेकर)* अरे क्षत्रिय के पक्षपातियो! तुम अभी विमान से गिरो और क्षत्रिय के कुल में तुम्हारा जन्म हो और वहाँ भी लड़कपन ही में ब्राह्मण के हाथ मारे जाओ[29]। *(जल छोड़ते हैं)*

(नेपथ्य में हाहाकार के साथ बड़ा शब्द होता है)

(सुनकर और ऊपर देखकर आनन्द से) हहहह! अच्छा हुआ। यह देखो किरीट कुंडल बिना मेरे क्रोध से विमान से छूटकर विश्वेदेवा उलटे हो होकर नीचे गिरते हैं। और हमको धिक्कार दें।

हरिश्चन्द्र – *(ऊपर देखकर भय से)* वाह रे तप का प्रभाव। *(आप ही आप)* तब तो हरिश्चन्द्र को अब तक शाप नहीं दिया है, यही बड़ा

---

29. यही पाँचों विश्वेदेवा विश्वामित्र के शाप से द्वापर में द्रौपदी के पाँच पुत्र हुए थे जिन्हें अश्वत्थामा ने बालकपन ही में मार डाला।

कौशिकः (सक्रोधम्) कृतमर्द्धेन नन्वशेषमेव दीयताम्।
राजा–भो साधवः! (केनापीत्यादि पठति)

(ततः प्रविशति चांडालवेषः सानुचरो धर्म)

धर्मः (स्वगतम्) – मया धियन्ते भुवनान्यमूनि
सत्यं च मां तत् सहितं बिभर्ति ।
परीक्षितुं सत्यमतोऽस्य राज्ञः
कृतो मया जातिपरिग्रहोऽयम् ।।

(चित ध्यात्वा साश्चर्यम्) प्रणिधानतोष्यहं पश्यन् तस्य राजर्षैर्हरिश्चन्द्रस्य तुल्यं न पश्यामि। ... ... (परिक्रम्य प्रकाशम्) अरे सारमेय!
गृहीतस्त्वया अर्थपेटाकः?
अनुचर–महत्तर! किंत्वया सुवर्णागारं कर्तव्यम्? ... ...
धर्म–अरे! किं तव एतेन पृष्टेन प्रयोजनम्।

(इति परिक्रामति)

राजा–(केनापीत्यादि पठति। लक्षार्द्धेनेत्यादि पठति च सर्वतोऽवलोक्य सखेदम्) कथं मया मन्द भाग्येन न कश्चिदर्थो हा हतोऽस्मि।

(इति मूर्छितः पतति)

धर्म–(आकर्ण्य दृष्ट्वा स्वागतम्) – कथमसौ महासत्वी मोहमुपगतस्तिष्ठति। भवेत्वेवं तावत्। ... ...

अनुग्रह है। *(प्रगट)* भगवन् यह स्त्री बेंचकर आधा धन पाया है सो लें, और आधा हम अपने को बेंचकर अभी देते हैं।
(नेपथ्य में) अरे, अब तो नहीं सही जाती।

विश्वामित्र – हम आधा न लेंगे, चाहे जहाँ से अभी सब दे।

हरिश्चन्द्र – ('अरे सुनो भाई सेठ साहूकार' इत्यादि पुकारता हुआ घूमता है)

(चांडाल के वेश में धर्म और सत्य आते हैं)[30]

धर्म – *(आप ही आप)*

हम प्रतच्छ हरिरूप जगत हमरे बल चालत ।
जल थल नभ थिर मो प्रभाव मरजाद न टालत ।।
हम ही नर के मीत सदा साँचे हितकारी ।
इक हम ही संग जात तजत जब पितु सुत नारी ।।
सो हम नित थित सत्य में जाके बल सब जग जियो ।
सोइ सत्य परिच्छन नृपति को आजु भेष हम यह लियो ।।

(आश्चर्य, से आप ही आप) सचमुच इस राजर्षि के समान दूसरा आज त्रिभुवन में नहीं है। *(आगे बढ़कर प्रत्यक्ष)* अरे! हरजनवा! मोहर का सन्दूक ले आवा है न?

सत्य – कऽ चौधरी, मोहर ले के का करबो?

धर्म – तोहसें का काम पूछै से?

(दोनों आगे बढ़ते हुए फिरते हैं)

हरिश्चन्द्र – *(अरे सुनो भाई सेठ साहूकार' इत्यादि को तीन बेरा पुकारके इधर उधर घूमकर)* हाय! कोई नहीं बोलता और कुंलगुरु भगवान् सूर्य भी आज हमसे रुष्ट होकर शीघ्र ही अस्ताचल जाया चाहते हैं *(घबराहट दिखाता है)।*

धर्म – *(आप ही आप)* हाय हाय! इस समय इस महात्मा को बड़ा ही कष्ट है। तो अब चले आगे। *(आगे बढ़कर)* अरे अरे हम तुमको मोल लेंगे। लेव, यह पचास सै मोहर लेव।

हरिश्चन्द्र – *(आनन्द से आगे बढ़कर)* वाह कृपानिधान, बड़े अवसर पर आए। लाइए। *(उसको पहिचान कर)* आप मोल लेंगे?

धर्म – हाँ, हम मोल लेंगे। *(सोना देना चाहता है)*

हरिश्चन्द्र – आप कौन हैं?

---

30. काँछ, काला रंग, लाल नेत्र, सिर पर छोटे-छोटे घुँघराले बाल और शरीर नंगा, बातों से मतवालापन झलकता हुआ।

धर्म — हम चौधरी डोम सरदार। अमल हमारा दोनों पार ।।
सब मसान पर हमरा राज, क़फ़न माँगने का है काज ।।
फूलमती देवी[31] के दास, पूजैं सती मसान निवास ।।
धनतेरस औ रात दिवाली, बल चढ़ाय के पूजैं काली ।।
सो हम तुमको लेंगे मोल, देंगे मुहर गाँठ से खोल ।।

(मत्त की भाँति चेष्टा करता है)

हरिश्चन्द्र — *(बड़े दुःख से)* अहह! बड़ा दारुण विषय उपस्थित हुआ है। *(विश्वामित्र से)* भगवन्! मैं पैर पड़ता हूँ, मैं जन्म भर आपका दास होकर रहूँगा, मुझे चांडाल होने से बचाइए।

विश्वामित्र — छिः मूर्ख! भला हम दास ले के क्या करेंगे। 'स्वयं दासास्तपस्विनः'।

हरिश्चन्द्र — *(हाथ जोड़कर)* जो आज्ञा कीजिएगा हम सब करेंगे।

विश्वामित्र — सब करेगा न? *(ऊपर हाथ उठाकर)* धर्म के साक्षी देवता लोग सुनें, यह कहता है कि जो आप कहेंगे मैं सब करूँगा।

हरिश्चन्द्र — हाँ हाँ जो आप आज्ञा कीजिएगा सब करूँगा।

विश्वामित्र — तो इसी गाँहक के हाथ अपने को बेंचकर अभी हमारी शेष दक्षिण चुका दे[32]।

---

31. प्राचीन काल में चांडालों की कुलदेवी चंडकात्यायनी थीं, परन्तु इस काल में फूलमती इन लोगों की कुलदेवी है।

राजा। (सा वेगमपसृत्य कौशिकस्यपादयोर्जिपत्य) भगवन् प्रसीद् भगवन् प्रसीद।

तत्तवैव दासतां गत्वा धर्मानृण्यमस्तु मे ।
न दृष्टा न श्रुता चेयं ब्रह्मन् चांडालदासता ।।

कौशिक। धिङ् मूर्ख स्वयं दासास्तपस्विनः। तत्किं त्वमय दासेन में क्रियते। राजा। (सानुनय) भगवन् यदादिशशि तत्करिष्ये।

(स.ह. 6, 1600-61)

कौशिकः। शृणवन्तु शृणवन्तु विश्वेदेवाः यदादिशामि तत् करिष्यसि? राजा। वाढ़म्, करोमि।

32. कौशिकः—यद्येधमस्मिन्नेवार्थिनि विक्रीयात्मानं प्रयच्छ मे दक्षिणा-सुवर्णानि।

राजा—(सवैक्लव्यमात्मगतम्) अहह! का गतिरिदानीम् । (प्रकाशम्) समयेन मां क्रेतुमर्हसि।

चांडालः—अथ कीदिशे दे शमए।

राजा—श्रूयतां।

भैक्ष्याशी दूरतस्तिष्ठन् रथ्याम्बर-परिच्छदः ।
यद्यदादिशति स्वामी तत् करोम्यविचारितम् ।।

(उभौ सपरितोषम्) अले शुट्ठु एशे दे शमए गेह्वएदं सुवर्ण (इति दूरादर्पयति।) राजा (गृहीत्वा सहर्षम्)

अनृणस्य ममेदानीमशप्तस्य द्विजन्मना ।
अपरिभ्रष्ट-सत्यस्य श्लाघ्य चांडाल-दासता ।।

(कौशिकं प्रति सानुनयम्) भगवन् प्रतिगृह्यतामिदमशेषधनम्।

हरिश्चन्द्र – जो आज्ञा। *(आप ही आप)* अब कौन सोच है।
(प्रगट धर्म से) तो हम एक नियम पर बिकेंगे!

धर्म – वह कौन?

हरिश्चन्द्र – भीख असन कम्मल बसन, रखिहौं दूर निवास ।
जो प्रभु आज्ञा होइहै, करिहौं सब ह्वै दास ।।

धर्म – ठीक है, लेव सोना। *(दूर से राजा के आँचल में मोहर देता है)*

हरिश्चन्द्र – *(लेकर हर्ष से आप ही आप)*
ऋण छूट्यो पून्यो बचन, द्विजहु न दीनो शाप ।
सत्य पालि चंडालहू, होइ आजु मोहि दाप ।।
(प्रगट विश्वामित्र से) भगवन्! लीजिए मोहर।

विश्वामित्र – *(मुँह चिढ़ाकर)* सचमुच देता है?

हरिश्चन्द्र – हाँ, हाँ, यह लीजिए। *(मोहर देते हैं)*

विश्वामित्र – *(लेकर)* स्वस्ति। *(आप ही आप)* बस अब चलो बहुत परीक्षा हो चुकी। *(जाना चाहते हैं)*

हरिश्चन्द्र – *(हाथ जोड़कर)* भगवन्! दक्षिणा देने में देर होने का अपराध क्षमा हुआ न?

विश्वामित्र – हाँ, क्षमा हुआ। अब हम जाते हैं।

हरिश्चन्द्र – भगवन्! प्रणाम करता हूँ।

(विश्वामित्र आशीर्वाद देकर जाते हैं)

हरिश्चन्द्र – अब चौधरी जी *(लज्जा से रुककर)* स्वामी की जो आज्ञा हो, वह करें।

धर्म – *(मत्त की भाँति नाचता हुआ।)*
जाओ अभी दक्खिनी मसान ।
लेव वहाँ कफ्फन का दान ।।

कौशिक–(सवैलक्ष्यम्) दास्यामि।
राजा–(सानुनयम्) भगवन्! गृह्यताम्।
कौशिक–(परिगृह्य स्वगतम्) किमतः परं निर्बन्धेन भवतु गच्छामि। (सवैलक्ष्यं तथा करोति)
राजा (सविनयमञ्जलिं बध्वा) भगवन्! कालक्षेपकृतस्त्वपराधो मां प्रतिमर्षणीयः।
कौशिकः–क्षान्तं (इति निष्क्रान्त :!)
राजा। (चांडालमुपगम्य) भोः स्वजातिमहत्तर! (इत्यर्द्धोक्ते मुखमावृणोति) भोः स्वामिन्। आज्ञापय कि मया दासेन कर्त्तव्यम्।
धर्म्मः–अले! दक्खिण-मशाणं गदुअ-मडुअ-चीड़ हाड़केण भविअ अहोलत्तं जग्गिदव्वं अहम्पि शत्रवणं जेव्व गच्छामि।
राजा। यथाज्ञापयति स्वामी। (इति निष्क्रान्ताः सर्वैः)।

।। इति तृतीयोऽङ्कः।।

जो कर तुमको नहीं चुकावे ।
सो किरिया करने नहिं पावे ।।
चलो घाट पर करो निवास ।
भए आज से हमरे दास ।।

हरिश्चन्द्र – जो आज्ञा।

(यवनिका गिरती है)

इति तीसरा अंक

चौथा अंक[1]

(स्थान–दक्षिण श्मशान, नदी, पीपल का बड़ा पेड़, चिता, मुरदे, कौए, सियार, कुत्ते, हड्डी इत्यादि)

(कम्बल ओढ़े और एक मोटा लट्ठ लिए हुए राजा हरिश्चन्द्र दिखाई पड़ते हैं)

हरिश्चन्द्र – *(लम्बी साँस लेकर)* हाय! अब जन्म भर यही दुःख भोगना पड़ेगा।

जाति दास चंडाल की, घर घनघोर मसान।
क़फ़नखसोटी को करम, सब ही एक समान ।।

---

1. चतुर्थोऽङ्कः

राजा–(निःश्वस्य आत्मगतम्)–कष्टम्! अनवधिरयं यथोत्तरदारुणो मे व्यसनपरम्परापातः।

इदमद्य मम श्वपाकदास्यं, वमतिर्घोरतरंमहाश्मशानम्।
मृतकम्बलहारिता च कर्म, परिशान्तं व्यसनेष्वहो न दैवम् ।।
सुष्ठु खल्विद मुच्यते दुःखं दुखैस्तिरोधीयते इति।
यतो दक्षिणानृण्यनिवृत्तं मां इदानीं आशोको बाधते।
किं शोचामि मदेकबान्धवतया संप्रत्यनाथाः प्रजा!
किं बन्धूनतिवत्सलानशरणानेतांश्च भृत्यानहम्?
किं दासीं द्विजसद्मनि प्रियतमां वत्सं च किं वा शिशुम्।
किं चांडाल भुजिष्यतामुपगतः पापो निजं जीवितुम् ।।

त्वरयति गुरोर्भक्त्या तस्मिन् द्विजे च रुषारुणे।
रुदंति च तदा क्षिप्ते बाले पटान्त निरोधिन।
विधृतविधृतैर्वाष्पोत्पीडै-र्जड़ीकृत-तारकां।
कथमपि तथा क्रूरे दृष्टिश्चिरान्मयि संहृता ।।

(सक्वैव्यम्) हा देवि!

यदि तपनकुलोचिता बधूस्त्वं
यदि विमले शशिनः कुले प्रसूता।
मयि विनिपतितासि भस्मराशौ
सुतनु! घृताहुतिवत् तदा कथं त्वम् ।।
अपि चा राजपुत्रि!

न जाने विधाता का क्रोध इतने पर भी शान्त हुआ कि नहीं। बड़ों ने सच कहा है कि दुःख से दुःख जाता है। दक्षिणा का ऋण चुका तो यह कर्म करना पड़ा। हम क्या-क्या सोचें? अपनी अनाथ प्रजा को, या दीन नातेदारों को, या अशरण नौकरों को, या रोती हुई दासियों को, या सूनी अयोध्या को, या दासी बनी महारानी को, या उस अनजान बालक को, या अपने ही इस चंडालपने को। हा! बटुक के धक्के से गिरकर रोहिताश्व ने क्रोधभरी और रानी ने जाते समय करुणाभरी दृष्टि से जो मेरी ओर देखा था वह अब तक नहीं भूलता। *(घबड़ाकर)* हा देवी! सूर्यकुल की बहू और चन्द्रकुल की बेटी होकर तुम बेंची गई और दासी बनीं! हा! तुम अपने जिन सुकुमार हाथों से फूल की

उपवन-नवमालिका-प्रसूनैः
स्रजमपि या परिखिद्यसे सृजन्ती ।
परिजन वनितोचितानि कर्मा
ण्यपरिचितानि कथं विधास्यसि त्वम् ।।

राजा (दृष्टवा साषष्टम्भम्) अये ! कथमिदं महाश्मशानम्। विदूरादभ्यस्तैर्वियति बहुशो मंडलशतै

रुद्रश्चत्-पुच्छाग्रस्तिमित-बिततैः पक्षतिपुटैः ।
पतन्त्येते गृध्राः नव-पिशित-लोलाञ्चनगुहा
गलल्लालाक्लेद-स्थगित-निजचधू भयापुटाः ।।

(नेपथ्ये कलकलः)

रौद्रता श्मशानस्य। तथाहि।

इमा मूर्छन्त्यन्तः प्रतिरवभृतः कर्णकटवः
शिवाः क्रूरा क्रन्दैरशिव-वटहाडम्बर-रवाः ।
ज्वलन्त्येते ताप-स्फुटित-नृकरोटी-पुर दरौ
लसन्मस्तिस्काक्ता स्तिमितजटिलाग्रा हुतभुजः ।।

(अग्रतोऽवलोक्य सश्लाघम्) अहो! वीभत्समपि स्पृहणीयमिदं वर्त्तते! भद्र! कुण्प! सर्वस्वग्राहिभिः प्रणयिमिश्च श्वापदगणैर्यथेष्टमुपभुज्यमानो धन्यस्त्वमसि। तथाहि।

भिनत्यक्ष्णोर्मुद्रां शिरसि चरणौ न्यस्य करटः
शिवा सृक्वोपान्ते ग्रसति रसनाग्रं विलुठितम् ।
छिनत्ति श्वामेद प्रथयति च गृध्रोऽत्र विवरं
यथेष्ट व्यापारास्त्वयि कुणप! यच्छापदगणाः ।।
अहो! निःसारता शरीराणाम्!
तन्मध्यं तदुरस्तदेव वदनं ते लोचने ते सुवौ
जातं सर्व्वममेध्य-शोणित-वसा-मांसास्थि-लालामयम्
भीरूणां भयदं, त्रपास्यदमिदं विद्याविनीतात्मनां
तन्मूढैः क्रियते वृथाविषयिभिः क्षुद्रोऽभिमानग्रहः ।।

माला भी नहीं गूँथ सकती थीं उनसे बरतन कैसे माँजोगी! *(मोहप्राप्त होना चाहता है पर सँभलकर)* अथवा क्या हुआ? यह तो कोई न कहेगा कि हरिश्चन्द्र ने सत्य छोड़ा।

बेंचि देह दारा सुअन, होइ दासहू मंद ।
राख्यो निज बच सत्य करि, अभिमानी हरिचन्द ।।

(आकाश से पुष्पवृष्टि होती है)

अरे! यह असमय में पुष्पवृष्टि कैसी? कोई पुण्यात्मा का मुरदा आया होगा। तो हम सावधान हो जाएँ *(लट्‌ठ कंधे पर रखकर फिरता हुआ)* ख़बरदार, ख़बरदार, बिना हमसे कहे और बिना हमें आधा क़फ़न दिए कोई संस्कार न करें *(यही कहता हुआ निर्भय मुद्रा से इधर-उधर देखता फिरता है) (नेपथ्य में कोलाहल सुनकर)* हाय हाय! कैसा भयंकर श्मशान है! दूर से मंडल बाँध बाँधकर, चोंच बाए, डैना फैलाए, कंगालों की तरह मुर्दो पर गिद्ध कैसे गिरते हैं और कैसा माँस नोचकर आपस में लड़ते और चिल्लाते हैं। इधर अत्यन्त कर्णकटु अमंगल के नगाड़े की भाँति एक के शब्द की लाग में दूसरे सियार कैसे रोते हैं। इधर चिर्राइन फैलाती हुई चट-चट करती चिताएँ कैसी जल रही हैं, जिनमें कहीं से माँस के टुकड़े उड़ते हैं, कहीं लोहू या चरबी बहती है, आग का रंग मांस के सम्बन्ध से नीला पीला हो रहा है, ज्वाला घूम घूमकर निकलती है। कभी एक साथ धधक उठती है, कभी मंद हो जाती है। धुआँ चारों ओर छा रहा है। *(आगे देखकर आदर से)* अहा! यह वीभत्स व्यापार भी बड़ाई के योग्य है। शव! तुम धन्य हो कि इन पशुओं के इतने काम आते हो। अतएव कहा है–

'मरनो भलो विदेस को, जहाँ न अपुनो कोय ।
माटी खायँ जनावराँ, महा महोच्छव होय ।।'

अहा! देखो–

सिर पै बैठ्यो काग आँख दोउ खात निकारत ।
खींचत जीभहिं स्यार अतिहि आनँद उर धारत ।।
गिद्ध जाँघ कहँ खोदि खोदि कै माँस उचारत ।
स्वान आँगुरिन काटि काटि कै खान बिचारत ।।
बहु चील नोचि लै जात तुच मोद मढ्यो सब को हियो ।
मनु ब्रह्म भोज जिजमान कोउ आजु भिखारिन कहँ दियो ।।

अहा! शरीर भी कैसी निस्सार वस्तु है।

सोई मुख सोई उदर, सोई कर पद दोय।
भयो आजु कछु और ही, परसत जेहि नहिं कोय।।
हाड़ माँस लाला रकत, बसा तुचा सब सोय।
छिन्न भिन्न दुरगंध मय, मरे मनुस के होय।।
कादर जेहि लखिकै डरत, पंडित पावत लाज।
अहो! व्यर्थ संसार को, विषय वासना साज।।

अहो! मरना भी क्या वस्तु है।

सोई मुख जेहि चन्द बखान्यो।
सोई अँग जेहि प्रिय करि जान्यो।।
सोई भुज जे पिय गर डारें।
सोइ भुज जिन रन विक्रम पारें।।
सोई पद जेहि सेवक बंदत।
सोई छबि जेहि देखि अनन्दत।।
सोइ रसना जहँ अमृत बानी।
जेहि सुनि कै हिय नारि जुड़ानी।।
सोइ हृदै जहँ भाव अनेका।
सोई सिर जहँ निज बच-टेका।।
सोई छबि-मय अंग सुहाए।
आजु जीव बिनु धरनि सुवाए।।
कहाँ गई वह सुन्दर सोभा।
जीवत जेहि लखि सब मन लोभा।।
प्रानहुँ ते बढ़ि जा कहँ चाहत।
ता कहँ आजु सबै मिलि दाहत।।
फूल बोझ हूँ जिन न सम्हारे।
तिन पै बोझ काठ बहु डारे।।
सिर पीड़ा जिनकी नहिं हेरी।
करत कपालक्रिया तिन केरी।।
छिनहूँ जे न भये कहुँ न्यारे।
तेहू बंधुन छोड़ि सिधारे।।
जो दृग कोर महीप निहारत।
आजु काक तेहि भोज बिचारत।।
भुजबल जे नहिं भुवन समाए।
ते लखियत मुख क़फ़न छिपाए।।

नरपति प्रजा भेद बिनु देखे।
गने काल सब एकहि लेखे।।
सुभग कुरूप अमृत बिख साने।
आजु सबै इक भाव बिकाने।।
पुरु दधीच कोऊ अब नाहीं।
रहे नाम ही ग्रन्थन माहीं।।

अहा! देखो वही सिर जिस पर मंत्र से अभिषेक होता था, कभी नवरत्न का मुकुट रक्खा जाता था, जिसमें इतना अभिमान था कि इन्द्र को भी तुच्छ गिनता था और जिसमें बड़े-बड़े राज जीतने के मनोरथ भरे थे, आज पिशाचों का गेंद बना है और लोग उसे पैर से छूने में भी घिन करते हैं। *(आगे देखकर)* अरे यह श्मशान देवी हैं[2] अहा कात्यायनी को भी कैसा बीभत्स उपचार प्यारा है! यह देखो डोम लोगों ने सूखे गले-सड़े फूलों की माला गंगा में से पकड़कर देवी को पहना दी है और क़फ़न की ध्वजा लगा दी है। मरे बैल और भैसों के गले के घंटे पीपल की डार में लटक रहे हैं, जिनमें लोलक की जगह नली की हड्डी लगी है। घंट के पानी से चारों ओर से देवी का अभिषेक होता है और पेड़ के खम्भे में लोहू के थापे लगे हैं। नीचे जो उतरों की बलि दी गई है उसके खाने को कुत्ते और सियार लड़-लड़कर कोलाहल मचा रहे हैं *(हाथ जोड़कर)।*

'भगवति![3] चंडि! प्रेते! प्रेतविमाने! लसत्प्रेते! प्रेतास्थिरौद्ररूपे! प्रेताशिनि भैरवि! नमस्ते।'

(नेपथ्य में) राजन्! हम केवल चांडालों के प्रणाम के योग्य हैं, तुम्हारे प्रणाम से हमें लज्जा आती है। माँगो, क्या वर माँगते हो।

हरिश्चन्द्र – *(सुनकर आश्चर्य से)* भगवति! यदि आप प्रसन्न हैं तो हमारे स्वामी का कल्याण कीजिए। *(नेपथ्य में)* साधु! महाराज हरिश्चन्द्र साधु!

---

2. राजा–(सर्वतोऽवलोक्यसविस्मयम्) अडोवीभत्सोपचारप्रियत्वं कात्यायिन्याः। तथाहि।
जरन्निर्माल्याद्या मृतमहिषगोकंठलुलिताः
प्रलम्बन्ते घंटाः श्रवणकटु टंकारपटवः।
तरुस्तन्मे देव्याः कृतरुधिर पंचांगुलितले
रटन्त्येते यस्मिन् प्रकृतिबलिलोला बलिभुजः।

3. भगवति! चण्डि! प्रेते प्रेतविमानप्रिये! लसत्प्रेते।
प्रेतास्थि-रौद्ररूपे! प्रेताशिनि! भैरवि! नमस्ते।।
(नेपथ्ये कलकलः)

हरिश्चन्द्र[4]– *(ऊपर देखकर)* अहा! स्थिरता किसी को भी नहीं है। जो सूर्य उदय होते ही पद्मिनीवल्लभ और लौकिक वैदिक दोनों कर्म का प्रवर्तक था, जो दोपहर तक अपना प्रचंड प्रताप क्षण-क्षण बढ़ाता गया, जो गगनांन का दीपक और कालसर्प का शिखामणि था, वह इस समय परकटे गिद्ध की भाँति अपना सब तेज गँवाकर देखो समुद्र में गिरना चाहता है। अथवा–

साँझ सोई पट लाल कसे कटि, सूरज खप्पर हाथ लह्यो है ।
पच्छिन के बहु सब्दन के मिस जीव उचाटन मंत्र कह्यो है ।।
मद्य भरी नर खोपरी सो ससि को नव बिंबहु धाइ गह्यो है ।
दै बलि जीव पसू यह मत्त ह्वै काल-कपालिक नाचि रह्यो है ।।
सूरज धूम बिना की चिता सोइ अन्त में लै जल माहिं बहाई ।
बोले घने तरु बैठि बिहंगम रोअत सो मनु लोग लोगाई ।।
धूम अँधार, कपाल निसाकर, हाड़ नछत्र, लहू-सी[5] ललाई ।
आनन्द हेतु निसाचर के यह काल मसान सो साँझ बनाई ।।

अहा! यह चारों ओर से पक्षी लोग कैसा शब्द करते हुए अपने अपने घोसलों की ओर चले आते हैं। वर्षा से नदी का भयंकर प्रवाह, साँझ होने से श्मशान के पीपल पर कौओं का एक संग अमंगल शब्द से काँव-काँव करना और रात के आगमन से एक सन्नाटे का समय चित्त में कैसी उदासी और भय उत्पन्न करता है। अंधकार बढ़ता ही जाता है। वर्षा के कारण इन श्मशानवासी मंडूकों का टर्र-टर्र करना भी कैसा डरावना मालूम होता है।

रुरुआ चहुं. दिसि ररत डरत सुनि के नर नारी ।
फटफटाइ दोउ पंख उलूकहु रटत पुकारी ।।

---

4. राजा। (प्रतीचीं दृष्ट्वा) न कस्यचिन्नाम न दुरतिक्रमा दैवपरिपाटिः।
अयमसौ गगनांगण-दीपक स्तरल-कालभुजंग-शिखामणिः ।
क्षण-विडम्बित-वाड़व-विग्रहः पतति वारिनिधौ बिधुरो रविः ।।
(समन्तादवलोक्य सविस्मयम्)
सन्ध्यावध्यास्र-शोणं तनु-दहन-चित्तांगार-मंदार्कबिम्बं
तारानारास्थिकीर्ण विशद-नरं करं कायमाणोज्ज्वलेन्दु ।
हृष्यन्नक्तञ्चरौघं घन-तिमिर-महाधूम-धूम्रानुकारं
जातं लीलाश्मशानं जगदखिलमहो काल कापालिकस्य ।।

5. इसमें प्रायः सब श्लोक आर्यक्षेमीश्वर के बनाए चंडकौशिक से उद्धृत किए गए हैं। प्राचीन काल में राजा के अपराधी लोग श्मशान पर गला काटकर मारे जाते थे, इसी से यहाँ श्मशान के वर्णन में लोहू का वर्णन है।

अंधकार-बस गिरत काग अरु चील करत रव।
गिद्ध गरुड़ हड़गिल्ल भजत लखि निकट भयद दव।।
रोअत सियार, गरजत नदी, स्वान भूँ कि डरपावहीं।
सँग दादुर-झींगुर-रुदन-धुनि मिलि स्वर तुमुल मचावहीं[6]।।

इस समय ये चिता भी कैसी भयंकर मालूम पड़ती हैं। किसी का सिर चिता के नीचे लटक रहा है, कहीं आँच से हाथ-पैर जल कर गिर पड़े हैं, कहीं शरीर आधा जला है, कहीं बिलकुल कच्चा है, किसी को वैसे ही पानी में बहा दिया है, किसी को किनारे ही छोड़ दिया गया है, किसी का मुँह जल जाने से दाँत निकला हुआ भयंकर हो रहा है, और कोई आग में ऐसा जल गया है कि कहीं पता भी नहीं है। वाह रे शरीर! तेरी क्या गति होती है! सचमुच मरने पर इस शरीर को चटपट जला ही देना योग्य है, क्योंकि ऐसे रूप और गुण जिस शरीर में थे उसको कीड़ों या मछलियों से नुचवाना और सड़ाकर दुर्गन्धमय करना बहुत ही बुरा है। न कुछ शेष रहेगा न दुर्गति होगी। हा! चलो आगे चलो! *('ख़बरदार' इत्यादि कहता हुआ इधर-उधर घूमता है)*

(पिशाच और डाकिनीगण परस्पर आमोद करते और गाते हुए आते हैं।)

पिशाच और डाकिनी–

हैं भूत-प्रेत हम, डाइन हैं छमाछम।
हम सेवैं मसान शिव को भजें बोलें बम बम बम।।

पिशाच – हम कड़ कड़ कड़ कड़ कड़ कड़ हड्डी तोड़ेंगे।
हम भड़ भड़ धड़ धड़ पड़ पड़ सिर सबका फोड़ेंगे।।

डाकिनी – हम घुट घुट घुट घुट घुट लोहू पिलावैंगी।
हम चट चट चट चट चट चट ताली बजावैंगी।।

सब – हम नाचैं मिलकर थेई थेई थेई थेई कूदें धम धम धम।
हैं भूत प्रेत हम, डाइन हैं छमाछम।

पिशाच – हम काट काटकर सिर को गेंदा उछालेंगे।
हम खींच खींचकर चरबी पंशाखा बालेंगे।।

---

6. आस्कन्धादुत्पतन्तः पृथुकुहरगृहद्वारि कूजन्त्युलूका
धुन्वन्तः पक्षपालीः प्रबल किलकिलामूर्ध्निगृध्नाः पतन्ति।
शाखाग्रालम्बि-शीर्य्यत्-कुणप-घन-वसा-गन्धमाघ्राय रौद्रं
क्रन्दन्तः स्फारयन्ति स्फुरदनलशिखाः फेरवः फेत्कृतानि।।

डाकिनी – हम माँग में लाल लोहू का सेन्दुर लगावैंगी।
हम नस के तागे चमड़े का लहँगा बनावैंगी।।

सब – हम धज से सज के बज के चलैंगे चमकैंगे चम चम चम।

पिशाच – लोहू का मुँह से फर्र-फर्र फुहारा छोड़ैंगे।
माला गले पहिरने को अँतड़ी को जोड़ैंगे।।

डाकिनी – हम लाद के औंधे मुरदे चौकी बनावैंगी।
कफ्फन बिछाके लड़कों को उस पर सुलावैंगी।।

सब – हम सुख से गावैंगे ढोल बजावैंगे ढम ढम ढम ढम ढम।

(वैसे ही कूदते हुए एक ओर से चले जाते हैं)

हरिश्चन्द्र – [7]*(कौतुक से देखकर)* पिशाचों का क्रीड़ा-कुतूहल भी देखने के योग्य है। आह! यह कैसे काले काले झाड़ू से सिर के बाल खड़े किए, लम्बे-लम्बे हाथ पैर, विकराल दाँत, लम्बी जीभ निकाले इधर उधर दौड़ते और परस्पर किलकारी मारते हैं, मानों भयानक रस की सेना मूर्तिमान् होकर यहाँ स्वच्छन्द बिहार कर रही है। हाय हाय! इनका खेल और सहज व्यवहार भी कैसा भयंकर है। कोई कटाकट हड्डी चबा रहा है, कोई खोपड़ियों में लहू भर भर-भर के पीता है, कोई सिर का गेंद बनाकर खेलता है, कोई अँतड़ी निकालकर गले में डाले है और कोई चन्दन की भाँति चरबी और लहू शरीर में पोत रहा है, एक दूसरे से माँस छीनकर ले भागता है, एक जलता माँस मारे तृष्णा के मुँह में रख लेता है पर जब गरम मालूम पड़ता है तो थू-थू करके थूक देता है, और दूसरा उसी को फिर झट से खा जाता है। हा! देखो यह चुड़ैल एक स्त्री की नाक नथ समेत नोच लाई है, जिसे देखने को चारों ओर से सब भूत एकत्र हो रहे हैं और सभी को इसका बड़ा कौतुक हो

---

7. (सकौतुकमवलोक्य) अहो! क्रीड़ा-कलह-कौशलं पिशाचानाम्! तथापि–
पिवत्येकोऽन्यस्मात् घनरुधिरमाच्छिद्य चषकं
ज्वलज्जिह्वा वक्त्रागलितमपरो लेढ़ि पिबतः।
ततस्यानाम् कश्चिद् भुवि निपतितान् शोणितकणान्
क्षणादुच्चै ग्रीवोरसयति लसद्दीर्घरसनः।।
(सकौतुकमवलोक्य सस्मितम्) अहो नु खलुः भोः परिहास इव दुर्विदग्धानां केलिरपि रसान्तरम् आलम्बते यातुधानानाम्।
चिताग्नेराकृष्टं नलक-शिखर-प्रोतमसकृत्
स्फुरद्भिर्निर्वार्य्य-प्रलयपवनैः फूत्कृतशतैः
शिरोनारंप्रेतः कवलयति तृष्णावश-ललत्-
करालास्यः प्लुष्यद्वदनकुहरस्तूद्गिरति च।।

गया है! हँसी में परस्पर लोहू का कुल्ला करते हैं और जलती लकड़ी और मुरदों के अंगों से लड़ते हैं और उनको ले-लेकर नाचते हैं। यदि तनिक भी क्रोध में आते हैं तो श्मशान के कुत्तों को पकड़-पकड़ कर खा जाते हैं। अहा! भगवान् भूतनाथ ने बड़े कठिन स्थान पर योगसाधना की है। *(ख़बरदार' इत्यादि कहता हुआ इधर-उधर फिरता है) (ऊपर देखकर)* आधी रात हो गई, वर्षा के कारण अँधेरी बहुत ही छा रही है, हाथ से हाथ नहीं सूझता! चांडालकुल की भाँति श्मशान पर तम का भी आज राज हो रहा है[8]। *(स्मरण करके)* हा! इस दुःख की दशा में भी हमसे प्रिया अलग पड़ी है। कैसी भी हीन अवस्था हो पर अपना प्यारा जो पास रहे तो कुछ कष्ट नहीं मालूम पड़ता। सच है–"टूट टाट घर टपकत खटियौ टूट। पिय कै बाँह उसिसवाँ सुख कै लूट।"

बिधना ने इस दुःख पर भी वियोग दिया। हा! यह वर्षा और यह दुःख! हरिश्चन्द्र का तो ऐसा कठिन कलेजा है कि सब सहेगा पर जिसने सपने में भी दुःख नहीं देखा वह महारानी किस दशा में होगी। हा देवि? धीरज धरो, धीरज धरो! तुमने ऐसे ही भाग्यहीन से स्नेह किया है, जिसके साथ सदा दुःख ही दुःख है। *(ऊपर देखकर)* पानी बरसने लगा। अरे *(घोघी भली भाँति ओढ़कर)* हमको तो यह वर्षा और श्मशान दोनों एक ही से दिखाई पड़ते हैं। देखो–

चपला की चमक चहूँघा सों लगाई चिता, चिनगी चिलक पटबीजना चलायो है। हेती बगमाल, श्याम बादर सुभूमि कारी, बीरबधू लहू बूँद भुव लपटायो है।। 'हरीचन्द' नीर-धार आँसू-सी परत जहाँ, दादुर को सोर-रोर दुखिन मचायो हैं। दाहन वियोग दुखियान को मरे हू यह देखो पापी पावस मसान बनि आयो है।।

[9]*(कुछ देर तक चुप रहकर)* कौन है? *('ख़बरदार', इत्यादि कहता हुआ इधर-उधर फिरकर)*

इन्द्र काल हूँ सरिस जो आयसु लाँघै कोय।
यह प्रचंड भुजदंड मम प्रतिभट ताको होय।।

अरे कोई नहीं बोलता *(कुछ आगे बढ़कर)* कौन है? *(नेपथ्य में)* हम हैं।

---

8. अस्त गच्छति सूर्ये बध्यस्थानं गतेयथा बध्ये।
एषतमः संघातश्चांडाल कुलमिवातरति।।

(हरि ना. 7; 1600-61)

9. कः कोऽत्र भोः! श्रूयतां मम श्मशानाधिपतेः स्वामिनो व्याहारः।

हरिश्चन्द्र -- अरे, हमारी बात का उत्तर कौन देता है? चलें जहाँ से आवाज़ आई है वहाँ चलकर देखें *(आगे बढ़कर नेपथ्य की ओर देखकर)* अरे, यह कौन है?

चिताभस्म सब अंग लगाए । अस्थि-अभूषन बिविध बनाए ।।
हाथ कपाल मसान जगावत । को यह चल्यो रुद्र-सम आवत ।।

(कापालिक के वेष में धर्म आता है[10])

---

10. गेरुआ वस्त्र का काछा काछे, गेरुआ कफनी पहने, सर के बाल खोले, सेन्दुर का अर्धचन्द्र दिए, नंगी तलवार गले में लटकती हुई, एक हाथ में खप्पड़ बलता हुआ, दूसरे हाथ में चिमटा, अंग भभूत पोते, नशे में आँख लाल-लाल, फूल की माला और हड्डी के आभूषण पहने।

अकृत्वा मत्परिज्ञानम् अदत्त्वा मृतकम्बलम् :
प्रवर्त्तनीयाः केनापि न श्मशानोचिताः क्रियाः ।।

तदद्यप्रभृति–

एतत् तथेति करणीयमिहाप्रमत्तै-
राज्ञा-व्यतिक्रमसहः किल नास्मि भर्त्तुः ।
ब्रह्मेन्द्र-वायु-वरुणप्रतिमोऽपि यः स्यात्
तस्याप्ययं प्रतिभटोऽस्तु भुजो मदीयः ।।

कथं न कश्चिद् व्याहरति भवतु अन्यतो व्याहरामि। (परिक्रम्य) कः कोऽत्र भोः।
(नेपथ्ये) अयमहं भोः।
राजा–(सावष्टम्भम्) कथं प्रतिव्याहारः। भवतु शब्दानुसारेणोपगम्य निपुण मवधारयामि कोऽयमिति। (परिक्रम्य नेपथ्याभिमुखमवलोक्य च सविस्मयं) अये कोऽयम्?

खट्वांगधृग् भस्मकृतांगरागो नरास्थिभूषोज्वल-रम्यकान्तिः ।
कपाल पाणि-र्नृकरंक मौलिराभाति साक्षादिव भूतनाथः ।।

(ततः प्रविशति कापालिकवेषाे धर्म्मः)

धर्मः–अयमहं भोः।

अयाचितोपस्थित भैक्ष्यवृत्ति–
निर्वृत्त पंचेन्द्रिय निस्तरंग
व्यतीत्य संसार महाश्मशानं
चरामि वीभत्समिदं श्मशानम् ।
मया ध्रियन्ते भुवनान्यमूनि
सत्यं च ताम् तत्सहितं विभर्ति ।
परीक्षितुं सत्यमतोऽस्य राज्ञः
कृतो मया वेष परिग्रहोऽयम् ।।

(विचिन्त्य साश्चर्यमात्मगतम्) आश्चर्य दुःख परम्परा स्वशोच्यमानस्य राजर्षेहरिश्चन्द्रस्य चरितम्। अथवा प्रकृतिरियं महात्मनाम्। कुतः,

सुख वा दुःखं वा किमिव हि जगत्यस्ति नियतं
विवेकप्रध्वसाद् भवति सुख दुःख व्यतिकरः ।
मनोवृत्तिः पुंसा जगति जयनी कापि महतां
यया दुःखं दुःखं सुखमपि सुख वा न भवति ।।

धर्म – अरे हम हैं–

वृत्ति अयाचित आत्मरति, करि जग के सुख त्याग ।
फिरहिं मसान मसान हम धारि अनन्द विराग ।।

(आगे बढ़कर महाराज हरिश्चन्द्र को देखकर आप ही आप)

हम प्रत्यच्छ हरि-रूप जगत हमरे बल चालत ।
जल-थल-नभ थिर मम प्रभाव मरजाद न टालत ।।
हम ही नर के मीत सदा साँचे हितकारी ।
हम ही इक सँग जात तजत जब पितु-सुत-नारी ।।
सो हम नित थित इक सत्य में जाके बल सब जग जियो ।
सोइ सत्य परिच्छन नृपति को आजु भेष हम यह कियो ।।

(कुछ सोचकर) राजर्षि हरिश्चन्द्र की दुःख-परम्परा अत्यन्त शोचनीय और इनके चरित्र अत्यन्त आश्चर्य के हैं अथवा महात्माओं का यह स्वभाव ही होता है।

सहत विविध दुख मरि मिटत, भोगत लाखन सोग ।
पै निज सत्य न छाँड़हीं, जे जग साँचे लोग ।।
बरु सूरज पच्छिम उगै बिंध्य तरै जल माँहिं ।
सत्यवीर जन पै कबहुँ निज बच टारत नाहिं ।।

अथवा उनके मन इतने बड़े हैं कि दुःख को दुःख, सुख को सुख गिनते ही नहीं, चलें उनके पास चलें। *(आगे बढ़कर और देखकर)* अरे, यही महात्मा हरिश्चन्द्र हैं? *(प्रगट)* महाराज, कल्याण हो!

हरिश्चन्द्र – *(प्रणाम करके)* आइए योगिराज!

धर्म – महाराज, हम अर्थी हैं।

हरिश्चन्द्र – *(लज्जा और विकलता नाट्य करता है।)*

भवतु तत्सकाशमेव गच्छापि। (परिक्रम्य दृष्ट्वासश्लाघम्)। अये अयमसौ महात्मा। तदुपसर्गमि। (तथा कृत्वा) भो राजन्। सिद्धिभाजनंभूयाः।
राजा–स्वागतं महाव्रतचारिणो नैष्ठिकस्य?
कापालिकः–भो राजन् अर्थिनो वयं भवन्तमुपागताः ।
राजा–(लज्जां नाटयति)
कापालिकः–प्रलं व्रीड़या, योगचक्षुषो हि वयं, विदित-वृत्तान्ता एव भवतः।
तथाप्येवभवस्थस्यापि ते न नः समोहितदाने दारिद्रयम्।
तथाहि पश्य।

एरेषामुपकाराय न कथञ्चिन्न साधवः ।
कुहूमपि समासाद्य धिनो तोन्दुर्वनस्पतीन् ।।

धर्म – महाराज! आप लज्जा मत कीजिए, हम लोग योगबल से सब कुछ जानते हैं। आप इस दशा पर भी हमारा अर्थ पूर्ण करने को बहुत हैं। चन्द्रमा राहु से ग्रसा रहता है। तब भी दान दिलवा कर भिक्षुओं का कल्याण करता है।

हरिश्चन्द्र – हमारे योग्य जो कुछ हो, आज्ञा कीजिए।

धर्म[11] – अंजन, गुटिका, पादुका, धातु-भेद, बैताल ।
वज्र, रसायन योगिनी, मोहि सिद्ध यहि काल[12] ।।

हरिश्चन्द्र – तो मुझे जो आज्ञा हो वह करूँ।

धर्म – आज्ञा यही है कि सब मुझे सिद्ध हो गए हैं पर विघ्न इसमें बाधक होते हैं, सो विघ्नों का निवारण कर दीजिए।

हरिश्चन्द्र – आप जानते हैं कि मैं पराया दास हूँ, इससे जिसमें मेरा धर्म न जाए वह मैं करने को तैयार हूँ।

धर्म – *(आप ही)* राजन्! जिस दिन तुम्हारा धर्म जाएगा उस दिन पृथ्वी किसके बल से ठहरेगी। *(प्रत्यक्ष)* महाराज, इसमें धर्म न जाएगा, क्योंकि स्वामी की आज्ञा तो आप उल्लंघन करते ही नहीं। सिद्धि का आकर इसी श्मशान के निकट ही है और मैं अब पुरश्चरण करने जाता हूँ, आप विघ्नों का निषेध कर दीजिए। *(जाता है)*

---

11. वेतालवज्र-गुटिकांजन पादलेप-
दैत्यांगनाविधि-रसायन-धातुवादाः ।
तच्चिन्त्यतां करतलोपगता ममैते
विघ्नैः पटैरिव यथा न तिरस्क्रियन्ते ।।
तदादिश्यतां विघ्न प्रत्यूह इति।
राजा–भोः साधक! योगबलाज्जानात्येव भवान् आज्ञाधीनमिदं शरीरक तत् स्वाम्यर्थाविरोधतः प्रयतिष्ये।
कापा.–मो राजन्! कुतोऽत्र स्वाम्यर्थ विरोधः। नन्वाज्ञामात्रसम्पाद्यं न समीहितं भवतः। तदितो नगतिदूरे सिद्धरसानां महानिधानमस्ति तदर्थमस्माभिरारम्भणीयमस्ति। भवता पुनरिहस्थेनैव विघ्नप्रत्यूहं प्रति सावधानेन भवतिव्यम्। (इति निष्क्रान्तः)
राजा–(सावष्टंभं सर्व्वतः परिक्रम्य) प्रोत्सरत प्रोत्सरत विघ्नाः सर्वथा प्रतिहतो वः प्रसर इति। (नेपर्थ्य) राजन् यथाज्ञापयसि।
श्रेयांसि विवृतद्वाराव्यद्य विद्याः स्वयंवराः ।
सिद्धयः कामचारिण्यस्त्वदाज्ञां कोऽतिवर्त्तते ।।

12. अंजनसिद्धि से ज़मीन में गड़े ख़जाने दीख पड़ते हैं। गुटिका मुँह में रख अथवा पादुका पहिनकर चाहे जहाँ अलक्ष्य चला जाए। धातुभेद से औषध मात्र सिद्ध होता है। बैताल बस में होकर यथेच्छ काम देता है। वज्र सिद्ध होने से जहाँ गिराओ वहाँ गिरता है। रसायन सिद्धि से चाँदी सोना बनता है। जोगिनी सिद्ध होने से भूत, भविष्य का वृत्तांत कह देती है और सब इच्छा पूर्ण करती है। ये ही आठों सिद्धियाँ हैं।

हरिश्चन्द्र – *(ललकारकर)* हटो रे हटो, विघ्नो, चारों ओर से तुम्हारा प्रचार हमने रोक दिया।

(नेपथ्य में) महाराजाधिराज, जो आज्ञा। आपसे सत्यवीर की आज्ञा कौन लाँघ सकता है।

खुल्यो द्वार कल्याण को, सिद्ध जोग-तप आज ।
निधि-सिधि-विद्या सब करहिं अपने मन को काज ।।

हरिश्चन्द्र – *(हर्ष से)* बड़े आनन्द की बात है कि विघ्नों ने हमारा कहना मान लिया। *(विमान पर बैठी हुई तीनों महाविद्याएँ आती हैं)*[13]

म. वि. – महाराज हरिश्चन्द्र! बधाई है। हमी लोगों को सिद्ध करने को विश्वामित्र ने बड़ा परिश्रम किया था तब देवताओं ने माया से आपको स्वप्न में हमारा रोना सुनाकर हमारा प्राण बचाया।

हरिश्चन्द्र – *(आप ही आप)* अरे यही सृष्टि को उत्पन्न, पालन और नाश करनेवाली महाविद्याएँ हैं, जिन्हें विश्वामित्र भी न सिद्ध कर सके। *(प्रगट हाथ जोड़कर)* त्रिलोकविजयिनी महाविद्याओं को नमस्कार है।

म. वि. – महाराज हम लोग तो आपके बस में हैं। हमारा ग्रहण कीजिए।

हरिश्चन्द्र – देवियो! यदि हम पर प्रसन्न हो तो विश्वामित्र मुनि की वशवर्त्तिनी हो। उन्होंने आप लोगों के वास्ते बड़ा परिश्रम किया है।[14]

---

13. ब्रह्मा, विष्णु, महेश के वेश में पर स्त्री का शृंगार। खेलने में चित्रपट के द्वारा परदे के ऊपर इनको दिखलावेंगे और इनकी ओर से बोलनेवाला नेपथ्य में से बोलेगा।

14. राजा–(सहर्षम्) दिष्ट्या तथेति प्रतिपन्नमस्मद्वचनं विघ्नैः। प्रियं नः प्रियम्।

(ततः प्रविशन्ति विमानचारिण्यो वद्याः)

राजन्! हरिश्चन्द्र! दिष्ट्यावर्द्धसे ।
न्वय्यचेष्टत राजन्ये क्रुद्धो यद्दारुणो मुनिः ।
विद्यास्त्वद्विपदांमूलं ता वय समुपस्थिताः ।।

राजा–(दृष्ट्वा साश्चर्यमात्यगतम्) कथमिभास्ता भगवत्यो विद्याः। यासु भगवती विश्वामित्रस्यापि तीव्रैस्त्रपोमिरबसन्नम् (प्रकाशम् अंजलिं बद्धवा) नमस्त्रिलोकविजयिनीभ्यो विद्याभ्यः।

विद्याः–राजन्! त्वदापत्तावयम्, अतस्त्वं शाधि नः ।

राजा–यदि मामनुग्रहं भवत्योऽनुमन्यन्ते ततो भगवत्तं कौशिकमुपतिष्ठध्वं ततऽनपराद्धं मुनेरात्मानं समर्थयामि।

विद्या–राजन्! एवमस्तु। (इति निष्क्रान्ताः)

(ततः प्रविशतिस्कंधारोपितनिधानेन वेतालेनानुगम्यमानः कापालिकः)

काया–राजन्! दिष्ट्यावर्द्धसे, संसिद्ध रसस्यास्य महानिधानस्य लाभाभ्युदयेन, तदुपयुज्यतां भगवान् रसेन्द्रः।

यस्योपयोगादवधूय मृत्यु-
मासाद्य सद्योऽमरलोकमार्गम् ।
विरुढकल्पद्रुममञ्जरीणि
शिरांसि मेरोर्विहरन्ति सिद्धाः ।।

म. विश्वामित्र– धन्य महाराज! धन्य! जो आज्ञा। *(जाती हैं)*

(धर्म एक बैताल के सिर पर पिटारा रखवाए हुए आता है)

धर्म – महाराज का कल्याण हो। आपकी कृपा से महानिधान[15] सिद्ध हुआ। आपको बधाई है। अब लीजिए इस रसेन्द्र को।

याही के परभाव सों, अमर देव सम होइ ।
जोगी जन बिहरहिं सदा, मेरु शिखर भय खोइ ।।

हरिश्चन्द्र – *(प्रणाम करके)* महाराज दासधर्म के यह विरुद्ध है। इस समय स्वामी से कहे बिना मेरा कुछ भी लेना स्वामी को धोखा देना है।

धर्म – *(आश्चर्य से आप ही आप)* वाह रे महानुभावता! *(प्रगट)* तो इससे स्वर्ण बनाकर आप अपना दास्य छुड़ा लें।

हरिश्चन्द्र – यह ठीक है, पर मैंने तो बिनती की न कि जब मैं दूसरे का दास हो चुका तो इस अवस्था में मुझे जो कुछ मिले सब स्वामी का है। क्योंकि मैं तो देह के साथ ही अपना स्वत्व मात्र बेंच चुका; इससे आप मेरे बदले कृपा करके मेरे स्वामी ही को रसेन्द्र दीजिए।

धर्म – *(आश्चर्य से आप ही आप)* धन्य हरिश्चन्द्र! धन्य तुम्हारा धैर्य! धन्य तुम्हारा विवेक और धन्य तुम्हारी महानुभावता! या–

चलै मेरु बरु प्रलय जल पवन झकोरन पाय ।
पै बीरन के मन कबहुँ, चलहिं नहीं ललचाय ।।

राजा–ननु दासभाव-विरुद्धमेतत्, एवं किल वंचिनः स्वामी स्यात्।
कापा–(साश्चर्यमात्मगतम्) अहो आश्चर्यम्! भवत्वेवं तावत्। (प्रकाशम्) यद्येवंगृह्यतां सकलत्रस्यात्मनो निष्क्रियायैतन्महानिधानम्।
राजा–कथमेवं भविष्यति, यतोऽधनं दासभावंमन्यन्ते।
स्वाभ्यर्थतस्तु वेदं प्रत्याख्यानमर्हति इत्यनुमत् एवायं भवतः संकल्पः, तत्राप्यतां स्वामिनो निभृतमिदं सहानिधाम्।
कापा–(साश्चर्यमात्मगतम्) अहो धैर्य्यम्। अहो ज्ञानम्। अहो महानुभावता च!! अथवा,

चलन्ति गिरयः काय युगान्त-पवनाहताः ।
कृच्छ्रेऽपि न चलत्येव धीराणां निश्चलं मनः ।।

तन्ममापि किमतिनिर्बन्धेन (प्रकाशं वेताल प्रति) भद्र! गम्यताम्, क्रियतामस्य राज्ञः समीहितम्।
वेतालः–(सप्रणामम्) ज साधओ आणवेदि (इति निष्क्रान्तः)

15. महानिधान बुभुक्षित धातुभेदी पारा जिसे बावन तोला पाव रत्ती कहते हैं।

तो हमें भी इसमें कौन हठ है। *(प्रत्यक्ष बैताल!)* जाओ, जो महाराज की आज्ञा है वह करो!

बैताल – जो रावल जी की आज्ञा। *(जाता है)*

धर्म – महाराज! ब्रह्म मुहूर्त निकट आया, अब हमको भी आज्ञा हो।

हरिश्चन्द्र – जोगिराज! हमको भूल न जाइएगा, कभी-कभी स्मरण कीजिएगा।

धर्म – महाराज! बड़े बड़े देवता आपका स्मरण करते हैं और करेंगे, मै क्या कहूँ। *(जाता)*[16]

हरिश्चन्द्र – क्या रात बीत गई? आज तो कोई भी मुरदा नया नहीं आया। रात के साथ ही श्मशान भी शान्त हो चला, भगवान् नित्य ही ऐसा करे।

(नेपथ्य में घंटा नूपुरादि का शब्द सुनकर)

अरे, यह बड़ा कोलाहल कैसा हुआ?

(विमान पर अष्टमहासिद्धि, नवनिधि और बारहो प्रयोग आदि देवता[17] आते हैं)[18]

हरिश्चन्द्र – *(आश्चर्य से)* अरे यह कौन देवता बड़े प्रसन्न होकर श्मशान पर एकत्र हो रहे हैं!

देवता – महाराज हरिश्चन्द्र की जय हो! आपके अनुग्रह से हम लोग विघ्नों से छूटकर स्वतंत्र हो गए। अब हम आपके वश में हैं, जो आज्ञा हो करें। हम लोग अष्ट महासिद्धि, नवनिधि और बारह प्रयोग सब आपके हाथ में हैं।

हरिश्चन्द्र – *(प्रणाम करके)* यदि हम पर आप लोग प्रसन्न हों तो महासिद्धि योगियों के, निधि सज्जनों के और प्रयोग साधकों के पास जाओ।

---

16. कापा–(समन्तादवलोख्य) भो राजन् प्रभातप्राया वर्त्तते विभावरी। तत् साधयिष्यामस्तावत्।
राजा–भोः साधक। स्मर्त्तव्य क्यं दुःस्थितकबासु ।
कापा–राजन्! देवनास्त्वां स्मरिष्यन्ति।
(इति निष्क्रान्तः)

17. साधारण देवी-देवताओं के वेश में। अष्टसिद्धि, यथा अणिमा, महिमा, लधिमा, गरिमा, प्राप्ति, प्राकाम्य, ईशत्व और वशित्व। नव निधि, यथा पद्म, महापद्म, शंख, मकर, कच्छप, मुकुन्द, नील और वर्चस्। बारह प्रयोग, यथा–मारण, मोहन, उच्चाटन, कीलन, विद्वेषण और कामनाशन, ये छह बुरे और स्तम्भन, वशीकरण, आकर्षण, बंदीमोचन, कामपूरण और वाक्प्रसारण ये छह अच्छे। ये भी चित्रपट में दिखलाये जाएँगे।

18. यह अंश भारतेन्दु की निजी कल्पना से समाविष्ट है। –सं.

देवता – *(आश्चर्य से)* धन्य राजर्षि हरिश्चन्द्र! तुम्हारे बिना और ऐसा कौन होगा जो घर आई लक्ष्मी का त्याग करे। हमी लोगों की सिद्धि को बड़े-बड़े योगी मुनि पच मरते हैं पर तुमने तृण की भाँति हमारा त्याग करके जगत् का कल्याण किया।

हरिश्चन्द्र – आप लोग मेरे सिर-आँखों पर हैं पर मैं क्या करूँ, क्योंकि मैं पराधीन हूँ। एक बात और भी निवेदन है, वह यह कि छह अच्छे प्रयोग की तो हमारे समय में सद्यः सिद्धि होय पर बुरे प्रयोगों की सिद्धि विलम्ब से।

देवता – महाराज! जो आज्ञा। हम लोग जाते हैं। आज आप के सत्य ने शिव जी के कीलन[19] को भी शिथिल कर दिया। महाराज का कल्याण हो। *(जाते हैं)*

(नेपथ्य में इस भाँति मानो राजा हरिश्चन्द्र नहीं सुनता, एक स्वर से) तो अप्सरा को भेंजे? *(दूसरे स्वर से)* छिः मूर्ख!

जिसको अष्टसिद्धि-नवनिधियों ने नहीं डिगाया उसको अप्सरा क्या डिगावेगी।

(एक स्वर से) तो अब अन्तिम उपाय किया जाए? *(दूसरे स्वर से)* हाँ, तक्षक को आज्ञा दें। अब और कोई उपाय नहीं है।

हरिश्चन्द्र – अहा अरुण का उदय हुआ चाहता है। पूर्व दिशा ने मुँह लाल किया। *(श्वास लेकर)*[20]

"वा चकई को भयो चित-चीतो चितोति चहूँ दिसि चाय सों नाँची ।
ह्वै गई छीन कलाधर की कला जामिनी-जोति मनो जम जाँची ।।
बोलत बैरी बिहंगम 'देव' सँजोगिन की भई सम्पति काँची ।
लोहू पियो जो वियोगिन को सो कियो मुख लाल पिशाचिन प्राची ।।"

हाँ! प्रिये, इन बरसातों की रातों को तुम रो-रो के बिताती होगी! हा! वत्स रोहिताश्व, भला हम लोगों ने तो अपना शरीर बेंचा तब दास हुए, तुम बिना बिके ही क्यों दास बन गए!

---

19. शिव जी ने साधनमात्र को कील दिया है जिसमें जल्दी न सिद्ध हो, राजा हरिश्चन्द्र ने विघ्नों को जो रोक दिया इससे वह कीलन भी शिव जी की इच्छापूर्वक उस समय दूर हो गया था, क्योंकि यह भी तो एक सब में बड़ा विघ्न था

20. राजा–अयेकथम्!

तमो विभिधगहनं सन्ध्यारुण पुरःसरः ।
अनुग्रहाय लोकानां उदेत्ययमहर्पतिः ।। (पृ. 82)

(यहीं चंडकौशिक का चौथा अंक समाप्त होता है। –सं.)

जेहि[21] सहसन परिचारिका, राखत हाथहिं हाथ।
सो तुम लोटत धूर में, दास-बालकन साथ।।
जाकी आयसु जग-नृपति, सुनतहि धारत सीस।
तेहि द्विज-वटु आज्ञा करत, अहइ कठिन अति ईस।।
बिनु तन बेंचे, बिनु दिए, बिनु जग-ज्ञान-विवेक।
दैव-सर्प दंशित भए, भोगत कष्ट अनेक।।

(घबड़ाकर) नारायण! नारायण। मेरे मुख से क्या निकल गया। देवता उसकी रक्षा करें। *(बाईं आँख काँख फड़कना दिखाकर)* इसी समय में यह महा अपशकुन क्यों हुआ? *(दाहिनी भुजा का फड़कना दिखाकर)* अरे और साथ ही यह मंगल शकुन भी। न जाने क्या होनहार है; वा अब क्या होनहार है, जो होना था सो हो चुका। अब इससे बढ़कर और कौन दशा होगी? अब केवल मरण मात्र बाकी है। इच्छा तो यही है कि सत्य छूटने और दीन-हीन होने के पहले ही शरीर छूटे, क्योंकि इस दुष्ट चित्त का क्या ठिकाना है, पर वश क्या है।

(नेपथ्य में)

पुत्र हरिश्चन्द्र! सावधान! यही अन्तिम परीक्षा है। तुम्हारे पुरुखा इक्ष्वाकु से लेकर त्रिशंकु पर्यन्त आकाश में नेत्र भरे खड़े एकटक

---

21. धात्रीजनांकशतदुर्ललितः कथं नु
भूमौ चिरं लुठसि वत्स! विरूढ़-निद्रः।
त्वामद्य पार्थिवशतै रमिनन्दिताज्ञम्
आज्ञापयन्ति बटवः श्रुत-दुर्ग-रूढ़ाः।।
सज्जौ मौलिरयं पतन्तु विपदस्तासां कृतं स्वागतं
यत् सत्यं कृतकृत्य-सुस्थ-मनसां तुल्या विपत सम्पदा।
वत्स! त्वं तु दुनोषि मेऽध हृदयं येवांकशय्योचितः
क्रूरेणाकृतकृत्य एव सहसा दष्टोऽसि दैवाहिना।।
(समाशकम्) शान्तं पापं प्रतिहतममंगलं वत्सस्य।
क्रूरेणाकृतकृत्यः एव गमितो दैवेन कष्टां दशाम्।
(वामाक्षिस्पन्दनं सूचयित्वा दक्षिणभुजस्फुरणंच, सहर्षम्)
स्पन्दते वामनयनं बाहुः स्फुरति दक्षिणः।
व्यसनाभ्युदयौ प्राप्ताविदं कथयतीव मे।।
(विचिन्त्य) अथवा किमद्यापि ध्यसनाभ्युदयचिन्तया? पर्य्याप्तः खलु दुरात्मा हरिश्चन्द्रहतकः। तथाहि।
अतः परं यद्व्यसनं नूनमभ्युदयो हि सः।
पापस्याभ्युदय-द्वारम् इदानीं मरणं हि मे।।

तुम्हारा मुख देख रहे हैं। आज तक इस वंश में ऐसा कठिन दुःख किसी को नहीं हुआ था। ऐसा न हो कि इनका सिर नीचा हो। अपने धैर्य का स्मरण करो।

हरिश्चन्द्र – *(घबड़ाकर ऊपर देखकर)* अरे यह कौन है? कुलगुरु भगवान सूर्य अपना तेज समेटे मुझे अनुशासन कर रहे हैं। *(ऊपर)* पितः मैं सावधान हूँ, सब दुःखों को फूल की माला की भाँति ग्रहण करूँगा।

(नेपथ्य में रोने की आवाज़ सुन पड़ती है)

हरिश्चन्द्र – अरे अब सबेरा होने के समय मुरदा आया! अथवा चांडाल कुल का सदा कल्याण हो, हमें इससे क्या।

(ख़बरदार इत्यादि कहता हुआ फिरता है)

(नेपथ्य में)

हाय![22] कैसी भई! हाय बेटा हमें रोती छोड़ के कहाँ चले गए। हाय हाय रे!

हरिश्चन्द्र – अहह! किसी दीन स्त्री का शब्द है, और शोक माँ पुत्र का है। हाय हाय! हमको भी भाग्य ने क्या यही निर्दय और वीभत्स कर्म सौपा है! इससे भी वस्त्र माँगना पड़ेगा।

(रोती हुई शैव्या रोहिताश्व का मुरदा लिए आती है।)

शैव्या – *(रोती हुई)* हाय बेटा! जब बाप ने छोड़ दिया तब तुम भी छोड़ चले! हाय। हमारी बिपत और बुढ़ौती की ओर भी तुमने न देखा! हाय! हाय रे! अब हमारी कौन गति होगी! *(रोती है)*

हरिश्चन्द्र – हाय! हाय! इसके पति ने भी इसको छोड़ दिया है। हाँ! इस तपस्विनी को निष्करुण विधि ने बड़ा ही दुःख दिया है।

शैव्या – *(रोती हुई)* हाय बेटा! अरे आज मुझे किसने लूट लिया! हाय मेरी बोलती चिड़िया कहाँ उड़ गई! हाय! अब मैं किसका मुँह देख के जीऊँगी। हाय! मेरी अंधी की लकड़ी कौन छीन ले गया! हाय, मेरा ऐसा सुन्दर खिलौना किसने तोड़ डाला! अरे बेटा, तू तो मरे पर

---

22. (नेपथ्ये)–हा जात! कुत्रासि?

राजा–(श्रुत्वा सकरुणम्) अहह! दारुण! प्रलापः

(ततः प्रविशति वैक्लव्यं नाटयन्ती शैव्या)

शै.–हा जात, हा जात! कुत्रासि, देहि मे प्रतिवचनम्। हा जात! न मुक्तमिदानीं पित्रापि ते यथा परित्यक्ता तथा त्वमपि मां मन्दभागिनीं परित्यजसि।

रा.–कथमियमपि तपस्विनी भर्ता परित्यक्त! सर्वथा सर्वत्र निष्करुणता हतविधेः!

भी सुन्दर लगता है। हाय रे! अरे बोलता क्यों नहीं! बेटा, जल्दी बोल। देख माँ कब की पुकार रही है! बच्चा, तू तो एक ही दफ़े पुकारने में दौड़कर गले से लिपट जाता था, आज क्यों नहीं बोलता?

(शव को बारम्बार गले लगाती है, देखती और चूमती है।)

हरिश्चन्द्र – हाय हाय! इस दुखिया के पास तो खड़ा नहीं हुआ जाता।

शैव्या[23] – *(पागल की भाँति)* अरे, यह क्या हो रहा है? बेटा कहाँ गए हो? आओ जल्दी! अरे अकेले इस मसान में मुझे डर लगता है, यहाँ मुझको कौन ले आया है रे? बेटा! जल्दी आओ। अरे क्या कहते हो, मैं गुरु का फूल लेने गया था, वहाँ काले साँप ने मुझे काट लिया? हाय! हाय रे! अरे, कहाँ काट लिया? अरे कोई दौड़ के किसी गुनी को बुलाओ जो जिलावे बच्चे को। अरे वह साँप कहाँ गया, हमको क्यों नहीं काटता? काट रे फाट, क्या इस सुकुमार बच्चे ही पर बल दिखाना था? हमें काट। हाय हमको नहीं काटता। अरे हियाँ तो कोई साँप-वाँप नहीं है। मेरे लाल, झूठ बोलना कब से सीखे? हाय हाय! मैं इतना पुकारती हूँ और तुम खेलना नहीं छोड़ते? बेटा, गुरु जी पुकार रहे हैं, उनके होम की बेला निकली जाती है। देखो, बड़ी देर से वह तुम्हारे आसरे बैठे हैं। दो, जल्दी उनको दूब और बेलपत्र। हाय, हमने इतना पुकारा, तुम कुछ नहीं बोलते! *(जोर से)* बेटा, साँझ भई सब विद्यार्थी लोग घर फिर आए, तुम अब तक क्यों नहीं आए? *(आगे शव देखकर)* हाय रे! अरे मेरे लाल को साँप ने सचमुच डस लिया? हाय लाल! हाय मेरी आँखों के उजियाले को कौन ले गया! हाय मेरा बोलता हुआ सुग्गा कहाँ उड़ गया! बेटा, अभी तो बोल रहे थे, अभी क्या हो गया! हाय, मेरा बसा घर आज किसने उजाड़ दिया! हाय मेरी कोख में किसने आग लगा दी! हाय, मेरा कलेजा किसने निकाल लिया *(चिल्ला-चिल्लाकर रोती है)* हाय लाल कहाँ गए। अरे, अब मैं किसका मुँह देख के जीऊँगी रे। हाय! अब माँ

---

23. कि खलु इदं वर्तते, कुत्र गतो मे पुत्रः? पुत्र! किमिति मां न आलपसि? एकाकिनी बिभेमि खल्वहम्, किं न प्रेक्षसे एतत् भीषणं महाश्मशानम्? किं भणसि? उपाध्यायस्य कारणात् कुसुमान्यवचिन्वन् कोटरान् निष्क्रम्य कृष्णाहिना दष्टोऽस्मि। कुत्र कुत्र स कृष्णाहिः। किमिति मां न दशति। अलीकम् अलीकम् कुतोऽत्र कृष्णाहिः? हा जात! उत्तिष्ठ उपनय तावदुपाध्यायस्य अखण्डितानि मालूरपत्राणि तिलक्षेत्रसम्भवान् दर्भाङ्कुरान्। अतिक्रामति तस्य होमवेला, प्रतिनिवृत्ता इदानीं सर्वब्रह्मचारिणो भविष्यन्ति, कथं सत्यमेव मां मन्दभागिनीं समुज्भय दूरं गतोऽसि? हा हतास्मि मन्दभागिनी!

कहके मुझको कौन पुकारेगा? अरे, आज किस बैरी की छाती ठंढी भई रे! अरे, तेरे सुकुमार अंगों पर भी काल को तनिक दया न आई। अरे बेटा, आँख खोलो। हाय मैं सब बिपता तुम्हारा ही मुँह देखकर सहती थी, सो अब कैसे जीती रहूँगी। अरे लाल, एक बेर तो बोलो! *(रोती है)।*

हरिश्चन्द्र[24]– न जाने क्यों इसके रोने पर मेरा कलेजा फटा जाता है।

शैव्या – *(रोती हुई)* हाय नाथ! अरे, अपने गोद के खेलाए बच्चे की यह दशा क्यों नहीं देखते। हाय! अरे, तुमने तो इसको हमें सौंपा था कि इसे अच्छी तरह पालना; सो हमने इसकी यह दशा कर दी। हाय! अरे ऐसे समय में भी आकर नहीं सहाय होते! भला एक बार लड़के का मुँह तो देख जाओ? अरे, मैं अब किसके भरोसे जीऊँगी?

हरिश्चन्द्र – हाय हाय! इसकी बातों से तो प्राण मुँह को चले आते हैं और मालूम होता है कि संसार उलटा जाता है। यहाँ से हट चलें। *(कुछ दूर हटकर उसकी ओर देखता खड़ा हो जाता है)।*

शैव्या – *(रोती हुई)* हाय! यह बिपत का समुद्र कहाँ से उमड़ पड़ा। अरे छलिया मुझे छलकर कहाँ भाग गया। *(देखकर)* अरे, आयुस की रेखा तो इतनी लम्बी है, फिर अभी से यह वज्र कहाँ से टूट पड़ा[25]। अरे, ऐसा सुन्दर मुँह, बड़ी-बड़ी आँखें, लम्बी-लम्बी भुजा, चौड़ी छाती, गुलाब-सा रंग! हाय, मरने के तुझमें कौन से

---

24. रा.–अहो मर्मस्पर्शि परिदेवितानि!
शै.–हा आर्यपुत्र! पश्येदानीअङ्कदुर्ललितस्य साम्प्रतमवस्थान्तरम्! सर्वथा निष्कृप! कुत्र इदानीं विश्वस्त हृदयस्तिष्ठसि! अन्यञ्च त्वया अहं समादिष्टायत् प्रयत्नेन पालनीय एष ते बालकः, तञ्च मया पापशीलया तथा न प्रतिपन्नम्।

25. हा पुत्र! एष खलु मुग्धमृगाङ्क-भास्वर-ललाटपटः, इमे सुस्निग्धपक्ष्मले पर्यन्त पाटले स्निग्ध धवले लोचने, इदं च सुघटितास्थि-बन्धं कठिन विस्तीर्ण वक्षःस्थलम्, तत् किमत्र शरीरे अलक्षण संदृष्टं कृतान्तहतकेन? तथा सत्यसन्धस्यार्यपुत्रस्य मम मन्दभागिन्याश्चरिते प्रमादः। सर्वथाकारणोधर्मः, अप्रमाणां च लक्षणम्, अलीकवादिनोविज्ञानवेत्तारः। यतो बहुशो दृष्टमत्ययैः समादिष्टास्मि सामुद्रक विचक्षणैः, यथा वंशवर्द्धनो दीर्घयुश्चक्रवर्ती ऐष पुत्रस्ते भविष्यतीति, तनमम मन्दभागिन्याः भागधेयैः सर्वम् अलोकं संवृत्तम्।
राजा–(साशंकम्) कथ संवादिनीकथा वर्तते। निपुणभवलोक्य सास्रम) अयेकथम्!
छत्राजारमिदं शिरः पृथुललाटान्तं विशालेक्षणं
चक्रांगौ चरणौ करौ सकमलावाजानुलम्बौ भुजौ ।
छामे मध्यमुरो विशालमुदरं तुच्छं कटिः पीबरा
नूनं भूपकुलाङ्कुरः शिशुरय साम्राज्य चिह्नाङ्कितः ।।
(स्मृतिमभिनीय सवैक्लव्यम्) मे रोहिताश्वौ नूनमस्यामेव वयोऽवस्थायां वर्तते, तदभिशंकते मे हृदयम्। अथवा प्रतिहतममंगलं वत्सत्य।
शै.–भगवन्! कौशिक! कृतार्थः इदानीमसि।

लच्छन थे, जो भगवान् ने तुझे मार डाला। हाय लाल! अरे बड़े-बड़े जोतसी गुनी लोग तो कहते थे कि तुम्हारा बेटा बड़ा प्रतापी चक्रवर्ती राजा होगा, बहुत दिन जिएगा सो सब झूठ निकला। हाय! पोथी, पत्रा, पूजा-पाठ दान, तप, होम, कुछ भी काम न आया। हाय! तुम्हारे बाप का कठिन पुन्य भी तुम्हारा सहाय न भया और तुम चल बसे। हाय!

हरिश्चन्द्र – अरे, इन बातों से तो मुझे बड़ी शंका होती है। *(शव को भली भाँति देखकर)* अरे, इस लड़के में तो सब लक्षण चक्रवर्ती के से दिखाई पड़ते हैं। हाय! न जाने किस बड़े कुल का दीपक आज इसने बुझाया है और न जाने किस नगर को आज इसने अनाथ किया है। हाय! रोहिताश्व भी इतना बड़ा होगा *(बड़े सोच से)* हाय हाय! मेरे मुँह से क्या अमंगल निकल गया, नारायण! *(सोचता है)*

शैव्या – भगवान् विश्वामित्र! आज तुम्हारे सब मनोरथ पूरे भए! हाय!

हरिश्चन्द्र – *(घबड़ाकर)* हाय! यह क्या? *(भली भाँति देखकर रोता हुआ)* हाय अब तक मैं सन्देह ही में पड़ा हूँ अरे, मेरी आँखें कहाँ गई थीं जिनने अब तक पुत्र रोहिताश्व को न पहिचाना, और कान कहाँ गए थे जिनने अब तक महारानी की बोली न सुनी। पुत्र! हा हा लाल! हा सूर्यवंश के अंकुर! हा हरिश्चन्द्र की विपत्ति के एकमात्र अवलम्ब! हाय! तुम ऐसे कठिन समय में दुखिया माँ को छोड़ कहाँ गए? अरे तुम्हारे कोमल अंगों को क्या हो गया? तुमने क्या खेला, क्या खाया, क्या सुख भोगा कि अभी से चल बसे। पुत्र, स्वर्ग ऐसा ही प्यारा था तो मुझसे कहते, मैं अपने बाहुबल से तुमको इसी शरीर से स्वर्ग पहुँचा देता। अथवा अब इस अभिमान से क्या। भगवान् इसी अभिमान का फल यह सब दे रहा है। हाय पुत्र! *(रोता है)* आह! मुझसे बढ़कर और कौन मंदभाग्य होगा। राज्य गया, धन-जन-कुटुंब सब छूटा, उस पर भी यह दारुण पुत्रशोक उपिस्थत हुआ। भला अब मैं रानी को क्या मुँह दिखाऊँ। निस्सन्देह मुझसे अधिक अभागा और कौन होगा। न जाने हमारे किस जन्म के पाप उदय हुए हैं। जो कुछ हमने आज तक किया वह यदि पुण्य होता तो हमें यह दुःख न देखना पड़ता। हमारा धर्म का अभिमान सब झूठा था, क्योंकि कलियुग नहीं है कि अच्छा करते बुरा फल मिले। निःसन्देह मैं महा अभागा और बड़ा पापी हूँ। *(रंगभूमि की पृथ्वी हिलती है और नेपथ्य में शब्द होता है)* क्या प्रलय काल आ गया? नहीं, यह बड़ा भारी असगुन हुआ है। इसका फल कुछ अच्छा नहीं वा अब बुरा होना ही क्या बाकी रह

गया है जो होगा। हा! न जाने किस अपराध से दैव इतना रूठा है। *(रोता है)*[26] हा सूर्यकुल आलबाल-प्रवाल! हा हरिश्चन्द्र-हृदयानन्द! हा शैव्यावलम्ब! हा वत्स रोहिताश्व! हा मातृ-पितृ-विपत्ति-सहचर! तुम हम लोगों को इस दशा में छोड़कर कहाँ गए? आह! हम सचमुच चांडाल हुए। लोग कहेंगे इसने न जाने कौन दुष्कर्म किया था कि पुत्रशोक देखा। हाय! हम संसार को क्या मुँह दिखावेंगे। *(रोता है)* वा संसार में इस बात के प्रगट होने के पहले ही हम भी प्राणत्याग करें। हा निर्लज्ज प्राण! तुम अब भी क्यों नहीं निकलते। हा! वज्रहृदय, इतने पर भी तू क्यों नहीं फटता? अरे नेत्रों! अब और क्या देखना बाकी है कि तुम अब तक खुले हो! या इस व्यर्थ प्रलाप का फल ही क्या है, समय बीता जाता है, इसके पूर्व कि किसी से सामना हो, प्राणत्याग करना ही उत्तम बात है। *(पेड़ के पास जाकर फाँसी देने योग्य डाल खोजकर उसमें दुपट्टा बाँधता है)* धर्म, मैंने अपने जान सब अच्छा ही किया, परन्तु न जाने किस कारण मेरा सब आचरण तुम्हारे विरुद्ध पड़ा, सो मुझे क्षमा करना। *(दुपट्टे की फाँसी गले में लगाना चाहता है कि एक साथ चौंककर)* गोविन्द गोविन्द! यह मैंने क्या अनर्थ अधर्म विचारा। भला मुझ दास को अपने शरीर पर[27] क्या अधिकार था कि मैंने प्राणत्याग करना चाहा। भगवान् सूर्य, इसी क्षण के हेतु अनुशासन करते थे। नारायण नारायण! इस इच्छाकृत मानसिक पाप से कैसे उद्धार होगा? हे सर्वांतर्यामी जगदीश्वर क्षमा करना, दुःख से मनुष्य की बुद्धि ठिकाने नहीं रहती। अब तो मैं चांडालकुल का दास हूँ, न अब शैव्या मेरी स्त्री है और न रोहिताश्व मेरा पुत्र।[28] चलूँ, अपने स्वामी के काम पर सावधान हो जाऊँ, वा देखूँ अब दुःखिनी शैव्या क्या करती है। *(शैव्या के पीछे जाकर खड़ा होता है।)*

शैव्या – *(पहली तरह बहुत रोकर)* हाय अब मैं क्या करूँ? अब मैं किसका मुँह देखकर संसार में जीऊँगी? हाय मैं आज से निपूती भई। पुत्रवती स्त्री अपने बालकों पर अब मेरी छाया न पड़ने देंगी। हा, नित्य सबेरे उठकर अब मैं किसकी चिन्ता करूँगी! खाने के समय मेरी गोद में बैठकर और मुझसे माँग-माँगकर अब कौन खाएगा?

---

26. हा! वत्स रोहिताश्व! हा तपन-कुल बाल-प्रबाल! हा हरिश्चन्द्र हृदयानदन!
27. अहह! मनाक् पराधीनमात्मानं विस्मृतोऽस्मि ।
    मरणान् निवृत्ति यान्ति धन्याः स्वाधीनवृत्तयः ।
    आत्मविक्रयिणः पापाः प्राणत्यागेऽप्यनीश्वराः ।।
28. भर्तुराज्ञांप्रमाणीकरोमि ।

मैं परोसी थाली सूनी देखकर कैसे प्राण रखूँगी? *(रोती है)* हाय! खेलते-खेलते आकर मेरे गले से कौन लिपट जाएगा और माँ-माँ कहकर तनिक-तनिक बातों पर कौन हठ करेगा। हाय, मैं अब किसको अपने आँचल से मुँह की धूल पोंछकर गले लगाऊँगी और किसके अभिमान से विपत में भी फूली फिरूँगी। *(रोती है)* या जब रोहिताश्व ही नहीं तो मैं ही जीकर क्या करूँगी। *(छाती पीटकर)*[29] हाय प्राण, तुम अब भी क्यों नहीं निकलते! हाय मैं ऐसी स्वार्थी हूँ कि आत्महत्या के नरक के भय से अब भी अपने को नहीं मार डालती! नहीं, नहीं, अब मैं न जीऊँगी। या तो इस पेड़ में फाँसी लगाकर मर जाऊँगी या गंगा में कूद पडूँगी। *(उन्मत्त की भाँति उठकर दौड़ना चाहती है।)*

हरिश्चन्द्र – *(आड़ में से)*

तनहिं बेंचि दासी कहवाई। मरत स्वामि-आयसु बिनु पाई ।।
करुन अधर्म सोचु जिय माहीं । 'पराधीन सपनेहुँ सुख नाहीं' ।।

शैव्या – *(चौकन्नी होकर)* अहा! यह किसने इस कठिन समय में धर्म का उपदेश किया। सच है, मैं अब इस देह की कौन हूँ, जो मर सकूँ? हाय देव! तुझसे यह भी न देखा गया कि मैं मरकर भी सुख पाऊँ। *(कुछ धीरज करके)* तो चलूँ छाती पर वज्र धर के अब लोकरीति करूँ! *(रोती और लकड़ी चुनकर चिता बनाती हुई)* हाय! जिन हाथों से ठोककर रोज़ सुलाती थी उन्हीं हाथों से आज चिता पर कैसे रखूँगी। जिसके मुँह में छाला पड़ने के भय से कभी मैंने गरम दूध भी नहीं पिलाया उसे...

(बहुत ही रोती है)

हरिश्चन्द्र – धन्य देवी, आखिर तो चन्द्र-सूर्य-कुल की स्त्री हो; तुम न धीरज करोगी तो और कौन करेगा?

शैव्या – *(चिता बनाकर पुत्र के पास आकर उठाना चाहती और रोती है)*

हरिश्चन्द्र[30]– तो अब चलें उससे–आधा क़फ़न माँगें। *(आगे बढ़कर और बलपूर्वक आँसुओं को रोककर शैव्या से)* महाभागे! श्मशानपति की आज्ञा है कि आधा क़फ़न दिए बिना कोई मुरदा फूँकने न पाए, सो तुम भी

---

29. शैव्या–कथमिदं इतजीवितं न मां परित्यजति! तत् किन्तु खल्वत्र करणीयम्। भवतु एतस्मिन् श्मशान पादपे उद्बध्य व्यापदयिष्ये!

30. राजा–तदहमिदानीमुपसृत्यमर्तुरातां प्रमाणीकरोमि। महाभागे!
अकृत्वा मत्परिज्ञानम् अदत्वा मृतकम्बलम् ।
प्रवर्तनीयाः केनापि न श्मशानोचिताः क्रियाः ।।
तदुपनीयतां मे मृतकम्बलः। (इति सबाष्पस्तम्भकरं प्रसारयति)

पहले हमें कपड़ा दे लो तब क्रिया करो। *(क़फ़न माँगने को हाथ फैलाता है, आकाश से पुष्पवृष्टि होती है)*

(नेपथ्य में)

अहो धैर्यमहोसत्यमहोदानमहोबलं ।
त्वया राजन् हरिश्चन्द्र सर्वलोकोत्तरं कृतं[31] ।।

(दोनों आश्चर्य से ऊपर देखते हैं।)

शैव्या – हाय! इस कुसमय में आर्यपुत्र की यह कौन स्तुति करता है? या इस स्तुति ही से क्या है, शास्त्र सब असत्य हैं, नहीं तो आर्यपुत्र से धर्मी की यह गति हो। यह केवल देवताओं और ब्राह्मणों का पाखंड है।

हरिश्चन्द्र – *(दोनों कानों पर हाथ रखकर)* नारायण! नारायण! महाभागे, ऐसा मत कहो। शास्त्र, ब्राह्मण और देवता त्रिकाल में सत्य हैं। ऐसा कहोगी तो प्रायश्चित होगा। अपना काम आरम्भ करो। *(हाथ फैलाता है।)*

शैव्या – *(महाराज हरिश्चन्द्र के हाथ में चक्रवर्ती का चिह्न देखकर और कुछ स्वर, कुछ आकृति से अपने पति को पहचानकर)* हा आर्यपुत्र! इतने दिन तक कहाँ छिपे थे? देखो, अपनी गोद के खेलाए दुलारे पुत्र की दशा। तुम्हारा प्यारा रोहिताश्व देखो अब अनाथ की भाँति मसान में पड़ा है। *(रोती है)*

हरिश्चन्द्र – प्रिये! धीरज धरो, यह रोने का समय नहीं है। देखो, सबेरा हुआ चाहता है; ऐसा न हो कि कोई आ जाए और हम लोगों को जान ले और एक लज्जा मात्र बच गई है वह भी जाए। चलो, कलेजे पर सिल रखकर रोहिताश्व की क्रिया करो और आधा कंबल हमको दो।

शैव्या – *(रोती हुई)* नाथ! मेरे पास तो एक भी कपड़ा नहीं था, अपना आँचल फाड़कर इसे लपेट लाई हूँ, उसमें से भी आधा दे दूँगी

---

31. अहोदानमहोशीलम् अहो धैर्यमहोक्षमा
अहोसत्यमहोज्ञानं हरिश्चन्द्रस्यधीमतः ।।
शै.–अहो! क इदानीम् आर्यपुत्रस्य गुणश्लाघया मे हृदयमाश्वासयति ।
अथवाअलंगुणकथया । आर्यपुत्रोयदिनाम इदमस्थान्तरमनुभवतीति सर्वथा अकारणो धर्मः, अरण्यरुदित सर्वम्, अन्धकार नर्तित सर्वं विज्ञानम् ।
शै.–(हस्तसमालोक्य) कथं चक्रवर्ति लक्षणं सनाथोप्यस्यं पाणिरे तस्य व्यापार स्योपनीतः! कथम् आर्यपुत्रः। हा आर्यापुत्र! परित्राहि, परित्राहि।

तो यह खुला रह जाएगा। हाय, चक्रवर्ती के पुत्र को आज क़फ़न नहीं मिलता। *(बहुत रोती है)*

हरिश्चन्द्र – *(बलपूर्वक आँसुओं को रोककर और बहुत धीरज धरकर)* प्यारी! रो मत। ऐसे ही समय में तो धीरज और धरम रखना काम है। मैं जिसका दास हूँ उसकी आज्ञा है कि बिना आधा क़फ़न लिए क्रिया मत करने दो। इससे मैं यदि अपनी स्त्री और अपना पुत्र समझकर तुमसे इसका आधा क़फ़न न लूँ तो बड़ा अधर्म हो। जिस हरिश्चन्द्र ने उदय से अस्त तक की पृथ्वी के लिए धर्म न छोड़ा उसका धर्म आध गज भर कपड़े के वास्ते मत छुड़ाओ और क़फ़न से जल्दी आधा कपड़ा फाड़ दो। देखो, सबेरा हुआ चाहता है, ऐसा न हो कि कुलगुरु भगवान् सूर्य अपने वंश की यह दुर्दशा देखकर चित्त में उदास हों *(हाथ फैलाता है)।*

शैव्या – *(रोती हुई)* नाथ, जो आज्ञा। *(रोहिताश्व का मृतकंबल फाड़ना चाहती है कि रंगभूमि की पृथ्वी हिलती है, तोप छूटने का-सा बड़ा शब्द और बिजली का-सा उजाला होता है, नेपथ्य में बाजे की और 'बस, धन्य' और 'जय-जय' की ध्वनि होती है, फूल बरसते हैं, और भगवान् नारायण प्रगट होकर राजा हरिश्चन्द्र का हाथ पकड़ लेते हैं)*

भगवान् – बस महाराज, बस, धर्म और सत्य सबकी परमावधि हो गई। देखो तुम्हारे पुण्यमय से पृथ्वी बारम्बार काँपती है, अब त्रैलोक्य की रक्षा करो। *(नेत्रों से आँसू बहते हैं)*

हरिश्चन्द्र – *(साष्टांग दंडवत् करके रोता हुआ गद्‌गद स्वर से)* भगवन्! मेरे वास्ते आपने परिश्रम किया! कहाँ यह श्मशान भूमि कहाँ यह मृत्युलोक, कहाँ मेरा मनुष्य शरीर और कहाँ पूर्ण परब्रह्म सच्चिदानन्द साक्षात् आप! *(प्रेम के आँसुओं से और गद्‌गद कंठ होने से कुछ कहा नहीं जाता।)*

भगवान् – *(शैव्या से)* पुत्री, अब सोच मत कर। धन्य तेरा सौभाग्य कि तुझे राजर्षि हरिश्चन्द्र ऐसा पति मिला है। *(रोहिताश्व की ओर देखकर)*[32] वत्स रोहिताश्व! उठो, देखो तुम्हारे माता-पिता देर से तुम्हारे मिलने को व्याकुल हो रहे हैं। *(रोहिताश्व उठ खड़ा होता है और आश्चर्य से भगवान् को प्रणाम करके माता-पिता का मुँह देखने लगता है, आकाश से फिर पुष्पवृष्टि होती है।)*

---

32. धर्म.–वत्स रोहिताश्व! समाश्वसिहि, समाश्वसिहि ।

हरिश्चन्द्र
और
शैव्या – *(आश्चर्य, आनन्द, करुणा और प्रेम से कुछ कह नहीं सकते, आँखों से आँसू बहते हैं और एकटक भगवान् के मुखारविन्द की ओर देखते हैं। श्रीमहादेव, पार्वती, भैरव, धर्म, इन्द्र और विश्वामित्र आते हैं।)*[33]

सब – धन्य महाराज हरिश्चन्द्र, धन्य! जो आपने किया, सो किसी ने न किया, न करेगा।

(राजा हरिश्चन्द्र, शैव्या और रोहिताश्व सबको प्रणाम करते हैं।)

विश्वामित्र – महाराज, यह केवल चन्द्र सूर्य तक आपकी कीर्ति स्थिर रहने के हेतु मैंने छल किया था सो क्षमा कीजिए और अपना राज्य लीजिए।

(हरिश्चन्द्र भगवान् और धर्म का मुँह देखते हैं।)

धर्म – महाराज, राज आपका है, इसका मैं साक्षी हूँ, आप निस्सन्देह लीजिए।

सत्य – ठीक है, जिसने हमारा अस्तित्व संसार में प्रत्यक्ष कर दिखाया, उसी का पृथ्वी का राज्य है।

श्रीमहादेव – पुत्र हरिश्चन्द्र! भगवान् नारायण के अनुग्रह से ब्रह्मलोक पर्यन्त तुमने पाया, तथापि मैं आशीर्वाद देता हूँ कि तुम्हारी कीर्ति जब तक पृथ्वी है तब तक स्थिर रहे और रोहिताश्व दीर्घायु, प्रतापी और चक्रवर्ती होय।

पार्वती – पुत्री शैव्या! तुम्हारे पति के साथ तुम्हारी कीर्ति स्वर्ग की स्त्रियाँ गावें। तुम्हारी पुत्रवधू सौभाग्यवती हो और लक्ष्मी तुम्हारे घर का कभी त्याग न करे।

(हरिश्चन्द्र और शैव्या प्रणाम करते हैं।)

भैरव – और जो तुम्हारी कीर्ति कहे-सुने और उसका अनुसरण करे, उसकी भैरवी यातना न हो।

इन्द्र – *(राजा को आलिंगन करके और हाथ जोड़ के)* महाराज! मुझे क्षमा कीजिए। यह सब मेरी दुष्टता थी। परन्तु इस बात से आपका तो कल्याण ही हुआ, स्वर्ग कौन कहे, आपने अपने सत्यबल से ब्रह्मपद

---

33. श्रीमहादेव, पार्वती और भैरव का ध्यान सब को विदित है, इन्द्र और विश्वामित्र का लिख चुके हैं। धर्म चतुर्भुज, श्याम रंग, पीताम्बर, दंड, छत्र और कमल हाथ में। सत्य शुक्ल वर्ण, वस्त्राभरण, नारायण के चारों शस्त्र हाथ में।

पाया। देखिए, आपकी रक्षा के हेतु श्रीशिव जी ने भैरवनाथ को आज्ञा दी थी, आप उपाध्याय बने थे, नारद जी बटुक बने थे, साक्षात् धर्म ने आपके हेतु चांडाल और कापालिक का भेष लिया; और सत्य ने आप ही के कारण चांडाल के अनुचर और बैताल का रूप धारण किया। न आप बिके, न दास हुए। यह सब चरित्र भगवान् नारायण की इच्छा से केवल आपके सुयश के हेतु किया गया।

हरिश्चन्द्र – *(गद्गद स्वर से)* अपने दासों का यश बढ़ानेवाला और कौन है!

भगवान् – महाराज! और जो इच्छा हो, माँगो।

हरिश्चन्द्र – *(प्रणाम करके गद्गद स्वर से)* प्रभु! आपके दर्शन से सब इच्छा पूर्ण हो गई, तथापि आपके आज्ञनुसार यह बर माँगता हूँ कि मेरी प्रजा भी मेरे साथ बैकुंठ जाए और सत्य सदा पृथ्वी पर स्थिर रहे।[34]

भगवान् – एवमस्तु, तुम ऐसे ही पुण्यात्मा हो कि तुम्हारे कारण अयोध्या के कीट-पतंग, जीव मात्र सब परमधाम जाएँगे और कलियुग में धर्म के सब चरण टूट जाएँगे, तब भी वह तुम्हारी इच्छानुसार सत्य मात्र एक पद से स्थित रहेगा। इतना ही देकर मुझे सन्तोष नहीं हुआ, कुछ और भी माँगों। मैं तुम्हें क्या-क्या दूँ, क्योंकि मैं तो अपने ही को तुम्हें दे चुका। तथापि मेरी इच्छा यही है कि तुमको कुछ और वर दूँ। तुम्हें वर देने में मुझे सन्तोष नहीं होता।

हरिश्चन्द्र – *(हाथ जोड़कर)* भगवान्! मुझे अब कौन इच्छा है? मैं और क्या वर माँगू तथापि भरत का यह वाक्य सुफल हो[35]–

'खलगनन सों सज्जन दुखी मति होइँ, हरिपद रति रहै ।
उपधर्म छूटैं, सत्य निज भारत गहै, कर दुख बहै ।।
बुध तजहिं मस्तर, नारि-नर सम होहिं, सब जग सुख लहै ।
तजि ग्राम-कविता सुकविजन की अमृत-बानी सब कहै ।।

(पुष्पवृष्टि और बाजे की ध्वनि के साथ यवनिका गिरती है।)

॥इति श्री सत्य हरिश्चन्द्र नाटक॥

---

34. क्षणं क्षणार्द्ध सह ताभिरेव लोकान् प्रजार्विहरामितोस्तान् ।
मममैव वा पुण्यबलेन तासां भवन्तुलोके भवतां प्रतिष्ठाः।।

35. तथापीदमस्तु ।
प्रमुदित-सुजना समृद्धशस्या भवतु मही विजयौ च भूमिपालः ।
कविभिरुपहिता निजप्रबन्धे गुणकणिका ह्यनुगृह्यतां गुणज्ञैः ।।

परिशिष्ट

किस्सा राधा-कन्हइया

ले. वाजिदअली शाह (1258-1262)

पात्रों की सजावट के सामान

1. कन्हैया — कारचोबी मुकुट, कारचोबी गुलूबंद, घुटन्ना, जाँघिया, घाँघरा, चाँदी की बाँसुरी।
2. राधा — लहँगा, फरिया, पेशवाज, नथ, बेना, और तमाम हिन्दुआने जेवर।
3. सखियाँ — दुपट्टा, पाजामा, पेशवाज, चुगा, कलगी, सुल्तान बंद और कुल जेवर।
4. परियाँ — पुरजर पाजामा हुस्न, पुरजर पायजामा, दो कारचोबी पर, कुल जेवर।
5. देव — स्याह जाकिट, स्याह पतलून, स्याह दस्ताने, स्याह जुर्राबें, मकतवे का करिया चेहरा, बड़े-बड़े स्याह काग़ज़ी पर, लकड़ी का गुर्ज।
6. जोगन — सुनज़रफी क़फ़नी, तहमद, मसनूई लम्बी जटा, कपड़े की झोली, तुंबा, कपड़े का बड़ा सा साँप, लकड़ी की बैसाखी, भभूत।
7. मक्खनवालियाँ — सारे हिन्दुआने जेवर, लकड़ी की मथानी मटकी, सेनी, खरिया, कुल्हिया आखिरी चारों चीज़ें चाँदी, गिलट या पीतल की।
8. पनिहारिनें — सारे जेवर, ताँबे का कलसा, डोल, रस्सी, मसनूई कुआँ और गड़ारी।
9. मुसाफ़िर — अँगरखा, पाजामा, पगड़ी, गठरी, लोटा, लाठी, तोशा बस्त, छोटी दरी।
10. गुरुबत — अँगरखा, चपकन, पाजामा, पगड़ी, पटुका, सब चीज़ें सफ़ेद।
11. रामचेरा — धोती, मिरजई, फेंटा, अँगोछा, जनेऊ, हाथों के कड़े चाँदी के।
12. रासवालियाँ — पुरजर दुपट्टा, पुरजर पायजामा, मसालेदार पुरजर पेशवाज, जेवर।

हरि.ना. 9 (1600-61)

ड्रामे के अफ़राद[1]

सहरा	एक ग़मज़दा औरत जिसने जोग ले लिया है।
गुरवत	जोगिन का खादिम
उफ़रेत	एक देव
अर्गवान परी	
ज़ाफ़रान परी	दो परियाँ
कन्हैया	नाटक के नायक
राधा	नाटक की नायिका
ललिता,	
शाखा,	
चीना,	चार सखियाँ
लडवा	
रामचेरा	कन्हैया का मुँहचढ़ा मुलाजिम
एक मुसाफ़िर	मथुरा-वृन्दावन से आता हुआ।
	चार पनिहारिनें
	चार मक्खनवालियाँ

1. फ़र्द का बहुवचन अफ़राद । फ़र्द का अर्थ व्यक्ति अथवा पात्र ।

राधा-कन्हैया का किस्सा

दो सखियाँ कारचोबी पर लगाकर भारी जामाए हुस्न पहने। एक का नाम अर्गवान परी और दूसरी का नाम ज़ाफ़रान परी है। और एक मर्द ब-शक्ल देवकरिया मंजर बने। इसका नाम उफ़रेत है। और एक सखी जोगिन बने। इसका नाम सहरा है। और एक मर्द खादिम जोगिन का बने। इसका नाम गुरबत है। बाद-खत्म-रहस सब सखियाँ बैठ जाएँ और एक जानिब दोनों परियाँ कुर्सियों पर बैठें और एक तरफ़ जोगिन कुर्सी पर इजलास करे। और देव परियों के सामने गुर्ज लिए हाथ बाँधे खड़ा हो और गुरबत जोगिन के सामने दस्त-बस्ता इस्तादः[2] हो, और एक जानिब राधा-कन्हैया मुकुट और नथ-वेना लगाए हुए घूँघट बंगाला निकाले हुए कुर्सियों पर इजलास करें। और रामचेरा दोनों की खिदमत में दस्त-बस्ता हाजिर हो। और चार सखियाँ एक का नाम ललिता, दूसरी शाखा, तीसरी चीनीया, चौथी लडवा चुगा-कलँगी लगाए हुए, झुरमुट किए हुए, अलाहदा खड़ी हों। और चार पनिहारनें मस्नूई कुएँ से ठुमरी गाती हुई राकिम की तसनीफ़, पानी भरती हुई हों। और एक मर्द मुसाफ़िर की सूरत में बना हुआ मय-गठरी और असा बदस्त हाजिर हो। और चार मक्खनवालियाँ होरीराकिम की तस्नीफ़ गाती और मक्खन निकालती हुई हों। जोगिन को चाहिए ग़मज़दा बैठना।

गुरुबत – *(सहरा से)* जुग-जुग जियो, आनन्द रहो जोगिन साहब, क्यों मलूल हो, काहे जिया मलीन है?

सहरा – चौबीस बरस हुए एक रंज है।

गुरुबत – वह क्या रंज है? हमसे कहने का हो तो कहिए।

सहरा – चौबीस बरस हुए मोहिका इस ग़म में कि राधा-कन्हैया का नाच नहीं देखा।

गुरुबत – बस आपको इसी का ग़म है? जाता हूँ तदबीर करने को।

(गुरबत चला और उफ़रेत से अलहदा मुलाकात की)

गुरुबत – सलाम-आले-कुम मियाँ उफ़रेत।

---

2. इस्तादन्-धातु = खड़ा होना। भूतकाल-खड़ा हुआ।

उफ़रेत — वाले कुम-अस्सलाम। अलस्सिन, उलउलाम्, कलाम्, अत्तोआयुवल्कलाम्, अल्कशमशो, अलियाँ दाम्, मियाँ गुरबत अली ख़ाँ, बहादुर-बहादुराँ, खटपट जंग, नामर्दे बेटी...

(फिर दोनों बगलगीर हुए। उफ़रेत इस तरह हँसा, "काऊँ काऊँ, खिल-खिल खिल-खिल")

गुरुबत — मियाँ उफ़रेत! हमारे-तुम्हारे मुद्दत से भाईचारा है। हमको तुमसे एक अम्र ज़रूरी कहना है, अगर तुमसे हो सके।

उफ़रेत — क्या काम है?

गुरुबत — एक जोगिन है, उसको यह ग़म है।

उफ़रेत — वह कौन-सा ग़म है?

गुरुबत — जोगिन-साहिबा कहती हैं कि मुझे राधा-कन्हैया का नाच न देखने का ग़म है। मैं वादा कर आया हूँ कि कोशिश करता हूँ। अगर तुमसे हो सके तो वादे को पूरा करो।

उफ़रेत — तींती मसीनिती, दुमखब्बीस्सी, लोटकलाटा, छोंटक-छाँटा, सन्दूक-मु-अल्लक, सुरा गाव की दुम और बच्चों की कसम जो मेरे किए बरामद मतलब होगा, हर्गिज दरेग न करूँगा। मैं सई करता हूँ।

(बस उसी बख़्त उफरेत गुरबत को हमराह लेकर रवाना हुआ।)

उफ़रेत
(गुरबत से) — बाबा सातूर-बाजी, हम्माल-बाजी, नेजा-बाजी, खल्लाल-बाजी, शमशीर-बाजी, रास्त-बाजी, चल मेरे साथ।

(ब-हजूर, जाफ़रान परीव आर्गवान परी हाजिर हुआ)

उफ़रेत
(परियों से) — एक जोगिन राधा-कन्हैया के नाच के ग़म में जोगन हुई है और चाहती है कि वह नाच देखे।

परियाँ — जोगन को ले आ।

(उफ़रेत गुरबत के हमराह जोगन के पास आया)

गुरबत
(सहरा से) — जोगन-साहिबा चलो। परियों ने बुलाया है।

(जोगन-साहिबा मय गुरबत व उफ़रेत परियों की खिदमत में हाजिर हुई।)

उफ़रेत
(परियों से) – जोगन हाजिर हैं।
परियाँ – बुलाओ।

(जब जोगन आई, दोनों परियाँ उठकर बगलगीर हुईं।)

परियाँ
(सहरा) – क्या तुमको हुआ? क्यों जोग लिया?
सहरा – चौबीस बरस से यह ग़म दामनगीर है कि किसी तरह से राधा-कन्हैया का नाच देखूँ।
परियाँ – अरे उफ़रेत! राधा-कन्हैया का नाच जोगन को दिखा दे।
उफ़रेत
(चिल्लाकर) – नहीं बे उफ़रेत, राधा! कन्हैया! सखियाँ! नाचो हिंडोले का नाच।

(इस वक्त सब सखियाँ बराबर इस्ताद; हों और एक सिरा दुपट्टे का कन्हैया थामे। दूसरा सिरा राधाजी वस्ते-सफ़में थामे और ये हिंडोला गाती जाएँ और एक-दो के पाँव ताल में लगाती जाएँ। और सब सखियाँ मुताबअत राधाजी की करती जाएँ। और कन्हैयाजी पेशक़दमी पर मुकाबिल राधा के होकर दुपट्टा खींच लिया करें और पेशक़दमी पर ढील दिया करें।)

अस्थायी – हिंडोला झूले श्यामा श्याम घने से घना चलत पवन, सन सन सन सन सननन...
अन्तरा 1 – सब सखियाँ मिल पेंग बढ़ावो लेके तान तन नन नन नन नन
अन्तरा 2 – मोर मुकुट पग पायल बाजे छनन छनन छनन

(बाद अख्तेराम हिंडोला सब सखियाँ राजा रामचन्द्र की जय कहें मिनबाद राधा-कन्हैया मुकाबिल इस्तादः हों और निस्फ़ सखियाँ कन्हैया की जानिब और आधी राधा की तरफ़ खड़ी हों और राधा-कन्हैया से सवालो-जवाब शुरू हो। और आरथ भाव होता जाए और अरकान बहूर चक्रों में दहिनी जानिब से दोनों के पाँवों से हर बैत और दोहरे के बाद अदा होते जाएँ।)

राधा बैत – मज्मए ग़ैर से ऐसा सितम ईजाद किया।
कातिला, भूल के हमको न कभी याद किया।।

दोहरा — मैं बिरहिनी संजोग संग न कोऊ साथ।
नारी छुअत बैद के, फफोला हो गए हाथ ।।

कन्हैया बैत — नाम मेरा है कन्हैया मैं तुझे जानता हूँ।
राधा जी जान से मैं तुझको यहाँ मानता हूँ।।

दोहरा — राधा जी के अंग पर बिंदिया अति छबि देत।
मानों फूली केतकी, भौंरा वास न लेत ।।

राधा बैत — मैं तेरे इश्क में दीवानी हुई ऐ कान्हा।
मैंने जी जान से तुझको तो यहाँ पहचाना ।।

दोहरा — आओ प्यारे मोहना, पलक ढाँपि तोहिं लेहुँ।
ना मैं देखूँ और को, ना तोहिं देखन देहुँ ।।

कन्हैया बैत — इश्क में तेरे राधाजी जंगल जंगल छाना।
देव परी ने भी मुझको कहीं नहीं पहचाना ।।

राधा दोहरा — शीश मुकुट कटि काछनी, कर मुरली उर माल।
यह बानक मो मन बसे सदा बिहारीलाल ।।

कन्हैया दोहरा— राधा द्वारा दूर है, जैसे पेंड़ खजूर।
चढ़ैतो चाखै प्रेमरस गिरे तो चकनाचूर ।।

दोहरा — साईं झरोखे बैठ के सब का मुजरा लेत।
जैसी जाकी चाकरी वैसा वाको देत ।।

(इस दोहरे के बाद कन्हैया हाजरीन और नाज़रीन सब को जर, चाकरी तक्सीम करे और सब हाथों में लें और सर से और आँखों से लगाएँ और चूमें।)

राधा दोहरा — नदी किनारे धुआँ उट्ठे, मैं जानूँ कुछ होय।
जाके कारन जोग कमाया, वही न जरता होय ।।
मुँह मेहताब दा गुलाब चश्मा दी हाथ बीच सोनणा दी हथकड़ियाँ।
दिल भी देखा, परदेस भी जाँदा, राह दी देखी खड़खड़ियाँ ।।
खोल तबीबाँ पाटियाँ तेई मंडे अलहड़े घाव न छेड़ो।
जीयो दर्द बतावण मेरो, बछड़े जाने मेरो ।।

दोहरा — तुम दाता दोऊ जग के, तुम लग हमरी दौर।
जैसे काग जहाज को सूझत और न छोर ।।

दोहरा — कान्हा तुम मत जानियों, तुम बिछुड़न पीत गई।
जैसे बेल पोए की दिन-दिन होत हरी ।।

दोहरा — कागा सब तन खाइयो, औ चुन-चुन खइयो माँस।
दो नैना मत खाइयो, पिया मिलन की आस ।।

दोहरा — बंसी वाले मोहना हमरी ओर तू देख।
मैं तोहें राखूँ नैनमाँ काजर की सी रेख ।।

कन्हैया दोहरा— राधा काहे दूर हो घर-आँगना न सोहाय ।
ज्यों मेहँदी के पातन माँ लाली लखी न जाय ।।

राधा — राजन के राज अधिराज महाराज जुग-जुग जियो, आनन्द रहो। वह मुरली जामें छ राग, छत्तीस रागिनियाँ बाजत थीं वह मुरली कहाँ पर छोड़ आयो? वही मुरली बजाओ।

कन्हैया — *(गोद फैलाकर)* राजन् की राजाधिरानी, महारानी, कान्हा असीस देत हैं। जुग जुग जियो, आनन्द रहो। राम दोहाई, वह मुरली खोय गई।

राधा — महाराज, मैं तुमका खूब चीन्हत हूँ। तुम कुबरी को दे आये हौ ।

(यह कहकर राधाजी ख़फ़ा हो गई और रूठकर अलाहदा बैठीं। उस वक्त कन्हैयाजी यह ठुमरी गाकर आरथ भाव करने लगे। और पाँव पर गिरने लगे और हाथ बाँध कर मनाने लगे।)

कन्हैया
अस्थायी — मेरी महारानी, राधा रानी।
अन्तरा — का मोंसे कछु चूक परी मोरी रानी 'अख़्तर' कदर न जानी।

(फिर मजबूर होकर कन्हैया जी रामचेरा अपने मुलाजिम को पुकारें।)

कन्हैया — रामचेरा!

रामचेरा — हाजिर महाराज, हाजिर। (हाजिर होकर)—राजन् के राज महाराज अधिराज, शिवप्रधान छत्रपति, बताओ तो क्या हुआ?

कन्हैया — राधिका ख़फ़ा हो गई। जानत हैं कि मैं मुरलो कुबरी को दे आया हूँ।

रामचेरा — महाराज, फिर मनाओ।

(इस तरह तीन मर्तबा रामचेरा तलब हो और वह यही अर्ज करे। चौथी मर्तबा रामचेरा अर्ज करे।)

रामचेरा — महाराज, अब किसी सखी को बीच में डाल के सफाई कर लो।

कन्हैया — अरी ललिता!

ललिता — आई महाराज!

(ताल में लहरों के साथ एक-दो, एक-दो, नाचती हुई हाजिर हों और बैठ जाएँ।

कन्हैया — ऐ ललिता! हमरी राधा हमसे नहीं मानत हैं, क्या करूँ?

ललिता — बिनती करौ, नाक रगड़ो पइयाँ परो, मुँह घिसौ, चिरौरी करो जब तौ मनिहीं।

कन्हैया — मैंने सब जतन किए, वह नाहीं मानत हैं, और तेरे कहने से फिर मनाता हूँ।

(दोबारा कन्हैया फिर मनाएँ और यह ठुमरी गाएँ और बतरीक़ अब्बल मिन्नत समाजत से आरथ भाव अदा करें।)

कन्हैया
अस्थायी — राधाजी मोंसे बोलो क्यों न रे?
अन्तरा — का मोंसे कुछ चूक पड़ी मोरी रानी,
हँस-हँस घूँघट खोलो, क्यों न रे?

(इसी तरह से चार दफ़ा रामचेरा से शिकवा करें और बमूजि अर्ज रामचेरा तीनों बाकीमाँदा सखियों को भी इसी तरह ताल में बुलाएँ और वह सखियाँ वही कलमात मरकूमः बाला अर्ज करें। जब चौथी सखी के आने की बारी हो उस वक्त कन्हैया जी यह ठुमरी गाएँ और अलहाद वो जारी व बेकरारी मिस्ल दफ़ा औवल अमल में लाएँ।)

कन्हैया
(स्थायी) — मोरी तो जीवन राधा।
(अन्तरा) पैयाँ परूँ मैं तोरी ललता तोरी साखा, तोरी चीनाँ, तोरी लडवा तोरे बिन देखे नहिं चैन।

(इस अन्तरे के गाने में जिस सखी का नाम आये उसकी मिन्नत करें और पाँव पर गिरें। फिर सब सखियाँ खड़ी हो जायें पर राधा बैठी रहें और कहें ताल सुर में)

राधा — दी दी आ ता ता ता ता थेई, दी दी आ ता ता ता ता थेई

(अन्तरा) थेई थेई थेई दी दी ता ता ता ता थेई दी दी आ ता ता ता ता थेई, दी

(और कन्हैया जी भी उठ खड़े हों और ताल-सुर में कहें)

कन्हैया — राधा राधा राधा राधा कुंजगलिन में राधा राधा कुंज भवन में राधा राधा

(और नाचते जाएँ और टुकड़े और तोड़े पाँव से लेते जाएँ। उस वक्त रामचेरा अरज करे।)

रामचेरा – महाराज! राधा को दाता से माँगो। और तपस्या करो, शायद मिल जाएँ।

(उस वक्त कन्हैयाजी आसन मारकर दाहिने हाथ से नाक पकड़ कर साँस रोकें। फौरन राधाजी उठ कर गले से चिमट जाएँ। फिर सखियाँ लड्डू-पूजा करें। लड्डू-पूजा की तरकीब यह है। कन्हैयाजी गाल फुला कर ऐसी आँखें बनाएँ कि पुतलियों को हरकत न हो और बायें पाँव के बल खड़े हों और दहिने पाँव की एँड़ी बाएँ पाँव के घुटने पर रखें और चार सखियाँ दहिने घुटने ज़मीन पर टेक के बायें पाँव बलंदज़मीन पर धर कर दोनों हाथों को मरोड़ करके गोल शक्ल पंजों की मिस्ल निशान बताने लड्डू की गोलाई और दौर के मानिन्द बनाएँ और उन बने हुए हाथों को ताल से नचाती जाएँ और हरकत देती जाएँ और वक्ते गर्दिश हाय दस्ती हर मरतबा लै ताल में कन्हैया जी के फूले हुए गालों पर गच्चा यानी टहोका और जर्ब जैसे मुक्का-घूँसा मारते हैं मुट्ठी बाँध कर देती जाएँ और यह अलफ़ाज गाती जाएँ–)

सखियाँ – ले ले लाला लडुवा ले।

(लड्डू-पूजा के बाद सब सखियाँ बराबर इस्तादः हों और यह दोहरा गाएँ–)

सखियाँ – *(पहला तुक)*

एक नार व्याकुल भई बरछी लगी जुग वाके।

(दूसरा तुक)

ऐ विधाता तू मोहें पंख दे तो मैं
जाए करूँ दरसन पिया के।

(तीसरा तुक)

समझायें सखियाँ मत सोच करो बिन
औध बूझे न जमीं पर वाके।

(चौथा तुक)

और जो पंखन ही से पिउ मिलै तो आली
क्या पंख नहीं चकवी-चकवा के ।

जब सखियाँ चारों तुक गा चुकें तो बराबर-बराबर बैठ जाएँ और कन्हैयाजी खड़े होकर यह दोहरा गाएँ–

कन्हैया – *(पहला तुक)*

मुरली हमरी खोय गई मथुरा बिनराबन की रेत।

(दूसरा तुक)

ना मोहें सूझत ओर-छोर ना मोहें सूझत खेत ।।

राधा – महाराज, जभी खुश हूँगी जब मुरली ढूँढ कर लाओगे।

कन्यैया – अच्छा, मुरली ढूँढे लाता हूँ।

(फ़ौरन कन्हैयाजी उसी वक्त मुरली ढूँढें और हर एक से यूँ दरियाफ़्त करें)

कन्हैया – हमरी मुरली किसी ने देखी है?

(रामचेरा अजराहे मजाह यह जवाब दे)

रामचेरा – हमरी मुरगी किसी ने देखी है?

(कन्हैयाजी उसे घूँसा मारके और गरदनी दे के वहाँ से निकाल दें और हँसकर कहें–)

कन्हैया – हम मुरली ढूँढ़त हैं कि मुरगी?

(रामचेरा दोबारा कहे–)

रामचेरा – महाराज, तुम्हारी मुरली के दो सींग भी और दुम भी है?

(फिर कन्हैयाजी उसे घूँसा मारें और गरदनी दें और फिर बाँसुरी केतफौहुस और तजस्सुस में मसरूफ़ हों और कलम-ए-अव्वल कहें)

कन्हैया – हमरी मुरली किसी ने देखी है?

(फिर रामचेरा कहे–)

रामचेरा – हमारी भैंस किसी ने देखी है?

(फिर कन्हैयाजी हरकाते मसबूकुज़्जिक बजा लाएँ। इस दरमियान में चारों पनिहारिनें चाहे मसनूई से यह ठुमरी राकिम की गा-गा कर पानी भरने लगें।)

पनिहारिनें (*अस्थायी?*)

सब राह बाट में ढूँढ फिरी बिन्द्राबन में हो साँवरिया।
जंगल-जंगल सुनसान भे वा सुनपाई कैसी बाँसुरिया।।

(*अन्तरा*) पग धरत-धरत लट पलट गयो
पनघटवा गा कर उलट गयो
कर पकरत कंगन उचट गयो
चल छाँड़ के 'अख्तर' बाँगुरिया ।।

(उस वक्त कन्हैया जी लाचार होकर मुसाफ़िर से पूछें–)

कन्हैया – मियाँ मुसाफ़िर, कहाँ से आते हो?

मुसाफ़िर – मथुरा-बिन्द्राबन से आवत हौं।

कन्हैया – हमारी मुरली भी किसी के पास देखी है?

मुसाफ़िर – हाँ, देखी है! वह चार पनिहारिनें कुएँ पर पानी भर रही हैं। उनमें एक जो गोरी, ठुमकी, नाटी-नाटी-सी है वाही लीन है। माँग लाओ।

कन्हैया – *(पनिहारिनों से बमिन्नत हाथ बाँध कर)* हम तुम्हें लड्डू खिलाएँगे। हमरी मुरली दे दो।

पनिहारिनें – *(कन्हैया को ढकेल कर)* जाओ, जाओ। हटो, हटो। यहाँ मुरली नहीं है।

(कन्हैया हर एक की मिन्नत और समाजत करें और वह चारों बारी-बारी हल्के-हल्के गुलचे यानी घूँसे कन्हैयाजी के गालों पर लगाएँ और धक्के दे-दे कर हटा-हटा दिया करें। आखिरश सर का कहे)

एक पनिहारिन – राजन के राजाधिराज महाराज शिव प्रधान जुग जुग जिओ। आनन्द रहो। ताज़ा-ताज़ा माखन लाओ तो हम दें।

(कन्हैया जी माखन ला देने का इकरार करके उसकी तलाश में रवाँना हों और चारों पनिहारिनें कुएँ पर वहीं ठुमरी गाती रहें, मगर सवालो जवाब के वक्त शोरोगुलन हुआ करे और साजिंदों के साजों का बजना भी मौक़ूफ़ हो जाया करे।)

कन्हैया – *(माखनवालियों से)* जुग-जुग जिओ, आनन्द रहो; थोड़ा-सा माखन दो। *(माखनवालियाँ सीनी पर मटकी धरे हुए मथानी से चारों दही मथती जाएँ और यह होली तसनीफ़ राकिम गाती*

जाएँ) माखनवालियाँ *(अस्थायी)*–ऐ दई मैं माखन बेंचन जात।
(अन्तरा)–ना लो कान्हा तुम माखन मोरा
बेंचू 'अख्तर' हाथ।।

(जब कन्हैयाजी माखन तलब करें माखनवालियाँ जवाब इसी होली का अन्तरा गाय दिया करें। आखिर कीतीनी माखन एक माखनवालियों की आँख बचा कर चुरा लाएँ और-पनिहारनों को दें और उनसे मुरली लें और बजाएँ। राधाजी मुरली की आवाज़ सुनते ही दौड़ कर कन्हैयाजी के गले से चिमट जाएँ और बदिल राज़ी हो जाएँ।)

राधा – *(कन्हैया से)* महाराज का बोलबाला रहे। अब मोर मन खुस भवा। तुम गद्दी पर बिराजो। मैं तुम्हरे आगे गावत-नाचत हूँ।

(उसी वक्त साजिंदों के बीच में जाकर यह ठुमरी गाएँ और खूब दिल से आरथ भाव मुख विलास समेत अदा करें।)

राधा
(अस्थायी) – बजन लागी स्याम की बाँसुरी रे।
(अन्तरा) नदिया किनारे अख्तर बाँसुरी बजावत निकस जात जिया से साँसरी रे।

तेग़अली और काशिका

पीठिका

वाराणसी या बनारस में बोली जानेवाली भाषा कुछ दिनों से 'काशिका' कही जाने लगी है। भाषा-विज्ञान का अनुशीलन करनेवाले कुछ विद्वानों ने भोजपुरी की तीन शाखाएँ स्वीकार कर उनका नामकरण मल्लिका, बल्लिका और काशिका किया है। गोरखपुर जनपद का एक भाग (देवरिया में पड़रौना के समीप पपडर) गौतम बुद्ध के समय पावापुर कहलाता था और वहाँ मल्ल गण का निवास था। उन्हीं मल्लों के नाम पर गोरखपुर की बोली को मल्लिका कहा गया है।

बलिया जनपद की बोली का नाम मल्लिका के वजन पर बल्लिका रखा गया, जैसे कभी ब्रजी पिंगल के वज़न पर राजस्थानी का डिंगल नामकरण हुआ था। इसी प्रकार काशी की बोली का नाम 'काशिका' रखा गया। यह अच्छा हुआ कि नामकरण की इस प्रक्रिया के सिलसिले में मल्लिका और बल्लिका के साथ काशी की बोली को 'कसल्लिका' कहने का लोभ संवरण कर लिया गया, यद्यपि कसल्लिका नाम इस दृष्टि से सार्थक होता कि काशी की बोली का भाषागत पारिवारिक स्थान निश्चित करना बड़े कसाले का काम है।

जहाँ तक वाराणसी नगर का प्रश्न है, यहाँ के सर्वाधिक पुराने निवासी तीर्थ-पुरोहितों, अग्रवालों, कसेरों और अहीरों की बोली अलग-अलग है। एक ही उदाहरण पर्याप्त होगा।

'तुम क्या करते हो?' खड़ी बोली का यह वाक्य भोजपुरी में 'रउआँ का करत बानी' हो जाएगा, परन्तु काशिका में इसके चार रूप हो जाएँगे, जैसे–

(1) तूँ का करऽथ्यो?

(2) तूँ का करत हौअऽ?

(3) तूँ का करत बाटऽ?

(4) तूँ का करत बाड़ऽ?

जैसा कि हमारे भाषा-विज्ञानी बताते हैं, यदि काशिका का एकमात्र सम्बन्ध भोजपुरी से, भोजपुरी का सम्बन्ध–बिहारी (ग्रिएर्सन द्वारा कल्पित भाषा) से, और बिहारी का सम्बन्ध मागधी से है तो अन्य शाखाओं में सुव्यवस्था रहने पर भी काशिका में ही यह अव्यवस्था क्यों है? इस प्रश्न का सम्यक् उत्तर सम्भवतः तब तक न मिल सकेगा, जब तक इसका सम्बन्ध केवल पूरबी से ही जोड़ने का आग्रह छोड़ नहीं दिया

जाता। वाराणसी भोजपुरी का ही नहीं, भोजपुरी का भी एक क्षेत्र है। इसका कारण ऐतिहासिक है।

वैदिक वाङ्मय में काशी का उल्लेख है। वाल्मीकीय रामायण के काशिराज कोसलेश दशरथ के परम मित्र थे और महाभारत के काशिराज कौरवों से लड़ते हुए कुरुक्षेत्र में मारे गए थे। जातकों का काशिराज 'ब्रह्मदत्त' सम्भवतः काशी के अजातशत्रु जैसे ब्रह्मवादी नरेशों का वंश है, जिनके यहाँ लोग ब्रह्मविद्या सीखने आते थे। उधर बिहार के 'विदेह' भी प्रचंड दार्शनिक थे। इसीलिए वैदिककाल में काशी और विदेह का एक साथ उल्लेख हुआ है–'काश्यो वा वैदेहोग्रपुत्रः।' अर्थ यह कि इतिहासातीत युग में भी काशी का सम्बन्ध जितना पूर्व से था, उतना ही पश्चिम से–पूर्व से शास्त्र का सम्बन्ध था, पश्चिम से शस्त्र का।

गौतम बुद्ध के समय, काशी से पूर्व का सम्बन्ध दृढ़ हुआ। परन्तु काशी पुनः कोसल के अधिकार में आ गई और इसे लेकर उस समय कोसल और मगध में भारी युद्ध हुए, जो वैवाहिक सम्बन्ध द्वारा मगध में काशी के मिल जाने पर शान्त हुए। काशी से पूर्व का सम्बन्ध दृढ़तर हुआ। गुप्तकाल में भी काशी मगध से ही सम्बद्ध रही।

यों तो काशी समूचे भारत की सांस्कृतिक राजधानी सदा रही है, परन्तु गाहड़वाल नरेशों के समय एक बार इसे 'हिन्दुस्तान' की राजनीतिक राजधानी बनने का भी सौभाग्य प्राप्त हुआ था। इस सौभाग्य प्राप्ति का काशी को करारा मूल्य चुकाना पड़ा, परन्तु यह प्रसंगांतर है। सम्बन्ध तथ्य इतना ही है कि गाहड़वालों का राज्य बदायूँ से मिथिला तक था और पूर्वी साम्राज्य संचालन के लिए ही काशी द्वितीय राजधानी बनाई गई थी। इस प्रकार भोजपुरी प्रदेश से काशी के पुराने सम्बन्ध का नवीनीकरण हुआ। तत्कालीन साहित्य पर इस नवीनीकरण का प्रभाव कितना अधिक पड़ा, इसका प्रमाण उक्ति-व्यक्ति प्रकरण, 'रम्भामंजरी' नाटक और प्राकृत पैंगलम् की कुछ पंक्तियाँ हैं।

उक्ति-व्यक्ति प्रकरण की रचना गोविन्दचन्द्र (सन् 1110-1155 ई.) के सभापंडित दामोदर ने काशी के राजकुमारों को लोकभाषा सिखाने के लिए की थी। सम्भवतः वह लोकभाषा काशिका न थी, क्योंकि ये राजकुमार काशी के होने के कारण 'काशिका' तो जानते ही रहे होंगे। उनके बन्दी-जन मराठी भाषा में भी उनकी स्तुति करते समय 'भइल' जैसी काशिका क्रिया का प्रयोग करते थे।[1] उन्होंने 'तरि' का भी प्रयोग किया है। यह 'तरि' 'तरे' होकर आज भी काशिका के 'औंरा तरे' और 'छत्ता तरे' में प्रयुक्त होता है। 'जैसे' शब्द भी मराठी का नहीं है। काशिका में वह 'जइसे' बोला जाता है।

---

1. सन् 1400 ई. के लगभग नयचन्द्र सूरि ने 'रम्भामंजरी' नाटक की रचना महाराष्ट्री प्राकृत में की, जिसका नायक जयचन्द्र ही है। परन्तु पहले ही अंक में वैतालिक ने जयचन्द्र की जो स्तुति की है, वह मराठी में है और उसमें स्पष्टतः बनारसी शब्दों का प्रयोग है, जैसे–

   जरि पेखिला मस्तकावरि केश कलापु ।
   तरि परिख्खटा मयूरा चे पिच्छ प्रतापु ।।
   जरि विषयु केला वेणी दंडु ।

सन् 1310 ई. के आसपास रचित 'प्राकृत पैंगलम्' नामक पिंगल ग्रन्थ में तत्कालीन कवियों के रचे हुए उदाहरण दिए गए हैं। उसमें से उद्धृत लक्षणों और उदाहरणों की कुछ पंक्तियाँ निम्नलिखित हैं–

(1) पुच्छल अंक मिटावहि सेख ।
उवरल अंक लोपि कहु लेख ।।

(2) पाथल अंक पढम परिदिज्जसु

(3) उदि्दट्ठा सरि अंका थप्पहु
वामावत्ते पर ले लुप्पहु
मत्त पताका पिंगल गाव
जो पावइ सो परहि मिलाव ।।

(4) पअ पअ उप्पर संठवहु ।

(5) हणु उज्जर गुज्जर राअबलं

स्थूलाक्षर शब्दों में पुच्छल (पूछल), उबरल, पावल काशिका व्याकरण से सिद्ध किए जा सकते हैं। 'गाँव' और 'मिलाव' में एक-एक मात्रा कम है। बनारसी उच्चारण करने पर ही वह कमी दूर होगी। 'उप्पर' और 'उज्जर' भी काशिका के शब्द हैं।

हमारे यहाँ भाषा-विज्ञान का अध्ययन कान से नहीं, आँख से किया जाता है, अर्थात् हम पुस्तकों में लिखित भाषा आ अध्ययन करते हैं, बोली जानेवाली भाषा का नहीं। अतः उच्चारण में बलाघात के महत्त्व का वह अध्ययन अब तक प्रस्तुत नहीं हो सका है, जो होना चाहिए था। अब उक्त स्थूलाक्षर शब्दों को लीजिए–

पुच्छल = पूछल = पृष्ट > पुच्छ + ल। काशिका में कर्मवाच्य भूतकालिक कृदन्त। निष्ठा प्रत्यय।

पावल = प्राप् (प्र+आप) > पाव (पाअ) + ल।

उज्ज्वल > उज्जल > उज्जर > ऊजर (ऊजल)। शौरसेनी–महाराष्ट्री प्राकृत में 'उज्जल' और मागधी में 'उज्जर'।

उप्पर = (1) उपरि–प्रा. उवरि (उअरि)

(2) उपरि > उपर > (क) ऊपर (ख) उप्पर। 'ऊपर' में बलाघात उसी प्रकार 'ऊ' पर है, जैसे 'कमर' में 'क' पर, परन्तु जैसे काशिका के 'कम्मर' पर बलाघात 'म' पर है, वैसे ही 'उप्पर' में 'प' पर।

तरी साक्षाज्जाला भ्रमरश्रेणी दंडु ।।
जरि दृग्गोचरि आला विशाल भालु ।
तरी अर्धचन्द्र मंडल भइल ऊर्णयुजालु ।।
मुखमंडल जाणु शशांक देवता चे मंडलु ।
सर्वांग सुन्दर मूर्तिमन्त कामु ।।
मुखमंडल जाणु शशांक देवता चे मंडलु ।
सर्वांग सुन्दर मूर्तिमन्त कामु ।
कल्पद्रुम जैसे सर्वलोक आशा विश्रामु ।।

अब तक तो काशिका के शब्दों का व्यवहार छिट-पुट ही होता रहा, परन्तु चौदहवीं शताब्दी में उसमें स्पष्टतया या पदों की रचना की जाने लगी। स्वामी रामानन्द ने काशिका में पद-रचना का सूत्रपात किया। उनके शिष्य कबीर और रैदास हुए। कबीर की भाषा खिचड़ी, सधुक्कड़ी और अपरिष्कृत कही जाती है, जो सही भी है परन्तु जहाँ कबीर ने अपनी मातृभाषा काशिका में पद-रचना की है, वहाँ उनकी भाषा परिष्कृत, प्रवाहपूर्ण और प्रांजल है।

राजनीतिक दृष्टि से इस समय काशी जौनपुर के शर्की साम्राज्य के अन्तर्गत थी और तिरहुत तक इस साम्राज्य का विस्तार था। इस समय भी काशी भोजपुरी का क्षेत्र थी। शर्की साम्राज्य का नाश लोदियों ने किया और लोदियों का विनाश बाबर ने। बाबर ने दिल्ली पर अधिकार करने के बाद अयोध्या में राम मन्दिर तोड़ा और उसी समय एक बार पुनः काशी अवधी प्रभाव क्षेत्र में आई। अवधी के सर्वश्रेष्ठ काव्य 'रामचरितमानस' की रचना काशिका में न होने पर मुख्यतः काशी में ही हुई। अवधी क्षेत्र के निवासी होते हुए भी लम्बे काशी निवास के कारण तुलसीदास जी काशिका से भी प्रभावित हुए थे और 'कहाँ जाई का करीं' जैसी काशिका शब्दावली का प्रयोग अपनी कवितावली में कर गए। काशी उत्तरोत्तर अवधी प्रभाव क्षेत्र के अन्तर्गत आती गई। अवध में नवाबी की स्थापना हुई। अवध के नवाबों के चकलेदार (कमिश्नर) काशी में रहने लगे। राजनीतिक दृष्टि से भी काशी अवध का अंग बन गई। सम्भवतः यही कारण है कि हमें इस काल की काशी में रचित किसी भी रचना में काशिका की गन्ध तक नहीं मिलती।

सन् 1725 ई. में अवध के अन्तिम चकलेदार मीर रुस्तम अली को हटाकर मनसाराम ने वर्तमान काशी राजवंश की स्थापना की। सन् 1738 ई. में उनकी मृत्यु के बाद उनके पुत्र बलवन्तसिंह काशीनरेश हुए। उनकी विजयवाहिनी पश्चिम की ओर रन्ध्र न पाकर पूर्व में भोजपुरी क्षेत्र की ही ओर बढ़ती रही। बलवन्तसिंह से लेकर अब तक के सभी काशी नरेशों के वैवाहिक सम्बन्ध भोजपुरी प्रदेश में ही होते रहे। इन नरेशों की यह विशेषता रही कि इनके दरबारों में काशिका ही बोली जाती थी। इस प्रकार पुनः काशी भोजपुरी क्षेत्र में आई और भोजपुरी काशिका में पुनः साहित्य-निर्माण का कार्य आरम्भ हुआ। उन्नीसवीं शताब्दी के काशिकेय साहित्यकारों ने अपने सामान्य साहित्यिक कार्यों के साथ काशिका में भी कुछ-न-कुछ अवश्य लिखा। इसीलिए हम अम्बिकादत्त व्यास, किशोरीलाल गोस्वामी, भारतेन्दु हरिश्चन्द्र, रामकृष्ण वर्मा और तेग़अली की काशिका रचनाओं में से क्रमशः कजली, चैती, बिरहा और ग़ज़ल संगृहीत कर सके। शुद्ध काशिका गद्य के नमूने भी हमें इसी काल में मिलते हैं।[2]

---

2. "अरे चल्लै तऽ आवऽर्थइ, भहराय पड़ी का! सुत्तल थोड़ै रहली! हमहू के झापट कन्धे पर रखके एहर ओहर घूमै के होत तब न? हियां तो गगरा ढोवत ढोवत कन्धा छिल जाला।"–भारतेन्दु हरिश्चन्द्रकृत...प्रेमयोगिनी। "पढ़ले मर्दे, देवनागरी में तो बलबिरवा का बिरहा छपल हौ आठ दिन में तऽ देवनागरी आवैला।"–बलबीरकृत बिरहा नायिका भेद की भूमिका।

काशिका का साहित्य मुख्यतः पदात्मक है और पदों की पाँच मुख्य विधाएँ इसमें मिलती हैं। वे पाँच विधाएँ हैं—भजन, कजली, चैती, बिरहा और ग़ज़ल। इनमें भजन रामानन्द और कबीर जैसे सन्तों की देन है, कजली का सम्बन्ध मूलतः शिव-शक्ति उपासना से रहा है, चैती के उन्नायक वैष्णव रहे हैं, बिरहा अहीरों की देन है और ग़ज़ल तेग़अली जैसे मुसलमानों की।

काशी में सोहर आदि सांस्कृतिक गीतों और होली आदि ऋतु गीतों का भी प्रचलन है परन्तु सोहर अवधी-प्रभावित है और होली ब्रजभाषा से प्रभावित।

जहाँ तक उक्त पाँच विधाओं का प्रश्न है, भजन का अर्थ स्पष्टं है भक्ति के भाव से किया जाने वाला भगवान् का गुणानुवाद भजन है—अब यह भक्ति चाहे सगुणतावादी हो, चाहे निर्गुणतावादी।

कजली का मूल शक्ति-पूजा में प्रतीत होता है। काशी और मिर्ज़ापुर कजली के लिए प्रसिद्ध रहे हैं। ये दोनों ही स्थान शक्ति-पीठ हैं। जिस समय पहली कज़ली रची गई होगी, उस समय वाराणसी और मिर्ज़ापुर एक ही जनपद माने जाते रहे होंगे। कजली का सम्बन्ध तीज से है और तीज का सम्बन्ध हरतालिका व्रत से। इस व्रतोपासना का सम्बन्ध गौरी से है। बनारसी कजलियों की टेक 'साँवर गोरिया' लोगों को प्रायः इस उलझन में डाल देती है कि एक ही व्यक्ति एक ही साथ गोरा भी और साँवला भी कैसे हो सकता है? वास्तव में साँवर शब्द वय का सूचक है और गोरिया शब्द वर्ण का। श्यामा का अर्थ षोड्श वर्षीया तरुणी है। कोई भी सोलह बरस की गौरांगी तरुणी बनारसी कजलियों की साँवर-गोरिया हो सकती है। फिर श्यामा और गौरी दोनों ही देवी के नाम हैं। इसीलिए हमारा अनुमान है कि मूलतः कजली का सम्बन्ध शक्ति की उपासना से था। इस प्रकार यदि कजली शैव कर्मकांड है तो कजली से सम्बद्ध झूला वैष्णव कर्मकांड।

वैष्णव उपासना के भी मुख्य दो भेद हैं—बालरूपोपासना और युगुलोपासना। इस उपासना भेद से झूले के भी दो भेद किए जा सकते हैं—(1) हिंडोला और (2) पालना। हिंडोला छत की कड़ी और वृक्ष की डाली में भी डाला जा सकता है परन्तु पालना तो डंडों पर पड़ता है। पालने पर बच्चे झूलते हैं[3], हिंडोले पर वयस्क।[4] 'साँवर गोरिया', 'रे बालमुआँ' और 'रे हरी' कजली की सुप्रसिद्ध टेक हैं। इनमें साँवर गोरिया साधारणतया बनारसी कजली की टेक होती है, जैसे—'तोहईं बाटू नोखे कऽ जवान साँवर गोरिया' और 'रे हरी' मीर्ज़ापुरी कजली की टेक, जैसे—'नागर नैया जाला काले पनियाँ रे हरी।'

कजरी की तरह चैती भी निश्चय ही ऋतु-गीत है और इसकी गणना लोक रागों में ही की जानी चाहिए, फिर भी चैती का शास्त्रीय रागों से भी सम्बन्ध दिखाई देता

3. 'जसोदा हरि पालने झुलावै।'—सूरदास।
4. प्रेम रंग बोरी गोरी नवल किसोरी भोरी
   झुलति हिंडोरे यों सोहाई सखियान में।'
   —पद्‌माकर।

है। भरत ने हिण्डोल राग के आठ पुत्रों और पुत्रवधुओं की जो सूची प्रस्तुत की है, उसमें चैती का भी नाम है।[5] जैसे बनारस में कजली का सम्बन्ध पार्वती-पूजन और झूले से है, वैसे ही चैती का सम्बन्ध वसन्तोत्सव से है। काशी में वसन्तोत्सव के तीन दौर रहे हैं–होली, बुढ़वा मंगल और गुलाब बाड़ी। बुढ़वा मंगल और गुलाब बाड़ी के आयोजनों में मुख्यतः चैती ही गाई जाती थी। कज़ली की तरह ही चैती भी काशीवासियों को बहुत प्रिय रही है।[6]

भारतीय शास्त्रीय संगीत के आचार्यों ने राग-रागिनियों को ऋतुओं और दिन-रात के विभिन्न प्रहरों से सम्बद्ध कर दिया है, परन्तु लोकगीतों के लिए फाग, कज़ली और चैती को छोड़कर ऋतु का कोई बंधन नहीं। ऐसी बन्धनमुक्त विधावाले गीतों में बिरहा और ग़ज़ल की स्थिति और भी स्वतंत्र है। भाव लहरियों से जिस समय मानस ऊर्मिल हो उठे, उसी समय ग़ज़ल छेड़ी जा सकती है, बिरहा अलापा जा सकता है।

बिरहा आभीर जाति की देन है। यह प्रश्न उठाये बिना ही कि आभीर जाति देसी है या विदेशी, यह कहा जा सकता है कि राधा-कृष्ण की प्रेम कहानी आभीर जाति की कहानी है, जिसमें राधा चिर विरह की प्राण प्रतिष्ठित प्रतिमा हैं। जिस आभीर जाति ने इतिहासातीत काल में राधा के विरह गीत की रचना की थी, उसी ने कालान्तर में अपने भाव-प्रवाह के लिए बिरहे की नयी प्रणाली खोज निकाली।

प्रस्तुत संग्रह में श्री रामकृष्ण खत्री 'बलवीर' रचित साहित्यिक बिरहे दिए गए हैं। पिछली शताब्दी के अन्तिम दशक में भारत जीवन प्रेस के माध्यम से बलबीर जी हिन्दी की जैसी अपूर्व सेवा कर गए हैं, उसे वर्तमान पीढ़ी भूल सी गई है। जैसे हिन्दी वाले स्व. रामकृष्ण वर्मा को भूले हैं, वैसे ही काशीवासी उस्ताद तेग़अली को भूल गए हैं। परन्तु अपने जीवन काल में तेग़अली काफी प्रसिद्ध थे। भारत जीवन प्रेस से प्रकाशित उनकी ग़ज़लों के संग्रह के आवरण पृष्ठ पर उनके लिए 'प्रसिद्ध कवि' विशेषण का प्रयोग हुआ है।

---

5. हिण्डोल–
   1. बसन्त, 2. मालव, 3. मारु, 4. कुशल, 5. बखारवन्द, 6. लंकादहन, 7. नागधुन, 8. धवल = लीलावती = कैरवी = चैती = पूरबी = पारावती = तिरबणी = देवगिरि = सूरसती।
6. ''पांडेय बेचन शर्मा उग्र, श्री विनोद शंकर व्यास, श्री कमलापति त्रिपाठी, (उत्तर प्रदेश के वर्तमान वित्तमंत्री), कविवर जगन्नाथप्रसाद शर्मा 'रसिकेश' (काशी हिन्दू विश्वविद्यालय में हिन्दी विभाग के वर्तमान अध्यक्ष), कविवर लक्ष्मीनारायण 'श्याम' (अब हिन्दी के सुप्रसिद्ध यशस्वी नाटककार) आदि विद्यार्थियों से भेंट हुई। ××× उन दिनों विनोद जी (पंडित विनोद शंकर व्यास) यौवन की मस्तियाँ उँडेल रहे थे। ××× विनोद जी कभी-कभी डोंगी पर चाँदनी रात मनाने निकल जाते। शर्माजी (डॉ. जगन्नाथप्रसाद शर्मा) 'अब चैत की निन्दिया जियरा अलसान्यो हो रामा' की धुन छेड़ देते''–'हंस' मासिक, पृ. 9-10, फरवरी, 1934 में श्री दुर्गादत्त त्रिपाठी का लेख।

उस्ताद तेग़अली का आवास काशी के दो मुहल्लों में बताया जाता है–तेलिया नाला और भदऊँ। उनका पेशा गुंडई कहा जाता है, जो सर्वथा निराधार है।

ग़ज़ल मुख्यतः हुस्न और इश्क का गीत है। इसकी जन्मभूमि अरब और विकास भूमि फ़ारस है। गीत की यह विधा मुसलमानों के साथ भारत आई। आरम्भ में तो यहाँ भी ग़ज़लें फ़ारसी में ही लिखी जाती रहीं, परन्तु चौदहवीं शताब्दी आते-आते भारतीय भाषाओं में सर्वप्रथम ग़ज़लों की रचना होने लगी। वली (1668-1744 ई.) उर्दू के प्रथम कवि कहे जाते हैं। उनकी प्रारम्भिक ग़ज़लों की भाषा हिन्दी ही है, जैसे–

"विरागी जो कहाते हैं उन्हें घर-बार करना क्या ।
हुई जोगन जभी पी की उसे संसार करना क्या ।।
जो पिये कुदरती पानी उसे क्या काम पानी से ।
जो भोजन दुख का करते हैं, उन्हें आहार करना क्या?"

धीरे-धीरे यही भाषा अरबी-फ़ारसी शब्दावली से बोझिल होकर उर्दू बन गई। परन्तु मनोरंजन के लिए हिन्दी के साहित्यकार भी कभी-कभी ग़ज़ल कह लेते थे। भारतेन्दु हरिश्चन्द्र और उनके पिता गोपालचन्द्र भी ग़ज़लें कहते थे, किन्तु उनकी भाषा उर्दू अधिक थी। श्री जयशंकर 'प्रसाद' की ग़ज़ल की भाषा शुद्ध हिन्दी है।[7]

धीरे-धीरे ग़ज़ल की लोकप्रियता बढ़ती गई। संस्कृत'[8], गुजराती[9], मराठी[10] और बाँग्ला[11] में भी ग़ज़लें लिखी गई हैं। संस्कृत ग़ज़ल के लेखक श्री गोपाल उपासनी भारतेन्दु मंडल के सदस्य थे–उसी तरह जैसे तेग़अली। इसलिए यदि पंडित गोपाल उपासनी ने संस्कृत में ग़ज़लें लिखीं तो मियाँ तेग़अली ने काशिका में।

तेग़अली की ग़ज़लों का प्रथम प्रकाशन श्री रामकृष्ण वर्मा ने 'बदमाश दर्पण' नाम से किया था। उसमें कुल तेइस ग़ज़लें थीं।

---

7. सरासर भूल करते हैं, उन्हें जो प्यार करते हैं ।
बुराई कर रहे हैं और अस्वीकार करते हैं ।।
न इतना फूलिये तरुवर सुफल कोरी कली लेकर ।
बिना मकरन्द के मधुकर नहीं गुंजार करते है ।।'
'इन्दु' कला–4, खंड-1, किरण-5, पृ. 498।

8. "सुभंजु दर्शयाशु सखे सुन्दराननम् ।
भ्रमाम ईशत्वदृते विभीषिकाननम् ।।
त्वदीय दर्शनं विना क्षणं युगायते ।
त्वमेव नो धनं सखे, त्वमेव प्राणनम् ।।" –गोपाल उपासनी।

9. "ज्यां ज्यां नर मारी ठरे यादी भरी त्यां आपनी ।
आँसू महीं ये आँख थी यादी झरेछे आपनी ।।"–कलापी।

10. "येर्थे स्थिरेना चारुता बांधूं कशाला गेह भी ।
हुडकीत चारु गभीरता हिंडेन भूवा नेह भी ।।"

11. "आज बाद काल आसबे कि ना के जाने भाई के जाने?
भोल रे व्यथा वेदन आतुर लाल शाराब भरपूर प्राने ।।" –काजी नज़रूल इस्लाम

गत मार्च में 'आज' के सह-सम्पादक श्री ईश्वरचन्द्र सिन्हा ने अनुरोध किया कि भोजपुरी सांस्कृतिक सम्मेलन के अवसर पर तेग़अली की ग़ज़लों का पुनः प्रकाशन होना चाहिए। उन्हीं के अनुरोध और 'आज' के सम्पादक तथा ज्ञानमंडल लिमिटेड के प्रबन्धकारी संचालक श्री सत्येन्द्रकुमार गुप्त के उत्साह का परिणाम यह पुस्तक है। मैं दोनों का कृतज्ञ हूँ।

तेग़अली की ग़ज़लों में 'अमरदपरस्ती' का जो वीभत्स चित्रण है उससे यह भ्रम न होना चाहिए कि वह काशी की संस्कृति है। वह विशुद्ध उर्दू का प्रभाव है, युग की छाया है। उर्दू के बड़े-से-बड़े कवि का माशूक़ नारी नहीं, निमूंछिया पुरुष ही होता था। उस पतित युग के शायर ऐसे शे'र लिखते थे–

'उस मुग़लजादे से भी हर वक्त की तक़रार खूब ।
बदज़बानी की भी उसने तो कहा बिसियार ख़ूब ।।

× × ×

मज़मए तुरकां है कोई देखियो जाकर कहीं ।
जिसका मैं कुश्ता हूँ उसमें वह सिपाही भी न हो ।।

–मीर तकी 'मीर'

आखिरश मारा पड़ा हाथों से इनके 'गौहरी' ।
हम न कहते थे कि इन बांके पठानों को न छेड़ ।।

–ग़ौहरी

इतने से भी सन्तुष्ट न होकर ये महानुभाव प्रेमास्पद के नामोल्लेखपूर्वक गज़लें लिखते थे, जैसे मियाँ वली फ़रमाते हैं–

है आज खुश कदी में कमाले कबीर लाल ।
उस्ताद चाल सर्व है चाले कबीर लाल ।।
वर जा है उसके दिल को कहूँ गुलशने बहार ।
आता है जिसके दिल में खयाले कबीर लाल ।।

बनारसी प्रेम-पद्धति का वास्तविक स्वरूप कजलियों और चैतियों में है, ग़ज़ल में नहीं। यह तो उर्दू का शुद्ध अनुकरण है।

जिन लोगों की प्रेरणा से काशिका काव्य का यह संग्रह प्रस्तुत हो सका है, वे धन्यवादार्ह हैं। अपने सम्बन्ध में तो यही कहता हूँ कि–

पइसा कऽ परवाह का? कुछ न पदौ कऽ 'चाह'!
चाहीला हम तऽ 'गुरु' समुझदार कऽ बाह'!

–रुद्र काशिकेय

प्रथम वासन्ती नवरात्र,
2021 वि.

(1)

आयल करऽ निराले में राजा कबौं कबौं ।
दरसन दिहल करऽ ए कन्हैया कबौं कबौं ।।1।।
कुन्नन तोहार मुखड़ा बनौलन हैं रामजी,
चुम्मा दिहल करऽ ए कन्हैया कबौं कबौं ।।2।।
छावा, छलावा, पंछी औ खेवा, परान, जिउ,
बैठावऽ ला रिखइया तमोलिया कबौं कबौं ।।3।।
बन जाईला चकोर मतिन् जब हमार चाँन,
छोड़ऽ ला रामधै जऽ छलावा कबौं कबौं ।।4।।
गंगा के पार गैबी पै नद्‌दी के तीर 'तेग'
पहुँचैलै एकेक रामधै खेवा कबौं कबौं ।।5।।

अभिधान

(1) आयल करऽ = आया करो। (2) निराले में = एकान्त में। (3) राजा (सं.) = रंजन करनेवाला, आनन्द देनेवाला। प्रेमास्पद के लिए बनारसी सम्बोधन। (4) दिहल करऽ = दिया करो। (5) कुन्नन = कुन्दन, बारहबानी खरा सोना। (6) बनौलन हैं = बना दिया है। (7) छावा = (सं. शावक) = कोमल शरीरवाला बालक, कमसिन हसीन। (8) छलावा = जादू। कान्ति। शोभा। (9) पंछी = सं. पक्षी। बनारसी में प्रेमास्पद के लिए उसी तरह प्रयुक्त जैसे उर्दू में 'मेरे बुलबुल' और अंग्रेजी में 'माइ डव'। (10) खेवा–सं. क्षेपक, खेअव, खेवा = नाव चलाने का डाँड़ा। दे. गुरु मोहिदी खेवक मैं सेवा + चलै उताइल जेहि कर खेवा। –पदमावत। व्यंग्यार्थ–वह व्यक्ति, जिसकी प्रेरणा से जीवन की नौका चले। प्रिय। (11) परान = (सं.) प्राण। जान। (12) जिउ = जीव। जीवन। (13) रिखइया तमोलिया = रिखई तमोली, जिसकी पान की दुकान बड़ी प्रसिद्ध थी। काशी में उक्त तमोली के नाम पर 'रिखई तमोली की गली' नामक मुहल्ला आज भी है। (14) मतिन् = समान। (15) चाँन = चन्द्रमा। (16) गैवी = काशी में बस्ती के बाहर वह रमणीक स्थान, जहाँ लोग 'बहरी ओर' जाया करते थे। अब घनी बस्ती बस जाने से इस स्थान का पुराना महत्त्व, उपयोगिता और रमणीयता सभी कुछ लुप्त हो चुकी हैं। (17) चकोर = एक प्रसिद्ध पक्षी, जो चन्द्रमा का चाहक बताया जाता है और जिसके बारे में कहा जाता है कि वह अंगार खाता है। (18) रामधै = राम की कसम। (19) नद्‌दी के तीर = नदी किनारे। काशी में दो नदियाँ हैं–गंगा और वरुणा। बनारसी मुसलमान, विशेषतः बुनकर वर्ग गंगा को दरिया और वरुणा को 'नद्‌दी' कहता है। अतः वरुणा नदी के किनारे। (20) एकेक = एक एक। एकसे (बढ़कर) एक।

प्रसंग

जब कोई किसी के रूप पर आसक्त होकर प्रेम करने लग जाता है तब प्रेमी की पहली इच्छा यही होती है कि किसी प्रकार अपने प्रेमास्पद से एकान्त में मिलने का अवसर प्राप्त करे। वह यह भी चाहता है कि प्रेमास्पद से उसका वियोग क्षण भर के लिए भी न हो। परन्तु यदि यह न हो सके, प्रतिदिन का मिलन सम्भव न हो तो कम से-कम इतना तो होना ही चाहिए कि प्रेमास्पद अपने प्रेमी से कभी-कभी अवश्य मिला करे। इसीलिए प्रेम में बावली किसी गोपी ने अपने प्यारे से प्रार्थना की थी कि–

"रोज न आइये जौ मनमोहन तौ यह नेक मतौ सुनि लीजिए ।
प्रान हमारे तिहारे अधीन तुम्हें बिन देखे सु कैसे कै जीजिए ।
'ठाकुर' लालन प्यारे सुनौ, इतनी बिनती पै अहो चित्त दीजिए ।
दूसरे, तीसरे, पाँचवें, सातवें, आठवें तो भला आइबौ कीजिए ।।"

अतः अनगढ़ और अशिक्षित होने के बावजूद प्रेमी होने के कारण प्रस्तुत वक्ता भी यही चाहता है कि उसका प्रेमास्पद उससे किसी ऐसी जगह मिले 'जहाँ कोई न हो।' इसके लिए वह अपने प्रिय से अनुनय-विनय करता है कि–

व्याख्यार्थ

राजा! (मेरे हृदय को अनुरंजित करनेवाले हे मेरे प्रिय।) कभी-कभी निराले (एकान्त) में (भी तो) आया करो (क्योंकि सबके सामने मैं दिल खोलकर तुमसे बात नहीं कर पाता।) हे कन्हैया! कभी-कभी (तो तुम मुझे अपना) दर्शन दे दिया करो।

भगवान् ने तुम्हारा चेहरा कुन्दन (खरा बारहबानी सोना) बना दिया है (इसलिए) कभी-कभी हे कन्हैया (तुम मुझे) चुम्बन भी प्रदान किया करो।

(मैं तो खैर असाधारण आदमी हूँ, इसलिए जब कि रिखई तमोली (जैसा साधारण व्यक्ति भी अपनी दूकान पर) कभी-कभी सुन्दर, चंचल, स्वच्छन्द, प्रेरणादायक प्राणप्रिय (हसीनों) को बैठाता है (तो मैं ही इस सौभाग्य से वंचित क्यों रहूँ?)

कभी-कभी मेरा चाँद जब अपनी कान्ति का प्रसार करता है (तब) राम जी की कसम, मैं चकोर जैसा बन जाता हूँ।

ऐ तेग़अली! (तुम हसीनों की चिन्ता क्यों करते हो? गंगा के उस पार, गैबी और वरुणा नदी के किनारे (भी) कभी-कभी एक से एक बढ़कर हसीन (चेहरे) पहुँचा करते हैं। (तुम भी वहीं चलकर अपनी रूप की प्यास बुझा लो।)

समीक्षा

प्रस्तुत बनारसी ग़ज़ल में 'कन्हैया' शब्द का प्रयोग हुआ है। यह शब्द 'प्रेमी' और 'प्रेमास्पद' दोनों के लिए प्रयुक्त होता है। उर्दू कविता में भी प्रेमास्पद के लिए 'मोहन', 'कन्हैया' आदि शब्दों का प्रयोग उसके प्रारम्भिक कवि कर गए हैं, जैसे–

'जूड़ा नहीं, गेंद है कन्हैया की ।
या सहसनागनी है दरिया की ।।'–(फ़ाइज)

लिया है जब सूँ मोहन ने तरीका खुदनुमाई का ।
चढ़ा है आरसी पर तबसे रँग हैरतफिजाई का ।। –(वली)

(2)

आँख सुन्नर नाहीं यारन से लड़ावत बाटऽ ।
ज़हर कऽ छूरी करेजा में चलावत बाटऽ ।।1।।
ई सुरमा आँख में नाहीं तू घुलावत बाटऽ ।
दुतर्फी बिछुआ पै ई बाढ़ चढ़ावत बाटऽ ।।2।।
अँतर ई देहीं में नाहीं तू लगावत बाटऽ ।
ज़हर के पानी में तरुआर बुझावत बाटऽ ।।3।।
रोज कह जालऽ कि आईला, से आवत बाटऽ ।
सात चौदऽ कऽ ठेकाना तू लगावत बाटऽ ।।4।।
सच् कहऽ बूटी कहाँ छानलऽ सिंघा राजा ।
आजकल काहे न बैठक में तू आवत बाटऽ ।।5।।
तार में बूटी के मिललऽ कि तोहें ले गइली ।
लामे लामे जे बहुत सान बुझावत बाटऽ ।।6।।
धैके कोदो तूं करेजा पै दरऽलऽ बरबस ।
ई हमन्नन के भला काहे मुआवत बाटऽ ।।7।।
ई छलावा न रही परले बचा देखब नऽ ।
पिरथी मूंड़े पै तूं काहे के उठावत बाटऽ ।।8।।
रोज खोजीला, नाहीं मिलतऽ, बुरा हौलत्ती ।
तेग के लट्टू मतिन काहे नचावत बाटऽ ।।9।।

अभिधान

(1) ज़हर कऽ छूरी = ज़हर के पानी में बुझाई हुई छुरी। (2) घुलावत बाटऽ = घुला रहे हो, लगा रहे हो। (3) दुतर्फी = दोनों ओर। (4) बिछुआ = मध्यकालीन एक शस्त्र। (5) बाढ़ = धार, सान। (6) अँतर = इत्र। (7) देहीं में = शरीर पर। (8) सात चौदह कऽ ठेकाना = सात वर्ष या चौदह वर्ष जेल जाने का अवसर। (9) बूटी = भाँग की बूटी। (10) सिंघा = सिंह,शेर। शेर जैसे खूँख्खार प्रेमास्पद का संबोधन। (11) राजा = रंजनकारी। प्रेमास्पद के लिए बनारसी सम्बोधन। (12) बैठक = ड्राइंगरूम। घर का वह कमरा जहाँ अभ्यागत बैठाये जाते हैं। (13) बूटी के तार में = नशे की झोंक में। (14) लामे लामे = दूर ही दूर। (15) सान बुझावत बाटऽ =

अभिमान दिखा रहे हो। (16) धैके = धर कर, रख कर। (17) करेजा पै कोदो दरऽलऽ = कलेजे पर कोदो दलते हो। (18) कोदो = (सं. कोद्रव) एक प्रकार का खाद्यान्न जो भारतवर्ष के प्रायः सभी भागों में होता है।

मुहावरा–'छाती पर कोदो दलना' = किसी को दिखा-दिखा कर ऐसा काम करना जो उसे नागवार हो।

(19) बरबस = (सं. बल + वश) = जबरदस्ती। व्यर्थ ही। (20) हमन्नन के = हम लोगों को। (21) मुआवत बाटऽ = मुरदा बना रहे हो। (22) छलावा = भूत-प्रेतादि की छाया। हड्डियों में रह-रह कर जल उठने वाला फास्फोरस का प्रकाश। अगिया बैताल। उल्कामुख प्रेत। चंचल। जादू। इन्द्रजाल। (23) परले = पड़ने पर। अवसर पड़ने पर या पाला पड़ने पर। (24) पिरथी = पृथ्वी। धरती। (25) मूंड़े पै = सिर पर। (26) काहे के = क्यों। किसलिए। (27) मूंड़े पै पिरथी उठावत बाटऽ = सिर पर धरती उठा रहे हो।

मुहावरा–सिर पर धरती उठाना = अत्यधिक अभिमान करते हुए हलचल मचाना।

(28) लत्ती = लत् (आदत) + ई (यह)। यह आदत।

प्रसंग

सम्भवतः प्रेम-भाव से बढ़कर ईर्ष्यालु और द्वेषी कोई दूसरा भाव नहीं होता। इसे यह बर्दाश्त ही नहीं है कि इसके व्यापार में कोई हिस्सेदार हो जाए। इसे सदा से 'प्राइवेट लिमिटेड कम्पनी' पसन्द रही है, 'शेयर होल्डर्स' से यह यत्परोनास्ति घृणा करता आया है। वह अपने प्रेमास्पद से यही कहता रहा है कि–

'आ जा मेरे मोहना, पलक ढाँपि तोहिं लेउँ।
ना मैं देखूँ और को, ना तोहिं देखन देउँ ।।'

ऐसी हालत में जब माशूक़ रकीबों से आँखें लड़ाने लगता है और आशिक से आँखें चुराने लगता है तब प्रेमी को विवश होकर कहना ही पड़ता है–

व्याख्यार्थ

हे सुन्दर! (यह तुम) यारों से आँखें नहीं लड़ा रहे हो (बल्कि) ज़हर (में) की (बुझाई हुई) छुरी (मेरे) कलेजे में चला रहे हो।

(अपनी) आँखों में (तुम) यह सुरमा नहीं घुला रहे हो (बल्कि बिछुए के दोनों ओर सान चढ़ाकर उसे तेज और धारदार बना रहे हो।

यह (तुम अपने) शरीर में इत्र नहीं मल रहे हो (बल्कि) जहर के पानी में तलवार बुझा रहे हो। (तुम्हारा शरीर तलवार की तरह खमदार चमकीला और खूँख्वार है। उस पर इत्र मलना मानो तलवार पर जहर चढ़ाना है। एक तो तलवार स्वयं ही घातक होती है फिर जब महाघातक विष का भी उसमें योग हो जाए तब तो उसकी घातक शक्ति सौगुनी हो जाती है गोया करेला वैसे ही कड़ुवा और फिर उस पर नीम चढ़ा। एक तो

शरीर ही ऐसा कान्तिमान कि देखनेवालों के मन की शान्ति भंग हो जाए और फिर उस शरीर से उठती हुई सुगन्ध की लपट! ऐसा ही अवसर आने पर कहना पड़ता है–

"ग्रह ग्रहीत पुनि बात बस तापर बीछी मार ।
ताहि पिआइब बारुनी, कहहु कवन उपचार ।।"

(तुम तो) रोज़ (ही) आने के लिए कह जाते हो, सो आते ही रहते हो (अर्थात् नहीं आते। इसका परिणाम यही होगा कि जिसके यहाँ तुम जाते हो, मैं उससे लड़-भिड़ कर जेल की लम्बी सज़ा पाऊँ। इस प्रकार तुम मेरे लिए) सात चौदह (सात से लेकर चौदह) वर्षों तक (मेरा जेल में) ठिकाना कर रहे हो।

(हे मेरे) प्रिय शेर! सच सच बता दो (कि) भाँग (किसके यहाँ) छानते हो। आजकल तुम मेरी बैठक में क्यों नहीं आते?

भाँग के नशे की झोंक में (यदि तुम कहीं मुझे) मिल गए (तो मैं) तुम्हें ले ही जाऊँगा। दूर ही दूर से तुम बहुत शान बघार रहे हो!

(तुम) बेकार मेरे कलेजे पर कोदो दल रहे हो। हम लोगों को इस प्रकार तुम क्यों मार रहे हो।

(यदि कभी तुम मेरे) पाले पड़ गए तो देख लूँगा। तुम्हारा यह छलावा (शोखपन) तब न रह जाएगा। यह तुम सिर पर धरती क्यों उठा रहे हो?

(मैं) तुम्हें रोज़ खोजता हूँ, (तुम) नहीं मिलते, (तुम्हारी) यह आदत बुरी है। (तुम) तेग़अली को लट्टू की तरह क्यों नचाते रहते हो?

समीक्षा

इतना तो स्वीकार करना ही पड़ेगा कि तेग़अली की उपर्युक्त रचना एकदम जुरअत स्कूल की अनुगामिनी है। यह न भूलना चाहिए कि 19वीं शताब्दी के चतुर्थ चरण में लखनऊ की खारजी शायरी अपने पूरे शबाब पर थी और जुरअत की गणना इस रंग के उन जाने-माने लोगों में हैं जिन्होंने इस खरजी रंग में कुरुचि का भी थोड़ा पुट दे दिया। समाजशास्त्रीय अध्ययन की दृष्टि से ऐसी रचनाओं का महत्त्व है। कारण, इनसे कालविशेष के समाज अथवा उसके किसी विशिष्ट वर्ग की सामाजिक और बौद्धिक स्थिति का पता लग जाता है। ऐसी रचनाएँ समाज के चारित्रिक पतन की ही परिचायक हैं। जैसे–

'इस ढब से किया कीजे मुलाकात कहीं और ।
दिन को तो मिलो हमसे रहो रात कहीं और ।।'

–जुरअत

जिस समाज ने अपनी स्थिति का उद्घोष उक्त शे'र में किया है, वह अशिक्षित या असंस्कृत नहीं था। लखनवी वज़अदारी किसी समय भारतविख्यात थी। उठने-बैठने, बोलने-चालने की विशिष्टता में लखनऊ वाले कभी आदर्श समझे जाते थे। ऐसी स्थिति में बनारसवासियों का एक वर्ग जो अशिक्षित होते हुए भी असंस्कृत और

अक्खड़ होते हुए भी अशिष्ट नहीं था, यदि प्राकृत स्तर पर उतर कर अपने प्रेम की व्यंजना करता है तो वह क्षम्य ही है।

उपर्युक्त रचना में सुन्नर, सिंघाराजा, हमन्नन और लट्टू शब्द विशेष ध्यान देने योग्य हैं। 'सुन्नर' 'सुन्दर' का परिवर्तित रूप है। काशी के स्व.पं. ज्वालाराम नागर 'विलक्षण' ने एक बार 'काशिका' का परिहासात्मक व्याकरण प्रस्तुत किया था। पाणिनि की भाँति उन्होंने भी सूत्रों की रचना की थी। उसमें एक सूत्र है—'दो नः' और उसकी व्याख्या में कहा गया है कि 'दकारस्य नकारस्यात् दकार नकारयोर्योगे' अर्थात् दकार नकार के योग में 'द' का 'न' हो जाता है। बात परिहास में कही गई है परन्तु भाषाविज्ञान के अध्येता जानते हैं कि संसार की अनेक बोलियों में वस्तुतः उक्त नियम काम करता दिखाई देता है।

यहीं यह भी उल्लेख्य है कि 'काशिका' में खरे वैदिक युग के अनेक शब्द और मुहावरे आज भी निखरे दिखाई देते हैं। वेद में 'सूनर' शब्द का प्रयोग हुआ है। जैसे 'वानर' शब्द में 'द' का आगम हो गया और वह 'बन्दर' बन गया, ठीक वैसे ही 'सूनर' शब्द कालान्तर में 'सुन्दर' बना। परन्तु 'काशिका' के उक्त व्याकरणिक नियम के अनुसार वह अपने पुराने वैदिक रूप के समीप पहुँच गया। 'काशिका' के इसी नियम ने तुर्की शब्द 'सन्दूक़' को भी इसी प्रकार 'सन्नूक' बना लिया है।

प्रेमास्पद के लिए 'राजा' सम्बोधन तक तो ठीक है परन्तु उसे 'सिंह' भी कहना और इस प्रकार उसमें खूँख्वारी का आरोप करना भारतीय पद्धति नहीं है। यह फ़ारसी की देन है। इसीलिए उर्दू कवियों ने अपने माशूक़ को कभी-कभी शेर, बाघ और चीते के रूप में भी देखा है। मीर औसतअली 'रश्क' फर्माते हैं—

'कहाँ यह लुत्फ़ चीते ने अगर पाई कमर पतली ।
तुम्हारे होंट पतले, उंगलियाँ पतली, कमर पतली ।।'

एक दूसरे साइब ने कुछ और आगे बढ़कर कहा है—

"वस्ल की रात सेज के ऊपर
मिस्ल चीते के वो उछलते हैं ।"

वैसे तो 'हम' शब्द हिन्दी में बहुवचन है परन्तु है यह संस्कृत 'अहम्' का ही परिवर्तित रूप जिसका अर्थ 'मैं' होता है। अतः काशिका ने 'हम' को उसके वास्तविक अर्थ 'मैं' के रूप में ही स्वीकार किया है और उसका बहुवचन 'हमन' 'हमन्नन' या 'हमहन' कर दिया है। सन्त कबीर ने, जो बनारसी ही थे, 'हमन' का प्रयोग इस प्रकार किया है—

'हमन है इश्क मस्ताना हमन को होशियारी क्या?
रहें आज़ाद या जग में हमन दुनियाँ से यारी क्या?
जो बिछुड़े हैं पियारे से भटकते दरबदर फिरते
हमारा यार है हममें हमन को इन्तिज़ारी क्या?

काशी के चतुर्दिक ग्रामीण जनता आज भी 'हमहन' शब्द का प्रयोग करती है! तेग़अली ने भी 'हमन्नन' का प्रयोग 'हम' के बहुवचन रूप में किया है।

लौकिक प्रेम की व्यंजना करते हुए उसी में अलौकिक 'संकेतों का समावेश' कर देना सूफ़ीभावापन्न कवियों की आदत रही है। सूफ़ियों का प्रधान गुण हृदय और विचार की उदारता है। ये दोनों ही गुण तेग़अली में भी दिखाई देते हैं। उक्त रचना की अन्तिम दो पंक्तियों में अलौकिक संकेत भी देखा जा सकता है। यहाँ 'लट्टू' शब्द का प्रयोग कर कवि ने त्रिविध व्यंजना की है। 'किसी पर लट्टू हो जाना' मुहावरा है, जिसका अर्थ होता है कि जैसे लट्टू चक्कर खाता है वैसे ही किसी के पीछे-पीछे चक्कर लगाना। पुनः 'लट्टू' की तरह नचाये जाने' की बात जब तेग़अली करते हैं तो वे वास्तव में वही बात कहते हैं जो बिहारी ने अपने इस दोहे में कही है–

"लटुवालौं प्रभु कर गहे, निगुनी गुन लपटाय।
वहै गुनी करतें छुटे निगुनिए ह्वै जाए।।"

✦

(3)

ई मूँड़ी साँप कऽ जुलफी तोहार बटलै बा।
बरौनी भौं दुऔ बिच्छी कऽ आर बटलै बा।।
लिहाइला थोड़ी बूटी चलऽ तूँ बैठक में।
बसौधी, बरफी औ पूड़ी तयार बटलै बा।।
सुनीला गैबी पै गोजी चलल से सच होई।
पनारू, नरकू औ चिथरू से खार बटलै बा।।
दुआरे राजा के जूआ परल बा जानऽ लऽ।
रजा अधेली कऽ पत्ती हमार बटलै बा।
ले आवऽ गुदड़ी से करतार, जोड़ी औ मुरचंग।
चिकारा, ढोल, तमूरा तयार बटलै बा।।
देईला पहिना तोहें रातदिन में सब गहना।
राजा तूँ जानलऽ रैयत सोनार बटलै बा।।
खराई होई बजल आठ चाभ लऽ हलुवा।
हमें तऽ सतुआ चबेना तयार बटलै बा।।
ये तेग लेईला इस्माइल जोगी कऽ सन्नूक।
खजाना कारूँ कऽ राजा तयार बटलै बा।।

अभिधान–

(1) बटलै वा = है ही। (2) आर = डंक। (3) गोजी = लाठी। (4) खार = द्वेष। (5) दुआरे राजा के = राजादरवाज़ा नामक काशी के एक सुप्रसिद्ध मुहल्ले में, जहाँ

कहा जाता है कि कभी काशी नरेश महाराज ईश्वरीय प्रसाद नारायण सिंह के भाई बाबू नरनारायण सिंह भी जुआ खेलने जाया करते थे। (6) अधेली = अठन्नी; पचास प्रतिशत। (7) पत्ती = हिस्सा। (8) करतार = करताल। (9) जोड़ी = तबले की जोड़ी। (10) मुरचंग = एक प्रकार का डफ। (11) चिकारा = एक तार की सारंगी। (12) तमूरा = एक प्रकार का सितार। (13) रैयत = प्रजा। (14) खराई = देर तक जलपान न करने के कारण उत्पन्न बेचैनी। (15) चाभलऽ = खा लो। (16) सतुआ = चना, मटर, जौ आदि का भूँजकर पीसा गया खाद्य पदार्थ। (17) चबेना = चने का भूँजा; दाना। (18) इस्माइल योगी = एक कीमियागर जिसका नाम बाजीगर लिया करते हैं। (19) कारूँ = जादुई खजाना। (20) मूँड़ी = मुंड। सिर।

प्रसंग

बनारस के पुराने गुंडों की जीविका का प्रधान साधन जुआ था। जुए के अनेक अड्डे थे, जिनमें राजादरवाज़ा मुहल्ले में स्थित अड्डा ऐसा था, जहाँ समाज में 'बड़े' कहलानेवाले लोग भी पहुँचते थे। जो लोग ऐसा अड्डा चलाते हैं, व 'नालची' कहे जाते हैं। प्रत्येक दाँव के बाद वह दाँव जीतनेवाला जीती हुई रक़म का एक अंश अड्डे के मा़लिक के लिए निकाल देता है। इसे 'नाल' कहते हैं। उपर्युक्त रचना में एक ऐसा ही नालची अपने प्रेमास्पद के रूप की प्रशंसा करता हुआ उसे विविध प्रलोभन देता है–

व्याख्यार्थ

तुम्हारी ज़ुल्फ़ साँप के फन के समान (तो) है ही, (साथ ही तुम्हारी) बरौनी और भौंह भी बिच्छू के डंक ही हैं। तुम बैठक में चलकर बैठो, (तब तक) तुम्हारे लिए (मैं) थोड़ी बूटी ले आता हूँ (क्योंकि कमी इसी की है।) भाँग छानने के बाद खाने के लिए रबड़ी, पूड़ी और बर्फी (तो पहले से) तैयार है ही।

सुनता हूँ कि गैबी पर लाठी चली है। (सम्भवतः यह ख़बर) सत्य ही होगी (क्योंकि) पनारू, नरकू और चिथरू में (आपसी) द्वेष (तो) है ही।

(यह तो तुम) जानते ही हो कि राजादरवाज़ा पर जुए का जमावड़ा है। हे प्रिय! (उस अड्डे की आमदनी में मेरा भी) आधा हिस्सा है। (इतने से ही तुम समझ सकते हो कि मेरी आमदनी कितनी चकाचक है।)

गुदड़ी से करताल, तबला और मुरचंग (माँग) ले आओ (क्योंकि अन्य वाद्य जैसे) चिकारा, ढोल और तमूरा (तो पहले से मौजूद) हैं ही।

चौबीस घंटे के भीतर ही मैं तुम्हें सभी गहनों से सजा दूँगा। हे प्रिय! तुम जानते ही हो कि सोनार मेरी प्रजा है (मेरे घर या दुकान में किरायेदार हैं।)

आठ बज गए हैं। (तुमने अभी तक कलेवा भी नहीं किया, इसलिए तुम्हें) खराई हो जाएगी (अतः तुम) हलवा खा लो। (मेरी चिन्ता न करो, क्योंकि) मेरे लिए तो सतुआ और चबेना तैयार है ही।

तेग़अली कहते हैं कि मैं अब इस्माइल योगी की वह सन्दूक लेनेवाला हूँ, (जो सभी अभीष्ट वस्तुएँ प्रदान करती है। कारण, धन की कमी तो मुझे पहले से ही नहीं है, क्योंकि मेरे पास) कारूँ का खजाना प्रस्तुत हैं ही।

समीक्षा

मारकाट, लड़ाई-झगड़े और बोली-ठोली में दिन-रात व्यस्त रहने के बावजूद गुंडा कला का प्रेमी भी हो सकता है। ढोल, मजीरा, सारंगी, सितार सुनने का ही नहीं, स्वयं बजाने का भी उसे शौक होता है। इसलिए ऐसा संगीत-प्रेमी ही अपने प्रेमास्पद को सुनाकर कह सकता है कि–

अलग हम सबसे रहते हैं, मिसाले तार तम्बूरा ।
ज़रा छेड़े से मिलते हैं, मिला ले जिसका जी चाहे ।।

✦

(4)

उड़ल करै ई करीला बिचार बहरी ओर ।
बसौंधी सतुआ तोहार औ हमार बहरी ओर ।।1।।
कहाँ तू जालऽ छनै बूटी चलके बैठक में ।
रजा फकत बा धतूरा मदार बहरी ओर ।।2।।
केहू कऽ डर हौ तऽ कह दऽ लगाई सारे से ।
तमासा मेला में गंगा के पार बहरी ओर ।।3।।
बजल करऽ ला रजा रात दिन चलऽ देखऽ ।
चिकारा, खँजड़ी औ ढोलक सितार बहरी ओर ।।4।।
सबेरे साँझ के लक्सा पै और गैबी पर ।
लगऽला खेवा कऽ संगी बजार बहरी ओर ।।5।।
हमें तूँ देखऽ के तावऽ लऽ रोज ताड़ीला ।
छुरी कटारी औ बिछुआ कऽ धार बहरी ओर ।।6।।
तिगैंलैं रामधै हमहूके सैकड़न खेवा ।
रहैलैं संगे जे राजा हमार बहरी ओर ।।7।।
लड़ै के कुस्ती औ डन् जालैं सैकड़न खेवा ।
पै ओम्मे राजा बा राजा हमार बहरी ओर ।।8।।
कसूर कौन भयल बा जे आजकल राजा ।
हमें तूँ देके चलल जालऽ खार बहरी ओर ।।9।।

कहऽ लैं अब कबौं आइब न तोरे संगे हम ।
करै लगीला जब ओनकर दुलार बहरी ओर ।।10।।
कहऽलैं रामधै बूटी के तार में राजा ।
मिलै कऽ 'तेग़' से अब वा विचार बहरी ओर ।।11।।

शब्दार्थ

(1) उड़ल करै = उड़ा करे। मु. उड़ा लेना = हज़म कर जाना। (2) फ़क़त = केवल। मात्र। (3) धतूरा = एक ज़हरीला और नशीला पौधा। (अ) मदार = गर्मी में हराभरा रहनेवाला एक पौधा। (5) लगाईं = लगाऊँ। भिड़ जाऊँ। (6) लक्सा = बनारस का एक प्रसिद्ध मुहल्ला, जहाँ अब घनी आबादी है परन्तु तेग़अली के समय में जो देहात रहा था। (7) ताड़ीला = देखता हूँ। (8) तिगैलैं = देखते हैं। (9) डन् = दंड। व्यायाम का एक प्रकार। (10) खार देना = द्वेष उत्पन्न करना।

प्रसंग

अमर कलाकार स्वर्गीय 'प्रसाद' जी ने अपने बचपने के बनारस का वर्णन करते हुए एक बार बताया था कि उस समय काशी में अशक्त वृद्धों, बच्चों और रोगियों को छोड़कर और कोई भी घर के शौचालय में नहीं जाता था। सबेरे-साँझ लोग 'बहरी ओर' बस्ती से बाहर किसी रमणीय स्थान पर चले जाया करते थे। वहीं स्नान आदि से निवृत्त होकर व्यायाम आदि करते थे। प्रत्येक बनारसी हिन्दू परिवार साल में कम-से-कम तीन बार 'पिकनिक' के लिए अवश्य ही बहरी ओर जाता था–अर्थात् चैत्र में वरुणा नदी के किनारे 'बरना पियाला' का मेला भरता था। अधिकतर द्विजेतर परिवार इस मेले में सम्मिलित होते थे। वे सुबह से ही मेले में चले जाते थे। वहीं खाना पकाते थे और शाम को खा-पी कर लौटते थे। श्रावण में दुर्गा जी और सारनाथ में 'पिकनिक' की बहार रहती थी और कार्तिक में लोग बहरी ओर जाकर आँवले के वृक्ष के नीचे खाना पकाते और खाते थे। इस प्रकार काशी में 'बहरी ओर' का विशिष्ट स्थान था। बनारसी गुंडा भी बनारसी समाज का ही अंग होने के कारण 'बहरी ओर' का शौकीन था।। अपना यह शौक पूरा करने के लिए वह अपने प्रेमास्पद से कहता है कि–

व्याख्यार्थ–

'(मैं आजकल यह) विचार करता हूँ कि (यदि) हम तुम बहरी ओर चलकर (क्रमशः) सत्तू और रबड़ी उड़ाते (तो अच्छा होता।)

तुम (बेकार बहरी ओर) कहाँ जाया करते हो? हे प्रिय! (वहाँ) केवल धतूरा और मदार (ही तो) है। (अच्छा होता कि तुम हमारी बैठक में चल बैठते और वहाँ बूटी छनती।)

(यदि मेरी बात मानने में तुम्हें) किसी का डर हो तो कहऽ दो। मैं (किसी) मेले-तमाशे में (या) गंगा के पार रेती में (या) बहरी ओर (उससे) भिड़ जाऊँ।

(हे प्रिय! कभी) बहरी ओर चलकर देखो तो। (वहाँ बड़ी बहार रहती है।) रात-दिन (वहाँ) चिकारा, ढोलक, खँजड़ी और सितार (आदि वाद्य) बजते रहते हैं।

हे संगी! सुबह शाम बहरी ओर लक्सा और गैबी पर हसीनों का बाज़ार–सा लग जाता है।

मैं भी देखता हूँ कि तुम मुझे देखकर नित्य ही छुरी, कटारी और बिछुए की धार पर सान देते हो।

जब मेरा प्रिय मेरे साथ होता है तब बहरी ओर सैकड़ों सुन्दर प्राणी मुझे भी देखने लगते हैं।

(यों तो) बहरी ओर (दंड लगाने और कुश्ती लड़ने के लिए सैकड़ों सुन्दर जीव एकत्र होते हैं परन्तु मेरा प्रिय उन सबसे अधिक सुन्दर है। वह राजाओं का राजा है। (राजराजेश्वर है।)

हे प्रिय! मुझ से ऐसा क्या अपराध हो गया है, जो आजकल तुम मुझे खार देकर (दूसरों के साथ) बहरी ओर जाते हो।

जब कभी बहरी ओर मैं उन्हें प्यार करने लगता हूँ तो वह कहते हैं कि अब कभी मैं तुम्हारे साथ न आऊँगा।

भाँग के नशे में मेरा प्रिय कहता है कि मेरा विचार है कि मैं तेग़अली से बहरी ओर मिलूँ। (काश, वह यही विचार होशो-हवास में प्रकट करता!)

समीक्षा

जगत् में मानव मन के व्यापारों को संचालित करने वाले जितने भाव हैं, उनमें सम्भवतः प्रेम-भाव ही सर्वाधिक जटिल है। यह भाव ऐसी-ऐसी अज़ीबोग़रीब अभिलाषाओं को जन्म देता है, जिनकी कल्पना तक दुरूह होती है। प्रेमास्पद के लिए बड़े से बड़ा त्याग कर जाना मानव-मन के लिए साधारण-सी बात है। जन्तु-जगत् में जिराफ़-जोड़े का प्रेम प्रसिद्ध है। कहते हैं कि जोड़ा खंडित होने पर अवशिष्ट प्राणी के प्राण भी अखंडित नहीं रहते। पक्षी-जगत् के क्रौंच का तो कहना ही क्या? उसी के प्रेम ने तो वाल्मीकि को आदिकवि बनाया है। परन्तु साधारणतया पशु-पक्षियों की प्रवृत्ति आत्मरक्षण और आत्मपोषण की रहती है। मनुष्य जीव-जगत् में इसलिए भी श्रेष्ठ है क्योंकि वह अपने प्रिय के लिए त्याग करने की क्षमता रखता है। प्रिय को स्निग्ध पदार्थ खिला कर स्वयं सूखा चना चबाने का सुख मानव-मन के लिए अपरिचित नहीं है।

तीसरे शे'र में मेले-तमाशे में, गंगा के पार और बहरी ओर भिड़ने-भिड़ाने की बात कही गयी है। वास्तव में बनारस की वीर वृत्ति ऐसे ही स्थलों पर विकसित होती रही है। वीर और शृंगार जैसी दो विरोधी वृत्तियों का सन्धि-स्थल मनुष्य का वह मनोवैज्ञानिक क्षुद्र अभिमान है, जिसका अनुभव वह उस वस्तु को प्राप्त और प्रदर्शित करके करता है जिसे वह साधारणतया असाधारण समझता है। मेले-ठेले में वीर पराक्रमों की प्रेरक यही शृंगारी वृत्ति है।

(5)

का माल असरफी हौ रुपैया तोरे बदे ।
हाजिर बा जिउ समेत करेजा तोरे बदे ।।1।।
मंगर में अबकी रेती पै रजवा तोरे बदे ।
जरदोजी कऽ तनाइला तँबुआ तोरे बदे ।।2।।
बनवा देइला अबकी देवारी में रामधै ।
जरदोजी जूता टोपी दुपट्टा तोरे बदे ।।3।।
चढ़ जालैं कौनो दाँव पै सारे तऽ लेईला ।
कंचन कऽ गोप मोती कऽ माला तोरे बदे ।।4।।
हम खरमिटाव कइली है रहिला चबाय के ।
भेंवल धरल बा दूध में खाजा तोरे बदे ।।5।।
मलिया से देली कह ऊ लियायल करी सदा ।
बेला चमेली जूही कऽ गजरा तोरे बदे ।।6।।
झोला में लेहले पान तोरे सँग रहल करी ।
कह देली है रिखइया तमोलिया तोरे बदे ।।7।।
अपने के लोई लेहली है कमरीऔ बा धइल ।
किनली है रजा लाल दुसाला तोरे बदे ।।8।।
पारस मिलल बा बीच में गंगा के रामधै ।
सजवा देइला सोने कऽ बाँग्ला तोरे बदे ।।9।।
संझा सबेरे घूमऽ छलावा बदल बदल ।
काबुल से हम मँगौली है घोड़ा तोरे बदे ।।10।।
अत्तर तू मलके रोज नहायल करऽ रजा ।
बीसन भरल धयल बा कराबा तोरे बदे ।।11।।
जानीला आजकल में झनाझन चली रजा ।
लाठी लोहांगी खंजर औ बिछुआ तोरे बदे ।।12।।
बुलबुल बटेर लाल लड़ावऽलैं दुकड़हा ।
हम काबुली मंगउली है मेढा तोरे बदे ।।13।।
कासी, पराग, द्वारका, मथुरा औ बिनराबन ।
धावल करैलैं 'तेग' कन्हैया तोरे बदे ।।14।।

अभिधान

जिउ = प्राण। मंगर = बुढ़वा मंगल। काशी का एक सुप्रसिद्ध मेला जिसमें गंगा में नौका पर नृत्यगान का आयोजन किया जाता था। होली के बाद जो पहला मंगल पड़ता था उसी दिन से आरम्भ होकर यह तीन दिनों अथवा रातों तक जारी रहता था।

रेती पै = बालू के मैदान में। गोप = गले का एक गहना। खर मिटाव = कलेवा। रहिला = सूखा चना। भेवल = भीगा हुआ। खाजा = मैदे और चीनी से बनी हुई एक मिठाई। रिखइया तमोलिया = रिखई नामक तमोली। किसी समय काशी में रिखई तमोली की पान की दुकान बड़ी प्रसिद्ध थी। इतनी प्रसिद्ध थी कि जहाँ वह दुकान थी उसी गली का नाम ही 'रिखई तमोली की गली' पड़ गया है। लोई = मोटी खुरदरी ऊनी चादर। किनली है = खरीदा है। पारस = एक पत्थर जिसके सम्बन्ध में विश्वास किया जाता है कि यदि उससे लोहा छू जाए तो वह भी सोना हो जाता है। कराबा = इत्र से भरा हुआ भाण्ड। लोहांगी = वह लाठी जिसमें लोहे की कड़ियाँ जड़ी हों। माल बना देब = माल बना दूँगा, दर्शनीय बहुमूल्य शरीर बना दूँगा।

प्रसंग–संस्कृत में एक कहावत है कि 'बुभुक्षितः किं न करोति पापम्', अर्थात् भूखा आदमी कौन-सा पाप नहीं करता? फिर भूख भी तो कई प्रकार की होती है जिनमें चाम की भूख और काम की भूख सर्वाधिक प्रबल होती हैं। चाम की भूख चर्ममय शरीर की वह भूख है जो अन्नादि से शान्त की जाती है। काम की भूख यौन क्षुधा है। इसकी पूर्ति के लिए मनुष्य विविध प्रलोभन देता है और प्रायः बलप्रयोग भी कर बैठता है। उर्दू के एक कवि नियाज अहमद 'जोश' ने इसीलिए कभी कहा था कि–

क्यों कर वो हाथ आये कि याँ ज़ोरो ज़र नहीं ।
ले दे के है इक आह सो उसमें असर नहीं ।।

परन्तु यदि किसी के पास ज़र और ज़ोर है तब वह दोनों का ही प्रयोग करते हुए वह क्यों न कहे कि–

व्याख्यार्थ

तुम्हारे लिए रुपये अशर्फी का मूल्य ही क्या है? प्राण के साथ ही कलेजा तक (तुम्हें भेंट में देने के लिए मैंने) प्रस्तुत (कर रखा) है।

(परन्तु यदि तुम धन ही चाहो तो उसकी भी कमी नहीं) इस बार बुढ़वा मंगल (के अवसर) पर (गंगा पार) बालू के मैदान में तुम्हारे लिए जरदोजी का खेमा लगवा दूँ।

इस बार दीवाली (आने) पर तुम्हारे लिए कामदार जूता, टोपी और दुपट्टा बनवा दूँगा।

अगर कोई हाथ लग गया (मेरी चरकेबाजी के जाल में फँस गया) तो तुम्हारे लिए सोने का एक गोप और मोतियों की एक माला ले दूँगा।

मैंने तो सूखा चना चबाकर कलेवा किया है (परन्तु) तुम्हारे लिए दूध में खाजा भिगो कर रखा हुआ है।

मैंने माली से भी कह दिया है। वह तुम्हारे लिए बेला, चमेली और जूही के गजरे लाया करेगा।

(मैंने बनारस के सबसे प्रसिद्ध तमोली) रिखई से भी कह दिया है। वह झोले में पान लेकर तुम्हारे साथ रहा करेगा।

अपने लिए (तो इस साल जाड़े में मैंने एक) लोई ली है (और पुराना) कम्बल भी (पहले से ही) रखा हुआ है (किन्तु) हे प्रिय! तुम्हारे लिए मैंने लाल (रंग का) दुशाला खरीदा है।

रामजी की कसम! (मुझे) बीच गंगा में पारस (पत्थर) मिल गया है, (इसलिए अब मेरे पास सुवर्ण की कमी न रहेगी और मैं) तुम्हारे लिए सोने का बँगला बनवा दूँगा।

तुम सुबह-शाम नये-नये श्रृंगार कर घूमा करो। मैंने तुम्हारे लिए काबुल से घोड़ा मँगवाया है।

हे प्रिय! (और लोग तो तेल लगाकर नहाते हैं। तुम) इत्र मल-मल कर स्नान किया करो। (तोले, दो तोले की बात नहीं है) तुम्हारे लिए इत्र से भरे हुए बीसो कराबे धरे हुए हैं।

हे प्रिय! (मैं भली भाँति) जानता हूँ कि एक ही दो दिनों के भीतर तुम्हारे लिए लाठी, खंजर, लोहाँगी और बिछुआ (आदि हथियार) झनाझन चलेंगे।

बुलबुल, बटेर और लाल तो दुकड़हे लड़ाते हैं। तुम्हारे लिए तो मैंने काबुली मेढ़ा मँगाया है।

रामजी की कसम, कुश्ती लड़ा कर मैं तुम्हें दर्शनीय बना दूँगा, अपनी बैठक में तुम्हारे लिए मैं अखाड़ा खोदने ही वाला हूँ।

हे कन्हैया! तेग़अली तुम्हारे लिए काशी, प्रयाग, द्वारका, मथुरा, वृन्दावन आदि तीर्थों का चक्कर लगाया करता है।

समीक्षा

प्रस्तुत ग़ज़ल में समाज की उस अवस्था का चित्रण है जब कि बाज़ारी प्रेम के अनेक ग्राहक प्रेमास्पद की प्राप्ति के लिए लाठी, लोहाँगी, खंजर आदि चलाया करते थे। लोगों को बुलबुल बटेर लाल और मेढ़ा आदि लड़ाने का शौक था। कुश्ती भी लड़ने की रुचि थी। गजरा गले में डाल और मुँह में पान घुला कर घूमने की भी प्रथा थी। धनीमानी इत्र मल कर नहाते भी थे। कहते हैं कि भारतेन्दु हरिश्चन्द्र के यहाँ एक इत्रफ़रोश लखनऊ से आया। भारतेन्दु कार्यव्यस्त रहने के कारण उससे तत्काल न मिल सके। वह प्रतीक्षा में बैठे-बैठे वहाँ उपस्थित लोगों से बोला कि बनारस शहर में इत्र का कोई अच्छा शौकीन नहीं मिला। इत्र का कराबा वैसे ही लौटाये लिए जा रहा हूँ। भीतर बैठे भारतेन्दुजी उसकी बातें सुन रहे थे। शाम का समय नज़दीक था। वे स्नान करने उठे और इत्रफ़रोश को बुलाकर पूछा कि तुम्हारा कराबा कहाँ है। उसने कहा–बाहर। हुक्म हुआ–जाओ ले आओ। भारतेन्दु जी स्नान की चौकी पर बैठ गए। जब इत्रफ़रोश कराबा ले आया तो उसे आदेश मिला कि

सारा इत्र सिर पर उँड़ेल दो। इत्रफ़रोश चकित हो गया। इत्र का ऐसा शौकीन उसे दूसरा न मिला था।

मेंढ़े और बटेर की लड़ाई का दिलचस्प वर्णन पंडित रतननाथ 'सरशार' अपनी 'फ़िसाना आज़ाद' नामक कथा-कृति में कर गए हैं।

अन्तिम दो पंक्तियों में यह आध्यात्मिक संकेत भी है कि भक्त अपने भगवान् की खोज में विविध तीर्थों का चक्कर लगाया करता है, यह अनुभव नहीं करता कि भगवान् तो उसके पास ही हैं। इसीलिए सन्त कबीर ने कहा था–

मो कूँ कहाँ ढूढै बन्दे मैं तो तेरे पास में ।
न मंदिर में, न मसजिद में, न काबे कैलास में ।।

प्रस्तुत रचना से यह भी प्रकट होता है कि तत्कालीन समाज का नैतिक स्तर अत्यन्त गिरा हुआ था। यहाँ तक कि 'प्रेम' खरीदने की वस्तु हो गया था। उर्दू काव्य जगत् के विधाता मीर तक़ी 'मीर' को अपने माशूक़ से यह शिकायत थी कि वह पैसे का प्रचंड लोभी है और अपना प्रेम पैसा लेकर बेचता है–

ज़र की लालच इस क़दर वह सीमतन खोटा हुआ ।
सेज ऊपर ग़ैर की रहता है अब लोटा हुआ ।।

✦

(6)

केहू से बाटऽरजा तूं सटल सुनत बाटी ।
ई काम करतऽ नाहीं नीक हम कहत बाटी ।।1।।
सहर में, बाग में, ऊसर में, बन में, धरती पर ।
तूं देखले हौअऽ बवंडर मतिन फिरत बाटी ।।2।।
न कौनो काम करीला न नौकरी बा कहूँ ।
बइठ के धूर कऽ रस्सी रजा बटत बाटी ।।3।।
कहै लैं फूल कऽ गजरा तऽ सब केहू हमके ।
पै तोहरे आँखी में काँटा मतिन गड़त बाटी ।।4।।
नाहीं मुऐ में लगउलऽ रजा तूं कुछ धोखा ।
पै आँख मून के देखीला तब जिअत बाटी ।।5।।
न घर तूं आवऽ लऽ हमरे नऽ तऽ बोलावऽ लऽ ।
ए राजा रामधै तोहसे बहुत छकल बाटी ।।6।।

अभिधान

(1) सटल = लगे हुए। (2) नीक = अच्छा। (3) धूर कऽ रस्सी बटत बाटी = धूल की रस्सी बटता हूँ। मु.–केवल धूर्तता से काम निकालना। (4) लगउलऽ धोखा =

धोखा लगाया; कसर रखी। (5) मून के = मूँद कर; बन्द करके। (6) छकल = परेशान (7) मुऐ में = मरने में।

प्रसंग

मनोविज्ञान के आचार्यों ने यह मान रखा है कि जब मनुष्य उत्पन्न होता है तो कम-से-कम उसकी चौदह वृत्तियाँ ऐसी हैं जो उसके साथ ही उत्पन्न होती हैं। इसीलिए वे सहज वृत्ति कही जाती हैं। इन्हीं सहज वृत्तियों में एक वृत्ति है रति की, और दूसरी स्वामित्व की। रति की वृत्ति प्रेम के भाव को जन्म देती है और स्वामित्व की वृत्ति प्रेमपात्र पर एकाधिकार रखने की प्रेरणा देती है। इसलिए जब तक रति और स्वामित्व इन दो वृत्तियों में सन्तुलन बना रहता है मनुष्य का यौन-जीवन सुखी और सन्तुष्ट रहता है। परन्तु जहाँ यह सन्तुलन बिगड़ा कि वहीं गीता के ये शब्द सार्थक होने लगते हैं कि 'कामात्क्रोधोऽभिजायते', अर्थात् काम से क्रोध का जन्म होता है। इस प्रकार जहाँ काम से क्रोध पैदा हुआ कि कामुक प्रेमी अपने प्रेमास्पद को धमकाने लग जाता है–

व्याख्यार्थ–

सुनता हूँ (आजकल) हे प्रिय! तुम किसी और के ही साथ लगे रहते हो। मैं कहता हूँ कि तुम यह (कोई) अच्छा काम नहीं कर रहे हो।

(इधर मेरी दशा तुमने भी) देखी है (कि मैं) नगर में, बाग में, ऊसर में, जंगल में ज़मीन पर (हर कहीं तुम्हारे विरह में) बवंडर की तरह (चक्कर लगाता) फिरता हूँ।

(ऐसी मनस्थिति रहने के कारण) न तो मैं कहीं नौकरी ही करता हूँ और न कोई (दूसरा ही) कामकाज। (परन्तु जीवित रहने के लिए जीविका आवश्यक है, अतः) धूर्तता से (अपना काम चलाता हूँ।)

('मैं इतने प्रसन्न स्वभाव का हूँ कि) सभी मुझे फूलों का गजरा कहते हैं। (परन्तु यह मेरा दुर्भाग्य ही है कि) तुम्हारी आँखों में मैं काँटे की तरह गड़ता हूँ।

(हे प्रिय!) तुमने तो मुझे मार डालने में कोई कसर नहीं छोड़ी, अर्थात् अपने वियोग से तुमने मुझे मार ही डाला था, परन्तु खैर यह हुई कि जब मैं आँखें बन्द कर लेता हूँ तब तुम्हीं मुझे दिखाई देने लगते हो।

न (तो) तुम मेरे घर आते हो (और) न (मुझे ही अपने यहाँ) बुलवाते हो। हे प्रिय! सचमुच मैं तुमसे बहुत परेशान हो गया हूँ।

समीक्षा

रूपज मोह की प्रतिक्रिया कभी-कभी अत्यन्त भयानक हुआ करती है। आये दिन समाचार-पत्रों में ऐसी ख़बरें प्रकाशित होती रहती हैं कि अमुक प्रेमी ने आत्मघात कर लिया; अमुक ने अपनी प्रेमिका की नाक काट ली। ऐसे प्रेमी अपने प्रेमास्पद को व्यक्ति

न समझ कर वस्तु समझते हैं और अलभ्य वस्तु की भाँति ही उसे दुनियाँ की नज़रों से छिपाकर रखने का यत्न करते हैं। कौन कह सकता है कि परदा प्रथा के प्रसार और प्रचार का एक कारण यह प्रवृत्ति भी नहीं थी। किसी ज़माने में तो यह प्रवृत्ति इतनी उग्र थी कि पति ही नहीं, पत्नी की सखियाँ भी यह कहकर धमकाने से बाज न आती थीं कि–

अगर बू सूँघ लेगा वह गली में बेगमाँ तेरी।
निलज्जी! काट लेगा नाक तेरा मर्दुआ तेरी।।

प्रस्तुत रचना में जिस प्रेमी का चित्रण किया गया है, वह अनगढ़ है, अशिक्षित है और असंस्कृत है, परन्तु उस कोटि का असभ्य नहीं है कि अपने प्रेमास्पद को अंगभंग करने या जान से मारने की धमकी देने लग जाए। वह अधिक से अधिक यही कहकर अपना विरोध प्रकट कर देना चाहता है कि 'तुम्हारा यह काम अच्छा नहीं।' इसका व्यंग्यार्थ यह अवश्य है कि ऐसे काम का परिणाम किसी दिन बुरा हो सकता है।

यह प्रेमी मृदुल स्वभाव का होने के साथ ही भोला-भाला भी है। उसके प्रसन्न स्वभाव के कारण उसके मित्र उसे फूलों का गज़रा कहते हैं, जो अपने प्रेमास्पद को देखते ही खिल जाता है, परन्तु वह बेचारा यह नहीं समझ पाता कि वह अपने प्रेमास्पद की आँखों में काँटे की तरह क्यों गड़ता रहता है? हुस्न और इश्क के पारस्परिक रहस्यमय व्यापार कितने जटिल होते हैं, इसकी उसे ख़बर ही नहीं है। यही उसकी परेशानी का मूल कारण है। ऐसी स्थिति में ग़ालिब जैसे महाकवि और महाविद्वान् भी यही कहने के लिए विवश हुए थे कि–

हम हैं मुश्ताक और वो बेज़ार,
या इलाही य माज़रा क्या है?

प्रस्तुत प्रेमी तो न कवि है, न विद्वान्; फिर भी जब वह यह कहता है कि आँखें खुली रहने पर तो तुम दिखाई नहीं देते और तब मुझे अनुभव होता है कि जैसे मैं मर गया हूँ परन्तु जब आँखें बन्द कर लेता हूँ तब तुम दिखाई देने लगते हो और तब मैं समझता हूँ कि मैं मरा नहीं हूँ, जीवित हूँ। तब उसका कथन उस स्तर पर पहुँचा दिखाई देता है, जिस स्तर पर पहुँचकर फ़कीर मुहम्मद 'गोया' ने कहा था–

तुम मेरे पास होते हो 'गोया'
जब कोई दूसरा नहीं होता।

अन्तिम पंक्तियाँ तो निराशा, आत्मसमर्पण और दैन्य की त्रिधारा से सराबोर हैं। प्रेमी कहता है कि अब तो तुमसे मैं बहुत परेशान हो गया। न कभी स्वयं आते हो, न तो मुझे ही बुलाते हो। व्यंग्यार्थ यह कि–

खुद चले आओ या बुला भेजो
रात अकेले बसर नहीं होती।

(7)

चाईं चकार चोर औ' नटखट तोरे बदे ।
हो गैलैं सारे सैकढ़न् चौपट तोरे बदे ।।1।।
देखीला केतने सारन से चटपट तोरे बदे ।
जलसाईं कऽ अँजोर हौ मरघट तोरे बदे ।।2।।
बिन चुकचुकौले लोहू न छोड़ब तोहें रजा ।
गोजी से बा कपार गयल फट तोरे बदे ।।3।।
सिखली है एक फ़कीर से कुन्नन बनावै हम ।
सोने क सज देईला छपरखट तोरे बदे ।।4।।
गंगा के तीरे डाल के मड़ई में बहरी ओर ।
मेला हौ, एक भीर हौ, जमघट तोरे बदे ।।5।।
घर से नगर से जात कुटुम संगी भाई से ।
कैसे भयल बिगार न खटपट तोरे बदे ।।6।।
रोईला रोज पाटी पै माथा पटक पटक ।
लेईला जबकि रात के करवट तोरे बदे ।।7।।
बुनिया, बसौंधी, बरफी, बतासा लिआईला ।
धूरे कऽ रसरी राम धै हम बट तोरे बदे ।।8।।
जरदोअी जूता टोपी दुपट्टा बनारसी ।
सहुआ से ले ली आज रजा जट तोरे बदे ।।9।।
घुड़रैलैं सारे झूर में तोहके औ हम रजा ।
ढेउआ खरच करीला खटाखट तोरे बदे ।।10।।
बैठक में बूटी छीनऽ निराले में आय के ।
रमधै लगल बा राम से ई रट तोरे बदे ।।11।।
कहली कि कहवाँ जालऽ छलावाबदल रजा ।
हँसके कहैलैं सब बा बनावट तोरे बदे ।।12।।
बच्छाहों कऽ महल न होई पूछऽ तेग से ।
जइसन सजलबा रजवा छपर खट् तोरे बदे ।।13।।

शब्दार्थ

चाईं = गिरहकट। चकार = चाटुकार। तोरे बदे = तुम्हारे लिए। जलसाईं = (सं.) जलशयन; नदी किनारे वह स्थान, जहाँ पानी में मुरदे लिटाये जाते हैं या बहाये जाते हैं। अँजोर = उजेला। मरघट =श्मशान। चुकचुकाना = छलछलाना। गोजी = लाठी। कुन्नन = (कुन्दन) बारहबानी खरा सोना। मड़ई = झोपड़ी। घूरे कऽ रसरी = धूल की रस्सी। मु. धूल की रस्सी बटना = झूठी बातें बनाकर स्वार्थ सिद्धि करना।

सहुआ = साहूकार। जट लेना = ठग लेना। झूरे में = मुफ़्त ही, कुछ खर्च किए बिना ही। ढेउआ = टका, रुपया। बच्छा हो = बादशाह भी।

प्रसंग

प्रेम का रास्ता बड़ा ही विकट होता है। इसलिए उस पर चलनेवाले प्रायः बरबाद हो जाते हैं। यह वह मार्ग है कि जिसके पथिकों में 'केते जोगी ह्वै गए केते भये फ़कीर।' ऐसे ही लोगों के कारण श्मशान की भी रौनक बनी रहती है। फिर ऐसा प्रेम कहाँ लौकिक हुआ, अर्थात् इश्क़ हकीकी न रहकर इश्क़ मजाजी मात्र रह गया तो उसकी संज्ञा केवल काम-वासना रह जाती है और गीता-गायक श्रीकृष्ण के कथनानुसार क्रोध की उत्पत्ति काम से ही होती है–'कामात्क्रोधोऽभिजायते।' इसी क्रोधावेश में अनगढ़ प्राकृत प्रेमी अपने प्रेमास्पद को कहीं पकड़ पाता है और उसे खरी खोटी सुनाते हुए कह चलता है–

व्याख्यार्थ–

(तेरे प्रेम में फँसकर न जाने कितने लोग) गिरहकट, चाटुकार और चोर। बन गए और इस प्रकार) तुम्हारे लिए सैकड़ों साले (तुम्हारे प्रेमी) चौपट हो गए।

(मैं) देखता हूँ (कि न जाने तुम्हारे) कितने प्रेमियों के कारण मुरदा बहाने का श्मशान घाट रौनक पर रहता है। (अर्थात् कोई तुम्हारे लिए वहाँ जाकर डूब मरता है और जो कोई तुम्हारे पीछे ज़हर खाकर, फाँसी लगाकर अथवा कटारी वग़ैरह मार कर मरता है, उसकी लाश वहाँ जलाई जाती है, उनकी चिताएँ प्रज्वलित रहने से श्मशान घाट पर सदैव उजेला बना रहता है।

हे प्रिय! (नख अथवा दाँत द्वारा तुम्हारे शरीर से जब तक) खून छलछला न पड़ेगा (मैं तुम्हें न छोड़ूँगा (क्योंकि) तुम्हारे लिए (ही) लाठी से मेरा सिर फट गया है।

(मैंने) एक फकीर से कीमियागरी (सोना बनाने की विद्या) सीख ली है। (चूँकि अब मैं मनमाना सोना बना सकता हूँ, इसलिए मैं) तुम्हारे लिए सोने की सेज सजा दूँगा।

नगर के बाहर गंगा किनारे झोपड़ी बनाकर (तुम्हारे प्रेमीगण निवास करते हैं। फलतः वहाँ उनके जमघट के कारण (बड़ी) भीड़ रहती है। एक मेला-सा लगा रहता है।

तुम्हारे लिए (ही) घर में, शहर में (मेरी) खटपट (लड़ाई) किससे नहीं हुई? बिरादरी के लोगों, कुटुम्बियों और भाई-बन्धुओं में (ऐसा कौन है, जिससे) तुम्हारे कारण बिगाड़ नहीं हो गया?

जब रात को (मैं अपनी पलँग पर) करवट लेता हूँ (तो यह देख कर कि मेरी शय्या सूनी है, तुम मेरे पास नहीं हो, मैं) नित्य ही पाटी पर सिर पटक-पटक कर रोता हूँ।

रामजी की कसम, तुम्हारे (ही) लिए धूल की रस्सी बट कर (लोगों को चरका देकर मैं) बुँदिया, बसौंधी, बरफी, बताशा (आदि सुस्वादु मिठाइयाँ) लाया करता हूँ।

हे प्रिय! तुम्हारे (ही) लिए आज (मैं) साहूकार से कामदार जूता और टोपी और बनारसी दुपट्टा ठग कर ले आया हूँ।

(तुम्हारे अन्य प्रेमी) साले तुम्हें मुफ़्त में ही घूरा करते हैं और मैं हूँ कि तुम्हारे लिए खटाखट रुपये खर्च करता हूँ।

रामजी की शपथ, तुम्हारे लिए मुझे यही रट लगी है कि (एकदिन) एकान्त में आकर (तुम मेरी) बैठक में भाँग छानो।

(जब मैंने) कहा कि हे प्रिय! सज-धजकर (तुम) कहाँ जाया करते हो (तब उसने) हँस कर कहा कि यह सारी सजावट बनावट तुम्हारे ही लिए है।

हे प्रिय! तुम्हारे लिए पलंग जैसा हुआ है वैसा बादशाह का महल भी न होगा। (यदि तुम्हें विश्वास न हो तो) तेग़अली से पूछ लो।

समीक्षा

प्रस्तुत रचना में सुरुचि और कुरुचि का अद्‌भुत योग हैं। सूफ़ीवाद और 'फैलसूफ़ीवाद' का यह सम्मिश्रण उर्दू-फ़ारसी के सिवा किसी अन्य साहित्य में मुश्किल से ही मिलेगा। इसके आरम्भिक दो शे'रों की तुलना सुप्रसिद्ध सूफ़ी कवि मलिक मुहम्मद जायसी के इन दोहों से की जा सकती है–

राजा भए भिखारी सुनि वह अमृत भोग ।
जोइ पावा सो अमर भा, ना किछु व्याधि न रोग ।।
सिर करवत, तन करसी, बहुत सीझ तन आस ।
बहुत धूम, घुट घुट मुए, उतरु न देइ निरास ।।

शे'र और दोहे दोनों एक ही रंग में रँगे हुए हैं, अर्थात् लौकिक प्रेम का वर्णन करते हुए भी अलौकिकता का संकेत दे रहे हैं।

दन्तक्षत और नखक्षत से रक्त छलछला उठने का कामशास्त्रीय वर्णन तो स्पष्ट ही है। वियोगवर्णन में भी परम्परा-पालन की प्रवृत्ति परिलक्षित होती है। सूनी सेज की पाटी पर सिर पटकना वियोगियों की युगों पुरानी आदत जान पड़ती है। 'जायसी' की नागमती भी तो कहती है–

मँदिर सून पिउ अनतै बसा ।
सेज नागिनी फिरि फिरि डसा ।।
रहौं अकेलि गहे एक पाटी ।
नैन पसारि मरौं हिय फाटी ।।

(8)

जब से फन्दा में तोरे ज़ुल्फ़ी के आयल बाटी ।
रामधै भूलभुलैया में भुलायल बाटी ।।1।।
मून के आँख तोहैं देखीला रजा रमधै ।
न तऽ बूटी कऽनसा हौ न ओंघायल बाटी ।।2।।
नास्तिक और दहरियन के हरा देईला ।
एक फकत तोहीं से हम रामधै कायल बाटी ।।3।।
एक मच्छी हमें ओंठे कऽ नेछावर देतऽ।
रामधै एही बदे दूर से आयल बाटी ।।4।।
तोरे तऽ प्रीत के रसरी में हाय रे बप्पा ।
ए राजा चोर मतिन् आप कसायल बाटी ।।5।।
धूनी रमाईला अब देखऽ तोरे गल्ली में ।
संगी साथिन से यही कह के हम आयल बाटी ।।6।।
साथ परछाहीं मतिन् राजा फिरीला दिनरात ।
बनके पुतरी तोरे आँखिन में समायल बाटी ।।7।।
राजगद्दी बस हमें 'तेग़' रजा दे देलैं ।
कहैलैं जबकि तोरे हाथ बिकायल बाटी ।।8।।

अभिधान

(भूलभुलैया = ऐसा मकान, जिसमें घुसने पर मनुष्य भ्रम में चक्कर लगाता रहता है और आसानी से बाहर नहीं निकल पाता। (दे.)

जातबा मीत डगर बन्द गोसैयाँ होइ जाय ।
राह चहुँ ओर सेंती भूलभुलैयाँ होइ जाय ।।

—मूसा चिरैयाकोटी

(2) ओंधायल = ऊँधता हुआ। (3) दहरियन के = काफिरों को। (4) कायल = बात मानने के लिए विवश। (5) मच्छी = चुम्बन ।

प्रसंग

प्रेम का प्रभाव ही कुछ ऐसा जबरदस्त होता है कि बड़े-बड़े विद्वान्, योद्धा, कवि कलाकार, वैज्ञानिक सभी अपने प्रेमास्पद के वशीभूत हो जाते हैं। ऐसे 'जहाँगीर' अपनी 'नूरजहाँ' के हाथों अपनी बुद्धि और बल का साम्राज्य सौंप देते हैं और उसके रूप की मदिरा का प्याला चढ़ाकर पीनक में झूमा करते हैं। उन्हें अपनी यह कमजोरी अपने प्रेमास्पद पर प्रकट करने में भी कोई संकोच नहीं होता। इसका कारण यह है कि ऐसे वचन वस्तुतः चाटुकारी का काम करते हैं, और जब चाटुकारी बड़ों-बड़ों को गद्गद

कर देती है तो उन हसीनों की बात ही क्या, जिनकी सारी पूँजी उनका रूप ही है। प्रस्तुत रचना में भी कोई प्रेमी यही बात अपने प्रेमास्पद से कह रहा है–

व्याख्यार्थ–

जब से मैं तुम्हारी ज़ुल्फ़ों के फन्दे में आया हूँ, भगवान् जानता है (जैसे मैं किसी) भूलभुलैया में भूला-भूला फिर रहा हूँ।

हे प्रिय! आँखें बन्द करके मैं तुम्हीं को देखता हूँ। (मेरे आँख बन्द करने से कहीं यह न समझ बैठना कि मैं) भाँग के नशे में हूँ या नींद से ऊँघ रहा हूँ।

(मेरा बुद्धि-बल इतना बढ़ा-चढ़ा है कि मैं शास्त्रार्थ में) निरीश्वरवादियों और तार्किकों को भी हरा देता हूँ। (बस एक मात्र मैं) तुम्हीं से हार जाता हूँ।

मुझे अपने अधर का एक चुम्बन (अपना) निछावर (समझकर) मुझे दे दो। भगवान् जानता है, इसी के लिए (मैं) दूर से आया हूँ।

अरे बाप रे! तुम्हारे प्रेम की रस्सी में हे प्रिय! चोर की तरह मैं अपने-आप ही कस गया हूँ।

देखो! अब तुम्हारी गली में ही धूनी रमाऊँगा। (अपने) संगी-साथियों से मैं यही कह आया हूँ।

हे प्रिय! रात-दिन मैं तुम्हारे साथ परछाहीं की तरह लगा रहता हूँ (और) पुतली बनकर तुम्हारी आँखों में समाया रहता हूँ।

तेग़अली कहते हैं कि जिस समय मेरा प्रिय यह कहता है कि मैं तुम्हारे हाथ बिका हुआ हूँ (तब मुझे ऐसा प्रतीत होता है, जैसे उसने) मुझे राजगद्दी ही दे दी है।

समीक्षा

प्रेम-पथ का पथिक बनने पर तो ज़ुल्फ़ के फन्दे में फँसना, हरदम भूले-से, भ्रमित-से रहना, दुनिया को ठेंगे पर समझते हुए भी प्रिय के समक्ष भेड़ बने रहना, प्रिय की गली में धूनी रमाना आदि साधारण बातें हैं। प्रेमी की ऐसी ही स्थिति का चित्रण करते समय ऐसी बातें कहना परम्परागत रीति है। उल्लेखनीय बात इतनी ही है कि प्रस्तुत ग़ज़ल में तेग़अली ने दो-एक शे'र ऐसे कहे हैं, जो किसी भी महाकवि की गौरव-वृद्धि कर सकते हैं। फ़कीर मुहम्मद 'गोया' का एक शे'र है, जो महाकवि ग़ालिब को अत्यन्त पसन्द था–

तुम मेरे पास होते हो 'गोया'
जब कोई दूसरा नहीं होता।

भाव यह कि चार आदमियों में बैठे हुए सम्भव है कि प्रिय की याद कुछ भूली रहे, परन्तु एकान्त होते ही उसका स्मरण आ जाना अवश्यंभावी है। जो हृदय में बसता है, उसे देखने के लिए सिर झुका लेना मात्र पर्याप्त है।

दिल के आइने में है तसवीरे यार,
जब ज़रा गर्दन झुकाई, देख ली ।।

प्रीति की रस्सी में चोर की तरह बँधे रहने की बात बड़ी ही व्यंजनापूर्ण है। सबकी निगाहों में गिरे रहने के कारण चोर अपनी करनी छिपाने के लिए लोगों से छिपता फिरता है। वही दशा तो प्रेमी की भी होती है। उसे हरदम यही चिन्ता लगी रहती है कि मेरा प्रेम कहीं दुनियाँ में प्रकट न हो जाए।

प्रिय को तो अपनी आँखों की पुतली न जाने कब से प्रेमीगण बनाते आ रहे हैं। ताबाँ ने अपने प्रिय सुलेमान को सम्बोधित करते हुए कभी कहा था–

सुलेमां क्या हुआ गर तू नज़र आता नहीं मुझको,
मेरी आँखों की पुतली में तेरी तसवीर फिरती है ।।

आँखों में पुतली और पुतली में श्याम झलक के रूप में प्रिय की कल्पना 'प्रसाद' जी ने भी की है, परन्तु स्वयं ही प्रिय की आँखों में पुतली बनकर समा जाने की आकांक्षा मौलिक है।

प्रिय के सान्निध्य में राजसिंहासन का सुख प्रेमियों को सदा से मिलता रहा है–

का करिए बैकुण्ठ लै, कलप बृच्छ की छाँह ।
'अहमद' ढाक सराहिए, जौ पीतम गलबाँह ।।

✦

(9)

जोबन तऽ रमधै अइसनै जोबन बा आज काल ।
तोहके गरे लगाय लेईं मन बा आज काल ।।1।।
हरदम बा गोरा गोरा छलावन कऽ भीरभार ।
बैठक हमार चीन औ लन्दन बा आजकाल ।।2।।
कर देईं जिउ परान नेछावर करऽला मन ।
अइसन तोहार चाल औ चितवन बा आजकाल ।।3।।
चम्पा चमेली जूही औ स्योती गुलाब कऽ ।
गजरा गरे में हाथे में सुमरन बा आजकाल ।।4।।
गुंडन से तोरे गल्ली में देखीला रात दिन ।
मुक्की चलत् तऽ रोज भनाभन बा आजकाल ।।5।।
लाठी लोहाँगी बिछुआ करौली कऽ मार बा ।
गल्ली में तोरे रोज पड़ल रन बा आजकाल ।।6।।
माथा पटक पटक के रोईला तोरे बदे ।
ई आँख दुऔ भाँदों औ सावन बा आजकाल ।।7।।
आवऽ ला जिउ में चूसीं गरे से लगा के गाल ।
मुखड़ा तोहार अइसनै खनहन बा आजकाल ।।8।।

आपन परावा भाई औ संघी तोरे बदे ।
जउनेके देखऽ जान कऽ दुस्मन बा आजकाल ।।9।।
पुतरी कऽ पूछऽ तेग से बिछलात बा नज़र ।
चेहरा तोहार अइसनै चिक्कन बा आजकाल ।।10।।

अभिधान

(1) जोबन = यौवन; जवानी का सौन्दर्य। (2) सुमरन = सुमिरनी, जप-माला। (3) करौली = एक घातक हथियार। (4) रन = रण। युद्ध। (5) खनहन = (फा. खन्दा) खिला हुआ। (6) परावा = ग़ैर; पराया। (7) संघी = संगी; साथी। (8) बिछलातबा = फिसल रही है। (9) लोहाँगी = वह लाठी, जिसमें लोहे के कड़े लगे हों।

प्रसंग

जीवन में यौवन का आगमन एक बड़ी ही महत्पूर्ण घटना होती है। संस्कृत में एक कहावत है कि 'प्राप्ते तु षोड्शे वर्षे गर्दभी चाप्स रायते' अर्थात् सोलह साल की श्यामा अवस्था प्राप्त हो जाने पर गधी भी अप्सरा हो जाती है। तरुनाई अपने-आप में स्वयं ही सौन्दर्य है। कुरूप से कुरूप व्यक्तित्व जवानी में आकर्षक हो जाता है। जवानी में एक नशा-सा होता है, जो जवान को तो मस्त बनाता ही है, उस जवान पर जिसकी निगाह पड़ती है, वह भी क्षण भर के लिए मदमत्त हो उठता है। बकौल मीर–

मस्ती शराब की सी है ये आमदे शबाब
ऐसा न हो जवानी तुम्हें भी नशा करे ।

इस प्रकार बुजुर्ग जवानी के नशे से सावधान रहने का उपदेश देते ही आये हैं, फिर भी कविवर बिहारी का यह कथन सार्थक होकर ही रहता है कि–

कितै न औगुन जग करे नै बै चढ़ती बार ।

चढ़ती जवानी यदि आँख में गड़ गई तो एक बार यह कहने के लिए विवश कर ही देती है कि–

हर अदा मस्ताना सर से पाँव तक छाई हुई ।
उफ तेरी काफिर जवानी जोश पर आई हुई ।।

प्रस्तुत रचना में भी प्रेमी अपने प्रेमास्पद की चढ़ती जवानी के नशे में मख़मूर है, और उसी नशे में बहकते हुए कहता है कि–

व्याख्यार्थ

तुम्हारा यौवन इन दिनों ऐसा (प्रभावशाली) हो गया है कि दिल में आता है कि तुम्हें गले लगा लूँ।

प्रतिक्षण (मेरे यहाँ) गोरे-गोरे हसीनों का जमघट लगा रहता है। आजकल मेरा बैठका चीन और लन्दन हो गया है।

(आजकल तुम्हारी चाल और चितवन ऐसी हो गई है कि) जी में आता है कि तुम्हारे ऊपर मैं अपना जीवन और प्राण निछावर कर दूँ।

मेरे गले में आजकल विविध सुगन्धित और सुन्दर फूलों के गजरे रहते हैं और हाथ में (तुम्हारा नाम जपने के लिए) सुमिरनी रहती है।

देखता हूँ कि आजकल तुम्हारी गली में रात-दिन गुंडों से भनाभन मुक्केबाजी होती रहती है।

लाठी, लोहाँगी, बिछुआ और करौली (आदि शस्त्रों) की लड़ाई होती हैं। तुम्हारी गली में आजकल जैसे रण पड़ गया है! (युद्ध भूमि बन गई है।)

मैं तुम्हारे लिए सिर पटक-पटक कर रोता हूँ। आजकल मेरी दोनों आँखें सावन-भादों हो गई हैं!

ऐसी तबीअत होती है कि तुम्हें गले लगाकर तुम्हारा कपोल चूम लूँ। आजकल तुम्हारा मुखड़ा ऐसा ही सुन्दर हो गया है।

तुम्हारे कारण अपना पराया, भाई-बंधु, संगी-साथी, जिसे भी देखो आजकल (मेरे) प्राणों का शत्रु बन गया है।

आजकल तुम्हारा चेहरा ऐसा चिकना हो गया है कि उस पर आँख की पुतली की निगाह फिसलती रहती है।

समीक्षा

कानन के एक निभृत कोने में किसलय की चादर ओढ़ कर एक कली खिलखिलाई। दूर-दूर बहुत दूर जाकर पवनदूत ने भौंरे को यह सूचना दी। भौंरा झनझनाता हुआ आया और कली का निखार देख कर बेअख़्तियार भनभनाता हुआ कह चला कि ऐसे सौन्दर्य को देखकर दिल काबू में कैसे रह सकता है, अर्थात् सौन्दर्य का आकर्षण दुर्वार है।

दूसरे शे'र में 'रियायते लफ़्जी' से काम लिया गया है। गोरा शब्द का मेल लन्दन से बैठाया गया है। काशिका में ही नहीं, स्वयं नगरी में 'गोरा' शब्द 'अंग्रेज' अर्थ में रूढ़ हो गया था। चूँकि अंग्रेज गोरे लन्दन के निवासी हैं और गोरों का ही बैठके में जमघट है तो बैठका ही क्यों न लन्दन बन जाए? बक़ौल शायर–

तू जहाँ नाज़ से क़दम रख दे,
वह जमीं आसमान है प्यारे ।।

परन्तु लन्दन के साथ ही चीन का भी उल्लेख आश्चर्यजनक है। चीनियों का रोगियों जैसा पांडु वर्ण, छोटी-छोटी शूकर-सी आँखें और नाटा क़द उनमें किसी खास सौन्दर्य का निदर्शक तो नहीं कहा जा सकता। यदि चीनियों में किसी को सौन्दर्य दिखाई पड़ता है तो इस प्रश्न की मीमांसा परमावश्यक हो उठेगी कि सौन्दर्य विषयगत है अथवा विषयिगत। जान पड़ता है कि चीनी तुर्किस्तान की नरगिसी आँखों की याद आ जाने से तेग़अली ने चीन का भी उल्लेख कर दिया है।

मुक्की लड़ना शायद भारत में बनारस की ही अपनी विशेषता है। अन्य स्थानों पर लोग 'हाथाबाँही', 'उठापटक' आदि करते हैं। वे चपतबाज़ी भले कर लें, मुक्केबाजी प्रायः

नहीं करते। मुक्केबाजी को कलाकोटि तक पहुँचाने वाले दो ही है—यूरोप में अंग्रेज और भारत में बनारसी पट्ठे। काशी में दुर्गाघाट की मुक्की प्रसिद्ध है। काशी के उस अंचल में अधिकांश महाराष्ट्रीय ब्राह्मणों की बस्ती है। उन परिवारों के व्यायामशील तरुण मुक्केबाजी का अभ्यास करने के लिए गंगाजी में से गीली मिट्टी निकाल कर बोरे में भर देते हैं। फिर बोरे को लटकाकर उस पर मुक्का चलाते हैं। मिट्टी प्रतिदिन थोड़ी सूखकर कुछ कड़ी होती जाती है और उसी पर नित्य अभ्यास चलता रहता है। बोरे पर अभ्यास पूरा हो जाने के बाद दीवार पर मुक्का मार-मार कर अभ्यास बढ़ाया जाता है।

चिकने चेहरे पर पुतली की नज़र फिसलने की बात तो बहुत व्यंजनापूर्ण है।

(10)

तपाक तिउरी छलावा बदल के चल जालऽ ।
ई का भयल हौ कि आऽवलऽ लड़ के चल जालऽ ।।1।।
लगा गरे से कबौं खुस नाहीं हमें करतऽ ।
उदास आवऽलऽ चुपचाप पड़ के चल जालऽ ।।2।।
दुबात सुनतऽ नाहीं चलके राजा गल्ली में ।
कसूर कउन भयलवा जे लड़ के चल जालऽ ।।3।।
तयार बा तोहें लुचुई बसौंधी चाभै के ।
कहाँ बतावऽ रजा लड़ झगड़ के चल जालऽ ।।4।।
कहै के जिउ में कुछ आवऽला पर डेराईला ।
हँसी के बात में राजा बिगड़ के चल जाऽल ।।5।।
छलावा छोड़ के देखीला हम महिन्नन से ।
कहाँ बतावऽ कि राजा तूँ तड़के चल जालऽ ।।6।।
करऽ लऽ आँख के पुतरी से सैकड़न घायल ।
तू कोतवाली में एक दिन पकड़ के चल जालऽ ।।7।।
तू अपने ज़ुल्फ़ी के रसरी में जिउ हमन्नन कऽ ।
कबौ तऽखोलऽ लऽ कब्बौं जकड़ के चल जालऽ ।।8।।
निराले तेगसे आवऽ तूँ सीख कल बल छल ।
लड़ै के आवऽ लऽ कुस्ती पछड़ के चल जालऽ ।।9।।

अभिधान

(1) तपाक = गर्म आचरण। (2) तिउरी = त्योरी; भौंह की वक्रता। (3) लुचुई = मैदे में खूब मोयन डालकर पतली-पतली बनाई गई पूड़ी। (4) तड़के = बहुत सबेरे। (5) जकड़ के = कसकर, बाँधकर। (6) कुस्ती पछड़ के = कुश्ती में हार कर।

प्रसंग

जब कोई किसी को प्यार करता है और उसका प्रेमास्पद उसकी उपेक्षा कर किसी दूसरे पर ही कृपालु हो जाता है तो तत्काल ही प्रेमी को इस तथ्य की पूरी-पूरी जानकारी नहीं हो जाती। पहले-पहल प्रेमास्पद के बदलते हुए आचरण को देखकर उसके मन में सन्देह उत्पन्न होने लगता है कि आखिर बात क्या है कि इन दिनों यार जब भी मिलता है तब कुछ रुखाई लिए हुए ही। वह बात-बात पर क्यों लड़ने लगा है? सदैव उदास बना रहता है। यहाँ तक कि परिहास की बात पर भी वह बिगड़ खड़ा होता है। इसी प्रकार के विचारों की उलझन में पड़ा हुआ प्रेमी अपने प्रेमास्पद से पूछता है–

व्याख्यार्थ–

(तुम इन दिनों जब भी मिलते हो, तभी) रोब दिखाकर, भौंहे चढ़ाकर और रंग बदलकर चले जाते हो। (तुम्हें) यह क्या हो गया है, जो (आजकल तुम्हारी यह आदत हो गई है कि आते तो हो मिलने के लिए परन्तु) जब जाते हो तब लड़कर।

(तुम्हारी वह पुरानी प्रफुल्लता क्या हो गई? आजकल तुम) गले से लगाकर मुझे खुश नहीं करते? उदास से आते हो, चुपचाप (कुछ देर मेरे यहाँ) पड़े रहते हो (और फिर यों ही) चले जाते हो।

हे प्रिय! गली में चलकर मेरी दो बातें भी नहीं सुनते। मुझसे क्या अपराध हुआ, जो मुझसे लड़-झगड़ कर चले जाया करते हो?

तुम्हारे भोजन के लिए रबड़ी और पूड़ी तैयार है। (तुम्हें उन वस्तुओं का भोग लगाना चाहिए, परन्तु तुम हो कि मुझसे व्यर्थ) लड़ जाया करते हो।

मन करता है कि तुमसे कुछ कहूँ (परन्तु तुमसे कुछ कहते) डरता हूँ (क्योंकि इन दिनों) हे प्रिय! तुम परिहास की बातों पर भी बिगड़ जाते हो।

महीनों से देख रहा हूँ कि तुम अपना बनावटी शृंगार छोड़कर, बताओ तो, बड़े सबेरे कहाँ चले जाया करते हो?

अपनी आँखों की पुतलियों से तुम सैकड़ों को घायल किया करते हो। (इसका परिणाम यह होगा) कि एक दिन तुम पकड़ कर कोतवाली में ले जाए जाओगे।

तुम हम लोगों के प्राणों को अपनी ज़ुल्फ़ की रस्सी से कभी बाँध कर चले जाते हो, कभी खोल देते हो।

तेग़अली से एकान्त में कुश्ती के सभी दाँव-पेंच सीख लो, क्योंकि लड़ने का हौसला तो तुमको बहुत है, परन्तु (कौशल के अभाव में तुम) कुश्ती हार जाया करते हो।

समीक्षा

'सीमाब' अकबराबादी का एक प्रसिद्ध शे'र है–

कहानी मेरी रूदादे जहाँ मालूम होती है ।
जो सुनता है उसी की दास्तां मालूम होती है ।।

तो बहुत-सी 'आपबीती' ऐसी होती हैं, जो आसानी से 'जगबीती' की कोटि में रखी जा सकती हैं। प्रस्तुत रचना में ऐसी ही 'आपबीती' का वर्णन है, जो अपनी व्यापकता के कारण सहज ही 'जगबीती' जान पड़ती है। वास्तव में यदि दुर्भाग्यवश किसी को ऐसे बदमिजाज़ प्रेमास्पद से पाला पड़ जाता है तो सिवा यह कहकर झँखने के वह और क्या कह ही सकता है कि–

पाला पड़ा है मुझको अज़ब बदमिजाज़ से ।
झगड़े तमाम दिन हैं लड़ाई तमाम रात ।।

साथ ही प्रेमास्पद आये और केवल शक़्ल दिखाकर चला जाये तो उससे यह कहना कितना स्वाभाविक होगा कि–

अभी तो आये हो जल्दी कहाँ है जाने की ।
घड़ी घड़ी न उठाओ नज़र घड़ी की तरफ़ ।।

(11)

तरवा में तोरे आँखी कऽ पुतरी मलल करब ।
एतना तू कहदऽ रोज गरे से लगल करब ।।
गंगा उठावऽ तुलसी औ सोना तयार बा ।
अब केहू से हँसब न केहू से मिलल करब ।।
नाहीं तऽ एक रजा ए रजा तोहं से नीक हौ ।
जिउ देला हमके हमहूँ अब ओप्पर मरल करब ।।
ज़ुल्फ़ी तू अपने हाथ में धै के कसम ई खा ।
नागिन डँसै हमें जे कबौं तोसे बल करब ।।
पैटे पै छुरी धै ली तऽ बोलल कि रामधै ।
जीयत रहब तऽ फेर न कबौं आजकल करब ।।
देखतै छुरी कमर में लगल काँपके कहै ।
जहवाँ तूँ कहबऽ रामधै तोसे मिलल करब ।।
पुतरी गनेस किरिया जे करबऽ कहल हमार ।
तोहके अलग न आँखी से हम एक पल करब ।।
दुरगा उठावऽ नाहीं तऽ बिछुआ घुसेरीला ।
सबके छलब न तेग़के रमधै छलल करब ।।

अभिधान

तरवा–तलवा। तलवे में पुतली मलना (मु.) = अत्यन्त प्रेम और अधीनता प्रकट करना। गंगा उठावऽ = (मु.) गंगा उठाओ। गंगा की कसम खाकर कहो। उल्लेख्य है

कि कड़ी और बड़ी कसमें गंगाजल, तुलसी-दल, स्वर्ण और स्वर्ण खंड छूकर खाई जाती है। नाहीं तऽ = नहीं तो, अन्यथा। नीक = सुन्दर, अच्छा। जिउ देला हमके = हमारे लिए प्राण देता है। ओप्पर मरल करब = उस पर प्राण दिया करूँगा; उसे हृदय से प्यार किया करूँगा। धै के = धर कर, पकड़ कर। बल करब = बल करूँ; धोखा दूँ। आजकल करब = आजकल करूँगा। हीलाहवाली करूँगा। दुर्गा उठावऽ = दुर्गाजी की कसम खा जाओ। बिछुआ घुसेरीला = बिछुआ घुसेड़ता हूँ। छलब = धोखा दूँगा; ठग लूँगा।

प्रसंग

प्रेम सम्बन्धी व्यापार अनेक और बहुविध होते हैं। प्रेमी अपने प्रिय की एक चितवन के बदले में उस पर सब कुछ निछावर करने के लिए प्रस्तुत हो जाता है। शर्त इतनी ही है कि उसे विश्वास हो जाए कि उसका प्रेमास्पद उसे कभी धोखा न देगा। वह बार-बार अपने प्रिय से यह पक्की पोढ़ी करा लेना चाहता है कि प्रेमास्पद भले ही संसार भर को ठगे, परन्तु अपने प्रेमी को कदापि चरका न बताये। विश्वासोत्पादन के एक साधन के रूप में शपथ का प्रयोग मानव जाति में प्रचलित है। इसलिए प्रेमी प्रेमास्पद को बड़ी-सी-बड़ी और कड़ी-से-कड़ी कसम खिला कर प्रेम को दृढ़ बना लेना चाहता है। वह 'भय बिनु होइ न प्रीत' के समयादृत सिद्धान्त में भी विश्वास रखता है। इसीलिए प्रेमास्पद को धमकाने से भी बाज नहीं आता। हाँ, तो ऐसे किमाश का प्रेमी अपने प्रेमास्पद से कहता है कि–

व्याख्यार्थ–

(हे प्रिय! मैं) तुम्हारे तलवों में अपनी आँखों की पुतली मला करूँगा, (अर्थात् तुम्हारी चरण-रज को सुरमे की तरह आँखों में लगाऊँगा जिसकी शर्त इतनी ही है कि) तुम (अपने मुख से) इतना ही कह दो कि (मैं) तुम्हारे गले नित्य लगा करूँगा।

(देखो) तुलसी और सोना भी तैयार है। (तुम) गंगा कसम खाकर (कहो कि तुम्हारे सिवा) अब और किसी से भी न मिलूँगा और न हँस कर (बात ही करूँगा।)

(यदि तुम मेरी बात न मानोगे तो इतना ही समझ लो कि) हे प्रिय! तुम से भी अच्छा (मेरा) एक प्रिय और है (जो) मेरे लिए प्राण देता है। अब मैं भी उसी पर मरा करूँगा।

अपनी ज़ुल्फ़ अपने हाथ में लेकर कसम खाओ कि यदि मैं तुम्हें धोखा दूँ तो मुझे साँपिन ही डँसे।

(जब मैंने) छुरा (निकाल कर उसके) पेट पर रख दिया तो रामजी की कसम खाकर वह बोला कि यदि जीवित रहा तो तुम से मिलने में अब कभी हीलाहवाली न करूँगा।

(इसके भी पूर्व) मेरी कमर में छुरी देखकर वह काँपते हुए कहने लगा (था कि) राम जी कसम (खाकर कहता हूँ) तुम जहाँ कहोगे (तुमसे मैं) वहीं मिला करूँगा।

हे पुतली, मैं गणेशजी की शपथ खाकर कहता हूँ कि यदि तुम मेरा कहना मानते रहोगे तो मैं तुम्हें क्षणभर के लिए भी अपनी आँखों से अलग न होने दूँगा।

मैं अभी बिछुआ घुसेड़ दूँगा, अन्यथा दुर्गा जी को साक्षी देकर कहो कि (मैं) सबको धोखा दूँगा, परन्तु रामदोहाई तेग़ के साथ धोखेबाजी कभी न करूँगा।

समीक्षा

अनुरक्ति और भक्ति में शायद इतना ही अन्तर है कि एक में अधिकार का केन्द्रीकरण और दूसरे में विकेन्द्रीकरण होता है। ऊँचे दरजे के आदर्शवादी प्रेम में भी एकाधिकार की प्रवृत्ति होती है। इसीलिए यह क्षम्य है, परन्तु 'खोज लेंगे अजी हम भी कोई सरकार नई' की धमकी देनेवाला प्रेम तथ्यवादी भले ही हो, मगर उसमें यह आदर्श कहाँ कि–

तुम हमें चाहो न चाहो हम तुम्हारे दोस्त हैं ।
फख्र करने के लिए इतना तअल्लुक कम नहीं ।।

प्रेम के लिए किसी के पेट पर छुरा रखकर उसे विवश करना आसुर अथवा पैशाच पद्धति है, प्रीति की मानव रीति नहीं। प्रिय से उपेक्षित होकर थोड़ी देर के लिए दूसरे प्रिय की तलाश करने की बातें करने लग जाना मानवता की परिधि के भीतर ही है, भले ही उसका सम्बन्ध उच्चकोटि के भावों से न होकर ईर्ष्या द्वेष के उन कदर्य प्रभावों से हो, जिसकी प्रेरणा से 'इन्दर सभा' के लेखक मियाँ अमानत कभी कह बैठे थे कि–

तू तो हर जाई है, अपना भी यही तौर सही ।
तू नहीं और सही, और नहीं और सही ।।

✦

(12)

तू काहे फाँड़े में बान्हऽ लऽ ए रजा बिछुआ ।
तोहार आँख दुऔ दू हज़ार बा बिछुआ ।।1।।
बहुत तू बँन्हले फिरऽलऽ छुरी छुरा बिछुआ ।
तोहें देखाई रजा एक दिन मजा बिछुआ ।।2।।
दुतर्फी बाढ़ चढ़त बा, न लगउतऽ सुरमा ।
तूँ आज बान्ह के चलबऽ रजा नवा बिछुआ ।।3।।
लगल बा आँख कऽ बन्नूक तोरे अब न जियब ।
रजा देखावऽ लऽ काहे के जम्बिया बिछुआ ।।4।।
जे अबकी होरी में चक्कू बनल बा राजिस कऽ ।
ऊ खूनी परले होई खंजरौ छुरा बिछुआ ।।5।।

गर हमन्नन कऽ तऽरेतै के औ अउर छेदै के ।
तोहार भौं औ बरौनी बा अस्तुरा बिछुआ ।।6।।
तनी सी ठेस से आँखी में आँसू भर जाला ।
तूँ कैसे खइबऽ रजा मूँहें पर भला बिछुआ ।।7।।
कहऽ ला खूनी कि ताड़ीला, तेग ताड़ऽ लऽ ।
तूँ हमरे हाथ कऽ खाये के बाटऽ का बिछुआ ।।8।।

अभिधान

फाँड़े = (फाँड़ा) दुपट्टे या धोती का कमर में बँधा हुआ हिस्सा। बिछुआ = एक प्रकार का छुरा। नवा = नया। जम्बिआ = जमधर। चक्कू = चाकू। राजिस = राजर्स। ताला और छुरी आदि बनानेवाली एक अंग्रेजी कम्पनी जिसके उत्पादनों की सन् 1925 तक भारत में बहुत खपत थी। परले = पड़ जाने पर। तनी-सी = तनिक-सी। ज़रा-सा।

प्रसंग

जिस वस्तु पर अपना जीवन टिका होता है और जिस वस्तु से अपनी जीविका चलती है उसकी प्रशंसा के गीत गाना मनुष्य का स्वभाव है। प्रस्तुत रचना में भी वक्ता, जिसके कारोबार की पूँजी छुरी, कटारी और बिछुआ है, अपने प्रिय शस्त्रों की प्रशंसा करते हुए अपने प्रिय से कहता है–

व्याख्यार्थ–

हे प्रिय तुम अपनी कमर में बिछुआ क्यों बाँधते हो? तुम्हारी (तो) दोनों आँखें ही दो हज़ार बिछुओं (के समान) हैं।

(देखता हूँ) तुम छुरी छुरा बिछुआ (आदि शस्त्र) बाँधकर बहुत घूमा करते हो। (यह) बिछुआ एक दिन तुम्हें मज़ा दिखायेगा।

(तुमने अपनी दोनों आँखों में जो सुरमा लगाया उससे मानो) दोनों ओर धार सानदार की गई है। (अच्छा होता तुम) सुरमा न लगाते। (तुम्हारी सुर्मगीं आँखें बिछुए-सी हो रही हैं इसलिए जान पड़ता है कि तुम) आज नये (ढंग का) बिछुआ बाँधकर चले हो।

तुम्हारी आँखरूपी बन्दूक मुझे लग गई। अब मैं जीवित न रहूँगा। हे प्रिय (जब तुम्हारी आँखें ही मुझे मार डालने के लिए काफी हैं,) तब तुम मुझे जमधर और बिछुआ क्यों दिखाते हो?

इस बार होली में (प्रिय इस प्रकार काट कर रहा है मानो वह) राजस चाकू है। (अवसर) पड़ने पर वह खूनी छुरा, खंजर और बिछुआ हो जाएगा।

हम लोगों का गला रेतने और (छाती) छेदने के लिए तुम्हारी भौंह और बरौनियाँ (क्रमशः) छुरा और अस्तुरा बन गई हैं।

ज़रा-सी ठेस लगने पर तो तुम्हारी आँखों में आँसू भर आते हैं। हे प्रिय! भला तुम अपने चेहरे पर बिछुए की चोट कैसे सह सकोगे?

हे तेग़अली! (मैं भी) देखता हूँ कि तुम मुझे (आँखें बचा-बचा कर) देखा करते हो। तुम मेरे हाथ से क्या बिछुआ खाने पर लगे हो?

समीक्षा

छुरे के प्रकार का हथियार बिछुआ अपने नाम में ही अपने गुण को भी छिपाए हुए है। जैसे बिच्छू डंक मार दे और आदमी तड़पने लगे, ठीक वैसे ही वह भी तड़पने लगता है जिस पर बिछुए का चौचक हाथ पड़ जाता है। अपने इसी गुण के कारण मध्यकाल में जमधर और बघनखे के साथ ही बिछुआ भी काफी लोकप्रिय रहा।

उर्दू कविता के छुरी कटारीबाज़ माशूक़ की भाँति ही तेग़अली का प्रेमास्पद भी बड़ा बिगड़ैल है। उसकी आँखों का वार दो हज़ार बिछुओं के प्रहार के समान घातक है। कविगण ऐसी खूँख्वार आँखों से बचने की प्रार्थना बराबर करते रहे हैं–तीर लगै, तरुआर लगै पै लगैं जनि काहू सों काहू की आँखैं। मुजस्सिम शस्त्रागार के रूप में सामने आनेवाले किसी माशूक़ का चित्रण करते हुए 'दाग़' ने भी कहा था–

भवें तनती हैं, खंजर हाथ में है, तनके बैठे हैं ।
किसी से आज बिगड़ी है जो वो यूँ बनके बैठे हैं ।।

✦

(13)

दे के सारन के बहाली तूँ घरे चल आवऽ ।
आज न आय सकऽ कउनो बखत कल आवऽ ।।1।।
देखऽ चल जाला उहैं सरवा बतउले झाँई ।
देख के कैसन हमन्नन के हौ खड़कल आवऽ ।।2।।
नरकू चिरकिट औ पनारू से कहऽ धुरपतरी ।
नलके बगलै में तऽ हौवन सबै बैठल आवऽ ।।3।।
आज खरचौ तऽ दुकनदार से पउले बाटी ।
चलके बैठक में थोड़ा चाभ के मगदल आवऽ ।।4।।
सहुआबाला तऽ सटल चाहऽला सिंघा रमधै ।
आज कहलेस है कहाँ जालऽ हो झड़मल आवऽ ।।5।।
सारे पछिऔले चलल आवऽलैं झांई देके ।
आगे हम जाईला तू पीछे से लपकल आवऽ ।।6।।
चलके बूटी तऽ छनै दुधिया बसौंधी बा धइल ।
पान डन् कै के रजा चाभके बस चल आवऽ ।।7।।

आजकल ऐसन जरावलऽ कि जिउ जानऽला।
सुन के एक बात निराले में रजा चल आवऽ ।।8।।
'तेग़' बस तोहरे छलावा में छलल जालैं रोज।
एक दिन अउर केहू के तऽ भला छल आवऽ ।।9।।

अभिधान

(1) बहाली = बहलाव। भुलावा। बातें बनाकर बहलाने की क्रिया। (2) बखत = वक्त, समय। (3) बतौले झाईं = झाईं देकर, भ्रम में डाल कर। (4) खड़कल = खड़खड़ाते हुए, जल्दी-जल्दी। (5) नल = सार्वजनिक पानी-कल। (6) खर्चा =तनख़्वाह मद्धे उचन्त। (7) मगदल = मूँग अथवा उर्द के निशास्ते से बनी हुई एक प्रकार की मिठाई जो जाड़े के दिनों में प्रायः खाई जाती है। (8) सहुआवाला = साववाला। किसी साव से किसी प्रकार सम्बद्ध व्यक्ति। टिप्पणी तेग़अली की समकालिक काशी में जितने कुश्ती के अखाड़े थे उनमें से दो अखाड़े क्रमशः एक सेठ और एक साव के नाम से चलते थे। एक का नाम था जग्गू सेठ का अखाड़ा जिसे उनके वंशज आज भी घुँघरानी गली में चलाये जा रहे हैं। दूसरा था मन्ना साव का अखाड़ा जो लाहौरी टोला मुहल्ले में था। आज से प्राय 25 वर्ष पूर्व तक निक्के पाधा नामक एक उस्ताद उसे चलाते रहे। तेग़अली का संकेत मन्नासाव के अखाड़े के किसी व्यक्ति की ओर प्रतीत होता है। (9) सटल चाहऽला = लड़ना चाहता है। (10) झड़मल = एक गाली। (11) पछिऔले = पीछा करते हुए। (12) दुधियाबूटी = दूध में मिली हुई भाँग। (13) पान = पाँच। (14) डन् = दंड।

प्रसंग

प्रेमास्पद ने अपने प्रेमी के यहाँ कुछ दिनों से आना जाना छोड़ दिया है। एक दिन कहीं प्रेमी अपने प्रेमास्पद को पकड़ पाता है। चक्षुलज्जा के कारण ऐसे अवसरों पर बातें बनाना मनुष्य का स्वभाव है। ऐसी स्थिति में प्रेमास्पद् ने भी अपने प्रेमी से यही कहा होगा कि 'क्या करूँ? घर के लोग, संगी-साथी सभी मुझे हर समय घेरे रहते हैं। ज़रा भी मौका नहीं मिलता कि मैं तुम्हारे यहाँ आ सकूँ। प्रेमास्पद की बहानेबाजी के उत्तर में प्रेमी कहता है कि–

व्याख्यार्थ–

(मेरे यहाँ आने में जो बाधक होते हैं उन) सालों को भुलावा देकर तुम (मेरे) घर चले आओ। (यदि) आज न आ सको तो किसी वक्त कल आ जाओ।

आओ और देखो कि (जिसमें मेरी नहीं पटती वह मेरा शत्रु) साला (भी लोगों को) भुलावा देकर वहीं (मेरे घर) चला जाता है, जो (औरों के सामने) हमें देखकर कैसा खड़क (खड़खड़ा) उठता है। (तुम्हारी लिए जिन लोगों से मेरी बुराई है उनसे लड़ने

के लिए मैंने दल तैयार किया था परन्तु दो-चार साथी नहीं आए थे। अतः मैंने अपने एक साथी से कहा कि हे) घुरपतरी! नरकू, चिरकिट और पनारू से कह दो कि पानीकल की बगल में ही सब (साथी) बैठे हैं। (तुम लोग भी वहीं) आओ।

आज (जिसकी दुकान पर मैं काम करता हूँ उस) दुकानदार (मालिक से) तनखाह भी पा गया हूँ। (इसलिए मेरी) बैठक में चलकर थोड़ा मगदल खाकर चले आओ।

(हे मेरे) शेर! साव (के अखाड़े से सम्बद्ध कोई पहलवान्) मुझ से लड़ना चाहता है। (उसने मुझ से) आज कहा है कि (ओ) झड़मल (का यार तू) जा कहाँ रहा है, (ज़रा इधर तो) आ।

(तुम्हें मेरे साथ देखकर सभी) साले पीछा करते हैं (पीछे-पीछे चले आते हैं। (इसलिए मैं) आगे आगे (अकेले) चला जाता हूँ। तुम (भी उन्हें) चरका देकर (बाद में मेरे) पीछे जल्दी-जल्दी चले आना।

चलो, ज़रा दूध में भाँग छने (क्योंकि नशे के तार में खाने के लिए) रबड़ी रखी हुई है। पाँच दंड लगाकर (जरा कसरत करके और उसे) खाकर चले जाना।

आजकल तुम मुझे ऐसा जलाते हो कि (मेरा) मन ही जानता है। हे प्रिय! (मेरी) एक बात एकान्त में सुनकर चले आओ।

एक तेग़अली (ही ऐसा है जो) तुम्हारी छलना से नित्य धोखा खाता है। एक (भी) दिन किसी और को तो भला धोखा दे आओ (और अपनी करनी का उपर्युक्त फल पाये बिना चले आओ तो मैं तुम्हें जानूँ।)

समीक्षा

प्रस्तुत रचना में जिस वर्ग के लोगों का चित्रण हुआ है उनके नाम भी प्रायः अनगढ़ होते हैं। नरकू, चिरकिट, पनारू और घुरपत्तर ऐसे ही नाम हैं। प्रायः अशिक्षित और अन्धविश्वासी परिवारों में ऐसे ही नाम रखे जाते हैं। 'यथानामस्तथा गुणः' बहुत कम होता है। 'आँख के अन्धे नाम नयनसुख' की कहावत इसीलिए प्रचलित है। परन्तु यह सत्य है कि मनुष्य के नाम का प्रभाव उसके स्वभाव पर पड़ता है। जलधर, किसलय, नीहार, शरदेन्दु आदि नाम बंगालियों में बहुत प्रचलित हैं। ऐसे भावपूर्ण नामों का सम्बन्ध क्या बंगालियों की विश्व-विश्रुत भावुकता से नहीं है? डेढ़मल, पालूमल जैसे सिन्धी नामों का सम्बन्ध क्या उनकी व्यापार-प्रियता से कुछ भी नहीं है? मारवाड़ी समाज में प्रायः देवतावाची नाम होते हैं और मारवाड़ियों की धर्मप्रियता विख्यात् है। जिनके बच्चे प्रायः जीवित नहीं रहते वे अपने बच्चों का विकट और निरर्थक नाम रख दिया करते हैं। जन्मदिन और जन्मतिथि के आधार पर भी नामकरण की प्रथा है, जैसे– अतवारी, सोमारू, मंगरू, बुद्धू, पुनवासी आदि। इसी प्रकार नरकू नाम उस व्यक्ति का रखा जाता है जो कार्तिक की नरक चतुर्दशी के दिन उत्पन्न हुआ हो। चिरकिट उस फटे-पुराने वस्त्रखंड को कहते हैं जो बहुत ही मैला हो। पनारू का अर्थ पनाला ही है। घुरपत्तर का अर्थ है घूरे (कूड़े के ढेर) पर पड़ी हुई पत्तल।

अन्तिम दो पंक्तियों में इस अपूर्व मनोवैज्ञानिक तथ्य का उद्घाटन हुआ है कि अनजान में धोखा खाने से आदमी झल्लाता है परन्तु जान बूझकर धोखे में पड़ने से एक विचित्र प्रकार के आनन्द और सन्तोष का अनुभव करता है। इसीलिए जोश मलीहाबादी ने कभी कहा था कि–

फुगाँ कि मुझ ग़रीब को हयात का ये हुक्म है,
समझ हर एक चाल को, मगर फ़रेब खाये जा ।।

वास्तव में किसी से यह कह पाने में बड़ा मज़ा आता है कि–

आपका एतबार कौन करे?
और फिर बार वार कौन करे?
खुदफ़रेबी की भी कोई हद है,
नित नया एतबार कौन करे?

(14)

बा याद केसे राजा न खटकल तोरे बदे ।
अबऔ बाय खड़कू से खटकल तोरे बदे ।।1।।
कहलस है आज कल कि रजा हम तोरे बदे ।
गैबी पै रहली साँझ ले बैसल तोरे बदे ।।2।।
कासी पराग मथुरा जगरनाथ द्वारिका ।
बरिसन् से हम फिरत हई धावल तोरे बदे ।।3।।
झुट्ठौ कहऽला केहू जे आयल बजार में ।
जाईला रजा रामधै दौरल तोरे बदे ।।4।।
आवऽला जिउ में काट लेईं गाल दाँत से ।
जब भी कहऽलऽ आईला खटमल तोरे बदे ।।5।।
पत्थर के पानी आग में बायू के सामने ।
जा जा के रजा मूड़ झँकावल तोरे बदे ।।6।।
कूरता औ धोती टोपी दुपट्टा देवारी में ।
बनवाय देइहैं 'तेग़', झलाझल तोरे बदे ।।7।।

अभिधान

(1) बा याद = याद है। (2) खटकल = खटक गई। बिगड़ गई। बुराई हुई। (3) खड़कू = व्यक्तिवाचक नाम। (4) खड़कल = झगड़ा हुआ। (5) तोरे बदे = तुम्हारे लिए। (6) बैसल = बैठा। (7) पराग = प्रयाग। एक सुप्रसिद्ध तीर्थ स्थान।

(8) जगरनाथ = जगन्नाथ धाम। पुरी। (9) बरसनसे = बरसों से। (10) धावल = दौड़ता हुआ। ध्यान करता हुआ। (11) बौराह = बावला। पागल। दे. वर बौराह बर असवारा– तुलसी। (12) घूमीला = घूमता हूँ। (13) मूड़ = मुंड। सिर। (14) झकावल = झुकाया। (15) देवारी = दीपावली पर्व। (16) झलाझल = बारीक और चमकदार।

प्रसंग

जब मनुष्य सबको तजकर किसी एक को ही भजना शुरू कर देता है और उसका आराध्य ही उसे ठुकारता है तब दिल को जैसी चोट पहुँचती है उसे भुक्तभोगी ही जानता है। ग़ैर के कपटाचरण से उतना कष्ट नहीं होता जितना ऐसे व्यक्ति के वैसे आचरण से जिसे कोई अपना समझता है। जिसके लिए सबसे विमुख हुए जब वहीं मुँह फेर लेता है तो प्रेमी विवश होकर यह उलाहना देता है–

व्याख्यार्थ–

हे प्रिय! (क्या तुम्हें) याद है कि तुम्हारे लिए मेरी किससे नहीं बिगड़ गई। (पुरानी बातों को यदि भूल भी गए हो यह ताज़ा तथ्य तुम्हारे सामने ही है कि) तुम्हारे ही लिए आज भी खड़कू से मेरी खटकी हुई है। आज (मेरे प्रिय ने मुझसे झूठ ही कहा है कि हे) प्रिय। मैं तुम्हारे लिए कल शाम तक गैबी पर बैठा रहा।

काशी, प्रयाग, द्वारका, मथुरा और जगन्नाथ पुरी (तीर्थों) में तुम्हारे लिए बरसों से मैं दौड़ता फिर रहा हूँ।

संगी-साथी, भाई-बाप सबको तुम्हारे लिए त्याग दिया और गलियों, बाज़ारों में पागल बन कर घूमा करता हूँ।

(यदि) कोई झूठ-मूठ ही (आकर) कह देता है कि वह बाज़ार में आया है तो भगवान् साक्षी है, हे प्रिय! मैं तुम्हारे लिए (वहाँ) दौड़ जाता हूँ।

जब कि (तुम व्यंग्यपूर्वक यह) कहते हो कि हे खटमल! मैं तुम्हारे लिए आता हूँ (तो तुम्हारा यह निकृष्ट संबोधन सुनकर गुस्से से) मन में यही आता है कि मैं दाँत से तुम्हारे कपोल काट लूँ।)

हे प्रिय! पानी, पत्थर, और हवा (इनमें से) तुम्हारे लिए मैंने किसके सामने सिर नहीं झुकाया?

(इस बार) दीवाली (के अवसर पर) तेग़अली तुम्हारे लिए बारीक और सुन्दर धोती, दुपट्टा और कुरता बनवा देंगे।

समीक्षा

बिहारी का दोहा है–

दृग उरझत टूटत कुटुम, जुरत चतुर चित प्रीति ।
परति गाँठ दुरजन हिये, दई नई यह रीति ।।

आँखें उलझती हैं तो कौटुम्बिक सम्बन्ध टूट जाते हैं। माँ, बाप, भाई बंधु–किसी की परवा नहीं रह जाती। तुलसी के शब्दों में यह दशा हो जाती है कि–

सुत मानहिं मात पिता तब लौं ।
अबलानन दीख नहीं जब लौं ।।
ससुरारि पियारी लगी जब तें ।
रिपुरूप कुटुम्ब भये तब तें ।।

'सब तज, प्रिय भज' की स्थिति में पड़ा हुआ प्राणी उसकी खोज में कहाँ नहीं जाता? तीसरे और छठे शे'र में क्रमशः आध्यात्मिक और प्रकृति-पूजन सम्बन्धी संकेत उल्लेख्य हैं। परमात्मा से बिछुड़ी हुई आत्माएँ उसी की खोज में तो तीर्थों का चक्कर लगाती हैं। वास्तव में यदि हृदय में सच्चा प्रेम नहीं है तो तीर्थों में भटकने से कोई लाभ नहीं। जहाँगीर के समकालिक कवि प्यारेलाल 'शौकी' ने इसीलिए कहा था–

जब इश्क के दरियाव में होता नहीं ग़रकाब तैं ।
गंगा बनारस द्वारका पनघट फिरा तो क्या हुआ?

छठें शे'र में चार ही तत्त्वों की चर्चा देखकर चौंकना न चाहिए। यह खयाल रखना चाहिए कि–तेग़अली मुसलमान थे और मुसलमान चार ही तत्त्व मानते हैं, पाँच नहीं! हिन्दू सन्त तुलसीदास यदि कहेंगे–'छित, जल, पावक, गगन, समीरा' तो मुसलमान शायरे आज़म ज़ौक बोल उठेंगे–'अतिशो, आबो, खाको, बाद।'

(15)

भयल रजा से औ हमसे जऽ मेल पानी में ।
तोरे दया से सुघर खेलली खेल पानी में ।।1।।
तमासा मेला में जाये के होलैं जब संघी ।
नहालैं नाय के अत्तर फुलेल पानी में ।।2।।
बताईं कइसे छलावा हमार पौंड़ऽला ।
चलऽ ला जइसे कि कीरा करेल पानी में ।।3।।
बड़ा मजा हौ कि हम ऊ नहाये जाईला ।
करैलें देख के सारे थुकेल पानी में ।।4।।
राजा तब होला कि जब नाव के मतिन ए तेग ।
ओन्हैं ले जाइला हम ठेल-ठेल पानी में ।।5।।

अभिधाम

(1) मेल = सम्मिलन; मुलाकात। (2) जाये के होलैं = जाने वाले होते हैं। (3) नाय के = डालकर। (4) अत्तर = इत्र। (5) फुलेल = सुगंधित तेल। (6) पौंड़ऽला = तैरता है।

(7) कीरा = कीड़ा। साँप। (8) करेल = करैल; काल। (9) हौद = हौज़; चहबच्चा; कुंड। (10) थुकेल = थू थू करने की क्रिया। (11) नाव = नौका; किश्ती। (12) मतिन् = तरह; समान। (13) ठेलठेल = धक्के दे देकर। (14) जऽ = जो (15) नहाँय = नहाते हैं। स्नान करते हैं। (16) मलकर = शरीर में पोत कर, लगा कर।

प्रसंग

एक दिन प्रेमी की मुलाकात अपने प्रेमास्पद से किसी नदी या तालाब में स्नान करते समय हो गई। उस दिन प्रिय के साथ जो सुखद जल-क्रीड़ा हुई, वह प्रेमी के हृदय पर लक्ष्मण-रेखा अथवा ब्रह्मलेख हो कर सदा के लिए रह गई। इस जल-क्रीड़ा ने प्रेमी की कल्पना को भी बल प्रदान किया और अपने इस अनुभव का वर्णन वह अपने किसी अन्तरंग मित्र से इस भाँति करने लगा।

व्याख्यार्थ–

कल जो मेरी (अपने) प्रिय से (नदी के) जल में (स्नान करते समय) मुलाकात हुई (तो जैसे मुँह माँगा वरदान मिला। हे मित्र! तुम्हारी) दया से पानी में (मैंने बड़ा ही) सुन्दर खेल खेल लिया।

हे साथी! (मेरा प्रिय ऐसा सौरभ-विलासी है कि) जब उसे किसी मेले तमाशे में जाना होता है (तब वह) हौज में इत्र और सुगंधित तेल लगाकर (उसमें) गोता लगाता है।

हे प्रिय! (तुम अपने शरीर में) तेल लगाकर पानी में नहाने मत जाओ। घर में ही इत्र (से भरा हुआ) हौज़ (मौजूद) है। (उसी में) गोता लगाओ।

बता दूँ कि मेरा सजीला यार किस तरह तैरता है। (बस वैसे ही) जैसे काला नाग पानी में चलता है।

जब मैं और वह (साथ ही) नहाने जाते हैं तो बड़ा मज़ा आता है। (हम दोनों को एक साथ स्नान करते देखकर हमारे शत्रु) साले पानी में ही थू-थू करने लगते हैं।

हे तेग़अली! (उस वक्त और भी) मज़ा आता है, जब मैं उन्हें नाव की तरह ठेल-ठेलकर पानी में ले जाता हूँ।

समीक्षा

अपने प्रिय के साथ जल-क्रीड़ा भारत का बड़ा ही पुराना मनोरंजन है। संस्कृत काव्यों और नाटकों में जल-क्रीड़ा के दिलचस्प वर्णन मिलते हैं। महाभारत में पांडवों के बनवास-काल में जब रात्रि के समय गन्धर्वराज चित्ररथ से अर्जुन का युद्ध हुआ तो उस समय गन्धर्वराज अप्सराओं के साथ जल-क्रीड़ा कर रहे थे और उसी क्रीड़ा में बाधा पड़ने के कारण उक्त युद्ध हुआ था।

'कथा सरित्सागर' में एक ऐसे राजा की कथा है, जिसकी मूर्खता जल-क्रीड़ा के समय अनायास ही प्रकट हो गई थी। एक ही शब्द के अनेक अर्थ होते हैं परन्तु प्रकरण

से अभीष्ट अर्थ की उपलब्धि कर ली जाती है। उक्त राजा को व्याकरण अथवा भाषा-विज्ञान का कोई ज्ञान न था। वह जल-क्रीड़ा के समय छींटे मार-मार कर अपनी रानी को परेशान करने लगा। रानी ने घबरा कर कहा–मोदकैः ताडय! मूर्खराज ने समझा कि रानी मोदकों–लड्डुओं से प्रहार करने के लिए कह रही है। उसने तत्काल लड्डुओं से भरी टोकरी मँगवाई, जिसे देखकर रानी हँस पड़ी। जब राजा ने उससे हँसी का कारण पूछा, तब उसने कहा कि जलक्रीड़ा से लड्डुओं का क्या सम्बन्ध? मैंने तो कहा था कि मुझे पानी से मत मारिये–मा उदकैः ताडय।

प्रस्तुत रचना में भी जल-क्रीड़ा का ही वर्णन है। प्रिय के साथ स्नान करने में कैसा आनन्द आता है, तैरते समय प्रिय कैसा मोहक जान पड़ता है, उसे इत्र-फुलेल लगाकर नहाने का कितना शौक़ है आदि का सरस वर्णन इस रचना की विशेषता है। उलटी धारा में सीधे तैरते हुए जाना कुशल तैराक के ही सामर्थ्य की बात है। प्रवाद है कि सर्प, सिंह और शूकर ही स्वभावतया सीधे ही तैरते हैं। साँप की तरह तैरनेवाला बताकर प्रिय की कुशल तैराकी व्यंजित की गई है। साथ ही प्रिय की आकृति-प्रकृति का भी संकेत कर दिया गया है। सर्प पतला, चिकना, कुटिल और ज़हरीला होता है। यार भी चिकने छरहरे बदन का होते हुए भी कुटिल है। यार को पानी में नाव की तरह ढकेल ले जाने की उपमा अपूर्व है।

प्रेमी और प्रेमास्पद जब दोनों एक साथ पानी में गोता लगाते हैं तो तत्वतः दोनों मिलकर एकमेक हो जाते हैं। दोनों का अस्तित्व जलमय हो जाता है और यह आध्यात्मिक सन्देश प्रदान करने लगता है कि–

ख़ुदी को महव कर हस्ती में उसकी जैसे ।
बूँद पानी की नज़र आती नहीं पानी में ।।

जल-क्रीड़ा के सिवा ऐसा अवसर और कहाँ मिल सकता है कि कोई यह देख सके कि उसके यार का सुर्ख सफ़ेद शरीर पानी में कैसा लगता है। इस ढंग से यार के रंग को 'मुसहफ़ी' ने देखा था, देखकर कहा था–

भीगे से तेरा रंगे हिना और भी चमका ।
पानी में निगा[1]री कफे[2]पा और भी चमका ।।

इसी प्रकार सह-स्नान के बाद प्रेमी को यह देखने का मौका मिलता है कि यार अपना बदन किस प्रकार पोंछता अँगोछता है, कैसे केश सँवारता है आदि। मियाँ मुसहफ़ी को ऐसा अवसर भी मिला था। आप कहते हैं–

जमना में कल नहा कर उसने जो बाल बाँधे ।
हमने भी अपने दिल में क्या क्या ख़याल बाँधे ।।

नदी का निर्मल जल कल-कल स्वर में बहता चला जा रहा है। कोई अपने यार के साथ वहाँ नहाने आता है तभी अपने प्रेमास्पद की मस्त आँखों का यह तिलस्मी

1. चमकदार।
2. तलवा।

करिश्मा देख पाता है कि प्रिय की नशीली आँखों का अक्स लहरों तक पर कैसा प्रभाव दिखाता है 'नासिख़' ने यह प्रभाव देखा था–

क्या पड़ गया है अक्स तेरी चश्मे मस्त का।
नरगिस की शाख बन गई हर मौज़ आब में ।।

जब प्रिय स्नान करने के लिए वस्त्र उतारता है तब कुंड में फौवारा तक किस प्रकार रंग बदलता है, यह भी 'नासिख़' के ही शब्दों में सुनिए–

जब नहाने को हुआ उरियाँ वो पुतला नूर का।
हौज़ में रौशन बरंगे शमअ फव्वारा हुआ ।।

(16)

भौं चूम लेईला कहूँ सुन्नर जे पाईला।
हम ऊ हई जे ओंठ पै तरुआर खाईला ।।1।।
चूमीला माथा जुलफी कऽलट मूं में नाईला।
संझा सबेरे जीभ में नागिन डँसाईला ।।2।।
नद्‌दी किनारे जाईला भोरे नहाईला।
सहुआ के नित अखाड़े में कुस्ती लड़ाईला ।।3।।
डन् कै के अपने रोज तऽ रहिला चबाईला।
राजा के अपने खुरमा औ बुनिया चभाईला ।।4।।
सौ सौ तरे कऽमूँड़ पै जोखिम उठाईला।
पै राजा तोहें एक बेरी देख जाईला ।।5।।
ठेंगे से तोरे ठोर्री औ रहिला चबाईला।
तोह के तऽ राजा खुरमा औ बुनिया चभाईला ।।6।।
हम झारै वाला बाड़ी हज़ारन में रामधै।
पै राजा तोसे बेंत मतिन थरथराईला ।।7।।
कहली कि काहे आँखी में सुरमा लगावऽ लऽ।
हँस के कहैलैं छूरी के पत्थर चटाईला ।।8।।
पुतरी मतिन रखब तोहैं पलकन के आड़ में।
तोरे बदे हम आँखीं में बैठक बनाईला ।।9।।
राजा कहैंलै रामधै बूटी के तार में।
घर 'तेग' के हम एक बेरी रोज जाईला ।।10।।

अभिधान

(1) भू में नाईला = मुँह में डालता हूँ। (2) डन् कैके = दंड लगाकर। (3) रहिला = सूखा चना। (4) ठोर्री = बिना लावा फूटा भूँजा या दाना।

प्रसंग

आत्मश्लाघा शिष्टाचार के विरुद्ध है। अपने मुँह मियाँ मिट्ठू बनने वाले परिहास के पात्र बनते हैं। इसीलिए नीति-वागीशों ने केवल तीन परिस्थितियों में आत्म-प्रशंसा के लिए छूट दी है। उनके अनुसार अपने स्वामी, अपने प्रिय और अपने प्रतिद्वन्द्वी के समक्ष आत्मप्रशंसा करने में दोष नहीं है। बनारसी गुंडा भी इस नियम का पालन करता है। अपनी धाक ज़माने के लिए अपने किसी जोड़ीदार से कहता है कि–

व्याख्यार्थ–

जहाँ कहीं (सुन्दर, काली, तलवार जैसी ख़मदार) भौहें (मैं) देख पाता हूँ (बस तड़ से उन्हें चूम लेता हूँ। (मैं वह बहादुर हूँ कि अपनी ओंठ पर तलवार खाता हूँ (क्योंकि 'तेगे अब्रू' को चूमना ओंठों पर तलवार खाना ही तो है।)

(मैं अपने प्रिय का) माथा चूमता हूँ (और उसके) ज़ुल्फ़ों की लट (एक गुच्छा केश अपने) मुँह में डालता हूँ (और ऐसा करके मानो मैं) साँझ-सबेरे (अपनी) जीभ में नागिन से डंसवाता हूँ।

(मैं) नित्य पौ फटते ही (वरुणा) नदी में जाकर स्नान करता हूँ और साव के अखाड़े में कुस्ती लड़ाता हूँ।

दंड लगाकर (काफी परिश्रम करके भी मैं तो) नित्य सूखा चना चबाता हूँ (परन्तु) अपने प्रिय को खुर्मा और बुँदिया खिलाता हूँ।

(हे प्रिय! तुम्हारे यहाँ आकर तुमसे मिल पाना बड़े ही खतरे का काम है, क्योंकि तुम्हारे घर के लोग भी मारने के लिए दौड़ सकते हैं और हमारे प्रेम को देखकर ईर्ष्या रखने वाले भी, फिर भी मैं अपने) सिर सौ सौ तरह के खतरे उठाता हूँ (परन्तु हे प्रिय! फिर भी दिन भर में) एक बार (तुम्हारे यहाँ जाकर) तुम्हें देख (ही) आता हूँ।

ठेंगे से (तुम्हारी बला से) मैं स्वयं तो सूखा दाना और रूखा चना चबाता हूँ परन्तु हे प्रिय! तुम्हें तो खुर्मा और बुँदिया चभाता हूँ।

राम जी की कसम (मैं) हज़ारों के बीच (अकेले बाँस) झारने वाला (लाठी चलाने वाला) हूँ (परन्तु हे प्रिय!) तुमसे तो मैं बेंत की तरह काँपता हूँ।

(जब मैंने अपने प्रिय से यह) कहा कि (अपनी) आँखों में सुरमा क्यों लगाते हो (तब उसने) हँसकर कहा कि छुरी को पत्थर चटाता हूँ (छुरी पर सान रखता हूँ।)

जैसे पलकों की आड़ में पुतली रहती है, वैसे ही मैं तुम्हें भी पलकों की ओट में रखूँगा। तुम्हारे लिए भी मैं अपनी आँखों में बैठक (ड्राइंग रूम) बनाता हूँ (जिसमें वहाँ तुम आराम से रह सको।)

(होश-हवास दुरुस्त रखते हुए तो) मेरा प्रिय कभी यह स्वीकार नहीं करता कि उसे मुझसे वस्तुतः प्रेम है परन्तु भगवान् की शपथ, बूटी के तार में (भाँग के नशे में वह यह तथ्य स्वीकार कर लेता है कि मैं) प्रतिदिन एक बार तेग़अली के घर जाया करता हूँ।

समीक्षा

प्रस्तुत बनारसी ग़ज़ल लखनऊ शैली की उर्दू ग़ज़लों के ठीक मेल में है। लखनवी शैली 'रियायते लफ्ज़ी' नामक अपने जिस दुर्गुण के कारण काफी बदनाम हुई, उसी के आधार पर प्रस्तुत ग़ज़ल की रचना हुई है। यह दुर्गुण है कि किसी शब्द के आग्रहवश कोई शब्द या किसी वाक्य के आग्रहवश कोई वाक्य लाया जाए। चूँकि 'अब्रू' को–'भ्रू' को–भौं को–तेग़ (तलवार) कहते हैं और जब ओठ से भौं चूम लेने की बात कही गई तो गोया बाँग्ला मुहाविरे के अनुसार 'चूमा नहीं खाया गया', 'तलवार खायी गयी।'

इसी प्रकार सुबह-शाम प्रेम-पात्र की काली घुँघराली ज़ुल्फ़ों का बल खाया हुआ छोर–अपने दाँतों तले दबाया गया और चूँकि ऐसी अलकों की उपमा नागिन से दी जाती है, अतः जीभ में नागिन डँसाने की बात खड़ी हुई।

तेग़अली की इन बनारसी ग़ज़लों में अपनी जान हथेली पर लेकर घूमने वाले सिंहवृत्तिधारी बनारसी के हृदय में प्रेम की प्रतिष्ठा कर यह दिखाया गया है कि मानव होने के नाते गुंडा भी प्रेम का भूखा होता है–यह दूसरी बात है उसका प्रेम अधिक आवेगपूर्ण और दुस्साहसी होता है। जान पड़ता है कि उसी समय अंग्रेजों के साथ आई हुई इस अंग्रेजी कहावत का भी वह कायल था कि 'अर्ली टु बेड्, अर्ली टु राइज; मेक्स ए मैन हेल्दी वेल्दी एंड वाइज' (जल्दी सोना और जल्दी जागना मुनष्य को स्वस्थ, धनी और बुद्धिमान बनाता है।) परन्तु शायद वह इस कहावत का अर्द्धांश में ही पालन करता था। वह रात दो बजे से पूर्व कभी नहीं सोता था, फिर भी नदी में नहाने के लिए वह उषःकाल में ही उठ जाता था।

ज़ुल्फ़ को नागिन कहना उर्दू-काव्य में साधारण बात है। फलतः एक कवि कहता है–

काले डसें जो ज़ुल्फ़ तुम्हारी कभी छुयें ।
लो सर की तुम्हारे ही कसम खाये जाते हैं ।।

इसी प्रकार यहाँ भी ज़ुल्फ़ों को साँप ही कहा गया है, जैसे– "जाँबर नहीं होते जिन्हें डस लेते हैं काले, अल्लाह कभी पेंच में ज़ुल्फ़ों के न डाले।" जब ज़ुल्फ़ नागिन हो गई और उसे जीभ से सटाया गया तो यह कहना ठीक ही है कि जीभ को नागिन से चटाया गया।

प्रस्तुत पद में बनारसी गुंडों की उस प्रचंड नशाखोरी की ओर भी संकेत है, जिसके परिणामस्वरूप भाँग, अफीम, संखिया, नागबच्छ, धतूरे का बीज, 'पंचरत्नी' से भी जब नशा नहीं आता था तो बनारसी गुंडा नागिन से जीभ चटाता था और ज़हर के नशे में अमृत-लोक की सैर करता था।

(17)

मँगा देईला तोहैं पुरबी नख रजा सुन्दर ।
कि जेके चार खेलाड़ी कहैं कि बा सुन्दर ।।
सबेरे उठके रजा नित चलऽतूँ बहरी ओर ।
पियै के पानी बा खाये के हौ हवा सुन्दर ।।
हम अपने राजा के मेला में लेके जाईला ।
आवाज़ फेंक के सारे कहैंलैं बा सुन्दर ।।
करऽन बाँह, न कुस्ती लड़ऽ, न डन् पेलऽ ।
हौ हमके याद मोटाये कऽ एक दवा सुन्दर ।।
अमोला रामधै जैसन हमार सुन्दर बा ।
न इन्दरौ कऽ कहीं होई अपछरा सुन्दर ।।
लड़ाई झगड़ा बा कोई से औन मेल-मिलाप ।
एही के जानीला ए 'तेग' हम महा सुन्दर ।।

अभिधान

(1) मँगा देईला = मँगा देता हूँ। (2) पूरबी नख = पतंग की वह डोर, जो पूरब की बनी हुई हो। सम्भवतः पटनहियाँ डोर। (3) खिलाड़ी = पतंगबाज। (4) अवाजा फेंक के = बोली बोलकर। (5) करऽ न बाँह = बाँह नहीं करते। व्यायाम की उस प्रक्रिया को 'बाँह करना' कहते हैं, जिसमें दो कसरती आमने-सामने खड़े होकर, एक दूसरे की भुजाओं में भुजाएँ डालकर परस्पर एक दूसरे को, इंच भर भी पैर हटाये बिना, बलपूर्वक पीछे ढकेलने का प्रयत्न करते हैं। (6) अमोल = (क) अ + मोला, अमूल्य। (ख) आम की गुठली, जिसे गाड़ने पर पुनः अंकुर निकल आते हैं। (7) इन्दरौकऽ = इन्द्र का भी। (8) अपछरा अप्सरा; परी।

प्रसंग

अतल को तोड़कर और पाषाण-प्राचीरों को फोड़ कर जब नदी अपने उद्‌गम स्थल से निकलती है, उस समय उसका रूप बड़ा ही हाहाकारी होता है। गर्जन-तर्जन, उछल-कूद, तोड़-फोड़ का बोलबाला रहता है, परन्तु वह नदी ज्यों-ज्यों अपने पथ पर अग्रसर होती जाती है, त्यों-त्यों उसकी गति संयत और स्वभाव शान्त होता जाता है। यही दशा प्रेम की भी है। आरम्भ में वह बड़ा ही उदंड रहता है, परन्तु धीरे-धीरे संयमित और शान्त रूप धारण कर लेता है। प्रस्तुत रचना में भी प्रेमी की वही स्थिति है। उसके हृदय में आज अपने रकीबों से कोई गिला नहीं रह गया है; अपने प्रतिद्वन्द्वियों से कोई शिकायत नहीं है। आज वह उपेक्षापूर्वक यह भी कह सकने की स्थिति में है कि 'जब मैं अपने प्रिय को लेकर मेले में जाता हूँ तो मेरे प्रतिद्वन्द्वी व्यंग बोलते हैं कि सुन्दर है।' इसी मनःस्थिति में प्रेमी अपने प्रेमास्पद से कहता है—

व्याख्यार्थ–

हे प्रिय! मैं तुम्हारे लिए सुन्दर पूरबी नख मँगाये देता हूँ। (उससे तुम मेरे प्रतिद्वन्द्वियों के इरादों को कन्नी से इस खूबसूरती के साथ काट दो कि विवश होकर पुराने पतंग लड़ाने वाले प्रवीण) खिलाड़ी भी कह दें कि हाँ, सुन्दर है।

हे प्रिय! तुम नित्य प्रातःकाल उठकर (मेरे साथ) बहरी ओर चला करो। (वहाँ पर) पीने के लिए सुन्दर (प्राकृतिक कुएँ का पानी है) और खाने के लिए (स्वास्थ्यवर्द्धक प्रातःकालीन) हवा है।

मैं अपने प्रिय को लेकर मेले में जाता हूँ। (मेरे साथ ऐसी रूपराशि को देखकर ईर्ष्या से जर्जर होते हुए भी मेरे प्रतिद्वन्द्वी) साले व्यंग्य कसते हुए (इतना ही) कहते है कि (पंछी) सुन्दर है।

देखो प्रिय! न तो तुम बाँह करते हो, न कुश्ती लड़ते हो, और न दंड लगाते हो। मुझे मोटा होने की (एक और) दवा (भी) याद है।

राम जी की कसम, मेरा अमोला (अमूल्य धन अथवा रसाल) जैसा सुन्दर है (वैसी) इन्द्र की अप्सरा (भी) न होगी।

मेरा न तो किसी से लड़ाई-झगड़ा (ही) है और न किसी से मेल-मिलाप ही। मैं तटस्थ नीतिवादी हूँ और इसी नीति को ऐ तेग़! मैं परम सुन्दर मानता हूँ।

समीक्षा

प्रस्तुत रचना अनेक दृष्टियों से महत्त्वपूर्ण है। इसका कलेवर कुछ ऐसे रंग में रँगा हुआ है, जो तेग़अली की अन्य रचनाओं के रंग से कुछ भिन्न है। यह उनकी पहली ग़ज़ल है, जिसमें प्रेमास्पद को हलवा, पूड़ी-रबड़ी आदि का प्रलोभन न देकर प्रेमी ने प्रातःकालीन हवा खाने और कुएँ का स्वास्थ्यवर्द्धक पानी पीने का स्वस्थ सुझाव दिया है।

इसी प्रकार यह पैना व्यंग्य भी इस ग़ज़ल का प्राण है कि न कुश्ती लड़ों, न दंड लगाओ, न कोई व्यायाम करो, क्योंकि मेरे पास पुष्ट हो जाने की एक दवा और भी है और वह यह कि किसी का प्रेमास्पद बनकर मुफ़्त का माल चाभो। व्यंग्य में थोड़ी घृणा भी निहित है।

अन्तिम पंक्तियों में तो जैसे भारत की वर्तमान तटस्थतावादी नीति की उद्घोषणा हुई है। ऐसी ही पंक्तियों में 'पंचशील' का प्राण बसता है। इसीलिए यही बात कभी सन्त कबीर ने भी यों कही थी–

> कबिरा खड़ा बजार में दोऊ दल की खैर ।
> ना काहू से प्रीत है, ना काहू से बैर ।।

(18)

मुगदर हिलावऽ, डन् करऽ, बैठक किहल करऽ ।
हम तऽ कहीला छूरी औ कुस्ती लड़ल करऽ ।।1।।
जब हम कहीला राजा तू आके मिलल करऽ ।
हँसके कहैलैं हौअऽ रमाना बजल करऽ ।।2।।
होला, तमासा, नाच में, गल्ली-बजार में ।
हम तऽ कहीला रामधै संघे रहल करऽ ।।3।।
भौं औ बरौनी खंजर औ बिछुआ कऽ धार हौ ।
त्योरी चढ़ा के राजा न हमके तिगल करऽ ।।4।।
राजादुआरे फड़ बा परल तू चलल करऽ ।
रुपया असरफी लोट कऽ हुकमै बदल करऽ ।।5।।
रमधै तूँ बाटऽ ए घरी रोअै रोआवै पै ।
कब्बौं केहू के आगे न हमरे हँसल करऽ ।।6।।
बैठक में बूटी लैवे के कब्बों चलल करऽ ।
रावन न बोली 'तेग' के संघे रहल करऽ ।।7।।

अभिधान

(1) मुग्दर = व्यायाम में हाथों से फेरने के लिए काठ की बनी हुई जोड़ी। (2) डन = दंड। जमीन पर हाथ और पैर के पंजों के बल झुककर की जाने वाली कसरत। (3) बैठक = बार बार उठने और बैठने की कसरत। (4) रमाना = एक प्रकार का डफ। (5) तिगल करऽ = देखा करो। (6) लोट = नोट। काग़ज़ का सिक्का। (7) होला = (सं.) होली का त्योहार। (8) रोअै रोआवै पै = रोने रूलाने पर। (9) फड़ = बाजी। (10) राजादुआरे = काशी का एक प्रसिद्ध मुहल्ला। (11) हुकुमै बदल करऽ = बाजी लगाया करो।

प्रसंग

कल्पनातीत काल से प्रवाहित होनेवाली सांस्कृतिक धारा में कहाँ-कहाँ, कब-कब, कैसी-कैसी लहरें उठीं और संसार के सिकता तट पर अपनी छाप छोड़ कर सदा के लिए विलीन हो गईं, इसका अध्ययन बड़ा ही मनोरंजक और साथ ही ज्ञानवर्द्धक भी रहा है। सांस्कृतिक दृष्टिकोण की विभिन्नता के कारण भिन्न-भिन्न स्थानों पर विभिन्न प्रेम-पद्धतियाँ प्रचलित रही हैं। यदि किसी अंचल में नारी नर क़ी ओर बढ़ती है तो कहीं नर ही नारी की ओर पहले अग्रसर होता है। सभ्यता की दौड़ में जो देश पिछड़ गए, खानाबदोश ही रह गए, वहाँ पुरुष से पुरुष के यौन सम्बन्ध की बेहूदा पद्धति प्रचलित हो गई। पुरुष का माशूक़ पुरुष बन गया। अरबी से फ़ारसी और फ़ारसी से

उर्दू में प्रेम की जो घिनौनी पद्धति चित्रित हुई, उसी की झलक प्रस्तुत बनारसी ग़ज़ल में भी है।

आशिक तो पहलवान है ही, माशूक़ भी पहलवान है। अतः वह अपने प्रेमास्पद से आग्रह कर रहा है कि–

व्याख्यार्थ–

(हे प्रिय!) मुगदर फेरा करो, दंड लगाया करो, बैठक किया करो। मैं तो यह कहता हूँ कि (तुम) छुरी और कुश्ती लड़ा करो।

जब मैं (तुमसे) कहता हूँ कि हे प्रिय, तुम मुझसे आकर मिला करो (तो) हँस के कहते हो कि तुम रमाना हो, (खुद ही) बजते रहो मैं तो कहता हूँ कि होली के जुलूस में, तमाशे में, नृत्य-समारोहों में और गली-बाज़ार में, रामजी की कसम तुम मेरे साथ रहा करो।

(तुम्हारी) भौं और बरौनी (जैसे) खंजर और बिछुए की धार हैं। हे प्रिय! तुम मुझे त्योरी चढ़ाकर न देखा करो।

राजादरवाज़े पर जुए का फड़ लगा हुआ है। वहीं तुम भी चला करो और रुपया, अशर्फी और नोट की बाज़ी लगाया करो।

भगवान् की कसम, इस समय तुम रोने-रुलाने पर लगे हो। (देखो) मेरी उपस्थिति में किसी के भी सामने (तुम) न हँसा करो।

मेरी बैठक में कभी-कभी भाँग छानने चला करो। (तेग़अली कहते हैं कि यदि) मेरे साथ रहा करो तो रावण भी (तुमसे) न बोल सकेगा (ऐरे-ग़ैरों की तो बात ही क्या है?)

समीक्षा

'प्रसाद' जी ने सौन्दर्य को नतमस्तक गर्व वहन करनेवाला बताया है। इस गर्व में भी एक गुरुता है परन्तु प्रस्तुत रचना में वर्णित सुन्दर प्रेमास्पद बाजारू ढंग का वह माशूक़ है कि जिसका अभिमान भी उद्धत है। यदि कमच्छा की काम-कामिनी से कोई अपना प्रेम निवेदित करे और वह जवाब में इठलाती हुई इतना ही कह दे कि 'तुम तो भेलूपुर के भोंपा हो, जितनी तबीयत हो उतना चिल्लाया करो' तो सुनने वाले के चित्त पर क्या गुजरेगी। वह फिर ऐसे प्रेमास्पद का मुँह देखने तक का रवादार न रह जाएगा। कहते हैं कि अंग्रेजी के सुप्रसिद्ध कवि लार्ड बायरन खूबसूरत होने के बावजूद लँगड़े थे। जिस नारी को वह प्यार करते थे, उसी के मुख से अपने लँगड़ेपन की आलोचना सुनकर ऐसा तिलमिलाए कि फिर उससे कभी न मिले। जिस 'काम' से क्रोध उत्पन्न होने की बात गीता में कही गई है, वह यही है। साथ ही यह भी उल्लेख्य है कि बनारसी गुंडों का पेशा लूटमार नहीं, जुआ खेलना-खेलाना रहा है, जिसकी ओर संकेत 'राजादरवाज़े पर फड़ पड़ा है' कहकर किया गया है।

(19)

राजा बाबू तोरे चेहरा पै लोभायल बाड़ैं ।
सैकड़न सरवा तोरे आँख कऽ घायल बाड़ैं ।।1।।
बाघ के नाईं महल्ला में तऽ दौड़त हौवन् ।
कहैलैं सब केहू खड़कू तऽ परायल बाड़ैं ।।2।।
माल का माल हौ जिउ ओनके बदे हाजिर बा ।
फेर केहू पूछऽ कि काहे ऊ कोंहायल बाड़ैं ।।3।।
मारे मँहगी के हियाँ सूख के भइली चरखा ।
कहैलैं सब केहू दुबरी तऽ मोटायल बाड़ैं ।।4।।
रातभर कँहरीला खटिया पै परल हम संघी ।
केहू राजा से कहऽ काहे कोहायल बाड़ैं ।।5।।
एक दू मिट्‌ठी तू ओठे कऽ कबौं दऽ राजा ।
रामधै तेग बहुत दिन से भुखायल बाड़ैं ।।6।।

अभिधान

(1) लोभायल बाड़ैं = लुब्ध हैं। (2) नाई = तरह। (3) परायल = भागे हुए। (4) कोंहायल = नाराज; कुपित। (5) कँहरीला = कँहरता हूँ। (6) मिट्‌ठी = चुम्बन।

(1) राजाबाबू = बड़े बड़े धनी-मानी प्रतिष्ठित पुरुष। मध्यकालिक उत्तर प्रदेश और बिहार में यह प्रथा रही है कि राजा का बड़ा पुत्र राजा बने और छोटे पुत्र बाबू कहलायें। (2) लोभायल बाड़ैं = लुब्ध हैं। (3) बाघ की नाईं = बाघ की तरह। (4) खड़कू = व्यक्ति विशेष का नाम (5) परायल बाड़ैं = भागे हुए हैं। (6) कोंहायल = क्रुद्ध, नाराज, कुपित। (7) मिट्‌ठी = मधुर चुम्बन।

प्रसंग

यह मनोवैज्ञानिक तथ्य है कि यदि किसी की किसी वस्तु की प्रशंसा की जाए तो उस वस्तु का स्वामी परम प्रसन्न होता है और वह प्रशंसा करनेवाले को सद्‌भाव की दृष्टि से देखने लगता है। फिर क्रमशः वह सद्‌भाव प्रेम के रूप में बदल जा सकता है। पहलवान से उसके दाँवपेंच की, बलवान से उसके बल की वक्ता से उसके भाषण की, लेखक से उसके लेख की और रूपवान से उसके रूप की प्रशंसा कर उसकी प्रियता प्राप्त की जा सकती है। अनजाने ही इस सत्य से वाकिफ़ प्राकृत प्रेमी प्रेमास्पद से कहता है–

व्याख्यार्थ–

तुम्हारे चेहरे (की कान्ति और शोभा) पर बड़े-बड़े राजा और बाबू लुभाए हुए हैं। सैकड़ों साले तुम्हारी आँखों से घायल हो गए हैं।

(कहने के लिए तो) सभी लोग (यही) कहते हैं कि खड़कू (कोई जुर्म करके) फरार (भागे हुए) हैं। (परन्तु) बाघ की तरह (वे तुम्हारे) मुहल्ले में (अब भी) दौड़ लगा रहे हैं, (उन्हें इसकी चिन्ता नहीं कि पकड़े जाने पर लम्बी सजा भुगतनी होगी।)

रुपये पैसे का मूल्य ही क्या है? उनके लिए तो प्राण तक हाजिर है। (ऐसी अवस्था में) मेरे प्रिय से कोई पूछे (तो कि वह) मुझसे क्यों नाराज़ है?

महँगी इतनी बढ़ गई है (कि भर पेट भोजन न पाने के कारण) सूखकर चरखा हो गया हूँ। (फिर भी) लोग कहते हैं कि दुबरी तो मोटा गए हैं।

हे मित्र! (मैं) रातभर पलंग पर पड़ा-पड़ा कँहरता रहता हूँ। मेरे प्रिय से कोई (इतना तो जाकर) कहे कि (वह अब भी मुझसे) क्यों नाराज़ है?

हे प्रिय! अपने अधरोष्ठ का दो-एक चुम्बन मुझे भी तो दो। राम की ही शपथ खाकर कहता हूँ कि तेग़अली बहुत दिनों से भूखे हैं।

समीक्षा

फ़ारसी में एक कहावत है–'मर्गे अम्बोह जश्न दारद', अर्थात् सामूहिक मरण महोत्सव के समान है। हिन्दी में भी कहते हैं कि 'पाँच जने मिल कीजै काज, हारे जीते नाहीं लाज।' कहने का तात्पर्य यह कि जो काम एक समूह कर रहा हो, वह काम करने में कोई दोष नहीं। प्रस्तुत ग़ज़ल का प्रवक्ता भी अपनी 'हुस्नपरस्ती' के लिए इसी समयादृत सिद्धान्त का सहारा लेता दिखाई देता है। बड़े-बड़े लोग, राजा बाबू, समाज के नेता जो काम कर रहे हों, वह करने में कोई दोष नहीं और जिसके 'तीरे नज़र' के सैकड़ों घायल हों उनमें अपने को भी शामिल कराना लज्जा की बात नहीं।

ग़ज़ल में खड़कू और दुबरी सटीक बनारसी नाम हैं। खड़कू के वाच्यार्थ दो हैं– (1) वह जो सबसे बिगड़ा रहता हो, और (2) वह जो ज़रा भी खटका पाते ही पलायित हो जाता हो।

ज़रा-सा खटका पाते हैं, झट खटमल बन जाते हैं ।।

(20)

रिखी मुनी से भी तोरे बदे बढ़ल बाटी ।
न दाना खात हई औ पियत न जल बाटी ।।
कहै सुनै के ए संघी गुरु भयल बाटी ।
कि एक पंछी के हम चंग पर चढ़ल बाटी ।।
ए राजा देखीला जुलफी के जाल से तोरे ।
छुटब न रामधै चिरई मतिन बझल बाटी ।।

सुनीला राजा अकेले गयल बा गैबी पर ।
तू ताड़ आवऽ तनी हम हियाँ ठिकल बाटी ।।
सुनरका सारे गिरावैलैं हमके गोड़े पर ।
कहैं के बांका बहादुर हई औ मल बाटी ।।
मिलावे वाला केहू आँख बा न जानऽलऽ ।
से तोहरे गोड़े पै देखऽरजा खसल बाटी ।।
जेहल में तोरली है बेड़ी औ हथकड़ी डंडा ।
से तोहरे ज़ुल्फ़ी फन्दा में हम फंसल बाटी ।।
तोरे दुआरी पै धूनी रमाईं जिउ में बा ।
अतीथ जोगी तऽ तोरे बदे भयल बाटी ।।
करेजा हाथ भर हो जाला जब कहैं लैं तेग ।
बे दाम कौड़ी तोरे हाथ हम बिकल बाटी ।।

अभिधान

(1) रिखी मुनी = ऋषि-मुनि। (2) तोरे बदे = तुम्हारे लिए। (3) दाना = अन्न। (4) चंग = (क) डफ के आकार का एक छोटा बाजा; (ख) पतंग; गुड्डी। (5) चंग पर चढ़ना; = मुहा. मिज़ाज बढ़ना; अभिमान में रहना। (6) चिरई = चिड़िया। (7) बझल = उलझा हुआ; फँसा हुआ। (8) ताड़ आवऽ = सावधानी से देख आओ। (9) ठिकल = ठहरा हुआ। (10) सुनरका = रूपवान् लोग। (11) गोड़े पर = पैर पर। (12) बाँका = टेढ़ा, वक्र। (13) मल = पहलवान। (14) से = सो। (15) खसल = गिरा हुआ। दे. 'खसी माल मूरत मुसकानी'–तुलसी। (16) जेहल = (अं.) जेल; कैदखाना। (17) तोरली है = तोड़ा है। (18) बेड़ी = लोहे के कड़ों की साँकल में पिरोई हुई जोड़ी, जो शातिर कैदियों के पैर में पहनाई जाती है; निगड़। (19) हथकड़ी = लोहे के कड़ों की साँकल, जो कैदियों के हाथ में पहनाई जाती है। (20) डंडा = लोहे का सीधा लम्बा टुकड़ा, जो बेड़ी में लगाया जाता है। (21) धूनी = गुग्गुल जैसे किसी गन्ध द्रव्य अथवा किसी वस्तु को जलाकर उठाया हुआ धुआँ। (22) धूनी रमाना = (मुहा.) आग के सामने बैठकर शरीर को तपाना; तपस्या करना; साधु हो जाना। (23) अतीथ = (सं.) अतिथि। वह संन्यासी, जो किसी स्थान पर एक रात से अधिक न ठहरे। (24) करेजा = कलेजा। (मुहा.) कलेजा हाथ भर बढ़ जाना = अत्यन्त उत्साहित हो जाना। (25) ये दाम कौड़ी = मुफ़्त में। (26) बिकल = बिका हुआ।

प्रसंग

प्रेमास्पद के वियोग में प्रेमी परेशान है। वह अपने यार से मिलना चाहता है परन्तु प्रेमास्पद उससे कतराता फिरता है। यह मौका ही नहीं देता कि प्रेमी उससे मिलकर अपनी व्यथा उसे सुना सके। प्रेमी कोई साधारण गुंडा नहीं है। उसमें इतना अधिक

बल है कि जेल में भी हथकड़ी-बेड़ी तोड़कर वहाँ लोगों को वह आतंकित कर चुका है। एक दिन अपने प्रिय की गतिविधि के सम्बन्ध में सटीक सूचना पाकर वह अपने किसी साथी से कहता है कि–

व्याख्यार्थ–

(हे साथी! मेरे प्रिय से कह देना कि) तेरे लिए मैं ऋषियों और मुनियों से भी बढ़ गया हूँ। (ऋषि-मुनि तो केवल कठिन तपस्या करते हैं परन्तु मेरी दशा यह है कि) न तो मैं (एक) दाना (तक) खाता हूँ और न पानी ही पीता हूँ।

हे साथी! केवल कहने-सुनने के लिए ही मैं गुरु (वज़नी) हो गया हूँ (परन्तु वास्तविकता यही है कि इश्क ने मुझे इतना हलका बना दिया है कि मैं एक चिड़िया के चंग पर चढ़ा हुआ हूँ (अर्थात् जैसे गुड्डी उड़ाने वाले के संकेत पर उड़ती है, उसी प्रकार मैं प्रिय के इशारों पर नाचा करता हूँ।)

(हे साथी! मेरे प्रिय से यह भी कह देना कि) हे प्रिय! राम जी की कसम (मुझे ऐसा प्रतीत हो रहा है कि) तुम्हारी ज़ुल्फ़ के जाल से (मैं) छूट न सकूँगा (जिसमें मैं) पक्षी की तरह फँसा हुआ हूँ।

(हे साथी) सुनता हूँ कि मेरा प्रिय अकेले ही गैबी पर गया है। मैं यहीं रुका हुआ हूँ, तुम ज़रा जाकर देख तो आओ। (यदि वह वहाँ हो तो मैं भी चलूँ।)

ये जितने रूपवाले हैं सभी मुझे अपने पैरों पर गिराते हैं। (अपनी सुन्दरता से आकृष्ट कर मुझे विवश कर देते हैं कि मैं उनके चरणों पर लोट जाऊँ।) मैं तो नाम मात्र के लिए बाँका, बहादुर और पहलवान हूँ।

(हे साथी! उससे कह देना कि) तुम भी जानते हो कि किसी में इतनी भी ताकत नहीं है कि वह मुझसे आँख तक मिला सके। वही मैं (ऐसा बहादुर होकर भी) तुम्हारे चरण पर पड़ा हुआ हूँ।

(मेरी शारीरिक शक्ति इतनी बढ़ी-चढ़ी है कि मैं) जेल में हथकड़ी, बेड़ी और डंडा भी तोड़ चुका हूँ। वही मैं तुम्हारी ज़ुल्फ़ों के फन्दे में फँसा हूँ।

मेरा विचार है कि (साधुओं की तरह) तुम्हारे दरवाज़े पर मैं भी धूनी रमाऊँ। मैं तो तुम्हारे लिए साधु और योगी हो गया हूँ।

ऐ तेग़अली! जिस समय मेरा प्रिय यह कहता है कि–मैं तुम्हारे हाथों बिना मोल ही बिका हूँ (तो उत्साह से भर कर मेरा) कलेजा हाथ भर का हो जाता है।

समीक्षा

दार्शनिक दृष्टि से समूची सृष्टि अपने प्यारे सृष्टिकर्ता से बिछुड़ी हुई उसके वियोग में तड़प रही है। उसके प्रत्येक आचरण से मानों यही ध्वनित होता है कि–

रात में नींद है न दिन में चैन ।
ऐसे जीने से ऐ ख़ुदा गुज़रा ।।

ऐसी स्थिति में सृष्टि के सर्वश्रेष्ठ जीव ज्ञानवान् मनुष्य का तो कहना ही क्या? उस प्रेम-पारावार में ऊभ-चूभ होकर वह राजा होने पर भी जोगी हो जाता है। भारतीय संस्कृति भोग की प्राप्ति के लिए योग का आश्रय ग्रहण करना आवश्यक समझती है। मलिक मुहम्मद जायसी ने राजा रतनसेन के योगी-वेश धारण करने के प्रसंग में लिखा है–

तजा राज, राजा भा जोगी।
औ किंगरी कर गहेउ बियोगी।।
तन बिसँभर मन बाउर लटा।
अरुझा पेम, परी सिर जटा।।
चन्द्रबदन औ चन्दन देहा।
भसम चढ़ाइ कीन्ह तन खेहा।।
मुद्रा स्रवन कंठ जपमाला।
कर उदपान काँध बघछाला।।
चला भुगुति माँगै कहँ, साधि कया तप जोग।
सिद्ध होइ पदमावति, जेहि कर हिये बियोग।।

भारतीय साहित्य में प्रेम-पीड़ा से व्यथित पुरुष ही योगी नहीं होते, नारियाँ भी योगिनी बनती हैं–

न सुध बुध की ली औ न मंगल की ली।
निकल शहर से राह जंगल की ली।।
बिछा मिर्गछाले को औ लेके बीन।
दुजानू सम्हल के वो ज़ुहरा जबीन।।
कहा हँसके जोगन ने-हर बोल हर।
जहाँ से तू आया चला जा उधर।। **–मीर हसन**

कहने का तात्पर्य यह है कि चूँकि अलौकिक प्रेमरूपी छत की सीढ़ी लौकिक प्रेम ही है, इसीलिए अलौकिक प्रेम के वियोग पक्ष में जो रूप बनाया जाता है, वही लौकिक प्रेम के वियोग पक्ष में भी। इसीलिए तेग़अली ने यहाँ प्रेमी के परिव्राजक, योगी, ऋषि और मुनि बनने का वर्णन किया है।

फ़ारसी और उससे प्रभावित उर्दू शायरी में दामे ज़ुल्फ़ में मुर्गे दिल के फँस कर तड़पने की बात न जाने कितनी बार कितने ढंग से कही गई है। कवि के मुसलमान और विषय तग़ज्जुल का होने के कारण प्रस्तुत रचना में भी वही बात कही गयी है।

साधारण दैनिक नागरिक जीवन में विधि-विरोधी कार्य करने वाले जेल भेजे जाते हैं। ये साधारण गुंडे हैं परन्तु जो जेल में भी हथकड़ी, बेड़ी तोड़ देते हैं, वे अपने प्रचंड शारीरिक और मानसिक बल का परिचय देकर अपनी गणना आसाधारण गुंडों की कोटि में कराते हैं।

'सुनरका' शब्द भी यहाँ विचारणीय है। इसका संस्कृत 'सुन्दरक' होगा। मूल शब्द 'सुन्दर' है, जिसमें स्वार्थे प्रत्यय 'क' लगा है। यह प्रत्यय उपेक्षा, ताच्छील्य और न्यूनता का

बोध कराने के लिए प्रयोग किया जाता है, जैसे–कछुक, थोरिक आदि। तुर्किस्तान में सुल्तान बलबन की बाल्यावस्था में किसी फकीर ने उसे 'तुर्कक' कह कर सम्बोधित किया था।

'धूनी रमाना' मुहावरा है। मुहावरों का प्रयोग ग़ज़ल की अपनी विशेषता होती है–

जो उसकी माँग पे धूनी रमा के बैठा हूँ।
इसी लकीर का मुझको फ़कीर होना था ।।

(21)

लगावै वाला हई हम हज़ार में गोजी ।
सहर में बस्ती में बन में उजार में गोजी ।।
ई गोजी रामधै संजोग से लगल हाथे ।
रहऽला जंगलै बन या पहार में गोजी ।।
सन् अठारह सौ सतासी में रूम काबुल में ।
चली सुनीला कि भादों कुवाँर में गोजी ।।
सुनरका सारे लड़ावैलैं गुंडा बांकन के ।
चलऽला देखीला हम घूरघार में गोजी ।।
ई देखली आँख से माथा पकड़ के बइठ गयल ।
लगल है जेके ए सिंघा कपार में गोजी ।।
बेवान देखली है सज्जै अकास में बा ठाढ़ ।
चलै लगल है जे सिंघा गोहार में गोजी ।।
रहऽला टीका से जे हाँथ भर बढ़ल रमधै ।
चलल हौ ऊ कबौं गोली के मार में गोजी ।।
पहाड़ी खड़कू से सुनली कि दूइ घड़ी पक्का ।
चलल है तेग बरोबर चुनार में गोजी ।।

अभिधान

(1) लगावै वाला = लगाने वाला। भिड़ जाने वाला। (2) हज़ार में = बहुसंख्यक लोगों के मुकाबले। (3) गोजी = लाठी। (4) उजार = उजाड़ (5) रूम = तुर्किस्तान (6) चली सुनीला कुवाँर में गोजी = सुना है भादों कुवाँर में लाठी चलेगी; युद्ध होगा। (7) सुनरका = (सुन्दर+क) हसीन (8) घूरधार में = घूरने-घारने में; खूब निगाह गड़ाकर देखने में। (9) से = वह। (10) माथा पकड़ के = सिर थाम कर। (11) जे के = जिसको। (12) ए सिंधा = हे शेर। प्रिय के लिए सम्बोधन। (13) बेवान = विमान। (14) सज्जै = सामने ही; प्रत्यक्ष। (15) गोहार = मूलतः गाय की रक्षा के

युद्ध की पुकार पर एकत्र होना और लड़ना। आगे चलकर किसी भी पीड़ित की पुकार पर लड़ने के अर्थ में प्रयुक्त। (16) बा ठाढ़ = खड़ा है। (17) टीका = ललाट। (18) चुनार = बनारस के दक्षिण स्थित मिर्ज़ापुर का एक ऐतिहासिक स्थान, जो आजकल अपने चीनी मिट्टी के बरतनों और खिलौनों के उद्योग के लिए प्रसिद्ध है।

प्रसंग

लाठी मनुष्य के आदिम शस्त्रों में है। उसने धातु और हड्डी के हथियारों का उपयोग करने के पहले ही वृक्ष की मोटी-मोटी डालों का युद्ध और शिकार में उपयोग किया था। दूसरे शब्दों में लाठी मनुष्य का सहज शस्त्र है। यह उसे बड़ी ही सरलता से सुविधापूर्वक मिल भी जाता है। इसीलिए विविध अस्त्र-शस्त्रों का आविष्कार हो जाने पर भी बनारसवासियों का प्रिय शस्त्र लाठी ही रही है। यह कहावत कि 'सब गुन बसैं बाँस के पोरे' बनारसियों की ही बनाई हुई है। मिर्ज़ापुर का जंगल और पहाड़ पास ही रहने के कारण वहीं के बाँस की लाठियाँ बनारस में चलती रही हैं। बनारसी लठैत अपनी लाठी की बड़े ही मनोयोगपूर्वक सेवा करता है। पहले तो वह बाँस को रस्सी में बाँधकर कुएँ में डाल देता है। तत्पश्चात् उसे तेल पिलाता है, इस प्रकार जब उसकी लाठी पक जाती है तब उस पर मेंहरी लगाता है और लुहार के यहाँ ले जाकर उसमें सामी, गुल्लक अथवा लोहे का कड़ा लगवाता है। ऐसा ही एक बनारसी लठैत प्रस्तुत रचना में लाठी की उत्पत्ति, उसका उपयोग, उपयोग की परिस्थिति आदि का सविस्तर वर्णन करता है। वह कहता है कि–

व्याख्यार्थ–

शहर हो, 'गाँव हो, जंगल हो या उजाड़ (झाड़खंड) हो (मैं तो सभी जगह) हज़ारों आदमियों से (अकेले ही) लाठी लड़ने वाला हूँ।

भगवान् ही गवाह है कि यह लाठी तो मेरे हाथ संयोग से ही लग गयी है (मिल गई है अन्यथा) लाठी तो जंगलों और पहाड़ों पर ही रहती है।

सुनता हूँ कि सन् 1887 के भादों-कुवाँर (महीने) में रूम और अफ़गानिस्तान में लाठी चलने वाली है (युद्ध होने वाला है)।

(ये) साले रूपवाले (ही अपने रूप से आकृष्ट करके) गुंडे बाँकों को (आपस में) लड़ाते हैं। (उन्हें जो देखता है, वही उन्हें घूरने लगता है और) इसी घूराघूरी में (चढ़ा-ऊपरी के कारण) लाठी चल जाती है।

हे सिंघा! (मैंने) अपनी आँखों देखा है कि जिसके सिर पर लाठी पड़ी, वह माथा थाम कर बैठ गया।

(जब किसी असहाय और दुर्बल पर अत्याचार के निवारण के लिए लोग निःस्वार्थ भाव से) गोहार में लाठी चलाने लगते हैं। तब मैंने देखा है कि (ऐसे लोगों को मरने पर स्वर्ग ले जाने के लिए) आकाश में प्रत्यक्ष विमान खड़ा है।

यह जो सिर से भी हाथ भर लम्बी लाठी (मेरे हाथ में) रहती है, वह (बन्दूक की) गोली की मार में भी (उसके मुकाबले भी) चल चुकी है।

तेग़ (अली कहते हैं कि मैंने) सुना है कि चुनार में पूरे दो घड़ी पहाड़ी और खड़कू में जमकर लाठी चली है।

समीक्षा

उपर्युक्त रचना में, वीरवृत्ति का चित्रण तथ्यवादी शैली पर कुशलतापूर्वक किया गया है। पुराने बनारसी गुंडे वीरता के जिस ऊँचे आदर्श से अनुप्राणित थे, वह यही था कि कोई सबल किसी निर्बल को सताये तो निःस्वार्थ भाव से उसकी रक्षा के लिए लड़ना चाहिए और सम्मुख जूझते हुए वीर गति प्राप्त करनी चाहिए। हिन्दू शास्त्रों के अनुसार परलोक जाने के दो मार्ग हैं–एक सूर्य-मंडल और दूसरा चन्द्र-मंडल को बेधकर। चन्द्रमार्ग से जानेवाले बराबर पृथ्वी पर जन्म लेते हैं परन्तु सूर्यमंडल बेधकर जानेवाले आवागमन से मुक्त हो जाते हैं। परन्तु दो ही प्रकार के जीव सौर मार्ग से जा सकते हैं–एक तो योगी, जो ब्रह्माण्ड फोड़कर अपने प्राण निकाल देते हैं और दूसरे रण में सम्मुख लड़ते हुए जूझ जाने वाले योद्धा।

द्वाविमौ पुरुषौ लोके सूर्यमंडलभेदिनौ ।
परिब्राड्योगयुक्तश्च रणे चाभिमुखेहताः ।।

चुनार में पक्के दो घड़ी लाठी चलने की बात कहकर स्थानीय घटना का चित्रण और भादों-कुवाँर में रूम-अफगानिस्तान की लड़ाई की आशंका का उल्लेख कवि की प्रगतिशीलता और उसकी तथ्यवादी चेतना का द्योतक है।

अधिकांश लड़ाइयों के मूल में रूप की वासना ही काम करती है, इस तथ्य का उद्घाटन यह कह कर किया गया है कि रूप ही लोगों को प्रायः लड़ा दिया करता है। बकौल आगा हश्र कश्मीरी–

पिस्तौल है, कटार है, लाठी है, ईंट है ।
औरत जहाँ पे होगी वहीं मारपीट है ।।

बन्दूक का सामना लाठी से करने की कल्पना भी कोई बनारसी गुंडा कवि ही कर सकता है। इस सिलसिले में अन्य कवि तो शायद वही कहेंगे जो 'अकबर' इलाहाबादी कह गए हैं–

मेम ने शेख को डाँटा तो पुकारा वो ग़रीब,
देखिए तोप ने लाठी को दबा रक्खा है ।।

हिन्दी के गिरधर कविराय की राय मुख्तलिफ़ है। वे कुछ बनारसी वीर के स्वर में स्वर मिलाकर कह गए हैं–

लाठी में गुन बहुत हैं सदा राखिये संग ।
गहिर नदी नारा जहाँ तहाँ बचावै अंग ।।

तहाँ बचावै अंग उछरि कुत्ता को मारै।
दुसमन दावागीर होय ताहू को झारै।।
कह गिरधर कविराय सुनो हो धूर के नाठीं।
सब हथियारन छाड़ हाथ में लीजै लाठी।।"

(22)

सवेरे साँझ छलावा बदल सुनऽ तऽ सही।
कहाँ तू जालऽ रजा आजकल सुनऽतऽ सही।।1।।
अँगार बोरसी कऽ बाड़ऽ बनल तू जाड़ा में।
गरम करऽ कबौं हमरौ बगल सुनऽ तऽ सही।।2।।
रहऽला रात घरी भर जऽ जालऽ बहरी ओर।
तू कउने सारे से बाड़ऽ सटल सुनऽतऽ सही।।3।।
हमें तू देख के बिछुआ कऽ धार तावऽलऽ।
कसूर कउन बा हमसे भयल सुनऽतऽ सही।।4।।
लगावै वाला हज़ारन में हई जानऽ लऽ।
रहीला गोड़े पे तोहरे खसल सुनऽ तऽ सही।।5।।
महिन्नन होला कबौं दरसनौ नाहीं देतऽ।
औ एकै बस्ती में बाड़ऽ बसल सुनऽतऽ सही।।6।।
ई आज का हौ जे बोलतऽ नाहीं उदास हौअऽ।
हौ आधीरात कऽ गजरौ बजल सुनऽ तऽ सही।।7।।

अभिधान

(1) छलावा बदल = सज-धज कर। (2) बोरसी = अँगीठी। (3) बगल गरम करऽ = (मुहा.) बगल गर्म करो; साथ शयन करो। (4) बहरी ओर = घनी बस्ती के बाहर अपेक्षाकृत एकान्त और रमणीय स्थल। (5) बाड़ऽ सटल = लगे हुए हो। (6) बिछुआ = एक शस्त्र का नाम। (7) तावऽलऽ = ताव देते हो। (8) लगावे वाला = लड़ने भिड़ने वाला। (9) गोड़े पै = पैर पर। (10) खसल = गिरा हुआ। पड़ा हुआ। (11) महिन्नन होला = महीने-पर-महीने बीत जाते हैं; (12) गजरौ = गजर (भी)। सबेरे के समय बजने वाला घंटा।

दे. –सुबहे शबे विसाल है क्यों नाराज़न न हूँ।
पड़ती है मोगरी मेरे दिल पर गजर के साथ।।

–नासिख

प्रसंग

अपने दिल का खजाना जिसकी निगहबानी में सौंप दिया गया, उस निगहबान पर भी निगाह रखना लौकिक और पारलौकिक दोनों ही दृष्टियों से आवश्यक है। अपने प्रेमास्पद की गतिविधि पर इसी प्रकार सतर्क दृष्टि रखनेवाले प्रेमी ने देखा कि उसका यार सुबह-शाम सज-धज कर कहीं आया जाया करता है, परन्तु एक ही मुहल्ले में रहने के बावजूद अपने प्रेमी से कभी नहीं मिलता। मिलने की तो बात ही क्या इतना अवसर भी नहीं देता कि प्रेमी उससे अपने मन की दो बात तक कह सके। फलतः पीड़ित प्रेमी मानो 'रिन्द' के शब्दों में कौल कर लेता है कि–

रास्ता रोक के कह लूँगा जो कहना होगा,
क्या मिलोगे न कभी राह में आते जाते ।।

और सचमुच एक दिन राह में आते-जाते जब यार से भेंट हो ही गई तो बेकरार प्रेमी यों उलाहनों की बौछार कर चला–

व्याख्यार्थ–

(हे प्रिय!) सुनो तो सही। आजकल सुबहोशाम सज-धज कर तुम कहाँ जाया करते हो?

(जैसे शीत ऋतु में अँगीठी में जलता हुआ अंगारा सबको प्रिय होता है और सभी चाहते हैं कि वह अंगीठी हमारी बगल में ही रहे, उसी प्रकार) तुम भी जाड़े में बोरसी के अंगार बने हुए हो। (जैसे वह गर्मानेवाली लालभभूका और प्रिय है, वैसे ही तुम भी हो, इसलिए) कभी मेरी बगल भी (तो) गर्म करो।

रात घड़ी भर बाकी ही रहती है जबकि तुम नित्य बस्ती के बाहर निकल जाया करते हो। सुनो तो सही तुम किस साले से लगे हुए हो (किसके प्रेम में फँसे हुए हो?)

मुझे देख कर तुम बिछुआ की धार पर ताव देने लगते हो (परन्तु) ज़रा मेरी भी तो सुनो और कम-से-कम मुझे यह तो बता दो कि मुझसे क्या कुसूर हुआ है?

(देखो, मैं कोई साधारण आदमी नहीं हूँ।) हज़ारों (योद्धाओं) से (मैं अकेले ही) भिड़ने वाला हूँ (यह बात तुम अच्छी तरह) जानते हो। (परन्तु) तुम्हारे पैरों पर पड़ा रहता हूँ।

महीनों बीत जाते हैं, कभी दर्शन भी नहीं देते और फिर (मज़े की बात तो यह है कि) एक ही मुहल्ले में बसे हुए हो।

आज यह क्या बात है जो बोलते नहीं हो, उदास हो। ज़रा सुनो तो सही, आधी रात का गजर भी बज गया है। (क्या इसलिए उदास हो कि आधी रात बीत गई और तुम प्रिय से मिलने न जा सके।)

समीक्षा

प्रस्तुत ग़ज़ल बाज़ारू शाइरी का बड़ा ही भड़कीला उदाहरण है। यह जिस समय की रचना है, उस समय उर्दू की लखनवी शायरी पूरे आबोताब के साथ चमक रही थी। आलोचना के नैतिकतावादी मानदंड से नापने पर तो यह रचना आधुनिक सुरुचि के

लिए थोड़ी बाधक ही कही जाएगी, परन्तु उस काल की कवयित्रियाँ भी जिनमें साधारण वेश्याओं से लेकर बेगमें तक शामिल हैं, इस प्रकार के शे'र कहती थीं, जैसे–

लो आओ एक दम मेरे पहलू में सो रहो।
ग़र् अपना जानते हो तो अब जान आर क्या? —हूर बेगम

यही नहीं, जिस ज़मीन पर यह ग़ज़ल कही गई है, हूबहू उसी पर हिजाब बेगम भी, जो अवध के बादशाह वाजिदअली शाह की पत्नी बताई जाती हैं, चल चुकी हैं। हिजाब बेगम बेहिजाब फर्माती हैं–

खफ़ा अभी से न हो मुद्दआ सुनो तो सही।
कुबूल करना न करना भला सुनो तो सही।।
रकीबों की तो शबोरोज़ सुनते हो बातें।
हमारी भी तो कभी महलका सुनो तो सही।।
ख़ता तो मेरी बताओ कि रूठे जाते हो।
बिगड़ते किसलिए हो क्या हुआ सुनो तो सही।।
'हिजाब' को तो ज़माने में जानते सब हैं।
मगर जो कहते हैं तुमको भला सुनो तो सही।।

(23)

संझा के आज आवै कऽ कइले करार बाय।
राजन कऽ रजा रामधै राजा हमार बाय।।1।।
नागिन मतिन् तऽ गालै पै ज़ुल्फ़ीकऽ बार बाय।
भौं औ बरौनी रामधै बिच्छी कऽआर आय।।2।।
तरुआर तीर बरछी औ खंजर कऽधार बाय।
खूनी कऽ हमरे आँख छुरी बा कटार बाय।।3।।
जरदोजी जूता के लऽ दुपट्टा बनारसी।
टोपी तयार तोरे बदे कामदार बाय।।4।।
बैठक में चलके सूत रहऽ बूटी छान के।
हमसे या तोसै कउन बतावऽ बिगार बाय।।5।।
एक्का पै जालऽ राजा तूँ मेला तमासा में।
एक घोड़ा बग्घी ले देईं तोके बिचार बाय।।6।।
कइसन बना बना के बिगारऽला मूरती।
ए 'तेग' तोसे पूछीला कइसन कोहार बाय।।7।।

अभिधान

(1) संझा = संध्या। शाम; (2) आज...करारबाय = आज आने का इकरार किया है। (3) राजन हमार बाय = भगवान् की शपथ मेरा राजा राजराजेश्वर है। (4) नागिन

मतिन् = सर्पिणी की तरह। (5) बिच्छी कऽ आर = बिच्छू का डंक। (6) ज़रदोजी जूता = कामदार जूता, जो काशी नगर में कभी सलेमशाही जूते के नाम से चलता था। (7) कोहार = (सं.) कुलाल; कुम्हार।

प्रसंग

प्रेमी और प्रेमास्पद में किसी कारण बिगड़ गई थी। प्रेमास्पद ने प्रेमी के घर आना-जाना बन्द कर दिया था परन्तु मान के ऐसे झगड़े अधिक समय तक नहीं ठहरते। कहावत है कि 'मियाँ बीबी का झगड़ा कब तक? शाम नहीं हुई तब तक।' इसलिए समझाने-बुझाने पर मेल हुआ तो प्रेमी हर्षविभोर होकर कह चला–

व्याख्या

(इतने दिनों बाद मेरे प्रिय ने) आज शाम को (मेरे घर) आने का इक़रार किया है। राम जी की कसम, मेरा राजा (मुझे रंजित करनेवाला सचमुच) राजाओं का राजा है (राजराजेश्वर) है।

(उसके रूप का मैं क्या वर्णन करूँ?) उसके कपोलों पर ज़ुल्फ़ नागिन की तरह (बल खाती प्रतीत होती है और) भगवान् की शपथ (उसकी) भौं और बरौनी तो (बिलकुल) बिच्छू के डंक-सी है।

और उसकी आँख का तो कहना ही क्या?) मेरे खूनी की आँख तलवार, तीर, बरछी और खंजर की धार तो है ही, (वह) छुरी और कटार (भी) है।

(हे प्रिय!) तुम्हारे लिए किसी चीज़ की कमी नहीं है। जो चाहो ले लो, तुम्हारे लिए ज़रदोजी का जूता, बनारसी दुपट्टा और कामदार टोपी तैयार है।

(भला) बताओ तो कि हमसे तुमसे बिगाड़ ही क्या है? चलो बैठक में भाँग छान कर सो रहो।

प्रिय! तुम नित्य इक्के पर मेले-तमाशे में जाया करते हो। मेरा विचार है कि मैं तुम्हारे लिए घोड़ागाड़ी खरीद दूँ।

हे तेग़अली! (मैं) तुमसे पूछता हूँ कि वह कैसा कुम्हार है, (जो) कैसी-कैसी मूर्तियाँ बना-बनाकर बिगाड़ देता है!

समीक्षा

प्रस्तुत रचना पर एक सरसरी दृष्टि डालते ही पता चल जाता है कि वह परम्परागत उपमाओं, रूपकों और भावों से भरी हुई है। आँखों में शस्त्रागार की कल्पना बहुत पुरानी है। साधारण कवि भी आँख के सम्बन्ध में यही कहते रहे हैं कि–

बरछी तेरी निगाह की पहलू में आ लगी।
पहलू से दिल में दिल से कलेजे में जा लगी।।

ऐसी स्थिति में मिर्ज़ा कामिल बेग जैसे सिपाहीपेशा शायर का यह कथन माकूल ही कहा जाएगा, कि–

मिजगाँ से ग़र बचे दिल, अबरू करे है टुकड़े,
यह बात मैंने कहकर जब उससे दाद चाही।

कहने लगा कि तरकश जिस वक़्त होवे ख़ाली,
तलवार ग़र न खींचे तब क्या करे सिपाही ।।

और फिर किसी बनारसी बाँके का अपने प्रिय की आँखों में तीर, बरछी, खंजर आदि देखना स्वाभाविक ही है। यदि ऐसे प्रिय को वह खूनी कहता है, तो उसे दोष भी नहीं दिया जा सकता, क्योंकि ग़ज़ल के जिस रंग में उसने यह कहा है वही बात उर्दू ग़ज़ल के आदि कवि कहे जानेवाले 'वली' ने भी कही है–

मुझको हुआ है मालूम ऐ मस्ते जामे खूनी ।
तुझ अँखड़ियों के देखे आलम खराब होगा ।।

भजन

(1)

सहजैं सहजैं सब गुन गाईला ।
भगवन्त भगता एक थिर थाईला ।।
मुक्त भईला (भयल?) जाप जपीला ।
(यों) सेवग स्वामी संग रहीला ।
अमृत सुधानिधि अन्त न पाईला ।।
पीवत (पीयत?) प्रान न कदे (कब्बों?) अघाईला ।।
रामानन्द मिलि संग रहैला ।
जब लग रस तब लग पीवैला ।।

अभिधान

(1) सहजैं सहजैं = सहज भाव से। सन्त साधना में 'सहज' शब्द का विशिष्ट अर्थ है। यहाँ तक कि साधना का एक पंथ ही 'सहजिया' कहा जाता है। इस पन्थ के अनुगामी बंगाल में अब भी मिलते हैं। 'मनेर मानुष' (मनचाहे प्राणी) की खोज सहजिया साधना का एक मुख्य अंग है। (2) भगवन्त भगता = भगवान् और भक्त को। (3) एक थिर = एक ही स्थान पर स्थिर; एकस्थित। थाईला = स्थापित करता हूँ; रखता हूँ। (4) भईला = होकर। (5) जपीला = जपता हूँ। (6) सेवग = सेवक; भक्त; दास। (7) रहीला = रहता हूँ। (8) अमृत सुधानिधि = सदैव अ+मृत (जीवित) रहने वाला सुधा का कोष; भगवान् (9) अन्त न पाईला = समाप्ति पर नहीं पहुँचता। (10) अघाईला = तृप्त होता हूँ। (11) रहैला = रहता है। (12) जब लग = जब तक। (13) पीवैला = पीता है।

प्रसंग

भगवद्भक्ति के मादक रस का प्याला पीकर भक्त मस्ती में झूम उठा है। उसे जीवन्मुक्ति का एहसास हो गया है। उसने अनुभव कर लिया है कि मैं जीवित ही मुक्त हूँ। फलतः वह अपने विचारों को वाणी प्रदान करते हुए कहता है–

व्याख्यार्थ–

(मैं) सहज भाव से (बिना किसी आडम्बर के भगवान् के) सभी गुण गाता हूँ। भक्त (और) भगवान् को एक ही स्थान पर स्थापित करता हूँ। (भक्त और भगवान् में भेद नहीं समझता।)

(सांसारिक झंझटों से) मुक्त होकर (मैं भगवान् के नाम को) जपता हूँ। (इस प्रकार मैं) सेवक (बनकर) स्वामी के साथ रहता हूँ।

(भगवान् का नाम) अमर बना देने वाला सुधानिधि है (जिसका) अन्त (मैं) कभी नहीं पाता। (यह ऐसा रस है, जिसे) पीते हुए (मैं) हृदय से कभी परितृप्त नहीं होता। (जितना ही पीता हूँ, उतना ही और भी पीने की प्यास बनी रहती है।)

(यह) रामानन्द (अपने प्रभु के) साथ मिलकर रहता है (और) जब तक (उसे भक्ति का) रस मिलता जाता है, तब तक (वह उसे) पीता रहता है।

समीक्षा

सन्त तुलसी ने कहा है कि 'जानत तुमहिं तुमहिं होइ जाई' अर्थात् भगवान् को जानने वाला भगवद्भक्त भगवान् ही हो जाता है। प्रस्तुत भजन में स्वामी रामनन्द ने भी इसी तथ्य का उद्घाटन किया है। तुलसीदास के ही समान रामानन्द की भी भक्ति सेव्य-सेवक भाव की है और इस भाव की भक्ति का प्रथम सिद्धान्त है कि 'सेइय स्वामि सकल छल त्यागी।' स्वामी रामानन्द की अन्य रचनाओं में हठयोग की साधनात्मक प्रणाली का भी उल्लेख हुआ है। इसलिए प्रस्तुत पद में प्रयुक्त 'अमृत' शब्द केवल नामामृत का ही सूचक नहीं है, बल्कि उसका संकेत सहस्रार स्थित चन्द्रमा से स्रवित होनेवाले उस रस की ओर भी है, जिसका पान करके साधक अजर और अमर हो जाता है।

(2)

सात पाँच सोतिया बहऽला एक नदिया,
ताही बिच पुरइन लागल रे।
फूल एक फुललैं अनुठिया रे सजनी,
तेहि देखि भँवरा लोभायल रे।

फूल लोढ़ै गइली रामा सारी मोरि अटकल,
पिया बिनु केहू ना छोड़ावत रे।
फुलवा लोढ़त रामा दइउ बरसि गइलैं,
भींज गइल नौरंग सारी रे।
दइउ हो बरसत चढ़ली अँटरिया
नीचे जोगी धुनियाँ लगावल रे।
कहत कबीर सुनऽ भाई साधो,
सतगुरु सबद लखावल रे।।

अभिधान

(1) सोतिया = स्रोत; जल-प्रणाली; धारा। (2) पुरइन = कमल जातीय जल का एक पौधा, जिसमें पत्ते ही होते हैं। इसीलिए कहा गया है कि 'पुरइन तऽ पत्तन फरै, गुच्छन फरै खजूर'। (3) अनुठिया = अनूठा; बेजोड़। (4) लोढ़ै = चुनने के लिए। (5) सारी = साड़ी। (6) अँटकल = फँस गई। (7) दइउ = दैव; बादल। (8) सबद = शब्द– (क) गुरुमुख से प्राप्त उपदेश; (ख) ब्रह्म।

प्रसंग

हठयोग की साधना द्वारा ब्रह्म साक्षात्कार कर लेने पर साधक योग की क्रिया और तदंगभूत अनुभूति का वर्णन ऐसी शब्दावली में करता है, जो साधारणतया समझ में नहीं आती। साधक को यह अभीष्ट भी नहीं है कि यह रहस्य अनधिकारियों पर भी प्रगट हो जाए। इसलिए कुछ सिद्ध प्रतीकों, पारिभाषिक शब्दों और अस्पष्ट संकेतों के सहारे वह अपनी बात समझाने का प्रयत्न करते हुए कहा है कि–

व्याख्यार्थ–

सात-पाँच धाराओं में एक नदी बह रही है। उस नदी के बीच में पुरइन के पत्ते लगे हुए हैं। उन पत्तों में एक अनूठा फूल खिला हुआ है, जिसे देखकर भौंरा लुभा गया है।

(सप्त सोपान और पंचेन्द्रियों की धाराओं में शरीर रूपी सरिता प्रवाहित हो रही है, जिसमें पुरइन के पत्तों की तरह अनेक दलों के विविध चक्र हैं। उसमें सबके ऊपर अद्‌भुत सहस्र दल कमल खिला हुआ है। चंचल मन उसी पर अनुरक्त है।)

मैं वह फूल चुनने गई तो काँटों में मेरी साड़ी उलझ गई। प्रियतम के बिना उसे कौन छुड़ा सकता है?

(सहस्रार तक कुंडलिनी को पहुँचाने की प्रक्रिया में अनेक वासनाएँ बाधा बनकर मुझसे लिपट गईं। भगवान् के सिवा उन बाधाओं को कोई दूसरा दूर नहीं कर सकता।)

फूल चुनते समय मेघ बरसने लगे और मेरी नये रंग की साड़ी उस जल से भीग गई।

(साधना के फलस्वरूप सहस्रार स्थित चन्द्रमा से अमृत की वर्षा हुई। भगवान् के रंग में नयी रँगी हुई आत्मा उस अमृत से सराबोर हो गई।)

जिस समय मेघ बरस रहा था मैं अट्टालिका पर चढ़ी। योगी ने नीचे धूनी लगा दी। (नीचे अग्निचक्र में योगाग्नि प्रज्वलित हुई। कंडलिनी षट्चक्र वेधन कर सहस्त्रार में चढ़ी और तत्काल चन्द्रमा से अमृत बरसने लगा।)

कबीर कहते हैं कि हे साधु बन्धुओं! सच्चे गुरु ने मुझे उपदेश देकर परमात्म रूप दिखा दिया।

समीक्षा

हठयोग की साधना में शरीर के भीतर ही अनेक चक्रों, नाड़ियों, कुंडलिनी आदि की कल्पना की गई है। वायु और उपस्थ के बीच त्रिकोण चक्र में स्वयम्भू लिंग माना जाता है, जिसे कुंडलिनी सर्पिणी की भाँति साढ़े तीन वलय से वेष्ठित कर प्रसुप्त पड़ी है। यही कुंडलिनी मूल शक्ति है। सबके नीचे मूलाधार चक्र और सबके ऊपर सहस्त्रार है। यही सहस्त्रार कैलास है, जहाँ शिव हैं और शिव के मस्तक पर चन्द्रमा है। चन्द्रमा से अमृत-स्त्राव होता रहता है, जिसे मूलाधार स्थित सूर्य सोख लेता है। यदि किसी प्रकार अमृत का यह क्षय रोका जा सके तो वह शरीर को अजर-अमर बना दे। मूलाधार और सहस्त्रार के बीच स्वाधिष्ठान मणिपुर, अनाहत, आज्ञा आदि षट्चक्र हैं। इड़ा, पिंगला और सुषुम्ना तीन प्रमुख नाड़ियाँ हैं। इनमें भी सुषुम्ना मुख्य है। साधना द्वारा जब कुंडलिनी शक्ति जगाई जाती है, तब वह षट्चक्र बेधन करती हुई सुषुम्ना मार्ग से ही सहस्त्रार रूपी अट्टालिका पर चढ़ती है। वहीं इस शक्ति का शिव से समागम होता है और साधक की साधना पूर्ण हो जाती है।

सिद्ध-सन्त साहित्य में सहस्त्रार को कैलास, गगन, भँवर गुफा, उलटा कुआँ आदि अनेक नामों से अभिहित किया गया है। अमृतस्त्राव को गगन से बरसने वाला पानी बताया गया है और सन्तों के उस जल में परम परितृप्तिपूर्वक स्नान करने की बात प्रायः प्रस्तुत पद की शैली में ही कही गई है। कबीर के शिष्य धर्मदास का पद है—

झर लागै महलिया गगन घहराय ।
खन गरजै खन बिजुरी चमकै
लहर उठे सोभा बरनि न जाय ।
सुन्न महल से अमृत बरसै
प्रेम आनन्द ह्वै साधु नहाय ।।

(3)

बाजै एक तार सुनऽहो दिन रतिया ।
पाँच तत्त कऽबनल तमूरा, लागल खूँटी तीन जुगतिया ।।

अनहद सार अलख गति बाजै हमहूँ से कहऽगगन कऽ बतिया ।।
कहत कबीर सुनऽ भाई साधो, लागल सबद में हमरो सुरतिया ।।

अभिधान

(1) तार = श्वासों का तार (2) पाँच तत्त = पञ्च-तत्व–पृथ्वी, जल, वायु, अग्नि और शून्य तत्व। (3) तीन जुगतिया = तीन युक्तियाँ; त्रिगुण–सतोगुण, रजोगुण और तमोगुण। (4) अनहद = अनाहत नाद; सोहं ध्वनि। हठयोग की साधना से सुषुम्ना का पथ खुल जाने पर साधक अनहद नाद सुनने लगता है, जो समुद्र गर्जन, मेघों की गड़गड़ाहट, शंख, घंटा, वंशी, भ्रमर आदि की ध्वनियों के रूप में सुनाई पड़ता है। यही नाद सोपाधि होकर सरगम बनता है और निरुपाधि रूप से प्रणव कहलाता है। (5) अलख = अलक्ष्य; परमात्मा। (6) गगन = सहस्त्रार (7) सबद = शब्द; गुरु का उपदेश; परम ब्रह्म।

व्याख्यार्थ–

श्वास का एक तार है, जो दिन-रात बज रहा है। यह तार पञ्च-तत्त्व निर्मित शरीररूपी तमूरे में लगा हुआ है, जिसमें त्रिगुणरूपी तीन खूँटियाँ हैं। सहस्त्रार का रहस्य मुझे भी बताओ, जहाँ कुंडलिनी के पहुँच जाने के बाद अलक्ष्य गति से परम तत्त्व रूपी अनहदनाद होता रहता है। कबीर कहते हैं कि हे भाई सन्तो! अब मेरी सुरति शब्द में लग गई है।

समीक्षा

यह बताया जा चुका है कि सन्त साधना को शब्द-सुरत योग भी कहते हैं। कबीर-वाणी के एक संग्रह में 'शब्द' पर म्निलिखित शास्त्रार्थ उपलब्ध होता है–

गुरू हमारा गगन में, चेला है चित माहिं ।
सुरत शब्द मेला भया, बिछुरत कबहूँ नाहिं ।।
शब्द कहाँ ते उठत है, कहुँ-कहुँ जाए समाय ।
हाथ पाय वाके नहीं, कैसे पकड़ा जाए ।।
नाभि कमल ते उठत है, सुन्न में जाए समाय ।
हाथ पाय जाके नहीं, सुरत से पकड़ा जाए ।।

(4)

नाँव कऽ मदवा चुअइबै हो कलवारिन बनि के ।
सत महुआ गुरु ज्ञान जबरि करि
तन कऽ भठिया बनइबै हो कलवारिन बनि के ।।
जोग जुगुत कऽ ईन्हन लिअइबै
प्रेम अगिन लहकइबै हो कलवारिन बनि के ।।

चित चटनी मन रतन कटोरा
ओही में मदवा भरइबै हो कलवारिन बनि के ।।
सब सन्तन मिलि जेवन बइठैं
दुबिधा धोय बहइबै हो कलवारिन बनि के ।।
नावँ कऽ आपा आप बिसरि के
खूब खुदी के खोइबै हो कलवारिन बनि के ।।
साहेब कबीर अमल रसमाते
फेर न भौजल अइबै हो कलवारिन बनि के ।।

अभिधान

(1) मदवा चुअइबै = शराब उतारूँगी। (2) सत = सत्य; सतोगुण (3) भठिया = भट्ठी। (4) ईन्हन = ईंधन। (5) लहकइबै = दहकाऊँगी। (6) जेंवन = भोजन करने के लिए। (7) नाव कऽ आपा = नाम का अपनापन; नाम की प्राप्ति। (8) खुदी = अहंकार। (9) अमल = निर्मल; नशा (10) भौजल = संसार-समुद्र।

प्रसंग

गुरु ने नाम-साधना का महत्त्वपूर्ण ज्ञान प्रदान कर दिया। साधक की आँखें खुल गईं। उसने जान लिया कि सिद्धि नाम-भजन से ही मिलेगी। अतः साधक की आत्मा यह घोषणा कर चली।

व्याख्यार्थ–

(अब मैं) कलवारिन बनकर (भगवान् के) नाम की मदिरा उतारूँगी। सत (सत्य अथवा सतोगुण) को गुरु (द्वारा दिए गए) ज्ञान से अत्यधिक तीव्र महुआ बनाकर (मैं अपने) शरीर को ही भट्ठी बना दूँगी। (उस भट्ठी में) योग-युक्ति का ईंधन लाऊँगी (और फिर उसमें) प्रेम की आग दहका दूँगी। (इस प्रकार मदिरा तैयार हो जाने पर उसे पीते समय 'चिखने' की आवश्यकता पड़ेगी, इसलिए) चित्त को चटनी (बनाकर) मन के रत्न-चषक में (भगवन्नाम की) मदिरा भरवाऊँगी। सभी सन्तगण (जब) भोजन करने बैठेंगे (तब मैं अपने मन की सारी) दुविधा धो बहाऊँगी। अपने आप को भूलकर (मैं भगवान् के) नाम को अपना लूँगी और अच्छी तरह (अपने) अहंकार को नष्ट कर दूँगी।

(सन्त) कबीर साहब (प्रभु के नाम के) निर्मल रस में मस्त हैं (अथवा भगवत्-भक्ति के नशे में चूर हैं। इसलिए एक बार इस विशिष्ट ढंग की) कलवारिन बन कर (मैं) पुनः इस संसार-सागर में न आऊँगी। (आवागमन के बंधन से छूट जाऊँगी।)

समीक्षा

सन्त और सूफ़ी काव्य में मदिरा का नशा भक्ति रस में शराबोर होने का एक सिद्ध प्रतीक है। उर्दू-फ़ारसी कविता में यह प्रतीकार्थ प्रयोग बाहुल्य द्वारा रूढ़ हो चुका है। प्रस्तुत पद में मदिरा तैयार करने की प्रक्रिया का रूपक बाँधकर नामामृत पान का महत्त्व प्रकट किया गया है तांत्रिक साधना में भी जिसमें मद्यमांस आदि पञ्च मकार की धूम रहती है, मद्य का वास्तविक अर्थ सहस्रार से स्रवित होने वाला अमृत है। जब तक 'खुदी' (अहंकार) है, तब तक खुदा (परमेश्वर) नहीं मिल सकता, इस तथ्य का भी प्रतिपादन प्रस्तुत पद में किया गया है। कबीर ने यही बात अन्यत्र भी कही है–

जब मैं था तब हरि नहीं, अब हरि हैं मैं नाहिं ।

(5)

अन्हिअरवा में ठाढ़ी गोरी का करऽ लू?
जब लगि तेल दिया में बाती,
एही अँजोरवा बिछाय घलतू ।
मनकऽ पलँग, सँतोस बिछौना,
ग्यान कऽ तकिया लगाय रखतू ।
जरि गैल तेल बुझाइल बाती,
सुरत में मुरत समाय रखतू ।
कहत कबीर सुनऽ भाई साधो
जोतिया में जोतिया मिलाय रखतू ।

अभिधान

(1) अन्हिअरवा में = अन्धकार में। (2) गोरी = कलुष मुक्त निर्मल आत्मा। (3) का करऽ लू = क्या करती हो। (4) दिया = दीपक; शरीर। (5) तेल = प्राण (6) बाती = वर्तिका; बत्ती; आयु। (7) अँजोरवा = प्रकाश (8) बिछाय घलतू = बिछा डालती। (9) सुरत = स्रोत; चित्त प्रवाह; केलि क्रीड़ा; स्मृति; श्रुति, नाद; शब्द; ध्यान।

प्रसंग

निरंजन आत्मा सदैव निर्मल है। यह तो इस मिट्टी के संसार की विशेषता है कि यदि यहाँ चतुर्भुज भी द्विभुज बनकर उतरे तो उसे भी माया की मिट्टी लगे बिना न रहे। अतः साधक अपनी आत्मा को सावधान करता हुआ कहता है–

व्याख्यार्थ–

(अज्ञान के) अन्धकार में खड़ी होकर (हे) गोरी (हे मेरी निर्मल आत्मा तुम) क्या कर रही हो? जब तक शरीर रूपी) दीपक में (प्राण रूपी) तेल (और) बत्ती (रूपी) आयु (मौजूद है, तब तक इसी के) प्रकाश में मन की पलँग पर सन्तोष (रूपी) बिछौना क्यों नहीं बिछा लेतीं? ज्ञान की तकिया क्यों नहीं लगा रखती? प्राणों का तेल जल गया है, आयु की बत्ती बुझ गई है? (भगवान् की) मूर्ति (अपने) ध्यान में क्यों नहीं विलीन कर रखतीं? कबीर कहते हैं कि हे भाई साधुओं! परम ज्योति में (परमात्मा में) आत्मा की ज्योति मिला रखो।

समीक्षा

सन्त साहित्य में 'सुरति' शब्द बड़ा ही महत्त्वपूर्ण है। सिद्ध, नाथ और सन्त तीनों ने 'सुरति-निरति' शब्द का व्यवहार बार-बार किया है। परन्तु तीनों के यहाँ अर्थ में कुछ भिन्नता है। 'सुरति' शब्द का महत्त्व इससे भी प्रकट है कि सन्त मार्ग का एक नाम ही शब्द-सुरति-योग पड़ गया है।

कजली

(1)

आज बगिया में भइल बा बहार ललना ।
ओही कुंज बनवां, कदम केर डरवाँ ।।
झुलवा परल बा झोंकेदार ललना ।
फूलल गुलमेंहदी गुलसब्बो ।।
गुलतुर्रा गुलेनार ललना ।
'सुकबिन' के घर कजरी गवाला ।
बाजऽ ला ढोल औ सितार ललना ।।

अभिधान

(1) भइल बा = हुई है। (2) ललना = (सं.) नारी। बनारसी बोली में 'लाल' के अर्थ में प्रयुक्त। (3) परल बा = पड़ा है। (4) गुल सब्बो = गुलशब्बो। एक पुष्प विशेष जो वर्षा ऋतु में खिलता है। यदि बराबर पानी मिले तो बारहमासी रहता है। (5) गुलमेंहदी = एक पुष्प। यह भी वर्षा ऋतु का पुष्प है (6) गुलतुर्रा = एक पुष्प। (7) गुलेनार = वर्षा का एक पुष्प। (8) गवाला = गाई जाती है।

प्रसंग

पावस आ गया। आकाश में ऊदी-ऊदी घटाएँ छा गईं। बागों में झूले पड़ गए। प्रकृति ने हरे रँग के लहँगे पर रंगबिरंगी छींट की चादर ओढ़ लीं। शीतल मन्द बयार में लताएँ लहरा उठीं। कामिनी के मन में काम जाग उठा। उसके मन में स्वभावतः विचार उठा कि 'लाल बिनु कैसे लाज चादर बचैगी आज, कादर करत मोहिं बादर नये नये।' ऐसी स्थिति में क्या मान करने से काम चल सकता है? उत्तर स्पष्ट है कि–'नहीं'। तब क्या किया जाए? इतने में किसी पुराने उपदेशक का यह उपदेश याद आ गया कि–

'मान घटे ते कहा घटिहै जु पै प्रानपियारेहिं देखन पैये', फिर क्या था! 'साँवर गोरिया' ने अपने 'बलमुआँ' का फेंटा जा पकड़ा और बोल चली–

व्याख्यार्थ–

हे लाल! आज बागों में (बड़ी) बहार हो गई है।

उसी कुंज-वन में कदम्ब (वृक्ष) की डाल पर झोंकेदार झूला पड़ा है।

गुलमेंहदी, गुलशब्बो, गुलतुर्रा और गुलेनार खिल गए हैं।

अच्छे कवियों के घर कजली गाई जाती है और ढोल तथा सितार बजते हैं।

समीक्षा

वैसे तो रसिक कवियों की यह शाश्वत घोषणा रही है कि 'कौन रितु ऐसी जामें मदन सतावै ना?' फिर भी षड्ऋतुओं में वसन्त और पावस विशेष कामोद्दीपक माने जाते रहे हैं। श्रृंगार के संयोग-वियोग नामक उभय पक्षों में ऋतु वर्णन उद्दीपन विभाव के अन्तर्गत किया जाता रहा है। इसमें भी पावस नारी पक्ष में और वसन्त पुरुष पक्ष में विशेष सन्तापकारी चित्रित किया गया है। बाणभट्ट के पुण्डरीक वसन्त में ही मृत्यु तुल्य संज्ञाहीनता को प्राप्त हुए थे, महाश्वेता नहीं। परन्तु उधर कालिदास का विरही यक्ष 'आषाढ़स्य प्रथम दिवसे' अथवा 'प्रथम दिवसे' ही विशेष विचलित हुआ था। यह इसलिए नहीं कि पावस में उसकी अपनी विरह-व्यथा बढ़ गई थी, बल्कि वह यह सोचकर विशेष व्याकुल हुआ था कि अब तक तो उसकी प्रिया यक्षिणी ने जैसे-तैसे विरह के दिन बिता लिये हैं, परन्तु अब पावस में उसकी न जाने क्या दशा होगी? यह तो ऐसा समय है जब कि विरहिणियाँ मिलन के लिए इतनी उत्सुक हो जाती हैं कि धन की भी परवाह नहीं करतीं–

'घनसार पटीर मिलै मिलै चीर चहै तन लावै न लावै चहै ।
न बुझै बिरहागिनि झार, झरीहू चहै घन लावै न लावै चहै ।।
हम टेरि पुकारतीं 'बेनी प्रबीन' चहै मन लावै न लावै चहै ।
अब आवै बिदेस तें पीतम गेह चहै धन लावै न लावै चहै ।।'

इसीलिए यक्ष ने पावस में मेघ को दूत बनाकर प्रिया के पास सन्देश भेजा।

वर्षा-ऋतु में झूला उत्तर प्रदेश के गाँवों की अपनी ऐसी विशेषता है, जिसका वर्णन लोकगीतों में प्रचुरता से हुआ है–

'झूला पड़ा कदम की डारी
झूलै कुंज बिहारी ना ।'

उत्तर प्रदेश के झूलों ने अन्य प्रदेशवालों का भी ध्यान आकृष्ट किया है। तभी तो पंजाब के मौलवी चिराग़अली ने यह गीत लिखा कि–

बागों में पड़े झूले।
तुम भूल गए हमको, हम तुमको नहीं भूले ।।
सावन का महीना है ।
साजन से जुदा होकर जीना कोई जीना है ।।

प्रस्तुत पद में 'ललना' सम्बोधन और गीत की लय 'सोहर' का भ्रम उत्पन्न करते हैं। कारण, सोहर में ही प्रायः 'ललना' शब्द का प्रयोग टेक के रूप में होता है। अपने महाभारत नाटक में पं. माधव शुक्ल ने जो सोहर रचा था–उसमें भी इस नियम का पालन दिखाई देता है।

देखिए–

'झूलैं पाँचों ललना, झुलावैं रानी पलना,
जगत जस गावइ हो ।'

(2)

अबहूँ न अइलैं रे बालमुवाँ ।
घुमड़ि घुमड़ि मेघवा घहरैलैं
झर ठहरैलैं रे बालमुवाँ ।।
कूक कूक दइ मारे मोरवा
घायल कइलैं रे बालमुवाँ ।।
'सुकवि' हाय मोरे बाँके पियरवा,
कहूँ बिलमैलैं रे बालमुआँ ।।

'बालमुआँ' पदान्त कजलियाँ प्रायः झूले पर ही गाई जाती हैं। बालम प्रवासी हैं। पावस आ गया, परन्तु वे नहीं आये। स्वभावतः विरहिणी के मुख से लम्बी साँस के साथ निकल पड़ा–आह! प्रिय अब भी नहीं आए।

बादल उमड़-घुमड़ कर घहरा पड़ें हैं। पानी की झड़ बँध-सी गई है। हे प्रिय! इन दइमारे मोरों ने कूक-कूककर मुझे घायल कर दिया। सुकवि अम्बिकादत्त व्यास के शब्दों में विरहिणी कहती है कि मेरे बाँके प्राण प्यारे कहीं किसी की प्रीति में पड़कर रुक गए हैं।

(3)

रानी बिकटोरिया कऽ राज बड़ा भारी रामा
फइल गयल सब संसरवा रे हरी।
जहाँ देखऽ तहाँ चलैं रेल धुवाँकसिया रामा
चारों ओर लगल बाटै तरवा रे हरी।।
गाँव गाँव बनल भारी भारी असपतलवा रामा
घर घर घूमै डकटरवा रे हरी।।
सहर सहर में बनल इसकुलवा रामा
लरिका पढ़ावैं मसटरवा रे हरी।।
जगह जगह में पुलिस बाटै फैलल रामा
फैसला करऽ लैं मजिस्टरवा रे हरी।।
एक्कै पइसवा में चिट्ठी जाये लागल रामा
दूर दूर जाला अख़बरवा रे हरी।।
घरे घरे अब होए लागल बा कुमेटी रामा
बजऽ ला थपोरी सब सहरवा रे हरी।।
केतने तऽ हिन्दू होई गइलैं अंगरेजवा रामा
मेहरियौ के ले करैलैं सफ़रवा रे हरी।।
'सुकवि' कहत चिरजीवै यह रानी रामा
इहै राज बाटै मजेदरवा रे हरी।।

व्याख्यार्थ-

महारानी विक्टोरिया का राज बड़ा भारी है। सारे संसार में फैला हुआ है। जहाँ देखो, वहीं रेल और धुआँकश (स्टीमर) चल रहे हैं। चारो ओर टेलीग्राफ के तार लगे हुए हैं। गाँव-गाँव में अस्पताल बन गए हैं, डॉक्टर घर-घर घूमते हैं। प्रत्येक शहर में स्कूल खुले हैं, जहाँ मास्टर पढ़ाते हैं। जगह-जगह पुलिस फैली हुई है, मजिस्ट्रेट मुकदमों का फैसला करते हैं। एक ही पैसे मूल्य के टिकट से चिट्ठियाँ जाने लगी हैं। अखबार भी इसी तरह दूर-दूर भेजे जाते हैं। घर-घर समितियाँ स्थापित होने लगी हैं, समूचे शहर में तालियाँ बजती हैं। वक्ताओं के भाषणों पर लोग तालियाँ बजाते हैं। कितने ही हिन्दू अंग्रेज हो गए हैं, अपनी बीबी को साथ लेकर सफ़र करते हैं। सुकवि अम्बिकादत्त कहते हैं कि महारानी चिरंजीविनी रहें। यही राज मज़ेदार है।

समीक्षा

प्रस्तुत रचना जिस काल की है, उस समय भारत में ब्रिटिश शासन विधाता का वरदान माना जाता था। सन् 1857 के स्वातंत्र्य-संग्राम में प्राप्त विफलता के कारण जनता का

मनोबल टूट चुका था। सम्भ्रान्त वर्ग में राजभक्ति की होड़-सी लगी हुई थी। पंडित अम्बिकादत्त व्यास पंडितों की उसी परम्परा के अन्तर्भुक्त थे, जिसने कभी अकबर के लिए 'दिल्लोश्वरो वा जगदीश्वरो वा' की उद्घोषणा की थी। वैसे भी व्यासजी में स्वभावतः राजभक्ति का अतिरेक था। एक बार भारतेन्दु जी ने 'चिरजीवहु हे विकटोरिया रानी' समस्या निकाली, जिसकी सर्वोत्तम पूर्ति व्यासजी की ही मानी गई थी, क्योंकि उन्होंने कटोरिया और विकटोरिया शब्दों के प्रयोग में यमक का चमत्कार दिखाया था। उन्होंने लिखा था–'पूर्ण अमीकी कटोरिया-सी चिरजीवहु हे विकटोरिया रानी।'

प्रस्तुत कजली में ब्रिटिश शासन काल की देन स्कूल-कचहरी, पुलिस-मजिस्ट्रेट, रेल-तार, सभा-सोसाइटी आदि का प्रशंसापूर्ण वर्णन उस समय की मनोवृत्ति का सूचक है। जान पड़ता है व्यासजी को सभाओं में ताली बजाना पसन्द नहीं था। काशिका में 'थपोड़ी बजाना' मुहावरा है, जिसका अर्थ है–बदनामी होना। उस समय अपनी ही पत्नी के साथ सफ़र करना भी अच्छी निगाह से नहीं देखा जाता था। यह पर्दा प्रथा का प्रसाद था। एक पैसे में चिट्ठी जाने की बात उस समय भी लोगों के लिए कौतूहल की चीज़ थी। ग़ालिब ने भी अपने एक पत्र में 'पैसलचा' लिफ़ाफ़े का उल्लेख किया है।

✦

(4)

गइल मोरी झुलनी हेराय पनिघटवाँ
सारी रैन कइलेस रमझोरवा
अब धनि जइबै बलाय पनिघटवाँ ।।
लहुरी ननदिया जनम कऽ बैरिन
सँगवा लगल मोरे जाए पनिघटवाँ
'रसिक किसोरी' गोरी कवने रे करनवाँ
बरबस मनवाँ पराय पनिघटवाँ ।।

अभिधान

(1) झुलनी = नाक में पहना जाने वाला एक आभूषण। (2) रमझोरवा = प्रचंड केलि-क्रीड़ा। (3) लहुरी = छोटी। (4) ननद = पति की बहन; भावज को दुःख देनेवाली; वासना। (5) पराय = भागता है।

प्रसंग

पनघट पर ऐसी प्रचंड केलि-क्रीड़ा हुई कि झुलनी खो गई। झुलनी वाली ने प्रतिज्ञा की कि अब पनघट पर न जाऊँगी। सखी द्वारा कारण पूछने पर वह कहती है–

व्याख्यार्थ–

पनघट पर मेरी झुलनी खो गई। प्रिय ने सारी रात ऐसी प्रचंड केलि-क्रीड़ा की कि उसी के कारण मुझे अपनी झुलनी को गवाँ देना पड़ा। हे सखी! अब मेरी बला पनघट जाए, मैं तो अब न जाऊँगी। मेरी छोटी ननद मेरी जन्मजात शत्रु है, वह मेरे साथ लगी हुई पनघट तक जाती है। उसकी इस करनी से एकान्त प्रिय-मिलन में बाधा पड़ती है। रसिक किशोरी का कथन है कि फिर भी न जाने क्यों मन अनायास ही पनघट पर भाग-भाग कर जाता है। (रसिक किशोरी गोस्वामी किशोरीलाल का उपनाम है।)

समीक्षा

नायिका परकीया है। वह प्रिय से मिलने के लिए पनघट पर जाया करती है। उसकी ननद भी उसके साथ ही जाती है। ऐसा आचरण किसी भी परकीया नायिका को अभिसार में नागवार गुजरता ही है। रहीम की नायिका ने इसीलिए नाई की लड़की को 'क्रूर' कहा था–

'जइहौं चुनन कुसुमियाँ, खेत बड़ि दूर ।
नउआ केर छोहरिया, मोहिं सँग कूर ।।'

लाचार होकर नायिका प्रतिज्ञा कर बैठती है कि अब मैं कभी पनघट पर न जाऊँगी, परन्तु पनघट की याद उसे बार-बार आती है और मन उड़कर अनायास वहीं पहुँच जाता है–

'सघन कुंज छाया सुखद, सीतल मन्द समीर ।
मन ह्वै जात अजौं वहैं, वा जमुना के तीर ।।'

प्रस्तुत पद का आध्यात्मिक अर्थ भी लगाया जा सकता है, जिसमें झुलनी तत्वज्ञान की प्रतीक मानी जाएगी। सन्त-साहित्य के अनुसार 'ननद' वासना का प्रतीक है। सूफ़ियों और सन्तों ने प्रायः ऐसे रूपक बाँधे हैं। कबीर ने इसी भाव पर 'मेरो हार हिरान्यो मैं लजाउँ' जैसे पदों की रचना की है और मलिक मुहम्मद जायसी ने भी पनघट पर हार खो जाने का उल्लेख किया है–

'सखी एक तेइं खेल न जाना ।
चित अचेत भइ हार गवाना ।।
कँवल डार गहि भै बेकरारा ।
कासों पुकारौं आपन हारा ।।
कत खेलै आइउँ एहि साथाँ ।
हार गँवाइ चलिउँ सैं हाथाँ ।।'

✦

(5)

तोहईं बाटू नोखे कऽजवान साँवर गोरिया ।
चार गुंडा आगे चलैं, चार गुंडा पिछवाँ,
बिचवा में चलऽ लू उतान साँवर गोरिया ।।

जैसा कि पहले कहा जा चुका है 'साँवर गोरिया' की टेक बनारसी कजलियों की विशेषता है। प्रस्तुत गीत का सम्बन्ध गायिकाओं के उस वर्ग से है, जिसे बनारस में गौनहारिन कहते हैं। कुछ दिनों पूर्व तक मेले-ठेले में गौनहारिनें गाती हुई चलती थीं और उनके आगे-पीछे गुंडों का दल बोली अवाजा कसता चलता था। एक बार जयपुर नरेश महाराज प्रतापसिंह के साथ पद्माकर काशी आये। सावन का महीना था। महाराज शंकुधारा का (वर्तमान वाटर वर्क्स के पीछे) मेला देखने पद्माकर के साथ गए। वहाँ गौनहारिनें गा रही थीं और गुंडे 'रंग हौ रे, रंग हौ' कहकर उन्हें प्रोत्साहन दे रहे थे। इस अद्‌भुत तमाशे का रहस्य महाराज की समझ में न आया। उन्होंने पद्माकर से पूछा और पद्माकर ने तत्काल निम्नलिखित कवित्त रच कर काशी की इस विशेषता को विवृत्त किया–

सावन सखी री मनभावन के संग चलि,
क्यों न चढ़ि झूलत हिंडोरे नवरंग पर ।
कहैं 'पद्माकर' त्यौं जोबन उमंगनितें,
उमँगि उमंगित अनंग अंग अंग पर ।।
चारु चूनरी की चारो तरफ़ तरंग तैसी,
तंग अँगिया है तनी उरज उतंग पर ।
सौतिन के बदन बिलोकि बदरंग होत,
रंग है री रंग तेरी मेंहदी सु-रंग पर ।।

एक प्रकार से यह क़वित्त प्रस्तुत कजली का पद्माकरकृत भाष्य है।

चैती

(1)

सैयाँ रे नदनवाँ हो रामा
चइत कइसे बितइबै?
अरे मुखहू से हमसे न बोलैं
गरवा न लेइहैं लगाई हो रामा ।। चैत.।।
अरे अइसे बालम के सँगवा रामा
जोबन नाहक मोर जाई हो रामा ।। चैत.।।

अनमेल विवाह की शिकार किसी तरुणी का कथन है कि–

सैयाँ (तो) मुझसे मुँह से बोलते भी नहीं, (इसलिए मुझे पक्का विश्वास है कि वह मुझे) गले भी न लगाएँगे। अरे राम, ऐसे पति के साथ मेरा यौवन व्यर्थ हो जाएगा।

(2)

चलऽ सखि मलिया के बगिया हो रामा ।
लोढ़ि लोढ़ि फुलवा तऽ भरली खोंइछवा
आय गैल मलिया रखवरवा हो रामा ।।
नैन झरत हम देखहू न पउली
सूतल भयल भिनसरवा हो रामा ।।

गीत का वर्ण्य आध्यात्मिक प्रतीकों से ओत-प्रोत है। सखी मन का, बगिया संसार का, फुलवा सांसारिक कर्मों का, खोइँछा जीवन का, माली परमात्मा का, आँसू भर आने से न देख पाना माया का, सोये पड़े रहना अज्ञान का और सबेरा हो जाना संसार से विदा काल का प्रतीक है।

अन्तकाल आ पहुँचा है। आँखों में नील ढल चला है। कहते हैं, ऐसे समय जीवन भर के संचित कर्मों की स्मृतियाँ फिल्म की तरह मस्तिष्क के फलक पर स्पष्टता से प्रतिफलित होने लगती हैं। ऐसे ही अवसर पर जीवात्मा अपने मन से कहती है कि हे सखी! मैंने तुझसे कहा था कि चल, परमात्मारूपी माली के संसारोद्यान की सैर करें। उस बाग में जाकर फूल चुन-चुन कर अपना आँचल भर लेने के बहाने वास्तव में मैंने अपना जीवन संचित कर्मों के बोझ से भर लिया। बाग का रखवाला माली आ गया। लोगों ने यह बताया कि उपवन के कण-कण में वह माली व्याप्त है, परन्तु आँखों पर माया का परदा पड़ा रहने के कारण मैं उसे देख भी न पाई। अज्ञान में ही सारा जीवन बीत गया और अब अन्तकाल उपस्थित है।

गीत का वाच्यार्थ भी सरस है। बाग के माली से प्रेम हो गया है। उसका दर्शन तभी मिल सकता है, जब बाग में जाया जाए। वहाँ पूजा आदि के लिए फूल तोड़ने के बहाने ही जाया जा सकता है। फलतः नायिका ने सखी से कहा कि चलो सखी! माली के बाग में चलें। बाग में जाकर नायिका ने मनमाने फूल चुन कर आँचल में भर लिए। इतने में चिरप्रतीक्षित माली भी आ पहुँचा। सात्त्विक भावोदय से नेत्रों में आँसू भर आए। वह भर आँख प्रिय को देख भी न पाई। सबेरा हो गया। औरों के आ जाने की आशंका से अतृप्त ही वापस होना पड़ा।

नायिका का विहृत हाव सहृदयों को रस मुग्ध करेगा ही।

(3)

चम्पा गाछी भँवरा लोभइलैं हो रामा ।
बन बन फूलल फूल बिरछवन ।
कलियै के प्रीत भुलइलैं हो रामा ।।

सामन्ती अन्तःपुर में कैद अनेक पत्नियों के रहते हुए भी नायक नया विवाह कर लाया है और नववधू के प्रेम में विभोर हो रहा है, अतः पुरानी पत्नियों के सामने 'अली कली ही सों बिध्यो आगे कौन हवाल' की समस्या उपस्थित है। वे परस्पर कहती हैं कि हमने सोचा था कि नायक कभी हम लोगों की इस प्रकार उपेक्षा करेगा, यह असम्भव है। परन्तु वह 'असम्भव' इस प्रकार सम्भव हो गया, जैसे भौंरे का चम्पा[1] पर लुब्ध होना असम्भव है। परन्तु नायक ने नववधू पर मुग्ध होकर यह सिद्ध कर दिया कि भौंरा चम्पे के वृक्ष पर लुब्ध है। जंगल-जंगल (प्रत्येक महल में) वृक्षों पर (हमारे शरीर में) फूल (यौवन) खिला हुआ है। (फिर भी वह) कली (नववधू) के ही प्रेम में विभोर है।

(4)

मोसे सेजिया चढ़ल नाहीं जाई हो रामा ।
छिन छिन बढ़त बिथा तन सजनी,
कटत न कठिन बियोग कऽ रजनी,
बिन हरि अति अकुलाई हो रामा ।।

नायिका प्रोषितपतिका है। प्रिय के वियोग में इतनी दुर्बल और क्षीण हो गई है कि उसके लिए पलंग तक पर चढ़ना हिमालय पर चढ़ने से कम कष्टकारी नहीं है। अतः वह अपनी किसी सखी से कहती है कि मुझसे शय्या पर न चढ़ा जाएगा। हे सखी! शरीर में पीड़ा क्षण-क्षण बढ़ रही है, वियोग की कठिन रात कटती ही नहीं। हरि के बिना मुझे बड़ी व्याकुलता है।

(5)

होला भिनुसरवा हो रामा,
ए पिया जागऽ ।
चातक, मोर, पपीहा पिहँकत
कोइल करत बन सोखा हो रामा
ए पिया जागऽ ।।
मदन मरोर जोर तन डारत
जोबन देत झकोरवा हो रामा
ए पिया जागऽ ।।
सुतल पिया के हम कइसे जगाई ।।
जाग पड़ी संसरवा हो रामा

---

1. चम्पा तोमें तीन गुन, रंग रूप औ वास ।
औगुन तोमें कौन जो, भँवर न आवत पास ।।

ए पिया जागऽ ।।
कहत रामधारी शर्मा अब
सूखत मोर जियरवा हो रामा ।।
ए पिया जागऽ ।।

गीत का नायक मानी है। नायिका से रूठकर कुम्भकर्णी निद्रा ले रहा है। प्रतीक्षा करते-करते सारी रात बीत गई। सबेरा हो चला। नायिका के धैर्य का बाँध टूट गया। वह कह चली–

हे प्रिय! जागो, सबेरा हो रहा है। चातक, मोर, पपीहे आदि भी जाग कर मधुर स्वर में बोलने लगे हैं, वनों में कोकिल भी पंचमस्वर में कूकने लगा है और तुम मनुष्य होकर भी सोये पड़े हो। इसलिए हे प्रिय! जागो।

कामदेव शरीर के जोड़-जोड़ को तोड़े डाल रहा है और यौवन भी झकोरे देता है। हे प्रिय! जागो।

मैं अपने सुप्त प्रियतम को कैसे जगाऊँ। ये ऐसी गहरी नींद सो रहे हैं कि इन्हें जगाने के लिए बहुत जोर से चिल्लाना पड़ेगा और तब सारा संसार जाग जाएगा। इसलिए हे प्रिय! जागो।

रामधारी शर्मा कहते हैं कि अब मेरा जी सूख रहा है। हे प्रिय! जागो।

पूरे पद का अर्थ आध्यात्मिक पक्ष में भी लगाया जा सकता है। कारण, वैसे अर्थ के लिए भी पद में पूरी गुंजाइश है।

बिरहा

(1)

लजिया दबावै मनमथवा सतावै मोसे-
एको छन रहल न जाय ।
लखि बलबिरवा जमुनवाँ के तिरवा रे
हियरा कऽ धिरवा नसाय ।।

वयः क्रमानुसार नायिका मध्या है। जिस नायिका में लज्जा और कामाकुलता समान अंश में रहे, उसे मध्या कहते हैं। प्रस्तुत नायिका कहती है कि एक ओर तो मुझे लज्जा दबाती है (प्रिय के पास जाने से रोकती है तो दूसरी ओर) कामदेव मुझे सताता है (प्रिय के पास जाने की प्रेरणा देता है।) बलबीर (बलदाऊ के भाई श्रीकृष्ण) को यमुना तट पर देख कर मन का धीरज छूट जाता है (हृदय व्याकुल हो उठता है।) बकौल तोष कवि–

'लाज विलोकन देत नहीं, रतिराज बिलोकन ही की दई मति ।
लाज कहै मिलिये न कहूँ, रतिराज कहै हित सों मिलिये पति ।

लाजहुँ की रतिराजहु की, कहैं 'तोष' कछू कहि जाति नहिं गति ।
लाल तिहारियै सौंह करौं वह बाल भई है दुराज की रैयति ।।

(2)

तसवा के सरिया में सोने कऽ किनरिया,
उँजरिया करत मुख जोत ।
अगर बगर जर-तरवा लगल बड़,
जगर मगर दुति होत ।।

नायिका के भुवनमोहन रूप का वर्णन करता हुआ कवि कहता है कि उस रेशमी साड़ी में जिसके अगल-बगल सुनहली किनारी है नायिका के मुख की ज्योति उजाला फैला रही है। (साड़ी में) अगल-बगल सोने के बहुत से तार लगे हुए हैं, जिससे रूप का प्रकाश जगमगा उठा है।

उल्लेख्य है कि तासबादले की साड़ी बनारसी वस्त्र उद्योग की एक विशेषता रही है। बिरहे का चौथा चरण बिहारी के एक दोहे से ज्यों-का त्यों ले लिया गया है, जैसे–

टटकी धोई धोवती, चटकीली मुख जोति ।
फिरति रसोई के बगर, जगर मगर दुति होति ।।

(3)

आज बरसाइत रगरवा मचावऽ जिन
नहकै झगरवा उठाय ।
अपनो हीं बरवा मैं पूजौं बलबिरवा
पिपरवा पूजन तोहीं जाय ।।

ज्येष्ठ मास में वट-सावित्री व्रत आ पड़ा। नायिका ने भी ब्रत रखा है। परन्तु कुटनी ऐसे पुण्य दिवस पर भी उसे परपुरुष का प्रलोभन देती है। नायिका स्वकीया है। वह झल्ला कर कुटनी से कहती है कि–

आज वट-सावित्री व्रत है। व्यर्थ ही झगड़ा उठा कर बैर न बाँधों, मैं तो बलवीर (नामक अपने) वर (पति और बरगद) की ही पूजा करूँगी। पीपर (पीपल का वृक्ष और परपति) पूजने तू ही जा।

प्रस्तुत बिरहे में दो बातें उल्लेख्य हैं–एक तो यह कि 'काशिका' में लिखते हुए भी कवि खड़ी बोली और ब्रजभाषा के प्रभाव से अपने को मुक्त नहीं रख सका है। तीसरी पंक्ति इस सन्दर्भ में द्रष्टव्य है। यदि इसके स्थान पर 'अपने तऽ बरवा पुजब बलबिरवा' होता तो शुद्ध काशिका होती। दूसरे जैसा कि प्रस्तुत कवि की आदत है, उसने उस प्रसिद्ध सवैया से भावापहरण किया है, जिसकी अन्तिम पंक्ति है–

'हम तौ अपुनो बर पूजती हैं,
सपने नहिं पीपर पूजतीं जू ।'

(4)

तोहरी नजरिया रे प्रान पिअरिया
मछरिया कहै लैं कवि लोग ।
तोहरा जोबनवाँ तऽ बेलवा कऽ फल बल–
बिरवा के हथवै जोग ।।

हे प्राणप्रिये! तुम्हारी दृष्टि को (उसकी चंचलता के कारण) कविगण मछली कहते हैं। तुम्हारे उरोज तो बेल के फल हैं, जो श्रीकृष्ण के ही हाथों (लगने) के योग्य हैं।

कमल, खंजन, मृग, मीन आदि नेत्रों के बड़े पुराने उपमान हैं। संस्कृत और हिन्दी के कवियों ने इन उपमानों का प्रचुर प्रयोग किया है। इस प्रयोग बाहुल्य को देखकर कुछ कवियों ने एक दूसरे पर कटाक्ष भी किए हैं, जैसे बुन्देलखंडी ठाकुर कवि ने स्वयं ही यह लिखते हुए भी कि–'बरुनीन में नैन झिंकैं झिझकैं मनो खंजन मीन के जाले परे' अन्य कवियों पर यह कहकर छींटाकशी की है कि–

'सीख लीन्ह्यौ मीन मृग खंजन कमल नैन ।
सीख लीन्ह्यौ जस औ प्रताप को कहानी है ।।'

जो हो, नेत्रों के जितने उपमान हैं उनमें सूरदास की गोपियों को मछली वाली उपमा ही जँची थी और उन्होंने कहा भी था–

उपमा एक न नैन गही ।
कविजन कहत कहत चलि आये
सुधि करि करि काहू न कही ।
× × ×
'सूरदास' मीनता कछू इक
जल भरि संग न छाड़त ।

इसी प्रकार चक्रवात, बेर, बेल आदि कुचों के पुराने उपमान हैं। बेल पूर्ण विकसित कठोर कुचों का सिद्ध उपमान है। किसी संस्कृत कवि ने कहा है–

उद्भेदं प्रतिपद्य पक्व बदरी भावं समेत्य क्रमात्
पुन्नागाकृतिमाप्य पूग पदवीमारुह्य बिल्वश्रियम् ।
लब्ध्वा ताल फलोपमां च ललितामासाद्य भूयोऽधुना
चंचत् कांचन कुंभ जृम्भनमिमावस्याः स्तनौ विभ्रतः ।।

इसी क्रम का अनुसरण करते हुए विद्यापति ने भी लिखा है–

पहिल बदरि कुच पुन नवरंग ।
दिन दिन बाढ़ए पिड़ए अनंग ।।

से पुनि भए गेल बीजकपोर ।
अब कुच बाढ़ल सिरिफल जोर ।।

(5)

धुकुर पुकुर सब अपनै छुटल अब
रसे रसे जियरा थिरान ।
सेजिया के धोरे गोरी जाके देवै लागल बल-
बिरवा के हथवा में पान ।।

(1) धुकुर-पुकुर = दिल की धड़कन। सन्देह। (2) रसे-रसे = धीरे-धीरे। क्रमशः। (3) धोरे = समीप। (सौंह तिहारिए भाजि न जाउँगी, आई हौं लाल तिहारिए धोरे। –भिखारीदास।)

प्रस्तुत बिरहे में विश्रब्ध नवोढ़ा का वर्णन किया गया है। पति से भय का सारा भाव अपने आप ही जाता रहा। धीरे-धीरे चित्त स्थिर हो गया। उसकी घबराहट जाती रही। यही नायिका जब तक नवोढ़ा[1] रही, तब तक मतिराम के शब्दों में उसकी यह दशा थी कि पानी पिलाने के बहाने जब पति उसे बुलाता था और अपनी जिठानी द्वारा विवश किए जाने पर जब उसे जलपात्र ले ही जाना पड़ता था तब वह उसे डेहरी पर ही रख कर भाग आती थी और पतिदेव पुकारते ही रह जाते थे। स्थिति यह होती थी कि–

'कान्ह की बात पै कान न दीन्यो,
सु गेह की देहरी पै धरि आई ।'

परन्तु अब नायिका पति का थोड़ा विश्वास करने लगी है। यहाँ तक विश्वास करने लगी है कि पति की सेज के पास तक जाकर उसे अपने हाथों से पान देने लगी है।

कहने की आवश्यकता नहीं कि बिरहाकार बलवीरजी सर्वतोभावेन उक्त भाव के लिए 'पद्माकर' के ऋणी हैं–

जाहि न चाहि कछू पति की सु कछू पति को पतियान लगी है ।
त्यों 'पद्माकर' आनन में रुचि कानन भौंह कमान लगी है ।
देत तिया न छुवै छतियाँ बतियाँन में तौ मुसिक्यान लगी है ।
प्रीतमैं पान खवावन कौं परजंक के पास लौं जान लगी है ।।

(6)

जनम जनम कर पुनवाँ कऽ फल मोरे
गवरि गोसाँइन हेरि ।

1. जो मुग्धा भयलाजयुत, रति न चहत पतिसंग ।
ताहि नवोढा कहत हैं जे प्रवीन रस रंग ।। –मतिराम।

मैया जोरि करवा मैं माँगों इहै बरवा जे
कीजै बलविरवा क चेरि ।।

नायिका अनूढ़ा[1] है। जिससे दिल लग गया है, उसे ही पतिरूप में प्राप्त करने के लिए वह गौरी से प्रार्थना करती है कि हे स्वामिनी पार्वतीजी! मेरे जन्म-जन्मान्तर के पुण्यों के फल को देखकर मुझे बलवीर की ही दासी बनाओ। हे माता! मैं हाथ जोड़कर यही वर माँगती हूँ।

हिन्दू संस्कृति में पार्वती सती नारियों की आदर्श हैं–

'पति देवता सुतीय महं मात प्रथम तव रेख ।
महिमा अमित न कहि सकहिं सहस सारदा सेष ।।'

इसीलिए कुमारियाँ मनचाहे वर की प्रार्थना गौरी से करती हैं। प्रस्तुत बिरहे का भाव और उसके कुछ शब्द भी मतिराम की निम्नलिखित सवैया से लिए गए हैं–

गोपसुता कहै गौरि गोसाँइनि पायँ परौं बिनती सुनि लीजे ।
दीन दया निधि दासी के ऊपर नेक सुचित्त दया रस भीजै ।
देहि जो ब्याहि उछाह सों मोहनै मात-पिता हू को सो मन कीजै ।
सुन्दर साँवरो नन्दकुमार बसै उरमें बरु सो बरु दीजै ।।

(7)

भरली गगरिया उठउलीं जइसे गोइयाँ तैसे
बिछलय गोड़वा हमार ।
जो पै बलबिरवा न बहियाँ धरत तो पै
बही थी जमुनवाँ के धार ।।

परपुरुष से छिपकर प्रीति करनेवाली नायिका को गुप्ता कहते हैं। भूत, भविष्य, वर्तमान के अनुसार गुप्ता के तीन भेद होते हैं। प्रस्तुत बिरहे में वर्तमान गुप्ता का चित्रण किया गया है। नायिका को किसी ने परपुरुष के साथ देख लिया, अतः नायिका बातें बनाती हुई कहती है कि हे सखी! मैंने ज्यों ही गागर भर कर उठायी, त्यों ही मेरा पैर फिसल गया। यदि कन्हैया मेरा हाथ न पकड़ लेता तो मैं यमुना की धारा में बह जाती। बलवीर जी ने प्रस्तुत बिरहे में वर्णित भाव 'मंडन' से लेकर मंडित किया है। कवि मंडन का छन्द है–

"सखि हौं तो गई जमुना जल कों
सु कहा कहौं वीर बिपत्ति परी ।
घहराइ के कारी घटा उनई
इतनेई में गागर सीस धरी ।

1. अनब्याही केहु पुरुषसों अनुरागिनी जो होइ ।
ताहि अनूढ़ा कहत हैं कवि कोविद सब कोइ ।। –मतिराम।

रपट्यो पग घाट चढ्यो न गयो
कबि मंडन ह्वै के बिहाल गिरी ।
चिरजीवहु नन्द को बारो अरी
गहि बाँह ग़रीब ने ठाढ़ी करी ।'

प्रस्तुत प्रसंग में यह भी द्रष्टव्य है कि खड़ी बोली से प्रभावित कवि ने 'बहि जाइत' की जगह 'बही थी' का प्रयोग किया है। सचमुच वातावरण दुर्निवार होता है।

(8)

मुखवा निहारै तन मन तो पै बारै गोरी
आठो छन रहऽ ला हजूर ।
अपने हाथन तोर बरबा सँवारै बल-
बिरवा तऽ भयल बा मजूर ।।

वर्णन स्वाधीनपतिका नायिका का है। नायिका की कोई सखी उससे कहती है कि हे सुन्दरी! बलवीर प्रतिक्षण तुम्हारा मुखड़ा निहारा करते हैं, तुम्हारे ऊपर तन-मन वारा करते हैं। आठ पहर तुम्हारी सेवा में हाज़िर रहते हैं। अपने हाथों तुम्हारे केश सँवारते हैं। वह तो जैसे एकदम तुम्हारे मजदूर (दास) हो गए हैं।

अपने हाथों अपनी प्रियतमा का शृंगार करने में रसिक हृदयों को विशेष आनन्द मिलता है। प्रस्तुत बिरहे में इसी तथ्य का उद्घाटन किया गया है और मतिराम का निम्नलिखित सवैया इसका आधार बनाया गया है—

आपुने हाथ सों देत महावर आपुही बार सँवारत नीके ।
आपुन ही पहिरावत आनिकै हार सँवारि के मौलसिरी के ।
हौं सखी लाजन जाति गड़ी 'मतिराम' सुभाव कहा कहौं पी के ।
लोग हँसैं घर घेरे कहैं अबहीं ते ये चेरे भये दुलही के ।।

(9)

मोरी बहियाँ बतावै बलबिरवा सरोजवा कऽ
हरवा गरे में किन देत ।
जब मुँहवा कहऽला मोर चँदवा सरिस कहु
चँदवै निरखि किन लेत ।

प्रियतम बलवीर मेरी बाँहों को कमल की माला कहता है। यदि ऐसी ही बात है तो वह मेरी भुजाओं के स्थान पर कमल की माला ही गले में क्यों नहीं धारण कर लेता। जब वह मेरे मुख को चन्द्रमा के समान कहता है तो मेरा मुख देखने की जगह वह चन्द्रमा को ही क्यों नहीं निहारता।

नायिका का खयाल है कि उसके कर-मृणाल के मुकाबले कमल तुच्छ हैं और उसके मुख मंडल की तुलना में चन्द्रमा नगण्य है। ऐसी स्थिति में यह कहने के लिए आचार्य केशव की ही आलोचना क्यों की जाए कि 'देखे मुख भावै, अनदेखे ही कमल चन्द, ताते मुख मुखै सखि कमलौ न चन्द री।'

प्रस्तुत नायिका रूपगर्विता है। उसे अपने रूप पर अभिमान है। उसका खयाल है कि उसके मुख का उपमान चन्द्र नहीं, बल्कि चन्द्र का उपमान उसका मुख होना चाहिए। रहीम की नायिका ने भी तो यही कहा था–

छीन, मलिन, बिखभैया, औगुन तीन ।
मोहिं कहत बिधुबदनी, पिय मति हीन ।।

(10)

सनहू उजारैं गोइयाँ उखियौ उपारैं ई
किसनवन के तनिकौ न हेत ।
कवनों पुरनवाँ न बेदवा बखानैं अर-
हरिया कऽ काटऽ जनि खेत ।।

नायिका तीसरी अनुशयाना है। जिस ईख, सनई और अरहर के खेतों में प्रिय से मिलन का उसका संकेत स्थल था, वह सब किसान काट देते हैं। फलतः नायिका अपनी किसी अन्तरंग सहेली से कहती है कि किसानों के मन में किसी से प्रेम नहीं। वे सन उखाड़ लेते हैं और ईख भी तोड़ लेते हैं। जैसे वेद, पुराण में पीपल आदि पंच वृक्षों को काटने का निषेध है, वैसे उन धर्मग्रन्थों ने यह व्यवस्था भी क्यों नहीं दे दी कि अरहर का खेत भी नहीं काटना चाहिए। सन और ईख का खेत कट जाने पर कम-से-कम अरहर का खेत तो बचा रहेगा। कम-से-कम बिहारी ने तो यही आश्वासन अपने एक दोहे में दिया था–

'सन सूक्यौ बीत्यौ बनौ, ऊखौ लई उखारि ।
हरी हरी अरहर खरी धर धरहर जिय नारि ।।'

सुनो सुनो सैयाँ कल बोली मोरी गोइयाँ तोरा
हरवा बनल सब ठीक ।
मोतिया के बिच बिच हिरवा जऽ होत बल–
बिरवा लगत बड़ नीक ।।

नायिका सामान्या है। उसका उद्देश्य नायक से अधिक-से-अधिक धन हथियाना है। फलतः वह नायक से कहती है कि हे स्वामी! मेरी बात तो सुनो! तुमने जो मोतियों का हार मुझे दिया था, उसे देख कर मेरी एक सखी ने कहा कि यों तो हार सब तरह से ठीक ही बना है, परन्तु यदि मोतियों के बीच-बीच में हीरे भी होते तो हे बलबीर! तब तो वह बड़ा ही अच्छा लगता।

कहने की आवश्यकता नहीं कि जिस समय बलवीर जी उक्त बिरहा रच रहे थे, उस समय उनके अन्तश्चक्षुओं सम्मुख अवश्य ही यह सवैया रहा होगा–

ढिग आय के बैठी सिंगार सजे
नख तें सिख लौं मुकतालरियाँ ।
मुसक्याय कै नैन नचाय कै गाय
कियो बस बैन गुवालरियाँ ।
दरसावति लाल को बाल नईं
सु सजे सिर भूषन झालरियाँ ।
छबि होती भली गजमोती के बीच
जो होती बड़ी-बड़ी लालरियाँ ।।

आधी जग भुइयाँ, आधी नद्दी ताल कुइयाँ, आधा
मरद से बुढ़वा बेराम ।
ससुर भसुर छोड़ बचलैं केतने मोहें
नहकैं करैलैं बदनाम ।।

(1) भुइयाँ = भूमि। (2) कुइयाँ = कुआँ। (2) बेराम = बीमार। (4) भसुर = पति का बड़ा भाई। (5) नहकै = व्यर्थ ही।

नायिका कदमबाज़ है। उसकी इस कमजोरी की निन्दा सर्वत्र होती है। सभी उसे पुंश्चली कहते हैं, जिस पर वह सफाई देती है कि मुझे तो लोग व्यर्थ ही बदनाम करते हैं। मुझे परपुरुषगामिनी बताते हैं परन्तु वह नहीं देखते कि संसार में उपभोग्य पुरुष हैं ही कितने? समूचे संसार में केवल आधा भाग ही स्थल है, शेष सब जल। स्थल में ही आधा भाग नदी, ताल और कुओं से भरा है। अतः पृथ्वी के चौथाई भाग में ही आबादी है। उस आबादी में नर-नारी, वृद्ध-बालक सभी हैं। मरदों में अनेक बुड्ढे और बीमार हैं। फिर जो बचे, उन में भी श्वसुर, ज्येष्ठ आदि गुरुजन भी हैं। अब बचे ही कितने पुरुष जो मुझे बदनाम किया जाता है।

कहने की आवश्यकता नहीं कि कल्पना बड़ी अद्भुत है। परन्तु खेद है कि वह मौलिक नहीं। वह एक संस्कृत उक्ति का अधूरा अनुवाद है। मूल उक्ति है–

पृथ्वी तावत् त्रिकोणा विपुल नदनदी ग्रावरुद्धं तदर्धं
तत्राप्यर्धं युवत्यः शिशुगतवयसो रोगिणो योगिनश्च ।।
त्याज्या स्तत्रापि मान्याः श्वसुरपितृमुखा सन्तिशेषाः कियन्तो
मिथ्यावादो ममायं मुखर मुखरवः पुंश्चली पुंश्चलीति ।।

हकायके हिन्दी

परिचय

ग़र हकीकी इश्क चाहे कर मजाज़ी इश्क तो
उसपे कोई क्या चढ़े ज़ीना न हो जिस बाम का।

सूफ़ीवाद का मूल तत्त्व बताते हुए कवि ने उक्त शे'र में यही कहा कि यदि हकीकी इश्क अर्थात् ईश्वर से प्रेम करने की इच्छा हो तो यह आवश्यक है कि पहले सांसारिक प्रेम ही किया जाए। वासनात्मक लौकिक प्रेम ही वह सीढ़ी है जिस पर चढ़कर मनुष्य अलौकिक आध्यात्मिक प्रेम की ऊँची छत पर जा सकता है। सीढ़ी के अभाव में जैसे छत तक जाना दुष्कर है उसी प्रकार लौकिक प्रेम के बिना अलौकिक प्रेम की प्राप्ति भी कठिन ही है।

उक्त सिद्धान्त समझ लेने पर इस निष्कर्ष तक पहुँच जाना बहुत कठिन नहीं है कि सूफ़ीवाद मधुरा भक्ति का अरबी संस्करण है। यह दूसरी बात है कि वह यौगिक क्रियाओं से भी कुछ दूर तक प्रभावित है, परन्तु उसके मूल में भक्ति ही है इससे इनकार नहीं किया जा सकता। संसार में जितने धर्म, सम्प्रदाय ईश्वर को केवल निराकार मानते हैं सभी में किसी न किसी रूप में यह रहस्यवादी भक्ति दिखाई देती है। इसका कारण शायद यही है कि निराकार ईश्वर के सम्बन्ध में केवल जिज्ञासा की जा सकती है और शुष्क बुद्धि के आन्दोलन से उसका समाधान भी किया जा सकता है। दूसरी ओर किसी की भक्ति करने के लिए यह आवश्यक हो जाता है कि उसके रूप का भी परिचय हमें संप्राप्त हो। उस रूप में इतनी शक्ति हो कि वह हृदय को रसार्द्र कर दे और उस रसार्द्रता का परिणाम यह हो कि हृदय उस रूपवान के दर्शन मिलन के लिए व्याकुल हो उठे। उधर इस्लाम में ईश्वर की मान्यता निराकार रूप में ही है। इसका फल यह हुआ कि इस्लाम के आरम्भिक दिनों में जब कि नवीनता के कारण उसमें कट्टरता बहुत अधिक थी, कुरान और शरीअत के विरुद्ध आचरण प्राणदंड के योग्य माना जाने लगा था। ईश्वर के प्रति, अपने हृदय की रसार्द्रता के कारण, मधुरा भक्ति रखने वाले अपने सिद्धान्त का समर्थन कुरान और शरीअत द्वारा ही करने के लिए विवश थे। फिर भी समय-समय पर कट्टरतावादियों के हाथों सूफ़ियों को भारी क्लेश उठाने पड़े। मंसूर से लेकर सरमद तक अनेक ऐसे सूफ़ियों के नाम उद्धृत किए जा सकते हैं जिन्हें कट्टरपंथियों ने विविध यातनाएँ ही नहीं दीं प्रत्युत उन्हें अपना चोला बदलने के लिए भी विवश कर दिया। मंसूर को इस्लाम की जन्मभूमि में ही सूली पर चढ़ना पड़ा और

सरमद दिल्ली में औरंगज़ेब की आज्ञा से मौत के घाट उतारा गया। सूफ़ी सरमद को शहीद मानते हैं और मंसूर के विषय में कहते हैं–

चढ़ा मंसूर सूली पर पुकारा इश्कबाजों को
ये उसके बाम का जीना है, आये जिसका जी चाहे ।

इस्लामी-जगत को केवल यह बताने के लिए कि हम भी मुसलमान ही हैं और कुरान तथा शरीअत के उतने ही पाबंद हैं जितने कि अन्य मुसलमान, सूफ़ियों ने अपने सिद्धान्त का आधार इस्लामी धर्मशास्त्र को ही बनाया। उन्होंने कुरान के वचन से ही अपने सिद्धान्त का समर्थन किया और इस्लाम के पैगम्बर हज़रत मुहम्मद साहब के सुप्रसिद्ध चार मित्रों–हज़रत अबूबक्र, हज़रत उमर, हज़रत उसमान और हज़रत अली में इस्लाम के प्रथम खलीफ़ा अबूबक्र को ही अपना नेता भी माना। डॉक्टर रिजवी के कथनानुसार कश्फ़ुल महजूब में अबुलहसन हुजवेरी ने लिखा है कि 'यह दोनों गुण सिद्दीक अकबर अर्थात् खलीफ़ा अबूबक्र में विद्यमान थे। वे ही इस तरीके वालों के (सूफ़ियों के) इमाम (नेता) हैं। इसका समर्थन हिन्दी के सुप्रसिद्ध सूफ़ी कवि मलिक मुहम्मद जायसी ने भी किया है–

'अबू बकर सिद्दीक सयाने ।
पहिले सिदिक दीन वइ आने ।।'

इस प्रकार सूफ़ियों ने अपने सिद्धान्त को कुरान वचन से जोड़ते हुए इस्लाम के प्रथम खलीफ़ा को अपना नेता स्वीकार कर लिया। फिर भी, जैसा कि कहा जा चुका है, स्वधर्मियों के हाथों वे लांछित होते ही रहे। कहना यह चाहिए कि बेल तो लग गई परन्तु वह परवान न चढ़ सकी। बारहवीं शताब्दी में जब इस्लाम का प्रवेश भारत में हुआ तो उसके साथ ही सूफ़ीवाद भी आया और यहाँ उसने अपने मनोनुकूल जलवायु पाया।

सूफ़ीवाद के विकास के लिए भारत में भूमि पहले से ही प्रस्तुत हो चुकी थी। बौद्धधर्म के ह्रासशील होने पर जब महायान और हीनयान के बाद वज्रयान और सहजयान की भी उत्पत्ति हो गई तो उसके फलस्वरूप आगे चलकर वैष्णव भी रहस्यवादी उपासक बन बैठे। महामहोपाध्याय हरप्रसाद शास्त्री ने अपने चंडीदास और जयदेव शीर्षक निबन्ध में लिखा है कि–

"सहजयानेर दुइ रूप आछे–एक भैरव भैरवी आर एकटि नाड़ा नाड़ी। प्रथमटि शाक्त हइया दांड़ाय द्वितीयटि वैष्णव हइया दांड़ाय। कथा दुइयेरई एक-युगनद्ध वा युगुल रूपेर उपासना।...जे सहज भाव बौद्ध बोधिसत्वेरा निजेर बोध चित्ते अनुभव करिया कृतार्थ हइतेन हिन्दू सहजियारा सेई भावटि राधाकृष्णेर युगल मूर्त्ति आरोप करिया तद्दर्शनेई आपनादिगके कृतार्थ मने करितेन।"

अर्थात् सहजयान के दो रूप हैं–एक भैरव-भैरवी और दूसरा नेड़ा-नेड़ी। पहला दल शाक्त बना और दूसरा वैष्णव। काम दोनों ही का एक ही था, अर्थात् युगनद्ध अथवा युगल मूर्ति की उपासना। ...अपने संबुद्ध हृदय में बौद्ध बोधिसत्वगण जिस

सहज भाव का अनुभव कर अपने आपको कृतार्थ मानते थे हिन्दू सहजियापंथी भी राधाकृष्ण की युगल मूर्ति पर उसी भाव का आरोप कर उसी के दर्शन मात्र से अपने आपको कृतार्थ समझते थे। इन सहजिया हिन्दुओं में सर्वप्रधान थे जयदेव।

जयदेव का एक ही ग्रन्थ हमें प्राप्त है–गीत गोविन्द। गीत गोविन्द के शृंगार रस प्रधान पदों को देखकर हिन्दी सन्त साहित्य के एक आलोचक ने आचार्य क्षितिमोहन सेन की भाँति यह सन्देह भी प्रकट कर दिया है कि इन पदों को देखते हुए जयदेव सन्त नहीं जान पड़ते। परन्तु यदि यह बात मान ली जाए तो प्रियतम के वियोग में हर घड़ी कबाब होनेवाला समूचा सूफ़ी साहित्य भी उसी श्रेणी में आ जाएगा और उसकी गणना रहस्यवादी भक्ति साहित्य में न होकर कामुक साहित्य में होने लगेगी।

जयदेव की परम्परा को विद्यापति ने आगे बढ़ाया। विद्यापति अपने धार्मिक विश्वास की दृष्टि से शैव थे, परन्तु उनके पद अधिकांशतः राधाकृष्ण की प्रणय-गाथा से ही सम्बन्ध रखते हैं। उनका एक पद है–

कुंज भवन सयं निकसलि हे, रोकल गिरधारी ।
एकहि नगर बसि माधव हे, जनि कर बटपारी ।।
दामिनि आइ तुलायलि हे, एक रयनि अंधारी ।
संगक सखि अगुआइल हे, हम एक सरि नारी ।।
छाड़ कन्हैया मोर आंचर हे, फाटत नव सारी ।
कवि विद्यापति भाषइ हे, तुहुँ परम गंवारी ।
हरिके संग किछु डर नहिं हे सुनु गुनमति नारी ।।

इसमें सन्देह नहीं कि उक्त पद शृंगार रस से लबालब भरा हुआ है, परन्तु अन्तिम पंक्ति 'हरि के संग किछु डर नहीं हे सुनु गुनमति नारी' का संकेत कुछ और ही है। उक्त पद के अन्य शब्दों में भी वही संकेत है जिसे सूफ़ी में बड़े प्रेम से ग्रहण करते हैं। इस परम्परा के प्रचारक के नाते जयदेव सन्तों में बहुत सम्मानित रहे हैं। आचार्य क्षितिमोहन सेन ने अपने 'दादू' नामक ग्रन्थ में एक स्थान पर कहा है कि 'तखनकार दिने साधकश्रेष्ठ कबीर नानक प्रभृति सबाई भक्त जयदेवेर नामे ओ वाणीते गभीर श्रद्धा प्रकाश करिया गियाछेन। ग्रन्थ साहेब उद्धृत कबीर वाणीते एक जायगाय पाई जयदेव नामदेवेर प्रति भगवानेर अपार कृपा हइयाछे। आबार एइ ग्रन्थ साहेबेई उद्धृत कबीर वाणीते देखि भगति ओ प्रेमेर मर्म जयदेव ओ नामदेवई जानेन। ग्रन्थ साहेबे जयदेवेर वाणीओ उद्धृत आछे। ताहाते देखि गीतगोविन्देर वाणीर संगे तार किछू मात्र भावेर सम्पर्क नाई अथच एई जयदेवओ बांग्लारई जयदेव। काजेई देखा जाए जयदेवेर एकटा परिचय आमादेर काछे चापा पडिया आछे।'–अर्थात् उस समय के साधकश्रेष्ठ कबीर नानक आदि जयदेव के नाम और उनकी वाणी के प्रति गम्भीर श्रद्धा प्रकट कर गए हैं। ग्रन्थ साहब में उद्धृत कबीर-वाणी में एक स्थान पर यह भी मिलता है कि जयदेव और नामदेव पर भगवान् ने अपार कृपा की। इसी ग्रन्थ साहब में उद्धृत उसी कबीर-वाणी में यह कहा गया है कि भक्ति और प्रेम का मर्म जयदेव और नामदेव

ही मानते थे। ग्रन्थ साहब में जयदेव की भी वाणी उद्धृत है परन्तु उसका मेल गीत-गोविन्द के स्वर से नहीं है, फिर भी ये जयदेव बंगालवाले जयदेव ही हैं। फलतः यहाँ निष्कर्ष निकलता है कि जयदेव का एक परिचय अभी दबा पड़ा है।

आचार्य सेन ने जयदेव के जिस छिपे हुए परिचय की ओर संकेत किया है वह सम्भवतः यही है कि जयदेव कभी शुद्ध सहजिया थे। आगे चलकर वैष्णव बने और राधा-कृष्ण की उपासना पर उन्होंने सहजिया रंग चढ़ाया। गुह्य उपासना की बातों को गुह्य भाषा में ही रखने की प्रवृत्ति बौद्ध तांत्रिकों, योगियों, सहजयानियों आदि में पहले से ही आ गई थी। ऐसा क्यों हुआ, यह जानने के लिए हमें भारतीय धर्म-विकास का परिचय प्राप्त करना पड़ेगा। अत्यन्त प्राचीन काल में ही यह बात मान ली गई थी धर्मलोक और परलोक दोनों के लिए आवश्यक है। इसके बाद यह भी मान लिया गया कि धर्म के दो मार्ग हैं—एक दक्षिण और दूसरा वाम। जो कुछ प्रत्यक्ष था समाज के नियमानुकूल था, सदाचारसम्मत था वह दक्षिण मार्ग कहा गया परन्तु समाज के नियमों के प्रतिकूल और रहस्य समन्वित मार्ग वाम मार्ग। इस प्रकार दक्षिण मार्ग वेदोक्त और वाम मार्ग तंत्रोक्त बताया गया। दोनों ही मार्गों में महत्त्व के गुप्त तथ्य गुप्त भाषा, शैली में लिखे जाते थे, जैसे—ब्रह्म का स्वरूप बताने के लिए इस रूपक से काम लिया गया—

ऊर्ध्वमूलमधः शाखमश्वत्थं प्राहुरव्ययम्
छन्दांसि यस्य पर्णानि यस्त वेद स वेदवित् ।।

जिसकी जड़ ऊपर है और शाखाएँ नीचे हैं जो कभी नष्ट नहीं होता तथा वेद जिसके पत्ते हैं उस वृक्ष को जिसने जान लिया वही वेदज्ञ है। गीता का उक्त श्लोक कठोपनिषद् के निम्नलिखित श्लोक के आधार पर है।

ऊर्ध्वमूलो वाक्शाख एषोऽश्वत्थः सनातनः
तदेव शुक्रं तद्ब्रह्म तदेवामृतमुच्यते ।।

एक कल्पना में पीपल का स्थान वट ने भी लिया। मुंडकोपनिषद् में ऋग्वेद के आधार पर यह कहा गया कि एक वृक्ष पर दो पक्षी बैठे हैं, जिनमें एक पीपल के फलों को खाता है। परन्तु छांदोग्य में पीपल की जगह वट आ गया है। कृत्या अभिचार और अलौकिक सिद्धियों का रास्ता हमारे यहाँ अथर्ववेद के समय ही खुल गया था। उसने सम्भवतः दूसरी शताब्दी से ही बौद्ध धर्म को भी प्रभावित करना आरम्भ कर दिया। फल यह हुआ महायान वज्रयान बन बैठा। वज्रयान के प्रसिद्ध आचार्यों में पद्मवज्र, उनके शिष्य अनंगवज्र, पद्मसम्भव और दीपंकर अतिश प्रसिद्ध हैं। पद्मवज्र और अनंगवज्र ने संस्कृत में ही ग्रन्थ लिखकर अपने पंथ का प्रचार किया। तिब्बत में वज्रयान के प्रचार का श्रेय पद्मसम्भव और दीपंकर अतिश को ही है। इस बौद्ध वाम मार्ग की तरह पौराणिक वाममार्ग भी आगे चलकर खुल गए। जो प्रवृत्ति बौद्ध वाममार्ग में थी वही शैव और वैष्णव वामपंथों में प्रगट हुई। शैव वामपंथ से पाशुपत कापालिक और कालामुख सम्प्रदाय निकले और वैष्णवों में गोपीलीला सम्प्रदाय।

कुलार्णव तंत्र ने तो स्पष्ट घोषणा ही कर दी कि विष्णु के वामभाव के रूपों में नृसिंह, रामकृष्ण और गोपाल हैं, जैसे–

विष्णोस्तु वामका मूर्तिर्नृसिंहो ह्यो भवेत्।
रामकृष्णौ च गोपालौ कथितौ वामनायकौ ।।

जैन ग्रन्थ दर्शनसार में भी इस ऐकांतिक साधना की चर्चा है। उसमें लिखा है–

सिरिपासणाह तित्थो सरयूतीरे पलासणयरत्थो ।
विहियासवस्स सिस्सो महासुदो बुड्ढकित्तिमुणी ।।
तिमिपूरणासणेहिं अहिगय पवज्जाओ पव्मिहो
रत्तंबरं घरित्ता पवहियं तेण एवं तं
मंसस्स णत्थि जीवो जहाफले दहियदुद्ध-सक्करए
तम्हा तं वं छित्ता तं भक्खंतो ण पा विट्ठो ।।

अर्थात् श्री पार्श्वनाथ के तीर्थ सरयू तट पर पलाश नामक नगर में पिहिताश्रय का शिष्य बुद्ध कीर्ति मुनि रहता था। वह शास्त्रों का ज्ञाता था परन्तु मछली खाने से दीक्षाभ्रष्ट हो गया। उसने लाल वस्त्र धारण कर एकांत साधना आरम्भ कर दी। वह कहा करता था कि मांस भी फल, दही, दूध और शक्कर की ही तरह निर्जीव है। अतः उसे खाने में कोई दोष नहीं।

परन्तु इस प्रकार के काम खुल्लमखुल्ला करने का दुस्साहस कम ही लोगों में होता है। फलतः ऐसी उपासना पद्धति के लिए यदि गुह्य भाषा काम में लाई गयी तो वह उचित ही थी। इसलिए जैसे उनके पूर्ववर्ती बौद्ध तांत्रिक संधाभाषा का प्रयोग कर गए थे और जैसे उनके पूर्ववर्ती सिद्धों और परवर्ती कबीर जैसे साधकों ने उलटबाँसी का प्रयोग किया वैसे ही जयदेव ने भी एक ऐसी शैली में रचना की जिसका लौकिक अर्थ तो सर्वथा शृंगारपरक है परन्तु जिसमें आत्मा परमात्मा के पारस्परिक आकर्षण-विकर्षण का भी संकेत मिलता है। ऐसी सांकेतिक भाषा प्रायः चार रूपों में प्रकट होती है–संध्या भाषा, उलटबाँसी, अन्योक्ति और कूट। यद्यपि कतिपय विद्वान् उलटबाँसी को संधाभाषा का ही परवर्ती रूप मानते हैं तथापि दोनों में कुछ तात्विक अन्तर भी प्रतीत होता है। जान पड़ता है कि संधाभाषा के लिए यह आवश्यक था कि उसमें अभिधेयार्थ के साथ ही कोई गूढ़ार्थ भी रहे जैसे 'तरुवर काया पंच बिढ़ाल।' परन्तु उलटबाँसी में अभिधेयार्थ की पूरी उपेक्षा कर केवल गूढ़ार्थ पर ही जोर दिया जाता है, जैसे–'नइया बिच नदिया डूबल जाए।' यह अन्तर उनके नामों से भी स्पष्ट है। संधा भाषा का अर्थ ही है वह भाषा जिसके दो अर्थों में सन्धि हो, अर्थात् जिसमें अभिधेयार्थ और गूढ़ार्थ दोनों हों परन्तु उलटबाँसी का अर्थ ही है सर्वथा उलटी बात। इस प्रकार अप्रस्तुत से प्रस्तुत की ओर जाना जैसे अन्योक्ति है और पर्यायवाची अथवा ध्वनिसाम्य रखनेवाले शब्दों के सहारे अर्थनिर्देश जैसे कूट कहला कर प्रहेलिका कोटि में है वैसे ही संधाभाषा अध्यवसित रूपक की कोटि में आती है और उलटबाँसी काकु के अन्तर्गत। इसी के बीच सांकेतिक भाषा है जिसका अभिधेयार्थ तो कुछ और ही

होता है परन्तु गूढ़ार्थ उससे सर्वथा स्वतंत्र। जयदेव ने गीत गोविन्द में यही किया और यही परम्परा जैसा कि दिखाया जा चुका है, विद्यापति के माध्यम से हिन्दी में भी चली। यह सूफ़ियों के बड़े काम की प्रमाणित हुई। फलतः हिन्दी के सूफ़ी कवियों ने भी इसे ग्रहण किया, जैसे मलिक मुहम्मद जायसी ने पद्मावत की कथा लिखी तो अन्त में उसकी कुंजी देना भी उन्होंने आवश्यक समझा। उन्होंने लिखा–

मैं एहि अरथ पंडितन्ह बूझा।
कहा कि हम किछु और न सूझा।।
चौदह भुवन जो तर उपराहीं।
ते सब मानुस के घट माहीं।।
तन चितउर मन राजा कीन्हा।
हिय सिंघल बुधि पदमिनि चीन्हा।।
गुरू सुआ जेइ पन्थ देखावा।
बिन गुरु जगत को निरगुन पावा।।
नागमती यह दुनिया धन्धा।
बाँचा सोइ न एहि चित बन्धा।।
राघव दूत सोइ सैतानू।
माया अलाउदीं सुलतानू।।
प्रेम कथा एहि भाँति विचारहु।
बूझि लेहु जो जो बूझै पारहु ।।

जिस समय भारत में मुसलमान आए उस समय हिन्दी गीतों में इस प्रकार के भाव साधारण हो गए थे। साथ ही जैसे आजकल हिन्दी का साधारण अर्थ खड़ी बोली है, वैसे ही उस समय ब्रजभाषा का अर्थ हिन्दी था। यद्यपि तब तक भाषा के लिए हिन्दी शब्द प्रयोग में नहीं आया था। जहाँ तक भारत में फ़ारसी के विकास का प्रश्न है भारत में तीन ही फ़ारसीदाँ ऐसे हुए जिनकी फ़ारसीदानी के कायल ईरानी भी हैं। वे तीनों हैं–अमीर खुसरो, फ़ैजी और मिर्ज़ा ग़ालिब ये तीनों ही क्रमशः भारत में इस्लामी शासन के उद्भव, उसके अभ्युदय और उसके पतनकाल में उत्पन्न हुए अर्थात् खुसरो ने गुलाम खिलजी और तुग़लक शासन कालों का दर्शन किया, फ़ैजी अकबर के दरबार के रत्न थे और मिर्ज़ा ग़ालिब अन्तिम मुग़ल सम्राट् बहादुरशाह के दरबार की शोभा बढ़ाते थे। उन्हीं अमीर खुसरो ने ब्रजभाषा के सम्बन्ध में यह मत प्रकट किया कि विचार करने पर प्रकट होता है कि ब्रजभाषा मिठास में फ़ारसी से कम नहीं हैं और यही मत अठारहवीं शताब्दी में ईरान से आगत सन्त कवि अली हर्जी ने प्रकट किया। खुसरो प्रसिद्ध सन्त निजामुद्दीन औलिया के मुरीद थे। उनके देहावसान का समाचार पाकर जब उनकी दरगाह पर पहुँचे तो रहस्यवादी सूफ़ी शैली में ब्रजभाषा का यही दोहा पढ़ा कि–

गोरी सोवै सेज पर मुख पर डारे केस ।
चल खुसरू घर आपने, रैन भई चहुँ देस ।।

अतः जैसा कि डॉक्टर रिजवी ने प्रस्तुत ग्रन्थ की भूमिका में लिखा है ब्रजभाषा के गीत सूफ़ियों के बीच गाए जाते रहे होंगे और कट्टरपंथी उन पर आपत्ति भी करते होंगे, वह सर्वथा सही है इस कथन की सत्यता के प्रमाण भी हमें कम नहीं मिलते। हिन्दी के एक सूफ़ी कवि नूर मुहम्मद थे। वे दिल्ली के बादशाह मुहम्मदशाह रंगीले के समकालिक थे। इन्होंने 'इन्द्रावती' नामक एक सुन्दर मसनवी लिखी। गुरुवर आचार्य रामचन्द्र शुक्ल ने इन्द्रावती को हिन्दी में सूफ़ी पद्धति का अन्तिम ग्रन्थ माना है और लिखा है कि 'दूसरी बात है हिन्दी भाषा के प्रति मुसलमानों का भाव। इन्द्रावती की रचना करने पर शायद नूर मुहम्मद को समय-समय पर यह उपालम्भ सुनने को मिलता था कि तुम मुसलमान होकर हिन्दी भाषा में रचना करने क्यों गए? इसी से 'अनुराग बाँसुरी' के आरम्भ में उन्हें यह सफाई देने की ज़रूरत पड़ी–

जानत है वह सिरजनहारा।
जो किछु है मन मरम हमारा।।
हिन्दू मग पर पाव न राखेउँ।
का जौ बहुतै हिन्दी भाखेउँ।।
मन इस्लाम मिस्किलै माँजेउँ।
दीन जेवरी करकस भाँजेउँ।।
जहाँ रसूल अल्लाह पियारा।
उम्मत को मुक्तावनहारा।।
तहाँ दूसरौ कैसे भावै।
जच्छ असुर सुर काज न आवै ।।
छाँड़ पारसी कन्द नवातैं।
अरुझाना हिन्दी रस बातैं।।

इसी स्थल पर हिन्दी की दूसरी शैली उर्दू में भी जो बहुत दिन तक हिन्दी ही जानी और मानी जाती रही सूफ़ी काव्य लिखते समय किस प्रकार इस्लाम की दुहाई देते हुए अपनी सफाई देनी पड़ती थी इसका उल्लेख भी अप्रासंगिक न होगा। मौलाना अब्दुस्सलाम नदवी ने अपने 'सैरुल हिन्द' नामक ग्रन्थ में इस विषय पर लिखा है कि 'उर्दू शायरी की इब्तिदा (आरम्भ) दकन से हुई जो निहायत कदीम ज़माने से (अत्यन्त प्राचीन काल से) फ़िक्री तसव्वुफ़ का मरकज़ (पारलौकिक चिन्ता और दार्शनिकता का केन्द्र) है। इसलिए इब्तिदा से ही उसमें सूफियाना खयालात की आमेजिश (मिलावट) हो गई। चुनाँचे कुतुब शाह अल्तखल्लुस ब ज़िल्ले अल्लाह (जिनका उपनाम ज़िल्ले अल्लाह था) जिसका ज़माना दिल्ली से बहुत मुकद्दम (बहुत पहले) है, कहता है–

जहाँ है सीमिया का नक़्श उस थे
कहे हैं आरिफाँ सब उसको तमशाल ।।

कुतुबशाह के बाद आलमगीर के ज़माने में उर्दू शायरी ने ज़्यादा तरक्की की तो मुस्तकिल तौर पर सूफ़ियाना लिटरेचर की बुनियाद कायम हो गई और ख़्वाजा महमूद

बहरी ने जो हज़रत मुहम्मद बाकर कुद्स सरा के मुरीद थे तसव्वुफ़ में एक मुस्तकिल मसनवी लिखी जिसका नाम 'मन लगन' रखा। चुनाँचे इस मसनवी की वजहे तसनीफ़ (रचना के कारण) के मुतल्लिक लिखते हैं–

चालीस बरस यही थी मस्ती।
यूँ शेर यूँ शाहिदापरस्ती ।।
हर बूँद न एक अमोल मोती।
मोती न हर एक बीत (वृत्त) जोती।
हिन्दी तो जबान है हमारी।
कहते न लगे हमन को भारी ।।
हर बोल में मारफ़त की बानी।
सीता की न राम की कहानी ।।
यह जिसमें अच्छे बयान बाला।
संसार के हाथ इक रिसाला ।।
यानी हमन सब सिफ़्त, है तू जात।
क्यों जातकी कर सके सिफ़्त बात ?
निरमन को तलाश है जूँ मन की।
त्यों मन को लगन दी मन-लगन की ।।

सूफ़ियों को समाज में अपनी प्रतिष्ठा बनाए रखने के लिए कितनी सावधानी बरतनी पड़ती थी इसका परिचय उक्त उद्धरणों की विशिष्ट पंक्तियों पर ध्यान देने मात्र से मिल जाता है।

जैसा कि हम पहले दिखा आए हैं जयदेव द्वारा राधा-कृष्ण की युगल मूर्ति पर सहजिया भाव की उपासना पद्धति का रंग चढ़ा दिए जाने के बाद हिन्दी गीतों में ऐसे भाव अनायास भरे जाने लगे जो सर्वसाधारण की दृष्टि में कामुकतावादी और अश्लील दिखाई पड़ते थे परन्तु भक्त और साधकगण उन्हीं भावों का रहस्यवादी अर्थ ग्रहण कर पुलकित हो उठते थे। यह प्रथा इतनी व्यापक हुई कि चैतन्य महाप्रभु के बाद मधुरा भक्ति साहित्य में रसराट् रूप ग्रहण कर बैठी। रस के स्थायी भाव विभाव अनुभाव संचारी आदि अवयव मधुरा-भक्ति-रस की निष्पत्ति के लिए कल्पित किए गए। श्री रूप गोस्वामी ने इस रस का लक्षण बताते हुए लिखा–

वक्ष्यमाणैर्विभावाद्यैः स्वाद्यतां मधुरा रतिः।
नीता भक्तिरसः प्रोक्तो मधुराख्यो मनीषिभिः ।।

इसकी टीका करते हुए जीव गोस्वामी ने कहा कि कृष्णप्रेम ही इस रस का स्थायी भाव है। कृष्ण और कृष्णभक्त ही इसके आलम्बन हैं। कृष्णचन्द्र के गुण चेष्टा और प्रसाधन उद्दीपन विभाव हैं, आदि।

मधुरा-भक्ति-रस में दाम्पत्य भाव की अवतारणा अनिवार्य थी। उधर जिन राधा-कृष्ण को आलम्बन बनाकर उक्त रस की सृष्टि हुई उनकी उपासना सहज भाव से आरम्भ हो

ही गई थी। सूफ़ी भी अल्लाह को माशूक़ मानते हुए भारत आए और सोलहवीं शताब्दी तक भारत में सूफ़ियों के चार संप्रदाय विकसित होकर फूलने-फलने लगे। बारहवीं शताब्दी में चिश्तिया तेरहवीं में सुहरवर्दिया पंद्रहवीं और सोलहवीं शताब्दियों में नक़्शाबंदी और कादिरिया संप्रदाय स्थापित हो गए। कबीर जैसे साधक भी अपना परिचय 'राम की बहुरिया' के रूप में देने ही लग गए थे। सूफ़ियों का यह सिद्धान्त प्रकट हो ही चुका था कि अलौकिक प्रेम की मंजिल तक पहुँचने के लिए लौकिक प्रेम का ही पथ पकड़ना चाहिए। अतः प्रत्येक सूफ़ी काव्य का आधार किसी लौकिक प्रेमकथा को बनना पड़ा। जहाँ ऐसी कथा नहीं मिल सकी वहाँ भी अपना सिद्धान्त समझाने के लिए दांपत्य भाव सम्बन्धी रूपक ही प्रस्तुत किया गया। एक ही उदाहरण पर्याप्त होगा।

अठारहवीं शताब्दी में मीर हसन ने मौजुल्आरफ़ीन नामक एक पुस्तक लिखी। इस पुस्तक का नाम यद्यपि विदेशी है परन्तु इसकी भाषा हिन्दुस्तानी है। कथा तो छोटी-सी ही है, परन्तु सूफ़ीवाद के मूल सिद्धान्त को दृष्टांत द्वारा समझा देती है। मीर हसन लिखते हैं–

इक मुहल्ले में थीं कितनी लड़कियाँ
खेल में बाहम थीं वो सब रहतियाँ ।
गुड़िया खेला करती थीं आपस में वो
थीं बहम इस बात पर हमकस्मे वो ।
यानी हममें से जो व्याही जाए तो
खेल को दिल में रखे अपने गिरो ।।

उन लड़कियों में एक का विवाह हो गया, परन्तु विवाह के बाद उसकी यह दशा हुई कि–

ध्यान गुड़ियों से न मतलब खेल से ।
कुछ ख़बर मस्ती से औ' कुछ तेल से ।।

अन्य लड़कियों ने जब उसकी यह दशा देखी तो उनमें से एक ने उससे पूछा–

क्यों बहिन क्या था बहम कौलोकरार ।
भूलगी क्यों खेल के दारोमदार ।।
ब्याह में तूने मजा पाया है क्या ।
कम किया जो खेल का सारा मज़ा ।।

उसने उत्तर दिया–

तल्खो शीरीं हो तो बोलूँ माज़रा ।
जीभ पर आता नहीं इसका मजा ।
बात है बाहर बयाँ से इसको तो ।
जी ही जाने है बयाँ है गोमगो ।
ब्याह जब यूँ ही तुम्हारा होयगा ।
तब मज़ा मालूम सारा होयगा ।
तुम भी तब यह खेल भूलोगी तमाम ।

और ही कुछ खेल होगा वालुस्सलाम (?)
अस्ल जब पैदा हो फिर क्या नक़्ल से ।
कर ज़रा दरियाफ़्त इसको अक़्ल से ।

अन्त में कथा का निष्कर्ष निकालते हुए कवि कहता है–

जब मजाजी का न हो यारो बयाँ
फिर हकीकत किस तरह होवे अयाँ
गो मसल यह है मजाजी ऐ अजीज
पर हकीकत को यही से कर तमीज
तुझको इस आलम की है ग़र आरजू
दीनो दुनिया को उठा रख एकसू ।।

(यदि लौकिक प्रेम का वर्णन न किया जाए तब अलौकिक प्रेम कैसे प्रकट होगा? यद्यपि लौकिक प्रेम दृष्टान्त मात्र है, परन्तु अलौकिक प्रेम की पहचान यहीं से करनी चाहिए। यदि तुझे इस (प्रेम की) दुनियाँ की इच्छा है तो धर्म और संसार दोनों को उठा कर एक ओर रख दे।)

इस प्रकार जैसे हिन्दुओं ने रसीले हिन्दी गीतों के लिए रस शास्त्रीय और आध्यात्मिक आधार ढूँढ़ निकाले थे वैसे ही मुसलमानों ने भी, परन्तु धार्मिक विश्वास भिन्न होने के कारण मुसलमान हिन्दुओं की मान्यताओं के प्रति सहानुभूति तो रख सकते थे परन्तु उनसे सहमत नहीं हो सकते थे। अतः उन्होंने हिन्दी गीतों में आए हुए शब्दों की इस्लामी धर्मशास्त्रपरक व्याख्या की। 'हकायके हिन्दी' उन्हीं व्याख्याओं का संग्रह है।

इस स्थल पर यह आपत्ति उठायी जा सकती है कि हिन्दी में तो सूफ़ी साहित्य उसके अवधी और आगे चलकर उर्दू रूपों तक सीमित रह गया। परन्तु जिस समय के गीतों की बात इसमें कही गयी है उस समय ब्रज भाषा का बोलबाला था। उन गीतों के रचयिताओं में कोई भी सूफ़ी नहीं था कि वह जानबूझ कर अपने पदों में सांकेतिक शब्दों का प्रयोग करता परन्तु यह जान लेने पर कि एक परम्परा भारत में भी रहस्यवादी वैष्णव पद्धति की थी और उसका साहित्य भी था तब यह मान लेने में संकोच के लिए अवकाश नहीं रह जाता कि हिन्दुओं में वैसे पदों की आध्यात्मिक व्याख्या भी प्रचलित रही होगी। उन गीतों की मधुरता ने मुसलमानों का भी हृदय आकृष्ट किया होगा और उन्होंने उसकी व्याख्या अपने ढंग से कर ली बिल्कुल उसी तरह जैसे आजकल रामायण के व्यास लोग 'रामचरितमानस' की चौपाइयों के ऐसे-ऐसे अर्थ निकालते और ऐसी-ऐसी व्याख्या करते हैं जिनकी कल्पना तक गोस्वामी जी ने न की होगी। इसके साथ ही उस समय हिन्दुओं में संगीत ब्रह्मानन्द सहोदर कहा जाता था। वह मोक्ष का साधन माना जाता था। यह कहा जाता था कि–

त्रिवर्ग फलदास्सर्वें दानाध्ययजपादयः
एकं संगीत विज्ञानम् चतुर्वर्गफलप्रदम् ।।

अर्थात् दान, ध्यान और जप तो अर्थ, धर्म और काम की ही सिद्धि प्रदान करते हैं परन्तु यह संगीत विज्ञान, मोक्ष सहित चारों फलों का दाता है।।

मीर अब्दुल वाहिद बिलग्रामी (हरदोई) ने अपने ग्रन्थ 'हकायके हिन्दी' को तीन भागों में बाँटा है। प्रथम भाग में ध्रुव-पद में प्रयुक्त हिन्दी शब्दों के सूफ़ीयाना अर्थ दिए गए हैं। दूसरे भाग में उन हिन्दी शब्दों की व्याख्या है जो विष्णु-पद में प्रयुक्त होते थे। तीसरे भाग में अन्य प्रकार के गीतों और काव्यों आदि में आए शब्दों की व्याख्या की गयी है मीर अब्दुल वाहिद के परिश्रम और उनकी सूझ-बूझ की प्रशंसा करते हुए भी इस तथ्य की उपेक्षा नहीं की जा सकती कि मीर साहब मुसलमान थे और इसीलिए हिन्दू संगीत की बारीकियों की पूरी-पूरी अभिज्ञता प्राप्त करने की स्थिति में न थे। स्पष्टतः उन्हें यह नहीं मालूम था कि भारतीय संगीत में गायन की ध्रुव-पद पद्धति तो है परन्तु विष्णु-पद पद्धति जैसी कोई चीज़ नहीं है। ब्रह्म ताल और रुद्र ताल की तरह विष्णु ताल अवश्य है जिसका लक्षण यह है–

लघुत्रयद्रुतश्चैव चत्वारो द्रुलघुस्तथा ।
विष्णुतालोऽतिविख्यातो संगीते परिभाषितः ।।

कोष के अनुसार विष्णु-पद का अर्थ आकाश, क्षीर सागर, गया धाम स्थित विष्णु का पद चिह्न आदि होता है। देवी भागवत में कहा गया है कि 'सप्तर्षि मंडल में ऊपर तेरह लाख योजन की दूरी पर विष्णु का परम पद है। वहीं इन्द्र, अग्नि, कश्यप और धर्म के साथ मिलकर ध्रुव उक्त पद पर विराजमान है। स्वयं परमेश्वर ने इस ध्रुव को स्पष्ट वेगवाली काल-चक्र में निरन्तर भ्रमणशील समस्त ग्रह, नक्षत्रादि ज्योतिर्मण्डली का आश्रय-स्तम्भ स्वरूप बनाया है। यह ध्रुव अपनी प्रतिभा से प्रतिभात होकर सब जगह प्रकाश देता है। जिस तरह जुए में पशु जोते जाते हैं, उसी तरह ग्रह, नक्षत्रादि अन्तर्बहिर्विभाग के क्रम से काल-चक्र में नियोजित होकर ध्रुव का अवलम्बन करते हैं और वायु से प्रणोदित होकर कालत्रयमंडल गति से बड़ी ही तेजी के साथ घूमा करते हैं।'

विष्णु-पद पर विचार करते समय एक बार यह कल्पना भी उठी थी कि जैसे ध्रुव पद प्रायः चौताल में गाया जाता है और इसीलिए बहुत से गायक ध्रुवपद और चौताल में कोई अन्तर नहीं मानते, वैसे ही कहीं विष्णुपद का भी सम्बन्ध तिताले से न हो। विष्णु के वामन रूप धारण कर संसार को तीन पग में नाप लेने की कथा प्रसिद्ध है ही। परन्तु विष्णु-पद का सम्बन्ध तिताले से ही नहीं है। उधर 'हकायके हिन्दी' के अध्ययन से पता चलता है कि विष्णुपद खंड में निम्नलिखित सांकेतिक शब्दों का संग्रह किया गया है–

गोपी[1], गूजरी[2], कुबरी[3], कुब्जा[4], ऊधो[5], पतिया[6], ब्रज[7], गोकुल[8], जमुना[9], गंगा[10], कालिन्दी[11], मुरली[12], वांसुरी[13], गांग पार डफ[14], बांसुरि बाजे, किन्नर[15], बीन[16], कंस[17], शेषनाग[18], मधुपुरी[19], बृंदावन[20], मधुवन[21], मथुरा[22], द्वारका[23], यशोदा[24], नन्द[25], महर, गोरस[26], दहिव्व[27], महिय्व[28], दूध[29], गोबर[30] और रक्त, नैन[31], बेचन[32] जाए, दुहावन[33] जाए, नीर भरन[34] जाए, कान्ह घाट[35] ऊधौ, कन्हैया

मारग[36] रोक्यौ, लार[37] जबान को ही, काहूकी[38], बाँह मरोरी, काहू के कर चूरी[39] फोरी, काहू की मटकिया[40] ढारी, काहू की कंचुकी[41] फारी, वह बालक[42], मेरो कछू न जाने, कन्हैया मेरो[43] बारो तुम बाद लगावत खोर, ग्वाल[44] गायन चरावै, काँधे कमरिधा[45], पाँयन[46] पाँवरे, मोर मुकुट[47] सीस धरे, गोवर्द्धनधारी[48], श्याम सुन्दरिया[49] साँवरो, अन्तरजामी[50] और पीत पिछौरी[51]।

कुल 51 शब्दों और वाक्य खंडों की उक्त सूची में एक भी शब्द ऐसा नहीं है जिसका प्रयोग सूर आदि वैष्णव कवियों ने न किया हो और जिसका सम्बन्ध स्वयं विष्णु अथवा उनकी कृष्णावतार लीला से न हो। फलतः हम इसी निष्कर्ष पर पहुँचने के लिए बाध्य हैं कि मीर अब्दुल वाहिद ने विष्णु की कृष्णावतार-लीला सम्बन्धी पदों को ही विष्णुपद से अभिहित किया है। उनके विष्णु-पद का अर्थ है वे पद जिनमें कृष्णवतार की लीलाओं का चित्रण हो। अतः विष्णुपद को ध्रुवपद की तरह संगीत की कोई विशिष्ट पद्धति न मानना चाहिए। मीर साहब ने किस प्रकार के पदों की गणना विष्णुपद में की है, उसके उदाहरण में बैजू बावरा का यह गीत लिया जा सकता है—

मुरली बजाए रिझाय लई मुख मोहनते
गोपी रीझि रही रसताननते ।
सुध बुध सब बिसराई
धुन सुन मन मोहे मगन भई देखत हरि आनन ।
जीव जंतु पसु पंछी सुर नर मुनि मोहे
हरे सबके प्रानन ।
बैजू बनवारी बंसी अधर धरि वृन्दावन चन्द
बस किए सुनतही कानन ।।

बैजू तानसेन से बहुत पहले ही प्रसिद्ध हो चुका था। अतः उसका यह गीत ब्रजभाषा के उन गीतों का प्रतिनिधि माना जा सकता है जिनसे मीर अब्दुल वाहिद ने शब्द संगृहीत किए हैं। उक्त गीत ध्रुवपद में बँधा हुआ है और उसके रेखांकित शब्द भी वही हैं जो मीर साहब की सूची में आए हैं। सूची के शेष शब्दों में एक भी ऐसा नहीं है जिसका प्रयोग 'सूर सागर' में न हुआ हो।

विष्णुपद खंड में जिन शब्दों की व्याख्या की गयी है उनमें से 'गाँग पार डफ बाँसुरि बाजै' 'किन्नर' 'दहिय्व' महिय्व 'लार जबान कोही' और 'श्याम सुन्दरिया साँवरों' पर विचार करना आवश्यक है। 'गाँग पार डफ बाँसुरी बाजै में' गाँग शब्द का अर्थ गंगा न होकर नदी मात्र है। किन्नर सम्भवतः वह वाद्य है जिसे किंगरी कहते हैं। जायसी ने इस शब्द का प्रयोग किया है।

हाड़ भये सब किंगरी नसैं भई सब ताँति ।
रोवँ रोवँ ते धुनि उठै बिथा कहौं केहि भाँति ।।

'दहिय्व' 'महिय्व' सम्भवतः 'दहीऔ' 'महीऔ' के विकृत रूप हैं। सर्वाधिक अस्पष्ट वाक्य खंड है 'लार जवान कोही।' डॉक्टर रिजवी ने इसे सन्देहास्पद समझा

है और आचार्य हजारीप्रसाद द्विवेदी ने अपने विद्वत्तापूर्ण प्राक्कथन में यह मत प्रकट किया है कि 'यह अस्पष्ट वाक्य है। इसके बाद 'काहू की बाँह मरोरी' काहू के कर चूरी फोरी' 'काहू की मटकिया ढारी' 'काहू की कंचुकी फारी' है जिससे अनुमान लगाया जा सकता है कि इसी भाव से मिलता-जुलता कोई वाक्य रहा होगा। मूल शब्द क्या था यह मैं ठीक नहीं समझ सका, किन्तु समकालीन या ईषत् पूर्ववर्ती प्रसिद्ध गवैयों के भजनों में 'रार जब रच्यो (रची?) कन्हाई' जैसे वाक्य मिल जाते हैं। सम्भवतः ऐसे ही किसी वाक्य का यह विकार हो।' मेरी समझ में यह वाक्य 'लाल जौन कोही' होना चाहिए। यदि फ़ारसी लिपि में यह वाक्य लिखा जाए तो इसका रूप यह होगा– لال جون کوہی जो सरलतापूर्वक दूसरे लाम का गोलाई में उठा हुआ भाग दब जाने और जौन को 'जवान' पढ़ने के कारण सीधे 'लार जवान कोही' हो जा सकता है। लाल जौन को ही पढ़ने से अर्थ में कोई बाधा नहीं रह जाती और प्रसंग भी बैठ जाता है, जैसे--लाल ऐसा कोहीं-क्रोधी-कलह करनेवाला है कि उसने किसी की बाँहें मरोड़ दीं, किसी के हाथों की चूड़ियाँ फोड़ डालीं, किसी की मटकी ढुलका दी और किसी की कंचुकी फाड़ डाली। रार जब रच्यो कन्हाई फ़ारसी लिपि में इस प्रकार लिखा जाएगा– رار جب رچیو کنہائی

तब इसे 'लाल जवन को ही' पढ़ना अत्यन्त कठिन अवश्य होगा। श्याम सुन्दरिया साँवरो का शुद्ध रूप श्याम सुन्दरवा साँवरो होना चाहिए।

ध्रुव-पद

ध्रुवपद, ध्रुपद, धुरपद, धुरपत, ध्रौपद आदि नामों से प्रसिद्ध संगीत की यह विशिष्ट पद्धति हमारे देश में प्राचीन काल से ही प्रचलित है। इसे भ्रमवश कुछ लोग राग समझते हैं और कुछ लोग ताल, परन्तु ध्रुपद न किसी राग का नाम है और न किसी ताल का। 'ध्रुवपद स्थैर्य गत्यो' के अनुसार ध्रुवपद संगीत की वह विशिष्ट शैली है जिसमें स्थिरता और गम्भीरता हो। जिसके पद स्पष्ट हों, ताल मध्य लय या विलंबित लय में रहे। स्वरों को बिना चंचल किए ही गायक परम सावधानी के साथ इच्छित राग का स्वरूप खड़ा करे। इसकी सबसे बड़ी विशेषता यह है कि इसमें ठुमरी या ख़्याल की तरह तान का अवकाश नहीं रहता। ध्रुपद प्रायः तीन प्रकार का होता है-- वंदनात्मक अथवा आशीर्वादात्मक, वर्णनात्मक और लक्षणात्मक। वंदनात्मक अथवा आशीर्वादात्मक ध्रुपद में या तो किसी देवता की स्तुति की जाती है या किसी को आशीर्वाद दिया जाता है। जैसे–

महादेव आदिदेव देवादिदेव महेश्वर ईश्वर हर ।
नीलकंठ गिरिजापति कैलासवासी शिवशंकर भोलानाथ गंगाधर
रूप बहुरूप भयानक बाघंबर अंबर खप्पर त्रिशूलधर ।
तानसेन के प्रभु दीजे नादविद्या संगतसों गाऊँ बजाऊँ बीना कर ।।

गोपालनायक का निम्नलिखित ध्रुपद आशीर्वादात्मक है—

दिल्लीपति नरेन्द्र सिकन्दरशाह जाके डरते धरणी हिलहिलायो ।
दल शाह महिमा अपार अगाध जहाँ गुणी जन विद्या तहँ किरत छायो ।
नाद विद्या गावे सुनि आलम धावे दीन दुनी के तुमही अवतार आयो ।
कहत नायक गोपाल चिरंजीव रहौ पादशाह गहनते आय मृग धायो ।।

वर्णनात्मक ध्रुपद वह होता है जिसमें किसी ऋतु का वर्णन हो, जैसे–

बादर झूमि झूमि आये बरन बरसन प्रानप्यारे ।
सुनि सुनि घनघोर चातक चकोर मोर बोलत सुहाए नन्ददुलारे ।
तैसेई वन कुंज केलिबिहरत भुज कंठ मेलि अनुरागे जागे दोउ रूप उजारे ।
सखिजन बलिहार लेत रूप नैन बिहारी सोहे सूहे वसन हंसन मैनवारे ।।

तीसरे प्रकार के ध्रुपद में राग या रागिनी के लक्षण कहे जाते हैं, जैसें–

गावो रे गावो गुणी प्रथम भैरव खरज सुर राग ।
दूजे सुर कंठ कोमल अति सोच समझ लैहौ
निषाद धैवत पंचम मध्यम गांधार रिषम साध लाग ।
सा म ग सा ग म ग सा सा ध प म ग सा सा नि ध म ग सा
सा नि ध नि नि ध प ध ध प म प प म ग म म ग सा सा नि
ध नि ध प ध प म प म ग म ग रे स ग रे सा ।

संगीत रतनाकर मतसों लेहौं सुधार वाक् बानी सों राग रंग लैहों माँग ।

गायन की ध्रुवपद पद्धति भारत की सर्वाधिक प्राचीन गायन पद्धति है। आज भी सामवेद के मंत्र ध्रुपद पद्धति से ही पढ़े जाते हैं। यद्यपि सामवेद के मंत्रों में राग की व्यवस्था नहीं है फिर भी मंत्रों का पाठ हाथों से समय की गति नापते हुए किया जाता है। इसका लक्षण निम्नलिखित है–

गीर्वाणमध्यदेशीय भाषा साहित्यराजितम्,
द्विचतुर्वाक्यसम्पन्नम् नरनारीकथाश्रयम् ।
शृंगाररसमावाद्य रागालापपदात्मकम्,
पादान्तानुप्रासयुतं पादांतयुगकं च वा ।
प्रतिपादं यत्र बद्धमेव पादचतुष्टयम्,
उदग्राहध्रुवकाभोगांनन्तर ध्रुवपदं स्मृतम् ।।

उक्त लक्षण में भाषा और भाव की दृष्टि से निम्नलिखित बातें ध्यान देने योग्य हैं–

1. ध्रुवपद की भाषा मध्यदेशीय साहित्यिक भाषा होनी चाहिए।
2. नर-नारी की कथा के आश्रय से शृंगार-रस की स्थिति होनी चाहिए ।
3. पदांत में तुक होना ही चाहिए ।

मध्यदेशीय से तात्पर्य उस मध्यदेश से है जिसके लिए राजशेखर ने कहा है कि 'यो मध्ये मध्यदेशे निवसति सकविसर्वभाषानिषण्णः' अर्थात् ब्रज और अवधी भाषाओं का क्षेत्र। संयोग की बात है कि मीर दर्द ने जब उर्दू शैली में सूफ़ियाना कविता करना आरम्भ किया

तो उन्होंने कहा कि उर्दू में यह सर्वथा नयी चीज़ है। इस जबान में आध्यात्मिकता का यह उपवन फूले-फलेगा। मैंने उर्दू शे'र की भूमि में बीज वपन कर दिया है–

फूलेगी इस जबान में गुलजारे मारफ़त ।
मैं यां जमीने शेर में यह तुख्म बो गया ।।

नर-नारी कथाश्रय से शृंगार रस की निष्पत्ति का समर्थन करते हुए डॉक्टर डी.जी. व्यास ने स्पष्टतः कहा है कि उसमें नायिकाभेद का प्रकरण भी होना चाहिए। आगे 'हकायके हिन्दी' के एक वाक्य को लेकर दिखाया गया है कि नायिका भेद का दूती प्रकरण उसमें किस प्रकार आया है। रागालापपदात्मकम् पद से स्पष्ट विदित होता है कि ध्रुपद में आलाप ही सर्वाधिक महत्त्वपूर्ण वस्तु है। प्राचीनकाल में ध्रुपद का गान मृदंग के साथ किया जाता था। गायकों का ख़्याल है कि सितार से सहयोग कर ध्रुपद चौपट हो गया। इस सम्बन्ध में वे यह कथा कहते हैं कि तानसेन के वंशज सुखसेन के पुत्र रहीमसेन ने अपने पितृव्यों से ध्रुपद न सीखकर अपने ससुर दूलह ख़ाँ से सितार सीखा। उस समय सितार का विशेष सम्मान न था। फलतः एक बार किसी ने इन्हें चिढ़ाते हुए यह कह दिया कि बस अब आप डिड़डाड़ा, डिड़डाड़ा बजाया कीजिए। इस पर रहीमसेन ने आवेश में आकर कह दिया कि यद्यपि ध्रुपद के आगे सितार का कोई मूल्य नहीं, वह रत्न है यह कंकड़, परन्तु मैं इस कंकड़ को ही रत्न के समान बना दूँगा। और उन्होंने सितार में बीन, ख़्याल और धुरपद तीनों को भरा। कालिदास के निम्नलिखित श्लोक में जिस मृदंग घोष का वर्णन है वह ध्रुपद की संगति में ही बजाया गया प्रतीत होता है–

तस्यायमंतर्हित सौधभाजः प्रसक्त संगीत मृदंग घोषः ।
वियद्गतः पुष्पकचन्द्रशालाः क्षणंप्रतिश्रुन्मुखराः करोति ।।

(पंचाप्सर सरोवर के भीतर भवन में बजाए गए संगीत-मृदंग की ध्वनि आकाश तक पहुँच कर श्रीरामचन्द्र के पुष्पक विमान की चन्द्रशाला को भी गुंजा देती है।)

हिन्दुओं ने ध्रुपद को जो सम्मान दिया था उसकी रक्षा मुसलमानों ने भी की। मुसलमान बादशाहों के दरबार में ध्रुपद की गायकी ही नहीं प्रचलित थी प्रत्युत उस पर शास्त्रार्थ भी होते थे। गोपाल नायक और बैजू बावरा में शास्त्रार्थ होने का प्रवाद भारतीय गायकों में आज भी प्रचलित है। उनके सवाल जवाब निम्नलिखित बताए जाते हैं–

परज कहाँ ते रिषभ कहाँ ते कहाँ ते उपज्यो सुर गंधार?
मध्यम कहाँ ते पंचभ कहाँ ते कहाँ ते धैवत निषाद नार?
आरोहि कहाँ ते अवरोही कहाँ ते मूर्च्छना कहाँ ते गीत संगीत की धार ।
कहै लाल गोपाल सुनिए बैजू बावर अथाह जाकी गति अगम अपार ।।

और उन्हें उत्तर देते हुए बैजू ने गाया–

मेघ की सुर परज, रिषभ सुर छागरी,
दादुर की सुर है री गंधार ।

मध्यम तमचुर सुर, पंचम कोकिल,
केकी सुर धैवत, निषाद सुर कुजार ।
आरोह हंससों अवरोह वृषभसों मुरछना,
सर्प सों गीत संगीत की धार ।
कहै बैजू सुनिए गोपाल लाल केते गुनी,
पिछड़े काहू न पायौ नाद को पार ।।

मुग़ल बादशाहों में प्रायः सभी के दरबारों में ध्रुपद गाये जाने के प्रमाण उपलब्ध हैं, जैसे–अकबर के समक्ष तानसेन गाते थे–

जुक्तिजुक्त लाग डाट कर देखायो ।
तानसेन कहै सुनौ साह अकबर प्रथम भैरव गायो ।।

जहाँगीर के दरबार में यह ध्रुपद गाया गया था–

तेरे कुल होत आये तिमिर लंग
अमर बाबर हिमायूँ दीनदार
जाके शाह अकबर ताके साह जहाँगीर नरपति नर
करनराज तेज कायथ दायम को तव अटर ।।

किसी गायक ने शाहजहाँ के समक्ष गाया था–

नर साहजहाँ जहालौं रवि ससि नभ रहै और वसुधा
वर सदा बरस दिन दिन बरसन को ।

संगीत के तथोक्त शत्रु आलमगीर औरंगज़ेब के सामने यह ध्रुपद गाया गया था–

सुभ धरी तोलों साह आय बैठे रतन जड़ित तखत
साह आनन्दन आनन्द आसित बढ़ाई
साह औरंगज़ेब तुम कोटि बरस लौं ऐसे ही
करो बरस गाँठ, बधाई ।

कहने का तात्पर्य यह कि मुसलमानों में गायन की ध्रुपद पद्धति और हिन्दी अर्थात् ब्रजभाषा और अवधी इतनी लोकप्रिय थी कि राजदरबार से लेकर सूफ़ियों के समां तक में उनका प्रवेश हो गया था। यह पहले ही कहा जा चुका है हिन्दू भावापन्न गीतों से कट्टरतावादी मुसलमान चिढ़ते थे। उन्हीं को शान्त करने के लिए हिन्दी गीतों में आए हुए शब्दों की इस्लाम के अनुसार व्याख्या की गयी। फिर भी शायद उन लोगों का आक्रोश बना ही रहा जिसे दूर करने के लिए इस प्रकार के ध्रुपदों की रचना हुई–

हज़रत मुहम्मद रसूल अली बली
मक़बूल ख़्वाजे हसन बसरी
हज़रत अब्दुल वाहिद बिन जैद
फ़जल बिन आलम सुलतान
इबराहीम अदहम करम काज कीजै

फिर तो कर्बला की लड़ाई का वर्णन भी ध्रुपद पद्धति से गाया जाने लगा, जैसे—

लड़े हसन हुसेन इमाम सैयद सुभट
धूम मची भई जंग ताती ।
खेत बिरछाइयो सिंह के छाबड़े
भल्ले चले खड्ग गिरे हाथी ।
करबला भूमि पर महाभारत भयो
भए सहीद जब नवी नाती ।
करै मातम खोदावतक मजलूम कौ
लानत यजीद पर सदा चलि जाती ।।

मीर अब्दुल वाहिद बिलग्रामी ने ध्रुवपद खंड में निम्नलिखित शब्दों का संग्रह किया है—

सुर्सती (सरस्वती[1]) सुर (स्वर[2]) ताल[3] बंधन[4] अनागत[5] अतीत[6] सम[7] नायक[8] भुवनायक[9] बहुरूपी[10] सुढंग[11] बेसी(वेशी[12]) जमनिका[13] (यवनिका) पात्र[14] रूप[15] रंग[16] गुण[17] कालिमा[18] माँग[19] भरी[20] माँगबिथरी[21] मांग सेन्दुर[22] अलक[23] जूड़ा[24] लिलार[25] नासिका[26] बेसरि[27] माथा[28] बारगह[29] टीका[30] तिलक[31] लोचन[32] नेत्र[33] बांके[34] नेत्र छबीले[35] नैन अलसाने नैन[36] भौंह[37] बरुनी[38] कटाक्ष[39] काजल[40] आँख[41] अखियाँ मटकी[42] अखियाँ फड़की[43] सरवन[44] (श्रवन) कर्णफूल[45] (तरौना) कपोल[46] मुख[47] (आनन) अधर[48] लाली[49] पान की लाली[50] रसना[51] मुसकान[52] कन (कंठ[53]) कंठमाला[54] (रुद्राक्ष) कर[55] अँगुरी[56] तटस्थ[57] (तलहथ) छतिया[58] मोटी (कठिन[59]) आभूषण[60] दो थन[61] चूचुककी[62] कालिमा खेलत चीर भरक्यो उभर[63] गए थन हार[64] पीठ[65] फुफंदी[66] (डोरी) जांघ[67] चरण[68] पैर के आभूषण[69] चुस्त चरण[70] झनकार[71] आभरण[72] शृंगार[73] मोती[74] मुक्ताहल[75] मोती[76] प्रदान करना। गर्दन बंद[77] नयकरौं जुहार[78], मुसकाय तोड़ो हार[79] वस्त्र[80] (चौरी चौला सारी लहँगा पग पगा) राता चुन सिर[81] तक चुनरी, आँचर[82] पल्लू मृगाजिन[83] बाँकी पुष्टि[84] वाक वाक्य अँगिया[85] केचुकी[86] कटाओकी[87] अंगियत सौधभरी[88] अँगिया अँगिया[89] फाटी जोबन भार तनी[90] बंद[91] काढ कटारिहि[92] कब तन बौरी मूर्ख गँवार चोला और ह्वै[93] भौतिक बाध निवार टूटे[94] बन्द छूटे बन्द तरके तड़के[95] कटावौ की चोली[96] दलमली होय रल्ल में राई[97] न जाए सुहागिन[98] सुहागिनि[99] दुहागि[100] दुहागिनि बालापन[101] नैहर[102] तरुनापन[103] ससुराल[104] बूढ़ापन[105] ब्याह[106] मांगल[107] मांगल्य[108] सहेला[109] सोहला[110] सौत[111] मान[112] मटकनि मानमती[113] मानवती जब जब मान[114] दहन करे तब तब अधिक सुहाग सखी[115] तुम मान छाड़[116] दई कत हेत हे मानमती उठ चल[117] वेग लाई व्यासही चतुरदस विद्या निधान रैन मानुस[118], वासर[119] वासर भोर[120] सूरज सूर्य[121] उदय छाँह[122] दोपहर की[123] छाँह[124] चन्द्रमा[125] चन्द्रमा[126] की ठंडक का गरमी में परिवर्तन पवन[127] चन्दन[128] अगर[129] केवल[130] कमल कुमुदनी[131] तरैया[132] भोरकी[133] तयौ तरैयाँ तुम नहँ मई[134] भोर की तरैयाँ रैन[135] कटी तारे गिनत रैन गयी[136] पीतम कंठ लागे रैन बिहानी[137] पीतम संग लालनको[138] हो देखन न देहौ तोई[139] संग जाऊँ

अवधि बदि[140] गयी मोसो अनत रति मानी[141] तहीं सिधारी[142] जहाँ रति मानी रति के चिन्ह[143] सब प्रकार के भये कपोल[144] नैन आनन उर कहि देत रति के आनन्द भै पठई तौ लैन सुधि[145] मैं (तैं?) रति मानी जाए झगरो कीन्यो[146] सरिजन आध लैहौं[147] बटाय समीप[148] संग विरह[149] वियोग गर्भ[150] अंगन[151]।।

उपर्युक्त सूची से प्रकट होता है कि मीर अब्दुल वाहिद ने ध्रुवपद शैली से गाये जाने वाले हिन्दी गीतों से एक सौ इक्यावन शब्द और पद अपने ध्रुपद खंड में संगृहीत किए हैं। प्रस्तुत पुस्तक के प्रवीण प्राक्कथन लेखक ने अस्पष्ट शब्दों और पदों के अर्थ पर विशद विचार किया है। वह पर्याप्त भी है। परन्तु पुष्टिवाक् के सम्बन्ध में कोई निर्णय नहीं दिया है। फलतः प्रयत्न की गुंजाइश है। पुष्टिवाक् के सम्बन्ध में आचार्य द्विवेदीजी की दो स्थापनाएँ हैं। पहली यह कि 'फ़ारसी लिपि की घसीट लिखावट और लिपिकारों के प्रमाद से कुछ का कुछ लिख दिया गया है और कुछ का कुछ पढ़ लिया गया है। दूसरी यह कि यतः प्रसंग दली मली सुरतमृदिता साड़ी का है अतः इस शब्द का अर्थ भी कुछ वस्त्र सम्बन्धी ही होगा।' वस्तुतः बात ऐसी ही है। सारी करामात लिखावट की है।

डॉक्टर मोतीचन्द ने भारतीय वेशभूषा में पुष्पपट्ट नामक एक कपड़े का उल्लेख किया है और उसे फूलदार कपड़ा बताया है। यह भी कहा है कि सम्भवतः जामदानी से तात्पर्य हो। उसी पुस्तक में एक दूसरे सूत्र से प्राप्त सूचना के आधार पर यह सम्भावना प्रकट की है कि सम्भवतः पुष्पपट्ट किमखाब था और काशी में बनता था।

उक्त पुष्पपट्ट कालांतर में सरलतापूर्वक पुष्पवाट बन गया होगा। वैसे ही जैसे बौद्धों का आयोगपट्ट योगपट्ट बना और फिर जोगबट्टु बनकर जोगवाट बन गया। जायसी ने राजा रतनसेन के जोगीवेश धारण के सम्बन्ध में लिखा है–

चन्द बदन औ चन्दनदेहा ।
भसम चढ़ाई कीन्ह तन खेहा ।।
मेखल सिंधी चक्र धंधारी ।
जोगवाट रुदराछ अधारी ।।

और यदि पुष्पवाट फ़ारसी लिपि में लिखा जाए तो यों लिखा जाएगा–

پشپوات नुवत्ते और शोसे के अभाव में से कोई भी पुष्टिवाक् पढ़ सकता है। भ्रम से पुष्टिवाक् पढ़ लिए जाने योग्य एक दूसरा शब्द पटवास भी है जिसका बाण भट्ट ने अनेक स्थलों पर प्रयोग किया है, जैसे–

1. गंधतैलावसेकसुगंधिना दीपिकाचक्रवालालोकेन कुंकुमपटवासधूलिपटलेनेव पिंजरीकुर्वेन्सकललोकम्।
2. तांबूलपटवासकुसुमप्रसाधितसर्वलोकम्।
3. मुष्टिप्रकीर्यमाणकर्पूरपटवासपासुलामनोरथसंचरणरथ्या इव यौवनस्य।
4. पटवासपांसुपटलेन प्रकटितमंदाकिनीसैकतसहस्रभिव शुशुभे नभस्तलम्।

उक्त वाक्य में जहाँ-जहाँ पटवास शब्द आया है 'हर्षचरितम्' के हिन्दी टीकाकारों ने उसका सीधा अर्थ सुगंधित वस्त्र लिखने में संकोच किया है। एक सुधी पुरातत्वविद्

ने पटवास का अर्थ कपड़े में लगाने की सुगंधि अथवा इत्र का फाहा माना है। इत्र का फाहा अर्थ मानने में संकोच की बात इतनी ही है कि इत्र का फाहा तभी बन सकता है जब पहले इत्र हो। अतः जब तक यह प्रमाणित न हो जाए कि हर्षवर्द्धन के समय तक इत्र का आविष्कार हो चुका था तब तक पटवास का अर्थ इत्र का फाहा नहीं माना जा सकता। यही आपत्ति कपड़े में लगाने के इत्र अर्थ में भी है। 'हर्षचरितम्' के एक आधुनिक संस्कृत टीकाकार का यह अर्थ अधिक ग्रहणीय प्रतीत होता है कि 'एवं प्रतीयतेस्म यथा पटवासेन वस्त्रसौगंध्यसमादक-चूर्णविशेषेणैव पिंगलीकृतः इति भावः।' अतः पटवास का सीधा अर्थ है वह वस्त्र जो सुगंधित चूर्ण आदि से सुवासित किया गया हो। उपर्युक्त सभी उद्धरणों में आए हुए पटवास का यह अर्थ ग्रहण करने पर सभी वाक्यों का आशय स्पष्ट हो जाता है, जैसे—पहले वाक्य का अर्थ होगा कि सुगंधित तेल भरे हुए दीपक के आलोक के बहाने कुंकुम और वस्त्रों की रंगाई और उन्हें सुगंधित करने के काम में लाए गए पदार्थ के कणों की धूल से समस्त लोक को पीला करता हुआ-सा। इसी प्रकार दूसरे वाक्य का अर्थ यह न होकर कि उदारतापूर्वक वितरण किए गए पान, सुगंधियों और फूलों से सभी लोग अलंकृत हुए यह अर्थ होगा कि पान, फूल और सुगंधित वस्त्रों के वितरण से सभी लोग शोभित हुए। पान, इत्र और खिलअत में वस्त्र देने की प्रथा भारतीय मुग़ल दरबार में उसके अन्तिम दिन तक जारी रही। इत्र का आविष्कार हिन्दू राज्य काल में न होने के कारण इसकी पूर्ति स्वभावतया सुगंधित पुष्पों द्वारा की जाती होगी और जैसे मुग़लों के दरबार में पान, इत्र और वस्त्र वितरण चलता था वैसे ही उस समय पान, फूल और सुवासित वस्त्र का वितरण चलता होगा। वस्त्र सुवासित करने वाले चूर्ण के अर्थ में 'पटवास' का प्रयोग केशव ने भी किया है—

'जल थल फल फूल भूरि अंबर पटवास धूरि स्वच्छ जच्छ कर्दम हिय देवन अभिलाखे'।

प्रसादजी के संस्मरण लिखते हुए श्री रायकृष्णदासजी ने लिखा है कि सुरती बनाने में प्रसादजी को विविध भाँति के सुगंधित द्रव्यों का प्रयोग करना पड़ता था। फलतः जो सुगंधित पानी बचता था उसमें प्रसादजी अपने घर के कपड़े और कभी-कभी राय साहब के घर से भी कपड़े मँगवाकर रंग दिया करते थे। उन वस्त्रों पर हल्का रंग चढ़ जाता था और उसमें से भीनी-भीनी सुगंध हफ़्तों निकला करती थी। इस प्रकार रायसाहब ने जो विवरण उपस्थित किया है उससे यह अनुमान भी किया जा सकता है कि इस प्रकार वस्त्रों को रंगने और सुगंधित करने की कल्पना सम्भवतः हर्षचरित के 'पटवास' शब्द से ही प्रसाद जी के मस्तिष्क में जागरित हुई। उनकी कल्पना का स्रोत यह भी हो सकता है। तीस-तैंतीस वर्ष पूर्व तक या यों कहिए कि खादी और स्वदेशी आन्दोलन प्रारम्भ होने के पहले तक मथुरा के गोस्वामियों में आबेरवाँ का दुपट्टा सुगंधित कर ओढ़ने की चाल थी। खस, छारछबीला, नागरमोथा, पानड़ी, अगर, तगर, केशर, कस्तूरी, चन्दन चूरा, हरसिंगार की डंडी आदि को औटाकर और उसमें रंग कर सन्दली दुपट्टा तैयार किया जाता था।

बोलचाल में किसी मानिनी के कुपित होकर आचरण करने की क्रिया को खटवास पटवास लेकर पड़ जाना कहते हैं। खटवास तो खाट पकड़ने के अर्थ में है परन्तु पटवास का अर्थ इसमें पहनने का वस्त्र है। 'हिन्दी शब्दसागर' में पटवास का अर्थ लहँगा दिया भी है। अतः विश्वासपूर्वक कहा जा सकता है कि पुष्टिवाक् पढ़ा जानेवाला शब्द अपने मूल रूप में पुष्पवाट या पटवास रहा होगा।

ध्रुवपद खंड में मीर अब्दुल वाहिद ने जितने शब्द संगृहीत किए हैं उन सब में से सरस्वती सुर ताल बंधन अनागत अतीत सम भुवनायक और सुढंग ऐसे शब्द हैं जो ध्रुवपदों में प्रचुरता से प्राप्त होते हैं। शेष शृंगारी साहित्य में भरे पड़े हैं। कुछ तो ऐसे भी हैं जो संस्कृत के रस साहित्य में भी प्रयुक्त हुए हैं और अपने रसीलेपन के कारण उन भावों ने हिन्दी गीतों और कवित्तों में भी स्थान प्राप्त किया है। उदाहरण के लिए 'मैं पठई तो लैन सुधि मैं (तै) रति मानी जाए।' अर्थ यह कि नायिका ने नायक को मना लाने के लिए अपनी सखी को उसके पास भेजा परन्तु नायक के पास जाकर वह स्वयं उस पर रीझ रही। जब वह लौटकर नायिका के पास आयी तो उपालंभ देते हुए उसने कहा कि मैंने तो तुझे उसकी ख़बर लेने के लिए भेजा था परन्तु तू वहाँ जाकर स्वयं उसके प्रेम में फँस गई।

सन् 1363 ई. में संगृहीत ग्रन्थ शार्गंधर पद्धति में दूती का उपहास करती हुई नायिका कहती है–

बहुनात्र किमुक्तेन दूति मत्कार्य सिद्धये ।
स्वभांसान्यपि दत्तानि वक्तर्व्येषु तु का कथा ।।

अधिक बकवाद की आवश्यकता ही क्या है। अरी दूती मेरा कार्यं सिद्ध करने के लिए तूने तो अपना मांस तक दे दिया। बात की बात ही क्या है।

'अमरु शतक' में यह भाव और भी खटमिट्ठे रूप में प्रकट किया गया है, जैसे–

निःशेषच्युतचन्दनं स्तनतटं निर्मृष्टरागोऽधरो
नेत्रे दूरमनंजने पुलकिता तन्वी तवेयं तनुः ।
मिथ्यावादिनि दूति बांधवजनस्याज्ञातपीडागमा
वापीं स्नातुमितो गतासि न पुनस्तस्याधमस्यान्तिकम् ।।

यह देखकर कुतूहल होता है कि अकबर के महामंत्री अबुल फ़ज़ल ने 'आइने अकबरी' में संस्कृत साहित्य शास्त्र विषयक अपने ज्ञान का परिचय देते हुए हू-ब-हू यही श्लोक उद्धृत किया है।

इसका सीधा अनुवाद पद्माकर ने किया–

धोय गयी केसर कपोल कुच गोलनकी
पीक लीक अधर अमोलन लगाई है ।
कहै पद्माकर त्यों नैन हू निरंजन भे
तजत न कम्प देह पुलकनि छाई है ।
बाद मति ठानै झूठबादिनि भई री आज

दूतपन छोड़ धूतपनमें सोहाई है।
आई तोहिं पीर न पराई महा पापिनी तू
पापी लौं गई न कहूँ वापी न्हाय आई है ।।

परन्तु इसी श्लोक के एक दूसरे भावानुवाद के साथ अर्वाचीन हिन्दी के एक साहित्यकार हरिऔधजी का एक संस्मरण भी जुटा हुआ है। प्रायः बीस वर्ष पूर्व नागरीप्रचारिणी सभा द्वारा आयोजित भारतेन्दु जयन्ती के अवसर पर हरिऔधजी ने भाषण किया था कि मैंने बचपन में भारतेन्दु को उस समय देखा था जब कि मैं अपने गुरु बाबा सुमेरसिंह के साथ काशी आया था। भारतेन्दु उनसे मिलने आए। उनके साथ हनुमान कवि भी थे जिन्होंने कविता सुनाने की फ़र्माइश होने पर निम्नलिखित कवित्त सुनाया था–

आई अनमनी ह्वै बदन पियराई छाई
सुधि न रही है कछू आपने पराये की ।
कहति कछू है मुख कढ़त कछू को कछू
देखति हौं आज तेरी गति मतवारे की ।
नैकु थिर ह्वै कै बैठु राई लोन वारौं तो पै
तू तौ हनुमान मेरी संगिनी है बारे की ।
बजर परो री मो पै पठई कहाँ ते तहाँ
नज़र लगी री तोहिं जुलफनवारे की ।।

यद्यपि प्रसंगांतर है तथापि उल्लेख्य है कि उक्त कवि को भारतेन्दु ने दुशाले से और बाबा सुमेरसिंह ने अँगूठी से पुरस्कृत किया। जैसा कि दिखाया जा चुका है 'मैं पठई तो लैन सुधि तैं रति मानी जाय' में भी वही भाव है। पूरा वाक्य ध्रुपद शैली के किसी गीत का नहीं प्रत्युत किसी दोहे का अर्द्धांश है और दोहा ध्रुपद शैली में शायद नहीं गाया जा सकता, क्योंकि ध्रुपद में पद के जिस विस्तार की आवश्यकता पड़ती है वह दोहे से सम्भव नहीं। ध्रुपद खंड में एक दोहा उद्धृत है भी–

साजन आवत देखि कै हे सखि तोरौं हार ।
लोग जानि मुतिया चुनै हौं नय करौं जुहार ।।

उक्त दोहे में अभिधेयार्थ है कि प्रिय को आते देखकर हे सखी मैंने मोतियों का हार तोड़ डाला। लोकजन टूटे हुए हार के मोती चुनने लगे और मैं झुककर प्रियतम के चरणों में प्रणत हो गई। मीर साहब के अनुसार यह गूढ़ार्थ है कि प्रियतम से मिलने के लिए मैंने अपने सांसारिक बंधन तोड़ डाले और प्रियतम के समक्ष नम्रता से नत हो गई। दुनिया वालों ने मेरे इस कार्य से उपदेश ग्रहण किया।

जान पड़ता है, जैसे–मीर अब्दुल वाहिद कृष्णलीला सम्बन्धी पदों को विष्णुपद समझते थे वैसे ही उन गीतों को जो कृष्ण लीला से सम्बन्ध नहीं रखते थे परन्तु जिनमें अभिधेयार्थ के साथ गूढ़ार्थ भी निश्चित रहता था उसे ध्रुवपद मानते थे, अर्थात् वह निश्चित पद जिसमें गूढ़ार्थ भी अवश्य हो। मीर साहब ने इन दोहों का जो परिचय दिया है वह भी महत्त्वपूर्ण है। इस दोहे को उन्होंने गवाई राग में गाया जाने वाला बताया है। परन्तु छह राग छत्तीस

रागिनी और उनके रावण जैसे भारी भरकम परिवार में किसी का नाम गवाई नहीं मिलता। डॉ. कृष्णमाचारी ने अंग्रेजी में लिखित अपने संस्कृत साहित्य के इतिहास में राजा लक्ष्मणसेन की सभा के प्रमुख कवि धोयी को (Gavai Dhoyi Kaviraj) गवई धोयी कविराज लिखा है और गवई का अर्थ गवैया माना है जिससे अन्य लोग सहमत नहीं हैं। यहाँ गवाई का अर्थ गेय पद जान पड़ता है। या यह भी हो सकता है कि गौरी रागिनी हो जो 'गवरी' लिखावट के कारण 'गवई' अथवा 'गवाई' पढ़ ली गयी हो।

प्रस्तुत पुस्तक के तीसरे अध्याय में मीर अब्दुल वाहिद ने उन पदों से शब्द संगृहीत किए हैं जिनकी गणना न तो ध्रुपद में की जाती है और न विष्णुपद में। उसमें निम्नलिखित शब्दों, वाक्यखंडों तथा दोहे, चौपाइयों का संग्रह है–

सयाला व[1] माह पाला महाला[2] कौंच[3] सूर सप्तते जाड़[4] न जाए जोड़ लगत मरत[5] कंठ लाग प्यारी पवन झनमका सीव जनाया[6] कामी कंत बहुरि किन लाया फूल[7] या पुहुप वसन्त[8] पंचम[9] हार[10] (हमेल) चौसर[11] सेहरा[12] हौ बलिहारी साजना[13] साजन मो बलिहार हौ साजन सिर सेहरा[14] साजन मुझ गलहार पुर[15] नौलासी[16] कोकिला[17] भँवर[18] (भौरा) मालती[19] तरवर भेख फिर[20] आया मेरो चोला झटका[21] कुँवर संग हौ चांचर[22] खेलौ सरब अंग काँची कलियाँ[23] न तोर मुरझ गयीं डालियाँ दो थन हाथ न लावा[24] पावा गालियाँ इह बन फूलि पुंडरिया[25] उह बन तीस ले चल रानी[26] के दुलहा अपने देस साजन आओ[27] हमारी बारी हम तन फूलि फूलन फुलवारी[28] तुझ कारन मैं सेज सँवारी तन मन जोबन[29] जिउ बलिहारी नन्ह नन्ह पात जो अंवली सरहर पेड़ खजूर[30] तिन चढ़ि देखौ बालमा नियरे बसै कि दूर उठ सुहागिन मुख न जोह[31] छैल खड़ौ गल बाहि थाल भरी[32] गजमोतिनहिं गोद भरी कलियाहि मीत चिरातन परिहरो[33] भूली कौन हुलास अष्टुनहार[34] बनस्पति बरखा[35] (वर्षा) मेह[36] स्वाँति नखत स्वाती नक्षत्र[37] अथवा बूंद सेवाती झकोर[38] (लकवाह) बड़ी-बड़ी[39] बूँदन फुंइहै[40] पपीहा[41] दादुर[42] मोर[43] दामिनी[44] कुंस[45] बक[46] चकई[47] सारस[48] घन गरजे[49] धरने[50] पहना हरिया चोला वीरबहूटी[51] ऊँच खाल फिर[52] नीर हिलोरा अंध कूप[53] निसि पैघ व[54] हिंडोला एक[55] हिंडोला बाप दिया दुजा जो[56] पिया दई तिसरे[57] हिंडोले न पांव धरौ जोबन[58] लहरें ले दुइ[59] खांभ चार[60] डांडे कंवल[61] (कमल) भौंरा[62] तितरी[63] त्योहार[64] (दिवाली, होली) प्रियतम[65] लग तन होली कीन्हा धुरहंडी[66]।

तीसरे अध्याय में संगृहीत उक्त 66 शब्दों और वाक्यांशों और पदों के अध्ययन से जान पड़ता है कि जैसे मीर साहब ने ध्रुवपद के अन्तर्गत कृष्णलीलेतर परन्तु गूढ़ार्थ समन्वित पदों से शब्द संग्रह किए हैं और कृष्णलीला सम्बन्धी पदों को विष्णुपद के अन्तर्गत लिया है वैसे ही तृतीय अध्याय में उन्होंने सम्भवतः सूफ़ी काव्यों से शब्द संगृहीत किए हैं। दोहा चौपाई के साथ ही बरवै छन्द तक का प्रयोग इस धारणा की पुष्टि करता है। जैसे–

हम तन फूलि फूलन फुलवारी
तुझ कारन मैं सेज सँवारी

चौपाई है और—

नन्ह नन्हईंपात जो अँवली, सरहर पेड़ खजूर ।
तिन चढ़ि देखौं बालमा, नियरे बसै कि दूर ।।

दोहा है, वैसे ही यह बरवै का अर्द्धांश है—

इंह बन फूलि पुंडरिया उह बन तीस ।।

पिछले खेवे के हिन्दी सूफ़ी कवियों ने बरवै छन्द का प्रयोग आरम्भ कर दिया था— नूर मुहम्मद के प्रसंग में आचार्य रामचन्द्र शुक्ल जी ने अपने इतिहास में लिखा है कि— 'एक विशेषता और है। चौपाइयों के बीच-बीच में इन्होंने दोहे न रखकर बरवै रखे हैं।'

साथ ही उक्त 66 शब्दों में शायद ही ऐसा कोई शब्द हो जिसका प्रयोग जायसी के 'पद्मावत' में न मिलता हो। यह तथ्य भी इसी धारणा की पुष्टि करता है कि मीर अब्दुल वाहिद ने तीसरे अध्याय में सूफ़ी काव्यों से ही शब्द लिए हैं। कतिपय उदाहरण अप्रासंगिक न होंगे, जैसे—

सयाला व माह पाला—लागेउ माघ परै अब पाला। महाला महवट के अर्थ में आया प्रतीत होता है। कौच जैसा कि द्विवेदीजी ने लिखा हैं कौंध है। अतः महाला का अर्थ महवट होना चाहिए। जैसे—नैन चुवहिं जस महवट नीरू। महवट को कुछ लोग माघ मास की वर्षा मानते हैं परन्तु सैयद इंशा ने मौसिमे बरसात में इसका वर्णन किया, जैसे—

इस मौसिमे बरसात में क्यों घर न रहें हम ।
आँखें भी बरसती है महावट के बराबर ।।

'सूर सप्त ते जाड़ न जाय' का अर्थ यदि 'सौर सपेती आवै जूड़ी' के जोड़ पर न भी लगाया जाए तो भी कोई हानि नहीं। सात-सात सूर्यों के उदय से भी जाड़ा नहीं जाता इतना ही अर्थ पर्याप्त है।

इस संग्रह में एक शब्द है नौलासी। वैसे तो नवला का अर्थ तरुणी होता है परन्तु मीर वाहिद के अनुसार सूफ़ियों में उन बहुत-सी दशाओं एवं ईश्वर की अनेक अनुकम्पाओं की ओर संकेत किया जाता है जो अत्यधिक संख्या में प्राप्त होती रहती हैं। यह सांकेतिक अर्थ ग्रहण करने पर मान लेना होगा कि नौलासी पाठ अशुद्ध है और उसकी जगह नौलाखी होना चाहिए। इस संग्रह का 'अष्टुनहार वनस्पति' भी विचारणीय है। यह किसी दोहे का प्रथम चरण जान पड़ता है। इसकी व्याख्या में लिखा है कि यदि हिन्दी वाक्य में अष्टुनहार वनस्पति का उल्लेख हो तो इसका तात्पर्य 18000 जगत् से होता है और कभी-कभी 72 सम्प्रदायों तथा इसी प्रकार की वस्तुओं की ओर संकेत होता है। इस कथन से अनुमान लगाया जा सकता है कि जैसे वियोगावस्था में रुदन से वृक्ष के पत्तों तक के झड़ जाने का वर्णन किया जाता है, कुछ ऐसा ही भाव यहाँ भी है। नागमती के विरह-वर्णन में जायसी ने लिखा है—

जेहि पंखी के नियर होइ, कहै बिरह कै बात ।
सोई पंखी जाइ जरि तरिवर होइ निपात ।।

अतः अष्टुनहार या तो अंसुवनधार या हार था जिसके कारण वनस्पति के झड़ने का उल्लेख किया गया होगा या ओट निहार बनस्पति जैसी कोई चीज़ होगी जिसका भाव 'तृन धरि ओट कहति बैदेही' से मिलता जुलता होगा। परन्तु सम्भावना अंसुवनधार या हार की ही है, क्योंकि अष्टुनहार का जो सांकेतिक अर्थ बताया गया है उसकी उपलब्धि अंसुवनहार या धार मानने से ही होगी।

इस प्रकार विचार करते हुए हम इस निष्कर्ष पर पहुँचते हैं कि 'हकायके हिन्दी' में वे शब्द संगृहीत किए गए हैं जो हिन्दी के गीतों और काव्यों में प्रचुरता से प्रयुक्त होते रहे हैं। गाने-बजाने के प्रेमी सूफ़ी मुसलमानों में वे गीत और काव्य बहुत लोकप्रिय थे परन्तु कट्टरतावादी कानों में वे कटु जँचते थे, जिसके कारण सूफ़ियों ने उन हिन्दी शब्दों का सांकेतिक अर्थ बताना आरम्भ किया। 1566 ई. तक जितने शब्दों का सूफ़ी दृष्टिकोण से अर्थ निश्चित हो गया था उन सबका संग्रह कर मीर अब्दुल वाहिद बिलग्रामी (हरदोई) ने ऐतिहासिक दृष्टि से बहुत बड़ा काम किया। मीर साहब के इस ग्रन्थ का हिन्दी अनुवाद प्रस्तुत कर डॉ. सैयद अब्बास रिजवी ने भी हिन्दी की जो सेवा की है उसके लिए वे भी बधाई और धन्यवाद के पात्र हैं। आचार्य हजारीप्रसाद जी द्विवेदी का कृतज्ञ हूँ कि उन्होंने प्राक्कथन लिखकर मेरा बोझ बहुत हल्का कर दिया। अपनी सहज उदारता के कारण वे मुझ पर अयाचित कृपा करते रहते हैं।

उन्हें शिष्टाचारगत कोरा धन्यवाद देकर उनका महत्त्व घटाना नहीं चाहता। पुस्तक में मुद्रण सम्बन्धी भूलों के लिए मैं पाठकों से क्षमा प्रार्थी हूँ। इसी स्थल पर डॉक्टर रिजवी से भी निवेदन है कि यदि वे अगले संस्करण में नागरी अक्षरों में मूल पाठ भी दे दें तो पाठकों को अधिक सुविधा होगी। बिड़ला ग्रन्थमाला में मेरे सहायक श्री कल्पनाथ सिंह ने जिस निष्ठा के साथ अपने कर्तव्य का निर्वाह किया है उसके लिए उन्हें साधुवाद। साथ ही सर्वाधिक धन्यवादार्थ हैं वे सूफ़ी मुसलमान जिन्होंने सार्वदेशिक और सार्वकालिक 'प्रेम की पीर' का अलौकिक अनुभव किया और गोस्वामी तुलसीदास जी के इस कथन का प्रमाण उपस्थित कर दिया कि–

उरबी परि कलहीन होइ,
ऊपर कला प्रधान।
तुलसी देखु कलाप गति
साधन घन पहिचान ।।

दीपमालिका, सं. 2014,
वि. वाराणसी

–'रुद्र' काशिकेय
प्रधान सम्पादक
बिड़ला ग्रन्थमाला

नाथसिद्धों की बानियाँ

परिचय

जह मन पवन न संचरइ, रवि शशि नाह प्रवेश ।
तहि वट चित्त विसाम करु, सरहे कहिअ उवेश ।।

(जहाँ तक न मन जाता है न पवन जाता है, जहाँ न रवि का प्रवेश है न शशि का प्रवेश है, सरह कहते हैं कि हे चित्त! तुम वहीं विश्राम करो।)

सिद्ध सरहपा ने उक्त दोहों में जिस समाधि-दशा का संकेत किया है, उसकी प्राप्ति के लिए गम्भीर साधना आवश्यक है और इसीलिए उस स्थान तक चित्तगति को ले जाने के लिए जहाँ 'न सूर्यो भाति न शशाङ्कों न पावकः' साधकगण साधनाएँ करते रहे हैं, जिसका यह स्वाभाविक परिणाम है कि--हमारे देश में सिद्ध-साधना और साधकों की चर्चा प्राचीनकाल से ही चली आ रही है। वैसे तो किसी भी कार्य का निरन्तर अभ्यास करना साधना कहा जाता है। साधना करनेवाला साधक कहलाता है और उस कार्य में निरन्तर अभ्यास द्वारा सफलता अथवा सिद्धि प्राप्त करने वाला सिद्ध कहलाने का अधिकारी होता है।

हमारी संस्कृति ने यह बहुत पहले ही स्वीकार कर लिया था कि 'रुचीनां वैचित्र्यात् ऋजुकुटिलनानापथजुषाम्। नृणामेकोगम्यस्त्वमसिपयसामर्णव इव' अर्थात् जैसे टेढ़े सीधी बहती हुई सभी नदियाँ अन्त में समुद्र में ही पहुँचती हैं वैसे ही रुचि भेद के कारण टेढ़ा सीधा साधना-पथ अपना कर सभी साधक अन्त में उस भगवान् तक ही पहुँचते हैं। ऐसी ही मान्यता के फलस्वरूप हमारा भारत विभिन्न धार्मिक साधनाओं का क्षेत्र रहा है। फलतः प्रत्येक सम्प्रदाय के सिद्ध भी रहे हैं। इस प्रकार नाथ सम्प्रदाय के सिद्ध नाथसिद्ध कहलाते हैं। इन्हीं में से चौबीस सिद्धों की रचनाएँ प्रस्तुत ग्रन्थ में सम्पादित की गई हैं।

स्वर्गीय डॉ. पीताम्बरदत्त बड़थ्वाल ने गोरखबानी की भूमिका में गोरखनाथ के अतिरिक्त अन्य नाथ सिद्धों की बानियों को भी प्रकाशित करने की घोषणा की थी, किन्तु असमय ही अकस्मात् देहान्त हो जाने के कारण यह कार्य न हो पाया। डॉक्टर बड़थ्वाल के इस महान् अधूरे कार्य को प्रस्तुत संग्रह द्वारा पूरा करने का प्रयत्न किया गया है। डॉक्टर बड़थ्वाल ने नाथ सिद्धों की रचनाओं का संग्रह भी कर लिया था। परन्तु इस संग्रह ग्रन्थ 'नाथ सिद्धों की बानियाँ' की भूमिका से यह स्पष्ट नहीं होता कि संग्रहकर्ता ने डॉक्टर बड़थ्वाल के संग्रह से सहायता ली है

या नहीं। संकेत तो यही है कि विद्वान् सम्पादक को डॉक्टर बड़थ्वाल का संग्रह नहीं मिला।

इस संग्रह में प्रयुक्त पोथियाँ हस्तलिखित रूप में नागरी प्रचारिणी सभा के आर्य भाषा पुस्तकालय से ली गई हैं। इसके अतिरिक्त पिण्डों के जैन भांडार, कर्मद मठ तथा दरबार लाइब्रेरी जोधपुर से भी कुछ पुस्तकें प्राप्त कर उनका उपयोग प्रस्तुत संग्रह में किया गया है। अच्छा होता यदि बड़थ्वाल जी द्वारा संगृहीत हस्तलिखित पोथियों का भी भली भाँति उपयोग कर लिया जाता। जितनी पोथियाँ प्रकाशित की जा रही हैं, उनकी भाषा 15-16वीं शताब्दी के बाद की है। गोरखबानी की भाषा के विषय में डॉक्टर बड़थ्वाल ने भी यही बात कही थी।

इस संग्रह के प्रकाशित होने के पूर्व नाथ सिद्धों की बानियों के कुछ और संग्रह ग्रन्थ प्रकाशित हो चुके हैं। महापंडित राहुल सांकृत्यायन और डॉ. धर्मवीर भारती ने भी इस दिशा में काम किया है। डॉक्टर कल्याणी मल्लिक ने 'सिद्ध सिद्धान्त पद्धति एंड अदर वर्क्स आव नाथ योगीज' का सम्पादन कर उसे पूने से 1954 ई. में प्रकाशित कराया है। इसमें नाथ सिद्धों की विभिन्न संस्कृत रचनाओं के अतिरिक्त आधुनिक भारतीय आर्यभाषाओं की भी कुछ रचनाओं का प्रकाशन किया गया है। जैसे–गोरक्ष उपनिषद्, मत्स्येन्द्रनाथ जी का पद, भरथरी जी की सबदी, जालन्धरीपाद जी की सबदी। यह सम्पादन कार्य विभिन्न हस्तलिखित पोथियों के आधार पर किया गया है।

प्रस्तुत संग्रह में अपेक्षाकृत अधिक नाथ सिद्धों की रचनाएँ सम्पादित हैं। इनके रचयिता नाथ सिद्धों की कुल संख्या चौबीस है। इस संग्रह की गोपीचन्दजी की सबदी, जलंधरीपाद की सबदी, चरपटीजी की सबदी तथा मच्छेन्द्रनाथजी का पद इन रचनाओं के पाठ भेदादि के लिए डॉक्टर मल्लिक के ग्रन्थ का सदुपयोग किया जा सकता है। इन रचनाओं की भाषा के सम्बन्ध में डॉक्टर मल्लिक का मत है कि यह अंशतः राजस्थानी तथा अंशतः हिन्दुस्तानी है। इसके अतिरिक्त श्री योग प्रचारिणी सभा गोरक्ष टिल्ला, वाराणसी से प्रकाशित श्रीनाथ शतकम् पुस्तिका में चन्द्रनाथ तथा ग़रीबनाथ जी की सबदियाँ प्रकाशित हुई हैं। परन्तु प्रस्तुत ग्रन्थ में चन्द्रनाथ की कोई सबदी नहीं है। इससे सम्पादित ग़रीबनाथजी की सबदी शतक में प्रकाशित उनकी सबदी से अंशतः भिन्न है और पाठभेद भी है।

इन सब रचनाओं के प्रकाशित होने के पूर्व नाथ सिद्धों की दर्शन साधना तथा काव्यरूप के अध्ययन का एक मात्र आधार गोरखबानी (जोगेसुरी बानी) ही था। अब इन रचनाओं के प्रकाशन से रचयिता नाथसिद्धों की संख्या के साथ ही रचनाओं की भी वृद्धि हुई है, परन्तु प्राप्त रचनाओं की वृद्धि के साथ ही उनकी प्रामाणिकता में कोई वृद्धि नहीं हुई है। प्राप्त सामग्री के आधार पर पूर्ण विश्वास के साथ यह नहीं कहा जा सकता कि ये रचनाएँ उन्हीं सिद्धों की हैं, जिनके नाम से वे प्रचलित और प्रचारित हैं।

जिन नाथसिद्धों की बानियाँ इस संग्रह में सम्पादित हैं, उनमें गोरक्ष, मत्स्येद्र, चौरंगीनाथ, चर्पट, काणेरी, जालंधरि, गोपीचन्द और भरथरी ऐतिहासिक व्यक्ति हैं। इन लोगों का समय नवीं ई. शताब्दी से 12 ई. शताब्दी तक विस्तृत है। इनमें सर्वाधिक महिमामंडित व्यक्तित्व गोरक्षनाथ का है। अब यह प्रायः निर्विवाद है कि बौद्ध सिद्धों और नाथ सिद्धों दोनों में समान रूप से समादृत मत्स्येन्द्र गोरख के गुरु थे। अभिनवगुप्तपाद ने मच्छेन्द विभु का स्तवन किया है। यह स्तवन भी तांत्रिक शैव ग्रन्थ तंत्रालोक में किया गया है। अतः इससे दो तथ्य हाथ लगते हैं। पहला यह कि मत्स्येन्द्र परम माहेश्वराचार्य अभिनवगुप्तपाद के पूर्ववर्ती थे और दूसरा यह कि वे तांत्रिक शैव सिद्ध थे।

इस बात पर भी ध्यान रखना आवश्यक है कि भारत के विभिन्न स्थानों में अपने अस्तित्व तथा प्रभावविस्तार के लिए सम्प्रदायों में अत्यधिक तीव्र संघर्ष था। कहीं इन शैवों ने वैष्णवों के कंधा से कंधा भिड़ा कर बौद्धों और जैनों का विरोध किया और कहीं तान्त्रिकों से सहयोग कर विरोधियों से लोहा लिया। उसी संघर्ष काल में अभिनव गुप्त का अभ्युदय हुआ था। प्रस्तुत ग्रन्थ की भूमिका में नाथ सिद्धों का प्रारम्भिक आविर्भाव काल नवीं ई. शताब्दी माना गया है। नाथ सिद्धों, नव नाथों और चौरासी सिद्धों की विभिन्न सूचियों तथा काल निर्णय के स्रोतों पर विचार करने पर इस निष्कर्ष तक पहुँचा जा सकता है कि इन नाथ सिद्धों का आविर्भाव तथा विचारकाल नवीं ई. शताब्दी से लेकर बारहवीं ई. शताब्दी तक था। साधनात्मक तथा दार्शनिक ग्रन्थों के अध्ययन से प्रतीत होता है कि इन दोनों प्रकार के सिद्धों में तान्त्रिक धारा जीवित थी।

राजनीतिक परिवर्तन तथा सामाजिक उथल पुथल से इन सम्प्रदायों में उप सम्प्रदाय जन्म लेते रहे। ये एक दूसरे में अन्तर्भुक्त भी होते रहे। इन सम्प्रदायों के परस्पर मिश्रण की कथा अत्यधिक उलझी हुई है। लोकश्रुति और ऐतिहासिक श्रुति दोनों में भारी अन्तर है। हमें केवल ऐतिहासिक श्रुति पर विश्वास करना चाहिए। लोकश्रुति की अपेक्षा ऐतिहासिक श्रुति भले ही कम सूचना दे फिर भी वह अधिक उपयोगी है।

आचार्य हजारीप्रसाद द्विवेदी साहित्य की इस शाखा के प्रसिद्ध अधिकारी विद्वानों में गिने जाते हैं। अतः उनके द्वारा सम्पादित प्रस्तुत ग्रन्थ सभी दृष्टियों से उपादेय होना ही चाहिए। मैं आचार्य द्विवेदीजी का कृतज्ञ हूँ कि उन्होंने स्वयं ही ग्रन्थ की भूमिका में सभी ज्ञातव्य बातें दे दी हैं और इस प्रकार मुझे अधिक पिष्टपेषण से बचा दिया है। वस्तुतः प्रस्तुत ग्रन्थ पर लेखनी चलाना ही मेरी अनधिकार चेष्टा है, क्योंकि इसका मुद्रण उसी समय हो चुका था, जिस समय आचार्य हजारीप्रसाद जी ही प्रस्तुत ग्रन्थमाला के प्रधान सम्पादक थे, परन्तु इसका प्रकाशन अब हो रहा है। इसलिए विवशतः हाथ से आटा लगाकर मैं भंडारी बन रहा हूँ। निष्ठापूर्ण सहायता के लिए मैं अपने सहायक श्री कल्पनाथ सिंह का भी कृतज्ञ हूँ। हमें आशा

है कि आचार्य जी के इस कार्य से प्रेरणा पाकर सिद्ध साहित्य में शोधकार्य अग्रसर करने की ओर अन्य विद्वान् भी उन्मुख होंगे और प्रस्तुत ग्रन्थ से आँजन का काम लेते हुए जीर्ण पृष्ठ-भूमि में छिपे रत्नों का पता लगाकर गोस्वामीजी का यह दोहा सार्थक करेंगे कि–

यथा सु अंजन आँजि दृग, साधक सिद्ध सुजान ।
कौतुक देखत फिरहिं बन, भूतल भूरि निधान ।।

–रुद्र काशिकेय

प्रधान सम्पादक,
बिड़ला ग्रन्थमाला

रास और रासान्वयी काव्य

परिचय

निरतत हैं दोउ स्यामा स्याम ।
अंग मगन पिय तैं प्यारी अति निरखि चकित ब्रज बाम ।
तिरप लेति चपला-सी चमकति झमकत भूखन अंग।
या छबि पर उपमा कहुँ नाहीं निरखत बिबस अनंग ।
रस समुद्र मानौ उछलित भयौ सुन्दरता की खानि ।
सूरदास प्रभु रीझि थकित भए कहत न कछू बखानि ।।

—सूरदास

उपर्युक्त पद में राधाकृष्ण के रास-नृत्य का वर्णन करते हुए कवि ने रम्य रास के स्वाभाविक परिणाम के रूप में रस-समुद्र का उमड़ना बताया है और इस प्रकार 'रस' और 'रास' के पारस्परिक घनिष्ठ सम्बन्ध का उद्‌घाटन किया है। वस्तुतः रास, रासो और रासक तीनों ही के मूल में रस ही पोषक तत्व है और इसीलिए स्थूल रूप में रास नृत्य का, रासो काव्य का और रासक रूपक का एक रूप है।

काव्य में रस-सिद्धान्त भारत का बड़ा ही प्राचीन और परम महत्त्वपूर्ण आविष्कार रहा है। यहाँ रस के शास्त्रीय पक्ष का विवेचन न कर इतना ही कथन अभीष्ट है कि 'रस' उसी तीव्र अनुभूति का नाम है जिसके द्वारा भावविभोर होकर मनुष्य के मुँह से अनायास निकल जाता है—'वाह क्या बात है? मज़ा आ गया!' यही 'मज़ा आ जाना' रसानुभूति की स्थिति है और स्वयं 'रस' 'मज़ा' है। प्रतीत होता है कि आरम्भ में रस केवल एक था—शृंगार। आज भी 'रसिक' शब्द का 'अर्थ' 'शृंगार रसिक' मात्र है। शृंगार को जो रसराज कहते हैं उसका भी तात्पर्य यही है कि मूल रस शृंगार ही है और अन्य रस उसी के विवर्त हैं। भोज ने भी अपने शृंगार प्रकाश में इसी सिद्धान्त का प्रतिपादन किया है। वैसे भी रसों की संख्या में बराबर वृद्धि होती रही है। भरत के यहाँ वस्तुतः आठ ही रस थे। 'शान्त' रस की उद्‌भावना हो जाने पर उनकी संख्या नौ हो गयी। पुनः विश्वनाथ ने 'वत्सल' को स्थायी भाव परिकल्पित कर 'वात्सल्य' रस की कल्पना की। रूप गोस्वामी ने भक्ति को भी 'रस' बनाया और इधर अब दिल्ली में 'इतिहास रस' की भी धारा बहाने का भगीरथ प्रयत्न हो रहा है। ये सब प्रयत्न इसी बात की पुष्टि करते हैं कि जिसको जिस वस्तु में मज़ा मिला उसको वहीं रस का दर्शन हुआ।

दूसरी ओर मन की चार स्थितियाँ होती हैं—विकास, विस्तार, विक्षोभ और विक्षेप। विभिन्न अनुभूतियों की जो प्रतिक्रिया मन पर होती है उससे मन की स्थिति उक्त चारों में से कोई एक हो जाती है। शृंगार से विकास, वीर से विस्तार, वीभत्स से क्षोभ और रौद्र से विक्षेप होता है। इस प्रकार चार प्रधान रस बनते हैं—शृंगार, वीर, रौद्र और भयानक। शृंगार से हास्य, वीर से अद्‌भुत, रौद्र से करुण और वीभत्स से भयानक रस की उत्पत्ति मानी जाती है। परन्तु गम्भीरता से देखने पर 'वीर, रौद्र और वीभत्स' रसों की गणना एक ही वर्ग में की जा सकती है और तीनों को ही एक साधारण शीर्षक 'वीर' के अन्तर्गत लाया जा सकता है।

पुनः मन की चाहे जितनी स्थितियाँ परिकल्पित की जाएँ वे मुख्यतया दो ही रहेंगी—सक्रिय और निष्क्रिय। सक्रिय स्थिति के भी दो भेद होंगे—अन्तर्मुखी और वाह्यमुखी। अन्तर्मुखी स्थिति वह होगी जब मन द्वारा 'मन' को प्रभावित करने का प्रयत्न होगा और वाह्यमुखी स्थिति में वाह्य प्रयत्नों द्वारा दूसरे के तन मन को प्रभावित करने का प्रयत्न किया जाएगा। इस प्रकार अन्तर्मुखी स्थिति शृंगार रस में दिखाई देगी और वाह्यमुखी वीररस में।

मानस की निष्क्रिय स्थिति वह कहलाएगी जब वह सुख, दुख, चिन्ता, द्वेष, राग और इच्छा सबके परे हो जाएगा। यही स्थिति शान्त रस की भी है[1]।

इस प्रकार आज तक जितने रस कल्पित हुए हैं या भविष्य में होंगे उन सबका समाहार शृंगार, वीर और शान्त रसों के अन्तर्गत किया जा सकेगा।

प्रस्तुत रास संग्रह में भी जितने रास संगृहीत किए गए हैं वे उक्त तीन ही रसों से समन्वित हैं। जैन रास प्रायः रसात्मक हैं और उनमें वीर रस का भी समावेश है। शेष अर्थात् संस्कृत, हिन्दी, बाँग्ला और गुजराती के रास प्रायः शृंगाररसात्मक हैं।

प्रस्तुत संग्रह के विद्वान् सम्पादकों डॉ. दशरथ ओझा और डॉ. दशरथ शर्मा ने अपनी शोधपूर्ण भूमिका में सभी ज्ञातव्य तथ्यों का समावेश कर दिया है। उक्त दोनों अकृत्रिम विद्वानों ने वस्तुतः संग्रह कार्य और सम्पादन में गहरा परिश्रम कर रास साहित्य का उद्धार किया है। उनके निष्कर्षों से प्रायः लोग सहमत होंगे; जैसे 'सन्देश रासक' की रचना का काल बारहवीं शताब्दी निश्चित किया गया है। इसका एक आभ्यन्तरिक प्रमाण भी है। सन्देश रासक में एक छन्द है—

तइया निवडंत णिवेसियाइं संगमइ जत्थ णहुहारो ।
इन्हिं सायर-सरिया-गिरि तरु दुग्गाइं अन्तरिया ।।

अर्थात् जहाँ पहले मिलन क्षण में हम दोनों के बीच हार तक को प्रवेश नहीं मिलता था वहाँ आज हम दोनों के बीच समुद्र, नदी, पर्वत, वृक्ष, दुर्गादि का अन्तर हो गया है।

---

1. न यत्र दुःखं न सुखं न चिन्ता न द्वेषरागौ न च काचिदिच्छा ।
रसरतु शान्तः कथितो मुनींद्रैः सर्वेषु भावेषु शम प्रधानः ।।

उधर 'हनुमन्नाटक' में भी एक श्लोक हैं–

हारो नारोपितः कंठे मया विश्लेष भीरुणा ।
इदानीमन्तरे जाताः पर्वताः सरितो द्रुमाः ।। (ह.ना. 5-24)

स्पष्टतः सन्देश रासक के उक्त छन्द पर हनुमन्नाटक के उक्त श्लोक का प्रभाव है। उक्त छन्द उक्त श्लोक का अनुवाद जान पड़ता है। यह निश्चित है कि हनुमन्नाटक ग्यारहवीं शताब्दी की रचना है, अतः सन्देस रासक की रचना निश्चय ही हनुमन्नाटक के ठीक बाद की है। सामोरू नगर का जो वर्णन उक्त रासक में उपलब्ध होता है वह बारहवीं शताब्दी का कदापि नहीं हो सकता। सामोरू का दूसरा नाम मुलतान है जिस पर बारहवीं शताब्दी में तुर्कों का कब्जा था जिनके शासन में रामायण और महाभारत का खुल्लमखुल्ला पाठ असम्भव था। परन्तु उक्त रासक में वर्णित है कि सामोरु में हिन्दू संस्कृति की प्रधानता थी। यह संगति तभी बैठ सकती है जब यह माना जाए कि सन्देश रासक की रचना हनुमन्नाटक की रचना के बाद और मुलतान पर इस्लामी शासन के पूर्व की है। सन्देस रासक के टीकाकारों ने अद्दहमाण का शुद्धरूप अब्दुल रहमान माना है और उसे जुलाहा करार दिया है। परन्तु जिस शब्द का अर्थ जुलाहा है उसी का अर्थ गृहस्थ भी है। फिर अब्दुल रहमान ने अपने पिता का नाम मीरसेन लिखा है। क्या मीरसेन उस काल में किसी मुसलमान का नाम हो सकता है? मीर फ़ारसी का ही नहीं संस्कृत का भी एक शब्द है, जिसका अर्थ समुद्र भी होता है? पुनः आवश्यक नहीं कि ग्रन्थारम्भ में कर्ता की स्तुति मुसलमान ही करे, हिन्दू नैयायिक भी तो ईश्वर को कर्ता ही मानता है। अतः अब्दुल रहमान के सम्बन्ध में अभी और भी खोज आवश्यक जान पड़ती है। कारण मीरसेन (समुद्रसेन) का पुत्र अब्धिमान (समुद्रमान) भी हो सकता है और उसके मुसलमान होने की कल्पना 'मिच्छदेस', 'आरद्द', 'अद्दहमाण', और 'मीरसेन' शब्दों पर ही टिकी हुई है।

ऊपर कहा जा चुका है कि 'रास' एक प्रकार का नृत्य भी है। इस नृत्य का स्वरूप प्रायः धार्मिक रहा है। यही कारण है कि विष्णुयामल में रास की यह परिभाषा दी गयी है–'करुणा-वीभत्स-रौद्र-वीर-वात्सल्य-विरह-सख्य शृंगारादि रस समूहो रासरिति' अथवा 'रसानां समूहो रासः'। अन्यत्र रास का यह लक्षण भी बताया गया है–'नृत्य-गीत–चुम्बनालिंगनादीनां रसानां समूहों रासः'। अर्थात् नाच, गान, चुम्बन, आलिंगन आदि रसों का समूह रास कहलाता है। रास का तीसरा लक्षण निम्नलिखित है–

स्त्रीभिश्च पुरुषैश्चैव धृतहस्तैः क्रमस्थितैः ।
मंडले क्रियते नित्यं स रासः प्रोच्यते बुधैः ।।

अर्थात् विद्वान् उस नृत्य को रास कहते हैं जिसमें एक क्रम से नर-नारी परस्पर हाथ पकड़ कर मंडलाकार नाचते हैं।

उक्त रासनृत्य का स्वरूप उत्तरोत्तर धार्मिक होता गया। रास सर्वस्व नामक ग्रन्थ के अनुसार घमंड देव ने रास के पाँच प्रयोजन बताये–

(1) चित्तशुद्धि, (2) स्त्रियों और शूद्रों को अनायास पुरुषार्थ चतुष्टय की प्राप्ति (3) योग साधन से प्राप्त सुख की सहज प्राप्ति (4) तामस बुद्धि वालों को सात्विक बुद्धि सम्पन्न बनाना और (5) ब्रजवासियों का भरण तथा त्रैलोक्य का पवित्रीकरण[2]।

शाण्डिल्य ने पंद्रह रास सूत्र कहे जिन पर प्रायः एक हज़ार भाष्य प्राप्त होते हैं[3]। वृहद् गौतमी तंत्र, राधा तंत्र, रहस्य पुराण आदि पुराण ग्रन्थों में रास को अनुष्ठान का रूप दिया गया। उसका संकल्प, ध्यान, अंगन्यास आदि की विधि निश्चित की गयी[4]। कहने का तात्पर्य यह कि किसी विदेशी आभीर जाति के रसमय नृत्य रास ने कहीं साहित्यिक स्वरूप प्राप्त किया और कहीं धार्मिक रूप। अतः अन्त में यह कहना अनुचित न होगा कि–

बन्दौं ब्रज की गोपिका निवसत सदा निकुंज ।
प्रकट कियौ संसार में जिन यह रस को पुंज ।।

–रुद्र काशिकेय

प्रधान सम्पादक
बिड़ला ग्रन्थमाला
ना.प्रा. सभा

---

2. विषयविदूषितचित्तानामनेकोद्योगबुद्धीनामन्तःकरणानि भगवद्विषयकानुकरणदर्शनेन शुद्धानि भवन्तीति प्रथमं प्रयोजनम् ।।1।।
स्त्रीशूद्राणामप्यनायासेन पुरुषार्थचतुष्टयं भवत्विति द्वितीयं प्रयोजनम् ।।2।।
अनेकसाधनैर्योगादिभिर्भगवद्दर्शनार्थे यतमानानामपिदुर्लभं सुखं सुलभं भवत्विति तृतीयं प्रयोजनम् ।।3।।
युगहेतुकविपरीतकालेनजातानराजसतामसबुद्धीनां सात्विकबुद्धिजननं चतुर्थे प्रयोजनम् ।।4।।
स्वतः शुद्धैरपि ब्रजवासिभिरेव स्वभरणं त्रैलोक्य पवित्रं चैतद्वारेण सम्पादनीयमिति पंचमं प्रयोजनम् ।।5।।
(राधाकृष्णकृत रास सर्वस्व, पृ. 30)
3. शाण्डिल्योक्त रास सूत्राणि–
(1) अथातोरसो ब्रह्म, (2) सैवानन्दस्वरूपो कृष्णः, (3) तस्यानुकरणान्तरा भक्तिः, (4) सा नवधा, (5) तेषामन्योन्याश्रयत्वम् (6) तस्मात् रासोत्पद्यते, (7) सोऽपि क्रियाभेदेन द्विधा, (8) गोलोक स्थानामेव, (9) ललितादेव्यो पोष्यनीयत्वेनलभ्यते, (10) प्रेमदेवता च, (11) महत्संगात् भविष्यति, (12) परंपरैवग्राह्यम्, (13) निष्कामेन कर्तव्यम्, (14) प्रयासं विनैव फलसिद्धिः, (15) नियमेन कर्तव्यम्।–रास स्र्वस्व, पृ. 33।
4. अथ श्री रास क्रीडामंत्रस्य मुग्धनारद ऋषिर्गायत्री छन्दः ओं क्लीं साक्षान्मन्मथबीजं प्रेमान्ध्युद्भवस्वाहाशक्तिः श्री राधाकृष्णौ देवौ रास क्रीडायां परस्परानन्दप्राप्त्यर्थेजपे विनियोगः।
ओं क्लीं अँगुष्ठाभ्यान्नमः। ओं रासतर्जनीभ्यां नमः। ओं रसमध्यमाभ्यां नमः। ओं विलासिन्यौ अनामिकाभ्यां नमः। ओं श्री राधाकृष्णौकनिष्ठिकाभ्यां नमः। ओं स्वाहा करतल कर पृष्ठाभ्यां नमः।। इति करन्यासः।
ओं क्लीं हृदयाय नमः। ओं रास शिरसे स्वाहा। ओं रसशिखायै वौषट्। ओं विलासिन्यौ नेत्रत्रयाय वौषट्। ओं श्री राधाकृष्णौ कवचाय हुँ। ओं स्वाहा अस्त्राय फट् ।।
इति हृद्याभिन्यासः।

छिताईवार्ता

परिचय

साहि छिताई को लै जाइ ।
बिहना फूल्यौ अंग न माइ[1] ।।

लिखते हुए केशवदास (सं. 1612-1674 वि.) ने हमारे लिए यह प्रमाण प्रस्तुत कर दिया कि जिस समय वे वीरसिंहदेव चरित की रचना कर रहे थे उस समय भी लोक में 'छिताई' सम्बन्धी ऐतिहासिक वृत्त विख्यात् था और इतना अधिक विख्यात् था कि संकेतमात्र से लोग समझ जाते थे। उक्त ऐतिहासिक घटना की ख्याति इतनी बढ़ी-चढ़ी थी कि जैसे भुनी मछली के पुनः उछल कर पानी में जा पड़ने की बात सुनते ही लोग समझ जाते थे कि प्रसंग राजा नल की कहानी का है, उसी प्रकार किसी राजा के पतित होने और उसके परिवार वालों के उसके विरुद्ध हो जाने का संकेत पाते ही लोगों का ध्यान बरबस देवगिरि के राजा रामदेव द्वारा अलाउद्दीन खिलजी को अपनी पुत्री प्रदान कर अपनी जान बचाने की कथा की ओर चला जाता था।

इस सिलसिले में ध्यान देने योग्य बात केवल इतनी ही है कि दानियों को दुख देने की अपनी क्षमता का उल्लेख करते हुए लोभ किसी का नाम नहीं लेता। केवल इतना ही कहता है कि मैंने राजा को रंक के समान पतित कर दिया। उसके मित्र और मंत्री तक उसके शत्रु बन बैठे और उन्होंने उसके विरुद्ध शस्त्र भी ग्रहण किया।

आगे-चलकर 'लोभ' उसी प्रवाह में यह भी कह जाता है कि मैंने भुनी हुई मछली को पुनः पानी में डाल दिया। स्त्री को कहीं और पुत्र को कहीं फेंक दिया। 'लोभ' के

---

1. लोभ उवाच–

सुनु दान, जिते नर दाता भए । तिनकों मैं दीरघ दुख दए ।।
साधु सर (?) सब परम निसंक । मैं जल कियो राज ते रंक ।।
मंत्री मित्र सत्रु ह्वै गए । जात हथ्यारन हाथन लए ।।
दह पारीं भूँजी माछरी । कहूँ पुत्र कहुँ कामिनी करीं ।। (छन्द 35-36)

दान उवाच–

दमयन्ती राजा नल बरे । देव अदेव सबै परिहरे ।।
इहि दुख देवन कीनो कोह । नल दमयन्ती भयो बिछोह ।।
तू बपुरा को दुख दे सकै । कैसे पंगु सिंधु को नकै ।।
साहि छिताई को ले जाइ । बिहना फूल्यौ अंग न माइ ।। (छन्द 38, 39)

–वीरसिंहदेव चरित

उक्त दर्प का उत्तर देते हुए 'दान' लोक में प्रचलित इस कथन के आधार पर कि 'राजा नल पर विपदा परी-भूँजी-मछरी दह में गिरी', मछली का संकेत पकड़ कर कहता है कि नल पर जो विपत्ति पड़ी वह तेरे कारण नहीं, प्रत्युत सुरासुर की उपेक्षा कर दमयन्ती ने राजा नल को वर लिया था। फलतः देवगण दुखी होकर क्रुद्ध हुए और इसीलिए नल-दमयन्ती में वियोग हुआ। तू बेचारा किसी को क्या दुख दे सकता है? कहीं पंगु भी समुद्र लाँघ सकता है?

अपेक्षाकृत अधिक स्पष्ट संकेत का स्वभावतः पहले ही उत्तर देने के बाद 'दान' को लोभ का वह संकेत याद आता है जिसमें उसने राजा को रंक के समान पतित करने और उसके परिजनों को उसका विरोधी बनाने का दावा किया था। तब तुरत ही दान यह भी समझ लेता है कि जैसे 'लोभ' के कथन का उत्तरार्द्ध नल की ओर संकेत करता है, वैसे ही उसके पूर्वार्द्ध का संकेत देवगिरि के राजा रामदेव की ओर है जिसकी दरियादिली का उल्लेख प्रस्तुत छिताई वार्ता में भी अनेक स्थलों पर मिलता है। जैसे किसी रंक की पुत्री को कोई बलशाली छीन ले और वह बेचारा समाज में पतित होकर रह जाए वैसी ही स्थिति अलाउद्दीन को पुत्री देने के कारण अपने समाज में देवगिरि नरेश रामदेव की हुई होगी और वह पतित भी माना जाता रहा होगा। इसलिए उसके मंत्री और मित्र भी उससे विमुख होकर विद्रोही हुए होंगे। ऐतिहासिक तथ्य है कि रामदेव का पुत्र भिल्लम तक उसका विद्रोही बन बैठा था[2]।

इस प्रकार संकेत मात्र से ही केशव के काल तक लोगों का ध्यान जिसकी ओर तत्काल चला जाता था उसी छिताई को आगे चलकर लोग इस प्रकार भूल गए कि वीरसिंहदेव चरित की जो मुद्रित प्रति नागरी-प्रचारिणी सभा के आर्यभाषा पुस्तकालय में है, उसमें छिताई के सम्बन्ध में पाद-टिप्पणी में केवल यह लिखा गया है कि 'एक सुन्दर स्त्री जिसे मुसलमान बादशाह ले गया था।'

आगे चलकर जायसी ग्रन्थावली का सम्पादन करते समय 'बादशाह चढ़ाई खंड' में रतनसेन और राघवचेतन के संवाद के प्रसंग में जब यह चौपाई आई कि 'बोलु न राजा आपु जनाई, लीन्ह देवगिरि और छिताई' तो आचार्यवर रामचन्द्र शुक्ल ने पादटिप्पणी में लिखा कि 'छिताई–कोई स्त्री (?)।' कोई स्त्री के आगे कोष्ठक में लगा हुआ

---

2. रामदेव ने सुल्तान के पास सूचना भेजी कि भिल्लम ने सुल्तान का विरोध आरम्भ कर दिया है और मुझे भी उसके कारण विशेष कष्ट है। मैं कभी भी अपने वचन से न फिरूँगा। यदि सुल्तान अपना कोई दास इस ओर भेज दें तो षड्यंत्र का अन्त हो जाएगा। सुल्तान ने यह सुनकर मलिक नायब को उससे युद्ध करने के लिए भेजा।...भिल्लम को सेना के पहुँचने की सूचना मिली। भिल्लम, राघव तथा रामदेव शाही सेना को देखकर बड़े घबड़ाए। सेना ने शहर में लूटमार आरम्भ कर दी। राय को समस्त धन-सम्पत्ति के साथ सुल्तान की सेवा में भेज दिया। सुल्तान ने राय का आदर-सम्मान् किया और उसे दो लाख सोने के तनके प्रदान किए। उसकी पदवी रायरांया निश्चित की और उसे देवगिरी वापस जाने का आदेश दे दिया।

–'खिलजीकालीन भारत' में फुतुहुस्सलातीन का अनुवाद (डॉ. सैयद अब्बास रिजवी)

प्रश्नवाचक चिह्न सम्भवतः यही संकेत करता है कि आचार्य शुक्ल जी को यह सन्देह था कि छिताई किसी स्त्री का नाम है अथवा देवगिरि की तरह दूसरे भूखंड का नाम।

संवत् 1881 में ग्वाल कवि ने 'हम्मीर हठ' नामक एक काव्य लिखा जो अप्रकाशित, अपूर्ण और कुछ अश्लील भी है। इस काव्य में उन्होंने अलाउद्दीन की एक मरहट्ठी[3] बेगम का उल्लेख किया, परन्तु उस मरहट्ठी बेगम का नाम नहीं दिया। अर्थ यह कि उस समय तक उसका नाम लोगों की स्मृति से उतर गया था और केवल यह ऐतिहासिक तथ्य स्मरण रह गया था कि अलाउद्दीन की कोई बेगम मरहट्ठी भी थी।

संवत् 1902 वि. में अर्थात् आज से प्रायः 113 वर्ष पूर्व चन्द्रशेखर वाजपेयी ने भी हम्मीर हठ[4] काव्य लिखा। उससे विदित होता है कि ग्वाल की तरह वाजपेयी जी को भी यह तो ज्ञात था कि अलाउद्दीन की कोई बेगम मरहट्ठी भी थी परन्तु उसका ठीक नाम वे भी न जानते थे[5]।

उक्त 'हम्मीर हठ' के सम्पादक श्री जगन्नाथदास 'रत्नाकर' को भी मरहट्ठी बेगम ने उलझन में डाला। 'बेगम महति मरहट्ठी' पर टिप्पणी करते हुए उन्होंने लिखा कि 'मरहठी' बेगम से यदि कमलादेवी समझें तो कालविरुद्ध पड़ता है, क्योंकि कमलादेवी रणथंभगढ़ की लड़ाई के पश्चात् पकड़ी गई थी। पर यह सम्भव है कि अलाउद्दीन बादशाह होने के पहले दक्षिण गया था तब कोई सुन्दर मरहठी स्त्री वहाँ से लाया रहा हो और उसने उसे अपनी बेगम बना लिया हो।'

यों ठोस प्रमाणों के अभाव में 'रत्नाकर' जी केवल अनुमान करके रह गए। परन्तु उनका उक्त अनुमान भी वास्तविकता के कितने समीप पहुँच गया है यह वर्तमान काल में प्राप्त सामग्रियों के आधार पर सर्वथा स्पष्ट है। चन्द्रशेखर कवि भी मरहठी बेगम का नाम इसीलिए नहीं दे सके क्योंकि उन्होंने किसी इतिहास ग्रन्थ के आधार पर हम्मीर हठ की रचना न कर पटियाला नरेश के महल में बनी हुई चित्रावली के आधार पर की थी[6]। इसीलिए उनके काव्य में इतिहास इतना अधिक

---

3. लिए संग बेगम सबै बादशाह सिरताज ।
मारत फिरै शिकार बन साजै सस्त्र समाज ।।
बादशाह ने यह कही नवला अधिक अनूप ।
मरहट्ठी बेगम कहें ताको नाम स्वरूप ।।
तब मरहट्ठी मृग पर धाई । चढ़ी तुरी मनु रूप निकाई ।।

4. कर नभ रस अरु आत्मा, संवत् फागुन मास ।
कृष्ण पच्छ तिथि चौथ रबि, जेहि दिन ग्रन्थ प्रकास ।। (हम्मीर हठ)

5. खेलत सिकार झारखंड में अलाउद्दीन,
मारत मृगनि मृगनैनी लिए संग में ।
बेगम महति मरहट्ठी माहताब जैसी,
जागति जुन्हाई जाके जोबन तरंग में ।। –छन्द 26 (हम्मीर हठ)

6. यह हम्मीर को रायसौ, चित्र लिख्यो लखि सार ।
छन्द बंद सेखर कियौ, निजमति के अनुसार ।। –छन्द 398 (हम्मीर हठ)

विकृत हो गया है कि जो देवल देवी गुजरात के राय कर्ण की पुत्री थी उसकी माँग अलाउद्दीन हम्मीर देव से करता है[7]।

इस प्रसंग में एक कौतूहलजनक बात यह भी है कि जोधराज ने अपने हम्मीर रासो[8] में अलाउद्दीन की देवल देवी सम्बन्धी माँग के उत्तर में जैसे आगे चलकर चन्द्रशेखर ने हम्मीर द्वारा मरहट्ठी बेगम की माँग करायी ठीक वैसे ही उनके प्रायः दो सौ वर्ष पूर्व 'चिमना' बेगम की माँग कराई। ध्यान[9] देने की बात यह है कि 'चिमणा' मराठी भाषा का शब्द है और गौरैया पक्षी के लिए प्रयुक्त होता है। नर को चिमणा और मादा को चिमणी कहते है। जोधराज ने सम्भवतः 'स्त्रियाम् टाप्' के आधार पर चिमणा ही रहने दिया है।

इस प्रकार परवर्ती काल में छिताई की जो कथा सर्वथा विस्मृत कर दी गई वह सोलहवीं शताब्दी तक इतनी प्रसिद्ध रही थी कि अनेक कवियों ने या तो उस पर स्वतंत्र काव्य-रचनाएँ की या अपनी अन्य रचनाओं में सन्दर्भ रूप से उसका उपयोग किया। सन्दर्भ रूप से उपयोग करनेवालों में मलिक मुहम्मद जायसी और आचार्य केशवदास का उल्लेख ऊपर किया जा चुका है। स्वतंत्र रूप से छिताई के सम्बन्ध में काव्य-रचना करनेवालों में कम से कम तीन कवि अर्थात् नारायणदास, रतनरंग और जान कवि दिखाई पड़ते हैं। नारायणदास और रतनरंग के सम्बन्ध में प्रस्तुत ग्रन्थ के विद्वान् सम्पादक डॉक्टर गुप्त ने सफलतापूर्वक सिद्ध कर दिया है कि जैसे माधवानल कामकन्दला की कथा कवियों द्वारा बार-बार पल्लवित की गई थी, ठीक उसी प्रकार कवि तरनरंग ने भी नारायणदास की रचना पर अपना रंग चढ़ाया है। रतनरंग ने उसी प्रकार नारायणदास का ऋण स्पष्ट रूप से स्वीकार किया है, जैसे–आगे चलकर आलम कवि ने माधवानल कामकन्दला के सम्बन्ध में लिखा था कि–

'कछु अपनी कछु पर कृति चोरौं।
जथा सकति कर अच्छर जोरौं।।
कथा संस्कृति सुनि कछु थोरी।
भाषा बाँधि चौपई जोरी।।'

---

7. सुनि कियौ कोप अलाउदीन, मोल्हन बुलाई यह हुकुम कीन।
चढ़ि तू तुरन्त रणथंभ जाइ, हम्मीर देव चहुआन राइ।
कहियौ बुझाइ गढ़बी गँवार, मत हो पतंग पावक मंझार।।81।।
महिमा मंगोल दीजै निकारि, पुनि सहित दंड देवल कुमारि।
दीजै तुरन्त दिल्ली पठाइ।।82।। –हम्मीर हठ

8. चन्द्रनागवसु पंच गिनि संवत् माधवमास।
सुक्लसुतृतीया जीवजुत ता दिन ग्रन्थ प्रकास।।
(सं. 1785 वैशाख शुक्ल द्वितीया गुरुवार)

9. मैं हमीर चहुँवान साह सौं हम कछु चाहैं
चिमना बेगम एक और चिन्तामनि साहैं
पाइक्क च्यारि पीरांसहित
कहत राव यै दिज्जिये।

रतनरंग ने नारायणदास की ही रचना पर हाशिया चढ़ाया था। अतः दोनों की रचनाओं में बहुत साधारण-सा अन्तर दिखाई देता है। अर्थात् नायक के नाम के दो रूप हो गए हैं। एक में सोंरसी तो दूसरे में सुंरसी। दोनों ही कवियों की रचनाएँ खंडित रूप में प्राप्त हैं परन्तु छिताई के ही सम्बन्ध में लिखी गई जान कवि की 'कथा छीता की' अपने पूर्ण रूप में उपलब्ध है। वह हिन्दुस्तानी एकडेमी, इलाहाबाद में मौजूद है। उसमें कुल 288 छन्द हैं। उसका निर्माण काल[10] सं. 1693 वि. और प्रतिलिपिकाल 1784[11] वि. है। कवि ने ग्रन्थ की रचना शाहजहाँ के शासनकाल में की थी। नारायणदास और रतनरंग की रचनाओं की कथा डॉक्टर माताप्रसाद जी ने दे दी है परन्तु जान कवि की कथा उन दोनों से पूर्वार्द्ध में कुछ भिन्न है और नायक के नाम के सम्बन्ध में दोनों से सर्वथा स्वतंत्र है। अतः उसका यह सारांश दे देना अप्रासंगिक न होगा कि–

दक्षिण में देवगिरि के राजा की पुत्री छीता परम रूपवती थी। उसके रूप की प्रशंसा पश्चिम के राजकुमार राम के कानों तक पहुँची। राम के हृदय में छीता के रूप की प्रशंसा सुन पूर्वानुराग जागा। उसने छीता को प्राप्त करने के लिए अनेक प्रयत्न किए परन्तु सफलता हाथ न लगी। विवश होकर राजकुमार राम अपने कुछ साथियों सहित सहसा देवगिरि पहुँच गया और राज-पुरोहित के घर उसने डेरा डाला। अतिथि और फिर राजकुमार समझ कर पुरोहित ने राम का अच्छा सत्कार किया। फलतः दोनों में मित्रता हो गई और पुरोहित ने राम को छीता का दर्शन कराने के लिए कई बार प्रयत्न किया। एक दिन जब कि छीता मंदिर में पूजा करने के लिए गई तो राम ने उसे देख लिया। छीता उस समय बालिका मात्र थी, अतः राम के प्रति उसके मन में किसी भी प्रकार का रससंचार नहीं हुआ। परन्तु राम के हृदय में जो पूर्वानुराग केवल रूपश्रवण से उत्पन्न हुआ था वह प्रत्यक्ष दर्शन से और भी पुष्ट हो गया। फलतः राम ने अपने साथियों को आदेश किया कि वे घर जाएँ और राजधानी से सेना लेकर शिकार खेलने के बहाने लौट आएँ। इस प्रकार जब राम की सेना आ गई और वह उसको साथ ले आखेट का बहाना बनाकर नगर तक आ गया तब देवगिरि नरेश ने उसका स्वागत किया और उसके सम्मान में भोज भी दिया। जब राजकुमार राम ने छीता से अपने विवाह का प्रस्ताव किया तो राजा ने जो पहले ही राजकुमार के रूप की सराहना कर चुका था अपने पुरोहित को बुलाकर उसकी सम्मति माँगी। पुरोहित भी पहले से ही मिला हुआ था, अतः उसने शुभ लग्न स्थिर किया और उसी समय राजा ने वाग्दान कर दिया। परन्तु चूँकि राजकुमारी अभी छोटी थी, अतः विवाह का मुहूर्त तीन वर्ष बाद के लिए

---

10. सोरह सै जु तिरानुवें कथा कथी यहु जान ।
कातिक सुद छठ पूरनं छीताराम बषान ।। –जान कवि कृत कथा छीता की।
11. हिन्दुस्तानी एकेडमी वाली प्रति की पुष्पिका में लिखा है--
'इति छीता की कथा सम्पूरन भई। संवत् 1784 मिति चैत वदी 5 लिखतं फतेहचन्द का डीडवानिया अगरवाला।' इति।

निश्चित किया गया। जब विवाह का दिन निकट आया तो देवगिरि नरेश ने महलों में चित्रकारी के लिए दिल्ली से चित्रकारों को बुलवाया। दिल्ली का सुल्तान अलाउद्दीन देवगिरि नरेश का मित्र था। उसने शाही चित्रकारों को देवगिरि भेज दिया। चित्रकारों ने आकर समूचे महल को चित्रों से सजा दिया। इसी बीच उन्होंने राजकुमारी छीता को भी देख लिया और उसका भी एक चित्र बना लिया। दिल्ली लौटने पर चित्रकारों ने उक्त चित्र सुल्तान के सामने पेश किया। चित्र देखते ही अलाउद्दीन छीता पर आसक्त हो गया और उसे प्राप्त करने के लिए उसने तत्काल देवगिरि पर चढ़ाई कर दी। वह धोखे से छीता को पा गया और उसे दिल्ली ले आया। जब राम ने यह सुना तो फ़कीर का वेश बनाकर वीणा बजाते हुए वह छीता के महल तक पहुँचा। उधर छीता ने सुल्तान का प्रस्ताव ठुकरा दिया था और वह राजकुमार राम के प्रेम में व्याकुल रहने लगी थी। अतः वीणा की झंकार सुनते ही वह समझ गई कि राजकुमार ही फ़कीर के वेश में आया है। वह आँसू बहाने लगी। अलाउद्दीन ने उसे रोते हुए देख लिया। असहाय अवस्था में भी दोनों के इस सच्चे प्रेम को देखकर वह पिघल गया। उसने छीता से राम का विवाह तो कराया ही साथ ही राम को मनसबदार बनाकर उसकी प्रतिष्ठा भी बढ़ाई।

स्पष्ट है कि जानकवि[12] की कथावस्तु नारायण दास और रतनरंग की कथावस्तुओं की तुलना में सीधी और साफ है। प्रेमाख्यानक क़ाव्यों की इस परम्परा का निर्वाह करते हुए कि अन्त में नायक नायिका का मिलन होना ही चाहिए, छिताई अथवा छीता कथा के सभी कवियों ने अलाउद्दीन द्वारा अन्त में नायिका का नायक से मिलन कराने की बात लिखी है, यद्यपि डॉ. माताप्रसाद गुप्त ने इतिहास से सिद्ध कर दिया है कि अलाउद्दीन की मृत्यु के बाद जो उथल-पुथल हुई थी और जिसमें 'प्रसाद' जी के शब्दों में–

'रूपवाले, शीलवाले, प्यार से पले हुए
प्राणी राजवंश के मारे गए'

---

12. जान कवि ने बड़ी लम्बी आयु पाई थी। उन्होंने जहाँगीर के शासन काल में कंवलावती, शाहजहाँ के शासनकाल में पुहुपवरखा और औरंगज़ेब के शासनकाल में नल-दमयन्ती की रचना की थी। पं. मोतीलाल मेनारिया ने इनके सम्बन्ध में लिखा है कि ये 'मुसलमान जाति के कवि मुग़ल सम्राट् शाहजहाँ' के समय में जयपुर राज्य के फ़तहपुर परगने के नवाब थे। इनका असली नाम अलफ़ ख़ाँ था। लेकिन कविता में अपना उपनाम 'जान' लिखा करते थे। इनके पिता का नाम मुहम्मद ख़ाँ तथा दादा का नाम ताज ख़ाँ था। इनका 'रसमंजरी' नामक ग्रन्थ मिला है आदि। श्री अगरचन्द नाहटा ने इनके विषय में लिखा है कि–'फ़तहपुर (जयपुर) के कायमखानी नवाबों के वंश में अलफ़ ख़ाँ के पुत्र न्यामत ख़ाँ 'जान कवि' थे। इनके अन्य भाई दौलत ख़ाँ, शरीफ़ ख़ाँ, जरीफ़ ख़ाँ और फ़कीर ख़ाँ थे। ये दौलत ख़ाँ के छोटे और अन्तिम तीन भाइयों से बड़े थे। इनका वंश चौहान था जिसका कवि को अपने जीवन में बड़ा गर्व था। अतः 'कायम रासो' भी कवि की एक और कृति है। पुहुप वरखा रचना में भी जान पड़ता है कि अलफ़ ख़ाँ का पुत्र दौलत ख़ाँ था। प्रस्तुत हस्तलेख में इनकी छोटी-बड़ी 68 रचनाएँ हैं।

उसी हलचल में छिताई का गर्भजात छह बरस का बालक शहाबुद्दीन उमर भी तख़्तनशीन हुआ था और कुतुबुद्दीन मुबारकशाह द्वारा उसके राज्यच्युत किए और अंधा तथा पंगु बनाए जाने पर या तो छिताई अपनी करतूतों के कारण मारी गई या शेष जीवन बंदिनी के रूप बिताने के लिए विवश हुई[13]। अतः यह सिद्ध है कि छिताई जब कुमारी थी तभी अलाउद्दीन को प्राप्त हो गयी और आजीवन उसके महलों में ही रही। यही कारण कि उसके कल्पित पति का नाम नारायण दास और नारायण दास से प्रभावित रतनरंग सौरसी और सुरंसी लिखते हैं तो जान कवि एकदम उसका नाम राम रख देते हैं। इसका कारण सम्भवतः यही है कि जान कवि ने छिताई का शुद्ध रूप छीता समझा है और छीता तथा सीता शब्दों में जो ध्वनिसाम्य है उसके सहारे नायक के नाम की कल्पना राम आसानी से कर ली। आज हमारे पास निश्चित रूप से यह निर्णय करने का कोई साधन नहीं है कि वास्तव में रामदेव की उस पुत्री का नाम क्या था जो अलाउद्दीन की बेगम बनी थी। केवल एसामी ने अपने ग्रन्थ फुतूहुस्सलातीन में उसका नाम 'झतयापली' लिखा है। इतिहास को यह भी पता नहीं हैं कि अलाउद्दीन के हरम में कुल कितनी स्त्रियाँ उसकी पत्नी के रूप में रहती थीं। इसमें कोई सन्देह नहीं कि उनकी संख्या विशाल होगी। जायसी ने कवि सुलभ निश्चिन्तता के साथ अलाउद्दीन के मुख से कहला दिया है कि–

'सात दीप महँ चुनि चुनि आनी। सो मोरे सोरह सै रानी[14]।'

---

13. कुतुबुद्दीन ने अपने भाई शिहाबुद्दीन को राजा राजसिंहासन से पृथक् करके उसकी उँगलियाँ कटवा डालीं और उसे ग्वालियर भेजा जहाँ उसके अन्य भाई कैद थे। –अजाइबुल असफार (डॉ. अब्बास रिजवी कृत अनुवाद) सुल्तान कुतुबुद्दीन ने राजसिंहासन पर विराजमान होने के दो मास उपरांत सुल्तान अलाउद्दीन के लघु पुत्र मलिक शिहाबुद्दीन को जो कि राजसिंहासन पर विराजमान था ग्वालियर भिजवा दिया। उसकी आँखों में सलाई फिरवा दी (अंधा करवा दिया)।'–तारीखे फ़ीरोजशाही (जियाउद्दीन बरनी)

    वह बालक जिसे सुल्तान ने अपने स्थान पर बादशाह बना दिया था, रामदेव की पुत्री छिताई का पुत्र था। जब उसने खान को कुशलता से प्रबन्ध करते देखा तो ईर्ष्या के कारण उसे विष दे देने की योजना बनानी प्रारम्भ कर दी। खान के एक हितैषी ने उसे उस षड्यंत्र की सूचना दे दी। राज्य के स्तम्भों ने खान से कहा कि बालक बादशाही के योग्य नहीं होते, अतः आपको बादशाह बन जाना चाहिए। उनके आग्रह पर मुबारकशाह राजसिंहासन पर विराजमान हो गया। (फुतुहुस्सलातीन–एसामी)

14. जियाउद्दीन बरनी ने 'तारीखे फ़ीरोजशाही' में सुल्तान अलाउद्दीन और काजी मुगीस का जो संवाद उद्धृत किया है उसमें मुगीस ने शरा के आधार पर उस भारी खर्च का विरोध किया है जो अलाउद्दीन अपनी स्त्रियों और अपने अन्तःपुर पर व्यय करता था। उसी प्रसंग में अलाउद्दीन अपने सम्बन्ध में कहता है कि–'काजी मुगीस, मैंने कोई किताब नहीं पढ़ी किन्तु कई पुश्त से मुसलमान हूँ तथा मुसलमान का पुत्र हूँ।' उधर इस्लामी शरा के अनुसार एक साथ चार पत्नियाँ तक रखना धर्मानुकूल माना जाता है।

अलाउद्दीन की कम से कम पाँच बीबियों का पता इतिहास को है[15]। सम्भवतः उसने गुप्त रूप से अपना प्रथम विवाह मलिक संजर की बहिन माइरू से किया था। यही मलिक संजर आगे चलकर अलप ख़ाँ बना था। प्रकट रूप में उसका दूसरा[16] विवाह उसके चाचा सुल्तान जलालुद्दीन की पुत्री से हुआ था। उसकी तीसरी पत्नी सुल्तान मुइज्जुद्दीन की पुत्री[17] थी जो सुल्तान बल्बन का पौत्र और बुगरा ख़ाँ का पुत्र था। गुजरात की कमला[18] (अमीर खुसरो के शब्दों में कमलादी) भी उसकी पत्नी बनी थी और रामदेव की पुत्री झतयापली पर तो हम प्रस्तुत प्रसंग में विचार ही कर रहे हैं।

डॉक्टर माताप्रसाद गुप्त का झुकाव झतयापली और छिताई नामों में दूसरा ही नाम ग्रहण करने की ओर है। दूसरी ओर 'भारतीय प्रेमाख्यान काव्य' में डॉक्टर हरिकांत श्रीवास्तव छिताई का सम्बन्ध खिताई शब्द से स्थापित करने का संकेत करते दिखाई पड़ते हैं[19]। परन्तु इतिहास तो यह भी बताता है कि तुर्कों की एक शाखा का नाम 'खिताई' था जैसे नासिरुदीन के बारहवें राज्यवर्ष का विवरण लिखते हुए तबक़ाते नासिरी में मिनहाज़ सिराज कहता है कि युद्ध से लौटते समय रविवार 6 रबीउलअव्वल 655 हि. (24 मार्च, 1257) ई. को मलिक संजान ऐबक खिताई घोड़े से गिरकर मर गया। 'उसी ग्रन्थ में मलिक सैफुद्दीन ऐबक के सम्बन्ध में लिखा है कि 'मलिक सैफुद्दीन ऐबक युगानतत खिताई तुर्क था।'

---

15. अलाउद्दीन का अपने एक चचा की पुत्री से सम्बन्ध था। इस बात से उसकी धर्मपत्नी खिन्न रहती थी...उस लड़की का नाम माहरू था। यह अलप ख़ाँ की बहिन थी।–'खिलजीकालीन भारत' में अब्दुल्ला बिन उमर का उद्धरण।
16. सुल्तान जलालुद्दीन ने मलिक छज्जू के विद्रोह को शान्त करने के पश्चात् बदायूँ से लौटते समय अपने भतीजे और दामाद सुल्तान अलाउद्दीन को कड़े की अक्ता देकर उस ओर भेजा। –'खिलजीकालीन भारत में बरनी के तरीखे फ़ीरोजशाही का अनुवाद।'
17. सुल्तान अलाउद्दीन के दो प्रिय दास थे। एक का नाम वशीर और दूसरे का मुबश्शिर था। मुख्य खातून अर्थात् अलाउद्दीन की विधवा तथा सुल्तान मुइज्जुद्दीन' की पुत्री ने उन्हें बुलवाया। –'खिलजीकालीन भारत में' 'अजाइबुल असफ़ार' का अनुवाद।
18. करण की रानी कमलादी बड़ी रूपवान थी। खान ने विजय के उपरान्त वापस होकर समस्त धन-सम्पत्ति तथा हाथी-घोड़ों के साथ-साथ गुप्त रूप से कमलादी को भी पेश किया। सुल्तान ने उसे अपनी रानी बना लिया।

   –दिवल रानी-खिज्र ख़ाँ (खुसरो)
19. इतिहास को रामदेव की कन्या का ज्ञान नहीं। कथा ने उसे छिताई के नाम से पुकारा है। यही नाम पद्मावत, वीरसिंह देवचरित आदि में भी है। जान कवि ने इसे छीता के नाम से पुकारा है। इतिहास में छिताई से मिलते-जुलते 'खिताई' नाम के नगर का उल्लेख है। रशीदुद्दीन जामिउत्तवारीख में लिखता है कि 'खिताई' होकर माबर से (इसकी राजधानी द्वार समुद्र है) जो सड़क आई है वह बावल तक जाती है।

   –भारतीय प्रेमाख्यानक काव्य, पृ. 213-214

कहने का तात्पर्य यह कि ऐसी कल्पनाओं से छिताई का नाम स्थिर करने में कोई सहायता नहीं मिल सकती। ठोस प्रमाण के अभाव में अधिक से अधिक केवल यह कल्पना की जा सकती है कि सम्भवतः उसका वास्तविक नाम 'क्षितिपाली' था जो फ़ारसी लिपि में सरलतापूर्वक 'झतयापली' लिखा और पढ़ा जा सकता है। 'क्षितिपाली' से छिताई बन जाना तो कठिन नहीं ही है।

हिन्दी प्रेमाख्यानक काव्य

किसी भी भाषा के प्रेमाख्यानक काव्य क्यों न हों सबका आधार नर-नारी का पारस्परिक शाश्वत आकर्षण ही है। रति ही मनुष्य की वह सहज वृत्ति है जो शृंगार रस को जन्म देती है और शृंगार अपने यहाँ रसराज माना गया है। शृंगार की रसराजता के सम्बन्ध में साहित्य-मनीषियों ने बहुत कुछ कहा है जिनमें दो बातें विशेष रूप से ध्यान देने योग्य हैं। एक तो यह कि शृंगार रस की व्याप्ति मानव जीवन में आदि से अन्त तक रहती है और दूसरी यह कि शृंगार से अन्य सभी रसों की उत्पत्ति हो सकती है जब कि अन्य रसों में यह शक्ति नहीं। यही कारण है कि सभी भाषाओं और सभी देशों के साहित्य में इस रस की रचनाएँ प्रचुरता से की गई हैं। हिन्दी साहित्य भी इस सर्वमान्य नियम का अपवाद नहीं है।

जब हम हिन्दी के प्रेमाख्यानक काव्यों का विश्लेषण करते हैं तब हमें उसके तीन मुख्य रूप दिखाई देते हैं, जैसे–शुद्ध प्रेमाख्यानक, रहस्यवादी प्रेमाख्यानक, और प्रेमप्रभाव-निरूपक काव्य। शुद्ध प्रेमाख्यानक काव्य की संज्ञा केवल ऐसे काव्यों को दी जा सकती है जिनमें नर-नारी के लौकिक प्रेम का चित्रण किया गया हो, जैसे–संस्कृत में नैषध और हिन्दी में छिताई वार्ता। परन्तु जिन काव्यों में नर-नारी के प्रेम के बहाने आत्मा-परमात्मा के सम्बन्ध की चर्चा की जाती है वे रहस्यवादी प्रेमाख्यानक काव्य कहलाते हैं। मलिक मुहम्मद जायसी का 'पद्मावत' इसका श्रेष्ठ उदाहरण है। ऐसे ही काव्यों को सूफ़ी काव्य भी कहा जाता है। अब रह गए प्रेम प्रभाव निरूपक काव्य। ऐसे काव्यों में या तो कोई कथा होती ही नहीं और यदि होती भी है तो अत्यन्त नगण्य। सारा बल प्रेम प्रभाव के निरूपण पर ही दिया जाता है। संस्कृत में 'मेघदूतम्', अपभ्रंश में 'सन्देश रासक' और हिन्दी में 'प्रसाद' जी का 'आँसू' ऐसे ही प्रेम प्रभावनिरूपक काव्य हैं। इस प्रकार कहा जा सकता है कि शुद्ध प्रेमाख्यानक और रहस्यमयी प्रेमाख्यानक काव्य प्रायः वाह्य वृत्ति निरूपक होते हैं जबकि प्रेम प्रभाव निरूपक काव्य मुख्यतया अन्तर्वृत्ति निरूपक। ये अन्तर्वृत्ति निरूपक काव्य प्रायः मुक्तक होते हैं परन्तु उनमें नायक-नायिका, नख-शिख वर्णन आदि का अभाव नहीं होता। मेघदूत में यक्ष और यक्षिणी नायक-नायिका हैं तो 'आँसू' में 'प्रेम' नायक है और 'सुन्दरता' नायिका। परन्तु प्रेम काव्यों का अर्थात् इश्किया शायरी का जैसा वर्गीकरण इधर हुआ और हो रहा है वैसी कोई चीज़ हमारे संस्कृत साहित्य में नहीं

मिलती। इस पर हमें आश्चर्य इसलिए नहीं होता क्योंकि संस्कृत में काव्य-रचना का उद्देश्य ही कुछ और था। आचार्य मम्मट ने उन उद्देश्यों की एक साथ जो सूची प्रस्तुत की है वह लोक प्रसिद्ध है[20]। ऐसी दशा में खालिस मनबहलाव के लिए लिखे गए प्रेम-काव्यों को संस्कृत में खोजना व्यर्थ आयास होगा। संस्कृत में जो काव्यों की लघुत्रयी और वृहत्त्रयी विख्यात् है उनमें जहाँ-जहाँ प्रेम-प्रसंग आया है वहाँ प्रेम का चित्रण साधना के रूप में हुआ है, हाहाकार के रूप में नहीं। प्रेम का थोड़ा हाहाकारी रूप श्रीहर्ष के नैषध में दिखाई पड़ता है। शायद यही कारण है कि मुसलमान कवियों को हिन्दुओं की पौराणिक कथाओं में एक मात्र नल-दमयन्ती की कथा ने अत्यधिक आकृष्ट किया है। ठेठ उर्दू तक की मसनवियों में नल-दमयन्ती की चर्चा की गई और वे शीरीं-फरहाद की श्रेणी में बैठा दिए गए[21]।

इस प्रकार हम देखते हैं कि इस्लाम के प्रवेश के पूर्व भारत में नल-दमयन्ती और उषा-अनिरुद्ध की पौराणिक और उदयन-वासवदत्ता की ऐतिहासिक प्रेम-कथाएँ प्रचलित थीं और भारतीय संस्कृति के अनुरूप उनका रूप अत्यन्त संयत था। परन्तु जब भारतीय तुर्क अमीर खुसरों ने प्रेम के भारतीयेतर आदर्शानुसार फ़ारसी में शीरीं व खुसरो, मजनूँ व लैला और इश्त-बहिश्त (बहराम और दिलाराम) नामक प्रेम कथाओं को पद्यबद्ध करने के साथ ही दिवल[22] रानी व खिज्र ख़ाँ नाम से समकालीन कथा पर भी काव्य-रचना कर दी तो प्रतीत होता है कि उसके अनुकरण पर हिन्दी में भी वैसी ही कथाओं पर काव्य-रचना के लिए द्वार खुल गया। जहाँ तक ज्ञात है सर्वप्रथम मुसलमानों ने ही हिन्दी में शामी कथाओं के ढंग पर रचनाएँ कीं। मुल्ला दाऊद की 'नूरक चन्दा' का नाम इस प्रसंग में लिया जा सकता है। साथ ही जायसी के साक्ष्य पर यह भी निश्चित है कि उनके पहले मुग्धावती, मृगावती, मधुमालती और प्रेमावती नामक रचनाएँ उक्त पद्धति पर प्रस्तुत की जा चुकी थीं। यह भी प्रायः निश्चित ही है कि उक्त सभी रचनाएँ इतिहास पर आश्रित न होकर लोक कथाओं पर लिखी गई थीं। परन्तु जैसे अमीर खुसरो ने 'दिवलरानी व खिज्र ख़ाँ' की रचना ऐतिहासिक पृष्ठभूमि पर की थी ठीक उसी प्रकार जायसी ने 'पद्मावत' और नारायण दास तथा रतन रंग ने 'छिताईवार्ता' की रचना की। पद्मावत और छिताई कथा या वार्ता में सबसे बड़ा अन्तर यही है कि पद्मावत सूफ़ी प्रेमाख्यानक काव्य है तो दूसरा विशुद्ध प्रेमाख्यानक।

---

20. काव्यं यशसेऽर्थ कृते व्यवहारविदे शिवेतरक्षतये ।
सद्यः पर निवृतये कान्ता सम्मिततयो उपदेशयुजे ।। –'काव्य प्रकाश'

21. है न शीरीं न कोहकन का पता, अब कहीं है न नल दमन का पता ।।
—मसनवी ज़हरे इश्क।

22. खुसरो ने अभी तक इस प्रकार की कोई कथा न लिखी थी। इसके अतिरिक्त फ़ारसी साहित्य में भी इस प्रकार की कोई कविता वर्तमान नहीं, जिसमें किसी समकालीन राजा अथवा राजकुमार के प्रेम का उल्लेख हो। –'आदि तुर्ककालीन भारत, पृ. 281

कथा, वार्ता, आख्यान और चरित

प्रेमाख्यानक शब्द का अर्थ ही है प्रेम कहानी, कारण 'आख्यान' शब्द का प्रयोग कहानी के अर्थ में ही होता है। हमारी भाषा हिन्दी में कथा, वार्ता और आख्यान तीनों ही प्रायः कहानी के अर्थ में प्रयोग किए जाते हैं, परन्तु तीनों में जो सूक्ष्म अन्तर है उस पर प्रायः ध्यान नहीं दिया जाता। इधर यह एक नियम-सा है कि किसी भी भाषा में एक वस्तु के लिए एक से अधिक शब्द नहीं हुआ करते। मिलता-जुलता अर्थ रखनेवाले दो शब्द यद्यपि पर्यायवाची कहलाते हैं तथापि उन्हें पर्यायवाची कहना बहुत ठीक नहीं है। उदाहरण के लिए वारि, सलिल, पानी आदि शब्द जल के पर्यायवाची बतलाये जाते हैं परन्तु ध्यान से देखने पर प्रतीत होता है कि उनके सबके अर्थ में भिन्नता है। पनाले में बहनेवाला जल पानी नहीं कहला सकता, क्योंकि उसे कोई मनुष्य पीने के लिए जान-बूझकर प्रस्तुत नहीं हो सकता। वह तो वही जल ग्रहण कर सकता है जो पानीय हो, पीने योग्य हो। इसी प्रकार नदियों का कलकल स्वर से बहने वाला निर्मल जल सलिल प्रतीत होता है और आकाश से बरसने वाला जल अम्बु। यह मान लेने पर यह जान लेना सरल होगा कि कथा, वार्ता और आख्यान शब्दों के अर्थों में भी कुछ भिन्नता है। इसी के साथ चौथा शब्द 'चरित' भी है जो कभी-कभी उन्हीं अर्थों में प्रयुक्त हो जाता है जो अर्थ कथा, वार्ता या आख्यान का साधारणतया समझा जाता है परन्तु चरित शब्द का अर्थ किसी भी मनुष्य के जीवनव्यापी उस अनुकरणीय कार्यकलाप का पूर्ण वर्णन मात्र ही है जिसके द्वारा वर्ण्य व्यक्ति के जीवन की सारी घटनाओं के साथ ही उसके स्वभाव का भी पूर्ण परिचय प्राप्त हो सके। इस प्रकार 'रामचरितमानस' का अर्थ है राम के जीवन भर की घटनाओं के वर्णन का सरोवर।

'कथा' शब्द का अर्थ केवल कहानी है जो किसी के सम्बन्ध में कही जाए। अतः कह सकते हैं कि कथा शब्द का सीधा अर्थ कोई भी वह कहानी है जिसका किसी के सम्बन्ध में कथन किया जाए। फलतः चरित और कथा में मुख्य अन्तर यह मिलता है कि चरित प्रामाणिक और पूर्ण होना चाहिए जब कि कथा जीवन का आंशिक विवरण है जो प्रामाणिक भी हो सकता है और अप्रामाणिक भी।

कथा के सम्बन्ध में यह भ्रम न जाने क्यों व्यापक हो गया है कि कथा मौखिक और गद्यात्मक[23] ही होती है। परन्तु जब हम यह देखते हैं कि 'कथा' शब्द पद्मात्मक कथा सरित्सागर और सत्यनारायण की कथा से लेकर जायसी के 'पद्मावत'

---

23. 'मृगावत' में स्वयं कुतुबन, एक स्थान पर उसकी कहानी के विषय में चर्चा करता हुआ कहता है– 'पहिले हिन्दुई कथा अहाई। फिन गान तुरकई लै गाहइ', इस अर्द्धाली में दो बातें ध्यान देने योग्य हैं। एक तो पहले इसका रूप कथा का अर्थात् गद्यमय मौखिक था जिसे गान अर्थात् कविता का रूप दिया

—श्री 'भ्रमर' सम्पादित 'त्रिपथगा' (ज्येष्ठ शक, सं. 1880) में श्री दिलीपनारायण सिंह का 'प्रेमाख्यान काव्य-परम्परा और मृगावत' शीर्षक लेख।

तक में 'कथा अरम्भ बैन कवि कहा' के रूप में मौजूद है तो स्वभावतः प्रश्न होता है कि कथा को केवल गद्यात्मक या मौखिक ही कैसे कहा जाए और फिर कथा का 'गान' भी तुर्क के बहुत पहले कालिदास ने किया, ऐसी बात बताते हुए बोधा सामने आते हैं–

'सुन सुभान अब कथा सुहाई। कालिदास बहु रुचि सह गाई ।।'

कथा की कहानी कहने में यह बात भी नहीं भुलाई जा सकती कि जैसे बर्तन के साथ भाँड़ा और गली के साथ कूचा युगलमूर्ति मुद्रा में उपस्थित होते हैं, वैसे ही कथा के साथ वार्ता की संगत भी न जाने कब से बैठती रही है। जैसे चरित जीवन के सम्पूर्ण कार्यकलाप का प्रामणिक पूर्ण विवरण है और कथा जीवन के किसी विशेष प्रसंग का प्रामाणिक वर्णन, उसी प्रकार वार्ता किसी के भी जीवन के किसी वृत्त की व्याख्यात्मक विवृत्ति है जो परम्परागत और मौखिक भी हो सकती है। 'वार्ता' से ही 'बात' शब्द बनता है। सायणी चारणीरी बात का अर्थ चारणी सायणी की वार्ता ही है। अब रह गया आख्यान जिसका अर्थ केवल लोकप्रसिद्ध पुरातन वृत्त है। महाभारत में जहाँ-जहाँ लोकप्रसिद्ध पुरातन वृत्त उद्धृत किए गए हैं, वहाँ-वहाँ उन्हें आख्यान ही कहा गया है, जैसे–शाकुन्तलोपाख्यान, नलोपाख्यान या नकुलोपाख्यान आदि।

कथा की एक विशेषता यह भी देखने में आती है कि उसके पढ़ने या सुनने का क्या फल है, यह भी निर्देश किया जाता है, जैसे–सत्यनारायण कथा सुनने का यह फल बताया जाता है कि 'ईप्सितं च फलं भुक्त्वा चान्ते सत्यपुरं ब्रजेत्' अर्थात् इस लोक में इच्छित सुखों को भोगकर मरने पर सत्यलोक में जाए वैसे ही छिताई-कथा के लेखक रतनरंग ने भी कथा-श्रवण का फल बताते हुए कहा है कि–

'रतनरंग कवि देखि बिचारि
करी कथा सो अम्रित सार।
इतनी कथा सुनै दै कान
तिनकौ फुरै गंग अस्नान।'

शायद गंगा-स्नान का महत्त्व अपभ्रंश काल में ही बहुत बढ़ गया था[24]। इसीलिए रतनरंग ने अपनी कथा के श्रवण का फल गंगा-स्नान करने का पुण्य बताया। हिन्दू और मुसलमान लेखकों द्वारा लिखी गयी कथाओं में यह भी अन्तर ध्यान देने योग्य है। हिन्दू कवि निर्द्वन्द्वता के साथ अपनी कथा के श्रवण का फल गंगास्नान कह सकता है परन्तु मुसलमान कवि ऐसा नहीं कह सकता। उसे तो यही कहकर सन्तोष करना

---

24. ब्रासु महारिसि एउ भणइ, जइ सुइसत्थु पमाणु ।
मायहं चलण नवन्ता हं, दिवि गंगाण्हाणु ।। (पुरानी हिन्दी, पृ. 183)
(महर्षि व्यास यों कहते हैं कि यदि वेद, शास्त्र प्रामाणिक हैं तो जो लोग अपनी माता के चरणों पर झुकते हैं उन्हें प्रतिदिन गंगा-स्नान का फल प्राप्त होता है।)

पड़ेगा कि मेरी कथा के श्रवण का फल 'प्रेम की पीर' अर्थात् भगवत-भक्ति है। जायसी ने 'पद्मावत' में कहा भी है–

मुहमद कवि यह जोरि सुनावा ।
सुना सो प्रेम पीर कर पावा ।।

इस प्रकार कथा की परिभाषा निश्चित हो जाने के बाद आलोच्य पुस्तक के नाम पर विचार करना चाहिए। डॉक्टर गुप्त के इस कथन का विरोध नहीं किया जा सकता कि 'इसलिए जब तक कि और निश्चयात्मक कोई साक्ष्य प्राप्त न हो, रचना का नाम क. की पुष्पिका के आधार पर 'छिताई वार्ता' ग्रहण किया जा सकता है। परन्तु श्री प्रति में वर्णित छिताई वृत्त का नाम छिताई-कथा ही है, इसमें भी सन्देह न करना चाहिए और 'चरित छिताई आयौ छेउ' के आधार पर यह भी न कहना चाहिए कि 'श्री. के अनुसार रचना का नाम छिताई चरित है' कारण,

(1) श्री. प्रति में 'कथा' शब्द का प्रयोग बार-बार हुआ है और 'चरित' शब्द का प्रयोग केवल एक बार। देखिए–

रतनरंग कवि देखि विचारि
करी कथा सो अम्रित सार
× × × 758
त्यौं बिनु कलस कथा आरम्भ
लीनी बरणि कथा कवि रंग
इतनी कथा सुनै दै कान
तिनकौ फुरै गंग अस्नान
× × × 759
चरित छिताई आयौ छेउ
जयौ सकल मैं त्रिभुवन देउ
× × × 760

इसलिए अन्त में जो 'चरित' शब्द आ गया है उसका अर्थ भी यहाँ 'कथा' ही समझना चाहिए।

(2) श्री. प्रति की पुष्पिका में भी पुस्तक का नाम 'छिताईवार्ता' न देकर 'छिताई कथा' ही दिया गया है।

(3) कथा-श्रवण का फल होता है और यतः श्री. प्रति के अन्त में भी कथा-श्रवण का फल निर्दिष्ट है। अतः पुस्तक का नाम तब तक छिताई कथा ही मानना चाहिए जब तक उसके विरुद्ध कोई निश्चित प्रमाण प्राप्त न हो जाए।

पुस्तक का रचनाकाल

डॉ. माताप्रसाद गुप्त ने अपनी पांडित्यपूर्ण भूमिका में एक स्थल पर लिखा है कि इस बात की सम्भावना यथेष्ट है कि पद्मावत के रचयिता के सामने छिताईवार्ता का वही रूप था जो हमें 'क' में मिलता है और जायसी की रचना सं. 1597 की है और 'छिताईवार्ता' की रचना

उससे बहुत पहले की है।' परन्तु डॉ. गुप्त से सहमत होने में एक साधारण-सी बाधा यह है कि यदि जायसी के सामने छिताईवार्ता मौजूद थी तो उन्होंने जहाँ यह सूची दी है कि–

विक्रम धँसा प्रेम के बारा।
सपनावति कहँ गएउ पतारा।।
मधूपाछ मुगधावति लागी।
गगन पूर होइगा बैरागी।।
राजकुंवर कंचनपुर गयऊ।
मिरगावति कहँ जोगी भयऊ।।
साधे कुंवर खंडावत जोगू।
मधुमालति कर कीन्ह वियोगू।।
प्रेमावति कहं सुरवर साधा।
उषा लागि अनिरुध बर माँगा।।

वहीं उन्होंने एक अर्द्धाली और क्यों न लिख दी कि–

कुँवर सौंरसी साहि रिझाई।
लीन्ह माँगि निज नारि छिताई।।

और तब जब कि जायसी छिताई-वृत्त से भली भाँति परिचित थे और पद्मावत में उन्होंने उसका नाम तीन-तीन बार लिया था। अतः कहा जा सकता है कि जहाँ उन्होंने सपनावती, मुगधावती, मृगावती, और प्रेमावती आदि का नाम लिया, वहीं उन्हें 'छितावती' नाम लेने में भी कोई संकोच न होता, यदि उनके समक्ष छिताई सम्बन्धी कोई काव्य उपस्थित रहता।

छिताईवार्ता को 'पद्मावत' से पहले की रचना मानने में आसाधारण बाधा स्वयं छिताई वार्ता का वह छन्द है जहाँ कवि अलाउद्दीन से कहलाता है कि–

यौं बोलै ढिल्ली कौ धनी
मैं चितौर सुनी पदमिनी
बाँध्यौ रतनसेन मैं जाइ
लै गो बादिलु ताहि छिड़ाइ ।।

–पृ. 46, छन्द 351

नवीन ऐतिहासिक शोधों से यह सिद्ध हो चुका है कि पद्मिनी की कथा जायसी की कल्पना मात्र है, कोई ऐतिहासिक तथ्य नहीं है। चित्तौड़ की चढ़ाई में अमीर खुसरो अलाउद्दीन के साथ था। वह मृत पति के साथ जल जाने वाली हिन्दू नारियों का बहुत-बहुत बड़ा प्रशंसक था[25]। अतः इसमें सन्देह नहीं कि यदि पद्मिनी के जौहर जैसी कोई

---

25. खुसरवा दर इश्कबाजी, कम ज हिन्दू जन मबास ।
कज़ बराए मुर्दा सोज़द, जिन्दा जाने खेश रा ।।
ऐ खुसरो ! प्रेमपथ में हिन्दू स्त्रियों से तू मत पिछड़। पति के शव के साथ जीवित ही जल जाने वाली उन नारियों का तू अनुकरण कर।

घटना घटी होती तो वह उसका उल्लेख अवश्य करता, परन्तु उसने जौहर तो क्या, पद्मिनी का भी उल्लेख कहीं नहीं किया है।

जियाउद्दीन बरानी भी अलाउद्दीन का समकालिक इतिहासकार है। वह भी न तो पद्मिनी का उल्लेख करता है और न यही कहता है कि चित्तौड़ पर चढ़ाई का कारण किसी नारी का सौन्दर्य था। यह तो केवल परम्परागत जनश्रुति है[26]।

यही नहीं, अलाउद्दीन के समकालिक या जायसी के पहले के किसी भी इतिहासकार ने पद्मिनी का उल्लेख कहीं नहीं किया। फ़ारसी इतिहासों और हिन्दी काव्यों में पद्मिनी विषयक जितने उल्लेख मिलते हैं वे सब जायसी के बाद के हैं।

डॉ. किशोरीशरण लाल ने निर्भ्रांत और अकाट्य रूप से यह सिद्ध कर दिया है कि पद्मिनी मलिक मुहम्मद जायसी की कल्पना है। 'जायसी की उक्त कहानी जिसमें प्रेम, दुस्साहसिकता और विषाद तीनों का सुन्दर संमिश्रण है, बहुत शीघ्र लोकप्रिय हो गई और यत्र-तत्र सर्वत्र उक्त कहानी कही-सुनी जाने लगी। फ़ारसी इतिहासकारों ने भी, जो तथ्य और कल्पना में विशेष भेद नहीं करते थे, तत्काल इस कहानी को सच्चे इतिहासों में जिनमें फ़रिश्ता और हाजीउद्दबीर के भी इतिहास शामिल हैं, ऐतिहासिक तथ्य के रूप में ग्रहण कर लिया[27]।' चूँकि फ़रिश्ता ने अपना इतिहास जायसी के सत्तर बरस बाद लिखा, इसलिए बहुत सम्भव है कि नारायण दास ने जिस समय छिताई-वार्त्ता की रचना की उस समय 'पद्मावत' ही उनके सामने मौजूद हो और तब निश्चय ही पद्मिनी की कहानी उन्हें 'पद्मावत' से ही ज्ञात हुई होगी। ऐसी स्थिति में यह भी कहा जा सकता है कि अपनी इस उक्ति के लिए कि–

'कवीअण कहइ नरायणदास
मरइ फूल जीवइ दिन बास।'

कवि नारायणदास मलिक मुहम्मद जायसी की इस पंक्ति के ऋणी हैं कि–

'फूल मरै पै मरै न बासू।'

परन्तु मेरी धारणा है कि 'मरइ फूल जीवइ दिन बास' और 'फूल मरै पै मरै न बासू' दोनों ही किसी लोक-गीत के भाव हैं जिसका बुंदेलखंडी रूप

---

26. इफ ट्रेडिशन इज टु बी बिलीव्ड, इट्स कौज वाज हिज इनफैचुएशन फौर राजा रतनसिंह्स क्वीन पद्मिनी ऑफ एक्सक्विजाइट ब्यूटी। बट् दिस फ्रैक्ट इज नॉट एक्सप्लिसिट्ली मेंशंड इन एनी कंटेम्पोरेरी क्रानिकल ऑर इंसक्रिप्शन। –ऐन ऐडवांस्ड हिस्ट्री ऑफ इंडिया (2) भाग, पृ. 302।

27. दिस स्टोरी ऑफ मलिक मुहम्मद जायसी इन ह्विच रोमांस, ऐडवेंचर एंड ट्रेजेडी आर ऑल ब्यूटीफुली इंटरमिक्स्ड, वेरी सून ग्रिप्ड दि पॉपुलर माइंड एंड हियर देयर एंड एव्री ह्वेयर दि स्टोरी ऑफ पद्मिनी वाज टोल्ड एंड रीटोल्ड। दि पर्शियन क्रानिक्लर्स हू डिड नॉट वेरी मच केयर टु डिस्टिंग्विश बेट्वीन फिक्शन एंड फैक्ट रेडिली ऐक्सेप्टेड इट ऐज ट्रू हिस्ट्री सो दैट आफ्टर दि टाइम ऑफ मलिक मुहम्मद जायसी दि पद्मिनी एपिसोड इज मेशंड ऐज ए हिस्टौरिकल फैक्ट इन मेनी हिस्टोरिकल वर्क्स इनक्लूडिंग दोज ऑफ फरिश्ता एंड हाजीउद्दबीर। –हिस्ट्री ऑफ दि खलजिज (डॉ. किशोरीशरण लाल), पृ. 122-23।

श्री वृन्दावनलाल वर्मा ने अपनी 'विराटा की पद्मिनी' के अन्त में इस उद्धरण के साथ प्रस्तुत किया है कि–

'उड़िगे फुलवा रहि गइ बास।'

फिर जायसी की रचना सं. 1597 की है जिस समय दिल्ली में शेरशाह राज कर रहा था। छिताई-वार्ता की जो दो प्रतियाँ उपलब्ध हैं उनमें से एक अर्थात् क. प्रति का प्रतिलिपिकाल सं. 1647 है और दूसरी अर्थात् श्री. प्रति का संवत् 1682। इस प्रकार क. प्रति पद्मावत के पचास वर्ष बाद की है और श्री. प्रति पचासी वर्ष बाद की। इस तथ्य पर अनुमान का आधार लेकर कहा जा सकता है कि जायसी की रचना को प्रसिद्धि प्राप्त करने में कम से कम बत्तीस वर्ष लगे होंगे और यदि छिताईवार्ता की रचना उसके प्रतिलिपि काल से बीस ही वर्ष पूर्व हुई तो उसका रचना-काल संवत् 1627 हो सकता है। भाषा की प्राचीनरूपता का कारण यह हो सकता है कि वह राजस्थानी से प्रभावित है।

संवत् 1627 की विशेषता

संवत् 1627 के बाद छिताई के सम्बन्ध में सहसा जो उद्धरणी आरम्भ हुई उसका परिचय हमें इस प्रकार प्राप्त होता है कि नारायणदास और रतनरंग के बाद जान कवि ने भी 'कथा छीता की' लिखी और केशव ने भी अपने वीरसिंहदेव चरित में उसका स्मरण किया। जान कवि के बारे में यह निश्चित ही है कि वे राजस्थानी थे और नारायणदास तथा रतनरंग भी राजस्थानी ही प्रतीत होते हैं। अतः यह प्रश्न स्वाभाविक है कि क्या कारण है कि अकबर के समकालीन और उसके बाद के राजस्थानी कवियों को छिताई पर काव्य-रचना का शौक सहसा क्यों चर्रा उठा। जहाँ तक हिन्दी में अलाउद्दीन सम्बन्धी प्रबन्ध और फुटकल काव्यों का सम्बन्ध है मेरी जानकारी में इतनी रचनाएँ हैं, जैसे–

जायसी	(1) पद्मावत, रचनाकाल संवत् 1597
नारायणदास और रतनरंग	(2) छिताई कथा, रचनाकाल अज्ञात, प्रतिलिपिकाल संवत् 1647 और 1682
जानकवि	(3) कथा छीता की, रचनाकाल संवत् 1693, प्रतिलिपि काल संवत् 1784
जानकवि	(4) कथा खिजर ख़ाँ शाहजादे व देवलदे की
लालचन्दलब्धोदय या लक्षोदय	(5) पद्मिनी-चरित, रचनाकाल 1702, प्रतिलिपिकाल संवत् 1751
हेमरतन	(6) गोरा बादल पद्मिनी चौपाई संवत् 1760
जटमल	(7) गोरा बादल की बात
जोधराज	(8) हम्मीर रासो, रचनाकार सं. 1785
ग्वालकवि	(9) हमीर हठ

चन्द्रशेखर	(10) हम्मीर-हठ
वीरेन्द्र	(11) पद्मिनी, रचनाकाल संवत् 1999
प्रसादजी	(12) प्रलय की छाया
राजस्थानी गद्य में	(13) बात सायणीचारिणी री
श्यामनारायण पांडे	(14) जौहर

अलाउद्दीन जैसे क्रूर और निरंकुश नरेश के सम्बन्ध में इतने अधिक ग्रन्थों की रचना वस्तुतः कौतूहलजनक है परन्तु जब हम उक्त ग्रन्थों के रचे जाने के कारणों पर विचार करते हैं तब हमारा कौतूहल प्रशमित हो जाता है और हम इस तथ्य तक पहुँच जाते हैं कि हिन्दी में अलाउद्दीन सम्बन्धी रचनाओं के कुल चार उद्देश्य हैं, जैसे–

(1) अलाउद्दीन की प्रतिभा, क्रूरता और निरंकुशता का चित्रण।
(2) क्षत्राणियों की सतीत्व-निष्ठा का प्रदर्शन।
(3) राजपूती वीरता का दिग्दर्शन।
(4) राजस्थानी नरेशों द्वारा मुग़ल सम्राटों को कन्यादान की प्रथा के समर्थनार्थ पुरानी नज़ीर का प्रस्तुतिकरण।

जहाँ तक इस्लाम में दीक्षित होकर भारत में आनेवाले मध्य एशियाई बर्बरों के और विशेषतः अलाउद्दीन के अत्याचारों का प्रश्न है उसका चित्रण राजस्थानी गद्य में 'सायणीचारणी री बात' में और प्रसाद जी की 'प्रलय की छाया' जैसी रचनाओं में प्राप्त होता है। चारणी री बात में जहाँ अलाउद्दीन सायणी को डाइन कहकर भूगर्भ में डलवा देता है, वहीं प्रसाद जी तत्कालीन अत्याचारों का वर्णन यों करते हैं, जैसे–

सोचने लगी थीं कुलवधुएँ, कुमारिकाएँ
जीवन का अपने भविष्य नये सिर से'
उसी दिन
बींधने लगी थी विषमय परतंत्रता ।'

क्षत्राणियों अथवा भारतीय नारियों की सतीत्व[28] निष्ठा का चित्रण करने के उद्देश्य से लिखे गए ग्रन्थ हैं संख्या 1, 6, 12 और 14 तथा राजपूती वीरता के उद्घाटन के उद्देश्य से लिखे गए ग्रन्थ हैं संख्या 7,8,9, 10 और 11। परन्तु छिताई सम्बन्धी तीनों ग्रन्थों का उद्देश्य राजस्थानी कवियों द्वारा राजस्थानी नरेशों को शायद इस लज्जा से बचाने के लिए कि उन्होंने स्वेच्छया अपनी पुत्रियाँ मुग़लों को दीं केवल यह नजीर प्रस्तुत करना है कि उनके बहुत पहले राजा रामदेव भी स्वेच्छया

28. इस सम्बन्ध में अमीर खुसरो का एक फ़ारसी शे'र उल्लेख्य है। भारतीय संस्कृति से अनभिज्ञ तुर्क जब किसी हिन्दू स्त्री को छेड़ देते थे तो वह उसे 'दुर दुर मुए' कहकर गाली देती थी। शे'र यह है–
रफ़तम बतमाशाए किनारे जूए–दीदम ब लबे आब जने हिन्दूए ।
गुफ़तम् सनमा बहाए ज़ुल्फ़त चे बुवद–फ़रियाद बर आबुर्द कि 'दुर दुर मूए'।
अर्थात् मैं एक दिन पानी के किनारे सैर करने गया। वहाँ तट पर मैंने एक हिन्दू महिला को देखा। मैंने उससे कहा कि तेरे केश कितने सुन्दर हैं। इस पर उसने चिल्लाकर कहा कि दुर दुर मुए।

ऐसा ही कर चुका था। अलाउद्दीन दिल्ली का पहला मुसलमान बादशाह था जिसने हिन्दू नरेशों की स्त्रियों और पुत्रियों को अपने हरम में दाखिल कर उन्हें अपनी बेगम का पद प्रदान किया था। वही पहला मुसलमान नरेश था जिसे अपने राज्य की रक्षा के लिए रामदेव जैसे समर्थ नरेश ने स्वेच्छया अपनी पुत्री प्रदान की थी। उसके बाद और अकबर के पहले तक जितने सुल्तान दिल्ली के तख़्त पर आरूढ़ हुए वे केवल हिन्दू राजाओं को नष्ट-भ्रष्ट कर उनकी स्त्रियों को यदि किसी कारण वे आत्मघात न कर सकीं तो पकड़ लाते थे और क्रीतदासी के समान उनके साथ अत्यन्त अपमानजनक व्यवहार करते थे[29]। आगे चलकर अलाउद्दीन की अपेक्षा अधिक उदार भावना से अकबर ने राजपूत नरेशों से वैवाहिक सम्बन्ध स्थापित करने की परम्परा चलाई और यह परम्परा संवत् 1627 से ही चली[30] जबकि कालिंजर विजय के बाद अकबर की सैनिक धाक ऐसी जमी कि सन् 1570 अर्थात् संवत् 1627 में बीकानेर और जैसलमेर के राजाओं ने अकबर के समक्ष घुटने ही नहीं टेके बल्कि अपनी लड़कियाँ भी उसे ब्याह दीं। अकबर की चलाई हुई उक्त परम्परा फ़र्रुखसियर तक अबाध गति से चलती रही, यह इतिहास का एक साधारण विद्यार्थी भी जानता है। ऐसी स्थिति में मेरी यह धारणा शायद सही है कि प्रस्तुत ग्रन्थ की रचना सम्भवतः नज़ीर के रूप में ही की गई थी। प्रस्तुत धारणा को इस तथ्य से और भी बल प्राप्त होता है कि छिताई वार्ताकारों ने अलाउद्दीन को सहृदय भी चित्रित किया है और काल विरुद्ध यह भी दिखाने का क्रान्तिकारी साहस किया है कि एक हिन्दू राजकुमार की पत्नी एक मुसलमान सुल्तान की बेगम बनाने के बाद पुनः अपने पूर्व पति की पत्नी बन सकती है। परन्तु आचार्य केशवदास ने जहाँ छिताई-प्रसंग का उल्लेख किया है वहाँ उन्होंने अलाउद्दीन का मज़ाक़ उड़ाया है। मेरे कहने का तात्पर्य यह है कि जहाँ राजस्थानी कवि अलाउद्दीन के चरित्र पर चूना फेरने का प्रयत्न करते प्रतीत होते हैं वहीं बुंदेलखंडी केशव यह कहते हैं कि 'साहि छिताई को ले जाइ, बिहना फूल्यों अंग न माई।' बेहना निम्नस्तर के मुसलमानों जैसे धुनियाँ, जुलाहा आदि को कहा जाता है[31]। अतः जैसे यह कह कर किसी का उपहास किया जाता

---

29. सुल्तान मुहम्मद तुग़लुक के ईदी दरबारों का विवरण प्रस्तुत करता हुआ इब्ने बतूता लिखता है कि 'सर्वप्रथम काफ़िर राजाओं की पुत्रियाँ जो उस वर्ष युद्ध में बंदी बनाई जाती हैं, आकर नाचती-गाती हैं। तत्पश्चात् वे अमीरों तथा मुख्य परदेसियों को प्रदान कर दी जाती हैं। इसके उपरान्त अन्य काफ़िरों की पुत्रियाँ आकर नाचती-गाती हैं। जब वे नाच-गा चुकती हैं तो सुल्तान उन्हें अपने भाइयों, सम्बन्धियों, मलिकों के पुत्रों आदि को दे देता है।'

—तुग़लक कालीन भारत, भाग-1, पृ., 189।

30. दि आकुपेशन ऑफ कालिंजर ग्रेटली स्ट्रेन्थेंड अकबर्स मिलिटरी पोजीशन एंड मार्क्स ऐन इमपोर्टेन्ट स्टेप इन दि प्रोग्रेस ऑफ मुग़ल इंपीरियलिज्म। इन 1570 रूलर्स ऑफ बीकानेर एंड जैसलमेर नॉट ओनली सबमिटेड टु दि मुग़ल एंपरर बट् ऑलसो गेव देयर डॉटर्स इन मैरेज टु हिम। —मेडिवल इंडिया (डॉ. आर.सी. मजूमदार, डॉ. एच.सी. राय और डॉ. के.के. दत्त)।

31. प्रसिद्ध कहावत है कि, 'तुरकौ भये तो बेहना।'

है कि 'छछूंदर के माथे चमेली का तेल' वैसे ही केशव का कथन है कि 'बिहना फूल्यो अंग न माइ।' विधर्मी और विजातीय को कन्या देने के सम्बन्ध में राजस्थानी और शेष भारतीय कवियों के दृष्टिकोण का यह अन्तर भी हमारी धारणा की पुष्टि करता है कि छिताई सम्बन्धी काव्य नज़ीर के रूप में ही प्रस्तुत किए गए।

स्थान, काल, पात्र की परिकल्पना के स्रोत

यदि यह माना जाए कि कवि नारायणदास और रतनरंग ने छिताई और देवगिरि का परिचय जायसी से प्राप्त किया तो यह भी मानना पड़ेगा कि अलाउद्दीन जैसे प्रसिद्ध सुल्तान के सम्बन्ध में फैली हुई जन वार्ता से उसके मुख्य सरदारों जैसे उलुघ खाँ और नुसरत ख़ाँ के विषय में भी जानकारी प्राप्त की होगी और लोक प्रचलित किसी जनप्रिय कथा से ढाँचा तैयार कर प्रस्तुत काव्य की रचना की। काव्य में जिन अन्य तुर्क सरदारों के नाम आए हैं वे सब काल्पनिक हैं! अलाउद्दीन के गणमान्य सरदारों और दरबारियों की पूरी सूची उपलब्ध है और उस सूची में उल्लिखित उलुघ और नुसरत नामों को छोड़कर और कोई नाम छिताईवार्ता में नहीं मिलता।

राघव चेतन

उक्त कविद्वय राघवचेतन के लिए भी सम्भवतः जायसी के ही ऋणी हैं। यह तो संयोग की बात है कि इतिहास में एक स्थान पर रामदेव और उसके पुत्र के नाम के साथ राघव नाम भी आ गया है। इसके अतिरिक्त जायसी के पूर्व राघव चेतन नाम का प्रयोग शायद काव्य में किसी ने नहीं किया था। छिताई वार्ता में प्रयुक्त हो जाने के बाद तो पद्मिनी विषयक काव्यों में राघव चेतन नाम को आशातीत प्रमुखता प्राप्त हुई। काल्पनिक पात्र की इससे अच्छी पहचान और क्या हो सकती है कि जो भी उसके बारे में लिखे, कुछ नयी ही लिखे। राघव चेतन के साथ भी कुछ ऐसा ही हुआ है, जैसे–

(1) उसे जायसी ने वामाचारी यक्षिणी साधक सिद्ध किया है[32]। और बताया है कि अपनी उक्त साधना के बल पर वह छोटा-मोटा चमत्कार भी दिखा दिया करता था[33]।

(2) छिताई वार्ताकार यह मान कर चले हैं कि जायसी द्वारा प्रसारित पद्मिनी सम्बन्धी घटना अलाउद्दीन के देवगिरि अभियान के पहले ही घट

32. राघव पूजि जाखिनी, दुइज देखाएसि साँझ ।
बेद पंथ जे नहिं चलहिं ते भूलहिं बन माँझ ।।

33. राघव दिस्टिबंध कल्हि खेला।
सभा माँझ चेटक अस मेला ।।

चुकी थीं। अतः स्वभावतः उन्होंने यह भी मान रखा होगा कि राघवचेतन ने सुल्तान अलाउद्दीन के पास पद्मिनी के रूप का वर्णन किया था और चित्तौड़ की चढ़ाई में भी वह अलाउद्दीन के साथ ही रहा, अतः उस समय भी वह उसी के पास रहा होगा। इसी आधार पर नारायणदास और रतनरंग ने उसका चित्रण अलाउद्दीन के 'दलाल' के रूप में किया है।

(3) गोरा बादल की बात के रचयिता परवर्ती कवि जटमल नाहर ने यह कल्पना की है कि वह सिंघल से राजा के साथ आया था। वह कला कुशल था। एक बार जब राजा शिकार खेलने गया तो वहीं राघव चेतन ने पद्मिनी जैसी एक पुतली बनाई और उसकी जाँघ पर तिल भी बनाया जो वास्तव में पद्मिनी की जाँघ पर भी था। यह देख राजा को उस पर सन्देह हुआ और उसने उसे निकाल दिया। वह दिल्ली चला गया।

(4) पद्मिनी चरित्र अथवा गोरा बादल रण जय (रचना-काल सं. 1707) का लेखक लालचन्द लब्धोदय (लक्षोदय) सबसे विलक्षण बात कहता है। उसके वर्णन से नहीं, एक स्थल पर स्पष्ट कथन से प्रतीत होता है कि राघव और चेतन दो[34] व्यक्ति थे। दोनों कथावाचक व्यास थे। उनका राजा ने बड़ा संमान किया और आज्ञा दी कि राजमहल में आकर तथा महिला-महल (रनिवास, अन्तःपुर) में जाकर वे महाभारत की कथा सुनाया करें। एक दिन जब राजा पद्मिनी के पास क्रीड़ारत था उसी समय राघव वहाँ बिना सूचना दिए चला गया और इसी अपराध पर दरबार से निकाल दिया गया।

कहने का तात्पर्य यह कि राघव चेतन विषयक प्रथम कल्पना जायसी की प्रतीत होती है जो उनके पद्मिनी प्रवाद के साथ ही फैली है।

मोल्हन

छिताई वार्ता में राघवचेतन के साथ एक मोल्हन भी दौत्य करते हुए मिलते हैं। जायसी ने इसके नाम का प्रयोग नहीं किया है परन्तु पंद्रहवीं शताब्दी में नयचन्द्रसूरि नामक एक जैन कवि ने संस्कृत में हम्मीर महाकाव्य की रचना की। उसमें राणा हम्मीर के पास अलाउद्दीन के सेनापतियों उलुघ ख़ाँ और नुसरत ख़ाँ द्वारा प्रेषित दूत

34. राघव चेतन दोह बसे चित्रकोट में ब्यास ।
रात दिवस विद्या तणोऽधिको कुछै अभ्यास ।।
राजा मान दियो घणो भारत बाँचैं आय ।
राजलोक में रात दिन महिलअ महलै जाय ।।

का नाम 'मोल्हन देव[35]' दिया है। स्पष्ट है कि छिताई-वार्ताकारों को 'मोल्हन' नाम उक्त हम्मीर महाकाव्य से ही मिला, जिससे पुनः संवत् 1902 में हम्मीरहठ लिखते समय चन्द्रशेखर वाजपेयी ने 'मोल्हन' नाम प्राप्त किया। उन्होंने छिताई वार्ता से यह नाम नहीं प्राप्त किया। इसका प्रमाण यही है कि अलाउद्दीन की मरहट्ठी बेगम के बारे में जानकारी रखते हुए भी वे उसके नाम के बारे में अनभिज्ञ थे और उसका प्रयोग नहीं किया।

देवल देवी

छिताईवार्ता में पद्मिनी सम्बन्धी अपनी विफलता का उल्लेख करता हुआ अलाउद्दीन यह भी कहता है कि–

रिणथंभौर देवै लगि गयौ ।
मेरो कामु न एकौ भयौ ।।

अर्थात् देवल देवी को प्राप्त करने के लिए मैं रणथंभौर गया परन्तु वहाँ भी मैं कार्य साधन में विफल रहा। यहाँ 'देवै' से तात्पर्य देवल देवी ही है, यह पाठान्तर में दिए गए 'देवल' शब्द से भली भाँति प्रकट हो जाता है। साथ ही रणथंभौर का उल्लेख उक्त देवल देवी को इतिहास प्रसिद्ध गुजरात नरेश कर्ण की पुत्री देवल देवी से पृथक् कर देता है। दूसरी ओर गुजरात की देवल देवी के सम्बन्ध में इतिहास जितना ही अधिक मुखर है उससे कहीं अधिक रणथंभौर वाली देवल देवी के सम्बन्ध में मौन। यह मौनता इतनी गम्भीर है कि वह प्रमाणित कर देती है कि रणथंभौर की देवल देवी कोई ऐतिहासिक व्यक्तित्व न होकर किसी कवि की कल्पना ही है। मध्यकालिक भारतीय इतिहास में जहाँ-जहाँ रणथंभौर का उल्लेख हुआ है उस प्रसंग में देवल देवी का उल्लेख कहीं नहीं किया गया। इतिहास बताता है कि सन् 1301 ई. में अलाउद्दीन ने रणथंभौर पर चढ़ाई की थी। डॉ. किशोरीशरण लाल ने उक्त चढ़ाई के कुल चार कारणों का उल्लेख किया है, जैसे–

(1) वह दिल्ली के समीप था। अमीर खुसरो ने लिखा है कि दिल्ली से रणथंभौर तक दो सप्ताह की यात्रा थी।
(2) अलाउद्दीन का चाचा सुल्तान जलालुद्दीन रणथंभौर की चढ़ाई में विफल हो चुका था।
(3) वह अजेय दुर्ग समझा जाता था, और
(4) अलाउद्दीन के दो मुग़ल सरदारों मुहम्मद शाह और उसके भाई खेब्रू ने जालोर में विफल विद्रोह का नेतृत्व करने के बाद रणथंभौर के राणा

---

35. मते मतेऽत्रानुमतेमुनापि श्री मोल्हणं श्राग् विधिनानुशास्य
दिदेश संधानकृते हमीर राज्ञः समीपे कितवः प्रयातु ।।
(हम्मीर महाकाव्य, सर्ग 11, छन्द-22)।

हम्मीर के यहाँ शरण ली थी। मुसलिम इतिहासकारों के अनुसार रणथंभौर पर चढ़ाई का यही सर्वप्रधान कारण था[36]।

ऐसी स्थिति में रणथंभौर की काल्पनिक देवल देवी का पता काव्यों में खोजना चाहिए। 'हम्मीरहठ' के रचयिता चन्द्रशेखर वाजपेयी ने भी अलाउद्दीन द्वारा हम्मीर से 'दंड सहित देवल कुमारि' की जो माँग कराई अथवा नारायणदास ने देवल देवी के लिए रणथंभौर के विफल घेरे पर अलाउद्दीन द्वारा जो विलाप कराया उसका स्रोत नयचन्द्र सूरि का संस्कृत हम्मीर महाकाव्य है, जिसमें देवल देवी का नाम दो बार आया है और जो राणा की पुत्री बतायी गयी है[37]। वही काव्य है जहाँ मोल्हन हम्मीर से देवल देवी की माँग उसी प्रकार करता है, जैसे—वह रामदेव से छिताई की माँग करता हुआ छिताईवार्ता में दिखाया गया है[38]। ऐसी स्थिति में विश्वासपूर्वक कहा जा सकता है कि छिताई वार्ताकारों ने देवल देवी का नाम मोल्हन के नाम के साथ ही हम्मीर महाकाव्य से प्राप्त किया। जिसकी रचना संवत् 1542 वि. में हुई।

चन्द्रनाथ और चन्द्रगिरि

चन्द्रनाथ अवश्य ही ऐतिहासिक व्यक्ति हैं और पिछले खेवे के नाथ सिद्धों में उनका स्थान प्रतीत होता है, क्योंकि मुख्य नाथसिद्धों की सूची में उनका नाम नहीं मिलता और इसीलिए उनके बारे में जानकारी भी नगण्य-सी ही है। आचार्य पं. हजारीप्रसाद द्विवेदी ने अपनी 'नाथसिद्धों की बानियाँ' नामक सम्पादित पुस्तक में एक स्थान पर चाँदनाथ का नाम दिया है। सम्भव है कि यही चाँदनाथ छिताई वार्ता के चन्द्रनाथ हों। हैं वे नाथ योगी[39] ही इसमें सन्देह नहीं, क्योंकि आचार्य द्विवेदी जी ने उनके सम्बन्ध

36. एसामी का इतिहास फुतू हुस्सलातीन ।
37. पुत्रीं देवल्ल देवीं च दोर्भ्यामालिंग्य निर्भरं ।
नितरां निःश्वसन् क्रंदन कष्टेन महता जहौ ।। —हम्मीर महाकाव्य, सर्ग 13-182।
38. हम्मीर! राज्यं यदि भोक्तु मीहा तत्स्वर्णलक्षं चतुरो गजेन्द्रान् ।
अश्वौरसानां त्रिशतीं सुतां च दत्वा किरीटी कुरु नो निदेशं ।।
—हम्मीर महाकाव्य, सर्ग 11-60।
39. डॉ. सम्पूर्णानन्द द्वारा सम्पादित डॉक्टर बड़थ्वाल के योग प्रवाह नामक लेखों की संकलित पुस्तक में एक स्थल पर लिखा है कि जटा रखना; भभूत रमाना, दंड कमंडलु धारण करना, कानों में मुद्रा पहनना, आड़बंद और कौपीन धारण करना, मृगछाला रखना आदि-आदि बातें उसमें उल्लिखित हैं जिनका योगियों के व्यवहार और वेष से सम्बन्ध है। —पृ. 9।
उधर छिताई वार्ता में चन्द्रनाथ का शिष्य होने पर सौंरसी जो वेश धारण करता है उसका वर्णन निम्नलिखित है—

मुद्रा स्त्रवननि खरे सुढार चमकहिं चन्द्रकांत आकार ।
जटा बाँधि सिर खप्परु धर्‌यो, मानहु गोपचन्दु अवतर्‌यो ।।
पहिरी कठिन बज्र कोपीन, सोहै कंध दक्खिनी बीन ।
उज्ज्वल कोमल अंग विभूति, जटा जूट बाँध्यो सिर सूति ।।

में लिखा है कि 'चाँदनाथ सम्भवतः वह प्रथम सिद्ध थे जिन्होंने गोरक्षनाथ को स्वीकार किया था। इसी शाखा के नागनाथी और पारसनाथी नेमिनाथ और पार्श्वनाथ नामक जैन तीर्थंकरों के अनुयायी जान पड़ते हैं।'

श्री द्विवेदी जी के उक्त उल्लेख का ध्यान रखते हुए जब हम चन्द्रगिरि की खोज करते हैं तो हमें अनेक चन्द्रगिरि मिलते हैं और सब दक्षिण भारत[40] में ही। इनमें भी दो चन्द्रगिरि मुख्य हैं जिनमें से हासन ज़िलेवाला चन्द्रगिरि जिस पर पार्श्वनाथ और नेमिनाथ के मंदिर भी हैं, छिताईवार्ता का चन्द्रगिरि प्रतीत होता है जिस पर चन्द्रनाथ योगी का निवास था।

भाव और भाषा

गुरुवर आचार्य रामचन्द्र शुक्ल ने पद्मावत काव्य का आधार कोई लोक कहानी बताया था। उनके कथन का तात्पर्य यह था कि पद्मिनी और सुग्गे की कोई कहानी उस समय लोक में प्रचलित थी जो अब भी अवध में कही-सुनी जाती है। उस कहानी में पद्मिनी शब्द जातिवाचक था जिसे जायसी ने व्यक्तिवाचक बनाकर ऐतिहासिक चौखटे में उक्त कहानी की तस्वीर जड़ दी। अतः प्रश्न स्वाभाविक है कि जैसे जायसी ने एक लोकविश्रुत कथा के आधार पर अपना काव्य रचा क्या वैसे ही नारायणदास के आगे भी कोई लोक कथा थी जिस पर ऐतिहासिक घटना का आरोप कर उन्होंने छिताईवार्ता का निर्माण किया।

---

40. महिसुर राज्य के अन्तर्गत हासन ज़िले के श्रवणबेलगोल नामक स्थान से उत्तर की ओर स्थित एक पर्वत। इस पर्वत की ऊँचाई 3052 फुट है। कन्नड़ भाषा में इसे त्रिक्कबेट्ट कहते हैं। चन्द्रगिरि के नाम की सार्थकता लोग इस प्रकार बतलाते हैं–'इस पर्वत पर चन्द्रगुप्त मुनि ने अपने गुरु भद्रबाहु स्वामी की चरणपादुका की निरन्तर सेवा करके ऐहिक लीला परिसमाप्त की है, इसलिए उनके चिरस्मरणार्थ ही इसके नाम में 'चन्द्र' जोड़ दिया गया है।'

चन्द्रगिरि भारतीय आदर्शभूत शिल्प कला से रचित अनेक जैन मंदिरों और विकसित कमलों से सुशोभित सुन्दर सरोवर आदि से बहुत ही रमणीय है। ...दक्षिण द्वार से प्राकार में घुसने पर बहुत से जैन मंदिर मिलते हैं। प्रथम ही मानस्तम्भ तथा उसके पास ही महिषासुर नरेश द्वारा सुरक्षित और प्रस्तर–प्राचीरावगुंठित एक शिलालेख है। मिस्टर लुइस राइस साहब ने इसका आविष्कार किया है। इसमें लिखा है कि जब बारह वर्ष का दुर्भिक्ष पड़ा था तब भद्रबाहु स्वामी और उनके शिष्य चन्द्रगुप्त महाराज ने मुनिसंघों के साथ रहकर समाधिभरण पूर्वक इसी (चन्द्रगिरि) पर्वत पर अपने विनश्वर शरीर को छोड़ा है।

उपर्युक्त शिलालेख के उत्तर भाग में पार्श्वनाथ तीर्थंकर का पूर्वाभिमुख एक विशाल मंदिर है। इसके पास ही अशोक द्वारा निर्मित दो मंदिर हैं–एक अत्यन्त रमणीय भारतीय शिल्पकला की अद्भुत प्रतिष्ठा की रक्षा करने वाला एक मंदिर है। इसमें नेमिनाथ तीर्थंकर की प्रतिमूर्ति विराजमान है। –हिन्दी विश्वकोष, 7वाँ भाग

इधर छिताईवार्ता में मुख्य विलक्षण बात यह दिखाई देती है कि अलाउद्दीन ने छिताई को पाकर भी सौरंसी के वाद्य वादन पर मुग्ध होकर उसे छिताई लौटा दी। शत्रु के हाथ पड़ी हुई अपनी प्रिया का उद्धार तो असंख्य लोक कथाओं का विषय रहा है परन्तु कोई ऐसी कथा साधारणतया नहीं दिखाई पड़ती जिसमें किसी बलशाली ने बलपूर्वक किसी की प्रेमिका अपहृत कर ली हो और आगे चलकर उस प्रेमी के गाने-बजाने पर रीझकर उसकी प्रेमिका उसे लौटा दी हो। परन्तु संयोगवश एक लोक कथा हमें ऐसी अवश्य मिलती है जिसमें हुबहू यही बात दिखाई गयी है।

लोक-कथाएँ प्रायः परम्परागत और मौखिक होती हैं। उनका मूल रूप प्रायः देशव्यापी होता है जो स्थानिक विशेषताओं के कारण प्रत्येक प्रदेश में थोड़ा परिवर्तित हो जाता है। भारतीय भाषाओं में लोक कथाओं के जो संग्रह इधर प्रकाशित हुए हैं उनके तुलनात्मक अध्ययन से यह तथ्य प्रकट हो जाता है। इधर हमारी हिन्दी में एक तो लोक-कथाओं का संग्रह ही कम हुआ है, दूसरे जो संग्रह हुआ भी है वह अत्यन्त प्रचलित लोक-कथाओं का जिन्हें संग्राहकों ने किसी आयास के बिना ही संग्रह कर लिया है।

परन्तु बंगाल में लोगों ने बाकायदे ऐसी लोक कथाओं का सायास संग्रह किया है। ऐसे लोगों में स्व. डॉ. दीनेशचन्द्र सेन का नाम बहुत महत्त्वपूर्ण है। उन्होंने ऐसी कथाओं का एक संग्रह 'बांग्लार पुरनारी' नाम से प्रकाशित किया था। उसमें अवश्य एक कहानी ऐसी मिलती है जिसका सारांश निम्नलिखित है–

किसी समय एक अंधा तरुण वंशीवादक सरिता तट पर खड़ा वंशी बजा रहा था। वह कांचन वर्ण था। उसकी वंशी-ध्वनि सुनकर सभी मोहित हो उठे, यहाँ तक कि उस नगर की राजकन्या की इच्छा हुई कि वह उस अंधे तरुण पर अपना सर्वस्व निछावर कर उसकी चरण दासी बन जाए। राजा भी वंशी-ध्वनि सुनकर जाग उठे। वंशी ने उन्हें भी पागल बना दिया था। उन्होंने पता लगाने के लिए आदमी भेजा जिसने आकर उत्तर दिया कि कामदेव जैसा सुन्दर एक तरुण वंशी बजा रहा है परन्तु वह अंधा है और भिक्षा द्वारा पेट पालता है। राजा ने बुलाकर अंधे युवक को दो कामों पर नियुक्त किया। एक यह कि नित्य प्रातःकाल तुम मुझे वंशी बजाकर जगाया करो और दूसरा यह कि राजकन्या को भी वंशीवादन सिखा दो। समय पाकर राजकुमारी का विवाह हो गया परन्तु वह उस अंधे युवक को भूल न सकी। अंधा युवक भी राजकुमारी के पिता का राज्य छोड़कर उसके पति के राज्य में पहुँचा और घूम-घूम कर वंशी बजाने लगा। उसकी वंशी-ध्वनि सुनते ही राजकुमारी जान गई कि उसका प्रिय अंधा युवक आ गया है। युवक के वंशी वादन से राजकुमारी का पति भी अत्यन्त प्रभावित हुआ और उसने राजकुमारी से कहा कि तुम जो कहो वही मैं इसे दूँ। इस पर राजकुमारी ने उससे त्रिवचन लेने के बाद कहा कि तुम मुझे ही इसे प्रदान कर दो। वचनबद्ध राजा ने वैसा ही किया और राजकुमारी अपने प्रिय के साथ चली गई।

उक्त कथा चौदहवीं शताब्दी में बंगाल में प्रचलित थी[41]। अतः सम्भव है कि चौदहवीं शताब्दी के बंगाल में प्रचलित उक्त लोककथा किसी न किसी रूप में शेष भारत में भी प्रचलित रही हो और नारायणदास ने उसी का सदुपयोग किया हो।

जहाँ तक छिताईवार्ता की भाषा का प्रश्न है वह उतनी पुरानी प्रतीत नहीं होती जितनी कि समझी जा रही है। प्रतीत होता है कि कवि की अक्षमता और राजस्थानी प्रभाव ने मिलकर इस भ्रम की सृष्टि की है कि छिताईवार्ता की भाषा वीरगाथाकालिक और रीतिकाल की भाषा के बीच की कड़ी है। शब्दों के जो प्राकृत और अपभ्रंश रूप मिलते हैं वे राजस्थानी कवियों की उस प्रवृत्ति के द्योतक हैं जिनसे वे आज भी पूरी तौर पर छुटकारा नहीं पा सके हैं। ऐसी स्थिति में केवल एकाधिक कारकों के साथ 'ह' विभक्ति के प्रयोग और पयाल, सूको, क्रम, दारिउँ, रयन जैसे शब्दों के आधार पर भी छिताई-वार्ता को जायसी से पूर्व की रचना सिद्ध करना बहुत कठिन होगा, क्योंकि दारिउँ का प्रयोग तो स्वयं जायसी ने भी अनेक स्थलों पर किया है[42]। राजस्थानी कविगण ईसा की उन्नीसवीं शताब्दी तक अपभ्रंश-भाषा शैली का प्रयोग करते रहे हैं। पाताल का शुद्ध प्राकृत रूप पायाल[43] है और उन्नीसवीं शताब्दी के राजस्थानी महाकवि सूर्यमल्ल ने अपने 'वंशभास्कर' में पाताल के लिए पायाल शब्द का ही प्रयोग किया है[44]। शुष्क होने के अर्थ में सूकना[45] का प्रयोग भी वंशभास्कर में प्राप्त होता है। 'रतन' का 'रयन' तो नहीं

---

41. गानटि जे भावे आमरा पाइतेछि ताहाते मने हथ इहा चंडीदासेर किछू परवर्ती किन्तु खूब परवर्ती नहे, ताहार प्रमाण भाषाय। इहार मध्ये जे सकल कथा ओ कवितार अंश दृष्ट हय ताहा चतुर्दश शताब्दीर शेष भागे बांगला साहित्ये प्रचलित छिलो।

—पृ. 273 बांगलार पुरनारी

42. दारिउं बिंब देखि सुक लोभा।

या

उठी कोंप जस दारिउं दाखा।

अथवा

ऐसि चमक मुख भीतर होई, जनु दारिउं औ स्याम मकोई आदि।

43. पायाले मज्जन्तं खंधं दारुण भुअणमुद्धरिअं।
तेण कमठेण सरिसं न य जाओ नेअ जम्मिहिई ।। —भोज का कूर्मशतक शिलालेख

44. अभयसिंह अरु देव इत, कप्पि चलिय जिम काल।
सिर धरसत अजलोकसों, पय परसत पायाल ।।

—सप्तम राशि द्वात्रिंश मयूख; छन्द संख्या 58

45. मनहुँ ताल सुक्कैं जल मच्छेः हम नहिं गए छ सातक अंछे ।।

—7 म राशि अष्टत्रिंश मयूख छन्द-2

या

जिय भीरु मुक्किय क्यों बचैं सब नीर सुक्किय मच्छरी। —पृ. 2484, छन्द 75

परन्तु 'गगन' के 'गैन'[46] रूप का प्रयोग सूर्यमल्ल ने धड़ल्ले से किया है। यही नहीं प्रभु के लिए 'पहु' और नगर के लिए 'नयर' भी उनकी रचना में स्थान-स्थान पर मिलता है[47]। कर्म के अर्थ में 'क्रम' का प्रयोग भी उसमें है[48]। जैसे प्राकृत की हिंतों विभक्ति छिताईवार्ता में अनेक कारकों के साथ लगी दिखाई पड़ती है वही दशा वंशभास्कर में भी है।

छिताईवार्ता में 'ह' विभक्ति भिन्न-भिन्न कारकों के साथ लगी मिलती है, जैसे– (1) अति सुख सुनि सुलितानह भयो (पृ. 5, छन्द 72), (2) कहइ भरथरी मनह बिचारि (पृ. सं. 25, छन्द 216)

उसी प्रकार उन्नीसवीं शताब्दी के सूर्यमल्ल ने भी किया है[49]। अतः इन आधारों पर जैसे नहीं कहा जा सकता कि सूर्यमल्ल भक्तिकाल के पूर्ववर्ती हैं, वैसे ही यह भी नहीं कहा जा सकता कि छिताईवार्ताकार जायसी के पूर्ववर्ती हैं। रह गया स्थान-स्थान पर 'न' की जगह 'ण' का प्रयोग। यह भी स्पष्टतः राजस्थानी प्रवृत्ति है। यही नहीं, आगे चलकर मुसलमान पात्रों से खड़ी बोली बोलवाने की जो प्रवृत्ति हिन्दी में देखी गयी वह भी छिताई वार्ता में मौजूद है, जैसे–

(1) क्या क्या हुआ क्या होइगा (छन्द 292)

(2) मैं क्या कीना देवगिरि आइ (छन्द 327)

(3) लाए भली दच्छिनी नारि (छन्द 328)

(4) मैं भी कह्या आपने पेट, मेरा कह्या बना ही मेट (छन्द 369)

एक बात और। कारण चाहे जो हो परन्तु तथ्य यही है कि उद्भावना की जो मौलिकता संस्कृत, प्राकृत और अपभ्रंश में देखी गयी उसका हिन्दी में प्रायः अभाव रहा है।

---

46. उड़ें गैन गिद्धी लगें पच्छ अग्गी —पृ. सं. 3217 छन्द 10।
47. घासीराम रसोरपति, पुत्तहि ग्रामक पंच ।
दिय भूपति जयसिंह दुत, पहु रचि नीति प्रपंच ।।21।।
पुनि तजि पंचोलासकों, किय जयसिंह प्रयान ।
प्रबिस्यो जैपुर निज नयर उद्धत बिजय अमान ।।
(25, 7 म राशि, पंचत्रिंशमयूख)
48. चढ़ि चल्लिय चहुवान छोरि बुंदिय छत्राधम ।
कोटा निबसथ मंगरोल तहं किय मुकाम क्रम ।।
(24, 7 म राशि चतुस्त्रिशमयूख)
49. उब्भिअ नाम बिन्दुमति ग्रामह
आय उहाँ बिरचिय विस्रामह
(सप्तम राशि, 34 मयूख, छन्द 27)
दंतिय गंड्ढेराव सुदत्तह
मास रहत बारह मयमत्तह
(सप्तम राशि, 37 सयूख, छन्द 40)
बहुरि देवसिंहह बढ्यो (सप्तम राशि, यत्रस्त्रिशमयूख, छन्द 153)

संस्कृत उक्तियों का शाब्दिक अथवा छायानुवाद करने का शौक वीरगाथा काल के बाद हिन्दी में बेतरह बढ़ता गया। तुलसी का 'रामचरितमानस' ऐसी अनुवादित उक्तियों में भरा पड़ा है और रीतिकाल में भी घनानन्द और देव को छोड़कर, यद्यपि इन दोनों में भी संस्कृत उक्तियों की छाया कहीं-कहीं आ गई है, प्रायः शेष सभी कवियों ने संस्कृत उक्तियों का अत्यधिक अनुवाद किया है। हम साश्चर्य देखते हैं कि यही प्रवृत्ति छिताई वार्ता के लेखकों में भी है। जैसे जायसी ने नखशिख वर्णन में प्रायः संस्कृत नखशिख की छाया[50] ग्रहण की है और कहीं-कहीं संस्कृत श्लोकों का सीधा अनुवाद-सा कर दिया है[51], ठीक उसी प्रकार छिताई वार्ता में भी मौलिक उद्‌भावनाओं का दयनीय अभाव और संस्कृत की परम्परा के पालन का प्रयास पग-पग पर दृष्टिगोचर होता है। इस सम्बन्ध में कतिपय उदाहरण अप्रासंगिक न होंगे, जैसे–

(1) सरद सोम ससि (सम) बदन प्रकास (सम्पूर्णशारद सुधाकर कांत वक्त्रा)
(2) मदन चाप सम भुंहइ (भौंहइ) तासु (काम कार्मुकतया कथयंति भ्रूलतां)
(3) मृग सावक सम सोहइ लोल (नतभ्रुवो लोचन कृष्णसारौ)
(4) उपइ (ओपइ) कंचन तिसो कपोल (लावण्यं ललतीव कांचन शिला कांते कपोलस्थले)
(5) कुटिल केस सिर सोहइ बाल
कच काँवरि (कोंबर) जनि मधुकर माल
(विकच कच कलापः किंचिताकुंचितोऽयं
कुच कलश निवेशी शोभते श्यामलाक्ष्याः
मधुरसपरितोषात् किंचिदुत्फुल्लकोशे
कमल इव निलीनाः पेटकाः षट्पदानां)
(6) अति सरूप सीता कौ हरण
अधिक विषै रावण कौ मरण
अधिक दान बलि गयौ पतार
अति कछुवै न भलो संसार।

(अति रूपेण वै सीता अति गर्वेण रावणः अति दानाद्बलिर्बद्धो ह्यति सर्वत्र वर्जयेत्) और तो और, हम साश्चर्य यह भी देखते हैं कि नरहरि के जिस छप्पय

---

50. आचार्य रामचन्द्र शुक्ल लिखित जायसी ग्रन्थावली की भूमिका।

51. साम भुअंगिनि रोमावली, नाभी निकस कँवल कहँ चली।
आइ दुऔ नारंग बिच भई, देखि मयूर ठमकि रहि गई।।
इस श्लोक की छाया पर निर्मित है कि–
नाभी बिलान्तरविनिर्गत पन्नगीयं, संप्रस्थिता नयन खंजन भक्षणाय।
नासामुदीक्ष्य गरुडभ्रममुद्वहन्ती गुप्तेव पीनकुच पर्वतयोरधस्तात्।।

पर[52] अकबर द्वारा गोवध बंद कराने की बात कही जाती है उसका भाव भी मृगों के वध के प्रसंग में छिताईवार्ता में मौजूद है, जैसे–

जो दंतन त्रिन बयरी गहै
तिजहि सन्त आयसु इम कहै ।
ए त्रिण चरइ बसइ उद्यान
बिन अपराध बधइ अग्यान ।।

(पृ. सं. 25, छन्द 214)

अतः इस निष्कर्ष तक पहुँचने के लिए सभी को विवश होना पड़ेगा कि जब तक पद्मिनी वाला प्रकरण निर्भ्रान्त भाव से छिताईवार्ता में प्रक्षिप्त सिद्ध नहीं कर दिया जाता या जब तक किसी नयी सामग्री के बल पर छिताईवार्ता की प्राचीनता को सिद्ध करने वाले अकाट्य प्रमाण नहीं मिल जाते तब तक उसे पद्मावत से पहले की रचना मानना बड़ा ही कठिन है।

प्रस्तुत पुस्तक का सम्पादन–कार्य पूर्ण कर लेने के बाद डॉ. माताप्रसाद गुप्त को श्री अगरचन्द नाहटा से छिताई वार्ता की कोई और प्रति प्राप्त हुई है। डॉक्टर गुप्त का कथन है कि उस प्रति में जिस संवत् का उल्लेख है उससे प्रमाणित हो जाता है कि उनकी यह धारणा सर्वथा सही है कि छिताई वार्ता की रचना पद्मावत से पहले हुई थी। उक्त प्रति मैंने नहीं देखी है, अतः मैं इससे अधिक और कुछ कहने की स्थिति में नहीं हूँ कि यदि उस प्रति में भी पद्मिनी के लिए चित्तौड़ पर अलाउद्दीन की चढ़ाई का उल्लेख है तो उस प्रति पर उल्लिखित संवत् की छान-बीन बड़ी ही सावधानी से करने की आवश्यकता है। कारण, समूची पुस्तक में एक भी ऐसा वाह्य या आभ्यन्तर साक्ष्य नहीं है जो उसे पद्मावत से पहले की रचना सिद्ध कर सके। दूसरी ओर पुस्तक में ऐसे निषेधात्मक प्रमाण अवश्य हैं जो उसके प्रारम्भिक मुग़लकाल की रचना होने का सन्देह उत्पन्न करते हैं। ऐसे निषेधात्मक प्रमाण मुख्यतया युद्ध और शाही शिष्टाचार के प्रसंग में मिलते हैं, जैसे– युद्धोपयोगी अस्त्रशास्त्रों में तोर, धनुष, गुर्ज, नेजा, तलवार और गुलेल का ही वर्णन है जिनका प्रयोग साधारणतया अंग्रेजों के आने के पहले तक भारत में होता रहा परन्तु खिलजी काल में अत्यधिक उपयोग में आने वाले मंजनीक[53], मगरबी[54],

---

52. अरिहु दंत तिनु धरत ताहि नहिं मारि सकत कोइ।
हम सन्तत तिनु चरहिं वचन उच्चरहिं दीन होइ।।
अमृत पय नित स्रवहिं बच्छ महिथंभन जावहिं।
हिन्दुहिं मधुर न देहिं कटुक तुरकहिं न पियावहिं।।
कह कवि नरहरि अकबर सुनौ बिनवति गउ जोरे करन।
अपराध कौन मोहिं मारियतु मुएहु चाम सेवइ चरन।।

53. मंजनीक–पत्थर, आग तथा अन्य शीघ्र जलनेवाले पदार्थ फेंकने की एक मशीन ।

54. मगरबी–इसके विषय में कोई ज्ञान नहीं। इसका अर्थ तोप भी वताया गया है, किन्तु सम्भव है, इसके द्वारा आग तथा शीघ्र जलने वाले पदार्थ फेंके जाते हों।

साबात[55], गरगच[56], पाशेब[57], आदि युद्ध के उपकरणों और यंत्रों का उल्लेख एक बार भी नहीं किया गया है। इसी प्रकार साहबे आलम और शाहे आलम शब्दों का प्रयोग प्रायः मुग़ल राजकुमारों और बादशाहों को संबोधित करने में किया जाता था। खिलजी और तुग़लक काल में तो बादशाह को 'आखुंदे आलम' कहकर संबोधित करने की प्रथा थी। प्रस्तुत पुस्तक में अलाउद्दीन के लिए शाहे आलम का प्रयोग एकाधिकबार हुआ है परन्तु आखुंदे आलम का एक बार भी नहीं। ऐसी स्थिति में प्रस्तुत पुस्तक का काल निर्णय हो जाने पर या तो इतिहास के हाथ कुछ लगेगा या साहित्य को कुछ प्राप्त होगा।

आभार-निवेदन

उपर्युक्त विवेचन से स्पष्ट है कि ऐतिहासिक और साहित्यिक शोध की दृष्टि से 'छिताई-वार्ता' का अपना महत्त्व है। इस ग्रन्थ के रचनाकाल का निश्चय कर लेने पर ही ये महत्त्वपूर्ण निर्णय किए जा सकेंगे कि पद्मिनी प्रकरण ऐतिहासिक वृत्त है या नहीं और पद्मावत की रचना पहले हुई या छिताईवार्ता की। अतः ऐसा ग्रन्थ सम्पादित कर हिन्दी-जगत् के सामने रखने के कारण डॉ. माताप्रसाद गुप्त हमारे अकृत्रिम साधुवाद के अधिकारी हैं। अत्यन्त वैज्ञानिक ढंग से प्राचीन पुस्तकों का सम्पादन करने के लिए वे सुविख्यात है और प्रस्तुत ग्रन्थ का सर्वांगपूर्ण और अत्यन्त उपयोगी सम्पादन करने में भी उन्होंने जो कठिन परिश्रम किया है वह इस ग्रन्थ के पन्ने-पन्ने और शब्द-शब्द से प्रकट है। मैं उन्हें पुनः-पुनः हार्दिक बधाई देता हूँ और उनसे विनीत आग्रह करता हूँ कि वे इसी प्रकार समय के अंधकार में लुप्त और गुप्त काव्य-रत्नों को प्रकाश में लाते रहें।

बिड़ला ग्रन्थमाला में मेरे सहायक श्री कल्पनाथ सिंह यों तो मुझे बराबर सहायता देते रहे हैं परन्तु इस ग्रन्थ का परिचय लिखने के लिए सामग्री एकत्र करने में इस बार उन्होंने सर्वाधिक श्रम किया है। एतदर्थ उन्हें भी साधुवाद।

अन्त में कवि नारायणदास और रतनरंग की स्मृति के प्रति भी श्रद्धा प्रकट करना चाहिए, क्योंकि उन लोगों ने रामदेव की पुत्री के ऊपर भारतीय स्त्रियों के एकांत समर्पण की भावना आरोपित कर उसके काल्पनिक पति सौंरसी के प्रति

55. साबात–एक प्रकार का ढँका हुआ मार्ग जिससे आक्रमणकारी बिना अधिक हानि के सुगमतापूर्वक क़िले पर आक्रमण कर सकते थे।
56. गरगच–एक प्रकार का चलता-फिरता मचान जिसे ऊँचा करके क़िले की दीवार के बराबर कर दिया जाता था और क़िले पर आक्रमण करने की सुविधा होती थी। कभी-कभी इस पर छत भी होती थी...।
57. पाशेब–मिट्टी का मचान जो क़िले की दीवारों की ऊँचाई के बराबर बनाया जाता था इस पर आग और पत्थर फेंकने वाली मशीने रखी जाती थीं।

(खिलजीकालीन भारत)

उसके गम्भीर और अविचल प्रेम का निरूपण किया। साथ ही ये लोग इसलिए भी धन्यवादार्ह हैं, क्योंकि जायसी के ब्रह्मानन्द निरूपक काव्य 'पद्मावत' के जोड़ पर इन्होंने विषयानन्द निरूपक काव्य 'छिताईवार्ता' प्रस्तुत किया और इस प्रकार एक प्रेम कहानी द्वारा लोगों को आनंदित करते हुए रसखान के इस वचन को सार्थक कर दिखाया कि–

आनँद अनुभव होत नहिं
　　बिना प्रेम रसखान ।
कै वह ब्रह्मानन्द कै
　　विषयानन्द बखान ।।

–रुद्र काशिकेय

प्रधान सम्पादक
बिड़ला ग्रन्थमाला,
ना.प्र. सभा, काशी

भारतेन्दु ग्रन्थावली

भारतेन्दुपूर्व भारतीय रंगमंच

प्राचीनकाल

प्रायः सौ वर्षों से संस्कृत नाटक और रंगमंच पर किए जा रहे अनुसन्धानों ने इतना तो प्रमाणित कर ही दिया है कि भारत में रंगमंच की परम्परा विश्व के किसी भी राष्ट्र की रंग-परम्परा से कम पुरानी नहीं है। अन्य प्राचीन मानव समुदायों की भाँति ही भारत में भी नाट्यकला का विकास संस्कृति के विकास के साथ ही साथ हुआ। विक्रम संवत् के प्रारम्भ के आस-पास भरतमुनि द्वारा रचित नाट्यशास्त्र प्रमाणित करता है कि उस समय भारतीय नाट्यकला इतनी विकसित और महत्त्वपूर्ण हो चुकी थी कि उसके अनुशासन के लिए शास्त्रनिर्माण आवश्यक हो उठा था। नाट्यशास्त्र में रंगमंच स्थापत्य, रंगकला, रंगतकनीक, रंगप्रयोग तथा विविध प्रकार के नाटकों का जैसा वर्णन उपलब्ध है वह सहज ही सूचित करता है कि प्राचीन नाट्यकला की गहराई अनेक आयामों में फैल रही थी।

भारतीय इतिहास में जो युग प्राचीन काल के नाम से जाना जाता है उसमें नाट्यकला खूब फली-फूली और इसने भास, कालिदास, शूद्रक, भवभूति जैसे संस्कृत के महान् नाटककारों को जन्म दिया। प्राचीन भारत की यह नाट्यकला, नाट्यरचना और प्रदर्शनशिल्प दोनों ही दृष्टियों से विश्व की अन्य नाट्य परम्पराओं से सर्वथा भिन्न थी। इसकी राष्ट्रीय विशिष्टताओं ने विदेशियों और विदेशी परम्परा में शिक्षित भारतीयों के लिए भी संस्कृत नाटकों का उचित मूल्यांकन अत्यन्त कठिन बना दिया। फलस्वरूप संस्कृत नाटकों का वास्तविक विवेचन-मूल्यांकन अब भी एक चुनौती बना हुआ है।

प्रदर्शनशिल्प की दृष्टि से प्राचीन भारतीय रंगमंच पूर्णतया सांकेतिक और प्रतीकात्मक था। उसमें मानव जीवन की अवस्थाओं की अनुकृति तो होती थी, किन्तु यह अनुकृति आधुनिक पश्चिमी नाटकों की यथार्थवादी परम्परा में न थी। उसमें दृश्यतत्वों की अधिकांशतः काव्यमय वर्णनों, अंगभंगिमाओं, शरीरमुद्राओं, और व्यंजनात्मक प्रक्रियाओं द्वारा व्यक्त किया जाता था। इस प्रकार स्थूल दृश्यपीठ की अनिवार्यता से मुक्त होने के कारण रंगमंच पर एक साथ कई स्थान इकाइयाँ प्रस्तुत की जा सकती थीं और एक स्थान इकाई से दूसरी स्थान इकाई तक घटनाओं का प्रवाह क्षिप्रता से हो सकता था।

प्रेक्षागृह के सम्बन्ध में जो विस्तृत विवरण नाट्यशास्त्र में उपलब्ध है, उसमें तीन प्रकार के प्रेक्षागृहों का वर्णन है। प्रथम प्रकार का प्रेक्षागृह विकृष्ट कहलाता था। वह अंडाकार और लम्बाई में एक सौ आठ हाथ होता था। ऐसी नाट्यशाला देवताओं की होती थी। दूसरे प्रकार का प्रेक्षागृह चौंसठ हाथ लम्बा और बत्तीस हाथ चौड़ा होता था, पर था यह भी अंडाकार ही। वह प्रेक्षागृह राजाओं का होता था। तीसरे प्रकार की नाट्यशाला समभुज त्रिकोणाकार होती थी। इसकी प्रत्येक भुजा बत्तीस हाथ लम्बी होती थी। यही गृहस्थ नागरिकों की नाट्यशाला थी।

उक्त तीनों प्रकार की नाट्यशालाओं के आधे भाग में दर्शक बैठते थे। विभिन्न वर्णों के बैठने के स्थान विभिन्न रंग के खम्भों से विभाजित किए जाते थे। आधुनिक गैलरी की भाँति एक के बाद दूसरा आसन बनाया जाता था जो क्रमशः आगेवाले आसन से एक-एक हाथ ऊँचा होता जाता था। सबके आगे वाले आसनों पर ब्राह्मण बैठते थे और उनको सफ़ेद रंग के खम्भों से निर्दिष्ट किया जाता। ब्राह्मणों के पीछे क्षत्रिय बैठते थे और उनका स्थान लालरंग के खम्भों से चिह्नित किया जाता था। इनके पीछे उत्तर-पश्चिम में वैश्यों के और उत्तर-पूर्व में शूद्रों के आसन रहते थे। वैश्यों के आसन नीले रंग के खम्भों से चिह्नित किए जाते थे। अन्य रंगों के कुछ और भी खम्भे रहते थे। उनके पास जो आसन होते थे, उनमें वर्णाश्रम के बाहर के लोग बैठते थे। इस नीचे की आसन श्रेणी के ऊपर एक बरामदा-सा बना रहता था। वहाँ भी पूर्वोक्त प्रकार से चिह्नित और विभक्त आसन रहते थे।

नाट्यशाला का दूसरा आधा भाग अभिनेताओं के अधिकार में रहता था। इस भाग के सबसे पिछले अंश को रंगशीर्ष कहते थे। इस अंश में छह खम्भे और समस्त स्थान का अष्टमांश स्थान रहता था। नाट्यवेद के सृष्टिकर्ता ब्रह्मा और अन्यान्य देवताओं की पूजा यहीं पर सबसे पहले की जाती थी।

नेपथ्य या सज्जागृह में दो दरवाज़े रहते थे। रंगमंच कभी-कभी दोमंजिला बनाया जाता था। दूसरे खंड में स्वर्ग के दृश्यों का अभिनय किया जाता था। नाट्यशाला के प्रत्येक अंश के निर्माण के समय भिन्न-भिन्न देवताओं की पूजा की व्यवस्था थी। प्रत्येक बार ब्राह्मण भोजन कराने की भी प्रथा थी। हीनांग विकलांग, कुरूप व्यक्ति को नाट्यशाला निर्माण का कोई कार्य नहीं सौंपा जाता था। संन्यासी और यति लोग नाट्यशाला की हद के भीतर पाँव नहीं रखने पाते थे। जर्जर या इन्द्रध्वज की स्थापना ही नाट्यशाला सम्बन्धी आवश्यक देवकर्मों में प्रधान समझी जाती थी। उत्सव के पहले दिन संध्याकाल में मंत्र पढ़ कर नाट्यशाला में इन्द्रध्वज गाड़ा जाता था। ध्वजारोपण के दूसरे दिन सब देवी-देवताओं की पूजा के बाद जर्जर की पूजा होती थी। इसके पहले क्रमशः ब्रह्मा, शिव, कार्तिकेय आदि की स्थापना होती थी। ध्वजा के प्रथम खंड में श्वेतवस्त्र, दूसरे में नीलवस्त्र, तीसरे में पीला, चौथे में लाल और पाँचवें में विविध वर्ण का वस्त्र लपेटा जाता था।

नाट्यभिनय के पूर्व निम्नलिखित दस अनुष्ठान किए जाते थे। वाद्ययंत्र आदि का आयोजन, अपने दल के बीच वादकों का अवस्थित स्थानग्रहण, संगीत का आरम्भ, वाद्यपरीक्षा, कंठस्वर के साथ बाजे के स्वर का मिलाना तंतुयंत्र (सारंगी) के साथ आवाज़ मिलाना, विविध बाजे बजाना, सब बाजों के स्वरों का समन्वय करके एकताल बजाना, तालविधान और ईश्वर की स्तुति। ये सब व्यवस्थाएँ रंगमंच के बाहर यवनिका की आड़ में की जाती थीं। उसके बाद यवनिका उठाकर सूत्रधार रंगमंच पर प्रवेश करता था। वह दसों दिशाओं में घूम-घूमकर दसों दिग्पालों को प्रणाम करता था, फिर नांदी पाठ किया जाता था और जर्जरस्तोत्र के कई श्लोक पढ़े जाते थे। तदनंतर यथार्थ अभिनय का आरम्भ होता था।

संस्कृत रंगमंच की इन्हीं विशिष्टताओं के अनुकूल अनेक प्रकार के नाट्यरूप विकसित हुए जिनका अन्तिम रूप सें वर्गीकरण दस प्रकार के रूपकों और अठारह उपरूपकों में किया गया। प्राचीन भारतीय रंगमंच और प्रदर्शनपद्धति की अपनी विशिष्टताओं के फलस्वरूप उसके लिए की गई नाट्यरचना भी अत्यन्त जटिल और विशिष्ट हो उठी। किन्तु उनके विश्लेषण विवेचन के लिए आचार्यों ने तीन कसौटियाँ मुख्य रूप से स्वीकार कीं–वस्तु, नेता, और रस।

वस्तु–नाट्यरचना का प्रथम अंग वस्तु अथवा कथानक है, जिसे अंग्रेजी में प्लाट कहते हैं। कथावस्तु दो प्रकार की होती है–आधिकारिक और प्रासंगिक। मुख्य कथावस्तु आधिकारिक कहलाती है और उसके पोषण अथवा विकास के लिए प्रयुक्त कथावस्तु प्रासंगिक कही गयी है। प्रासंगिक कथा का मुख्य उद्देश्य आधिकारिक कथा की फलनिर्वहणता में सहायता देना मात्र होता है, किन्तु कभी-कभी इसका स्वतंत्र फल भी दिखाई देता है।

प्रासंगिक कथावस्तु के भी दो भेद होते हैं–प्रकरी और पताका। जो प्रासंगिक कथावस्तु अनुबंध सहित नाट्य रचना में दूर तक चलती रहती है उसे पताका कहते हैं, परन्तु जो कुछ ही दूर चल कर समाप्त हो जाती है उसे प्रकरी कहा जाता है।

हमारे आचार्यों ने नाट्यरचना की विभिन्न अवस्था, अर्थप्रकृति और सन्धि के आधार पर भी कथावस्तु का विवेचन किया है। तीनों की संख्या पाँच-पाँच निर्धारित की है।

किसी भी कथावस्तु के आरम्भ से लेकर अन्त तक विकास के पाँच स्तर होते हैं। इन्हीं पाँच स्तरों को रूपक की पंच अवस्थाएँ कहा जाता है–आरम्भ, प्रयत्न, प्राप्त्याशा, नियताप्ति और फलागम। आरम्भ कथावस्तु की वह पहली अवस्था है जिसमें रूपक का प्रमुख पात्र किसी वस्तु की प्राप्ति के प्रति औत्सुक्य दिखाता या किसी कार्यविशेष के सम्पादन के लिए संकल्प करता है। कथावस्तु की दूसरी अवस्था प्रयत्न कहलाती है, क्योंकि इस स्तर पर आकर पात्र अपनी संकल्पपूर्ति के लिए विविध संघर्षमय यत्न करता है। इस प्रयत्न में जब कुछ सफलता की क्षीण रेखा दिखाई देने लगती है तो वह स्थिति प्राप्त्याशा कहलाती है, कथावस्तु की चौथी अवस्था में सफलता प्रायः निश्चित हो जाती है। इसी से इसे नियताप्ति की अवस्था

कहते हैं। अन्त में कथावस्तु में वह स्थिति आ जाती है जब कि आरम्भ में किए गए संकल्प की पूर्ति हो जाती है और मुख्य पात्र फल का भोक्ता हो जाता है, यही कथावस्तु की अन्तिम अवस्था फलागम है जिसके बाद कथा समाप्त हो जाती है।

कथावस्तु को प्रधान फल की प्राप्ति की ओर अग्रसर करनेवाले चमत्कारयुक्त अंशों को अर्थप्रकृति कहते हैं। इन अर्थप्रकृतियों के भी पाँच भेद किए गए हैं–बीज, बिन्दु, पताका, प्रकरी और कार्य।

मुख्य फल का हेतु वह कथाभाग बीज कहलाता है जो क्रमशः विकसित होता चलता है। जो बात समाप्त होनेवाली अवांतर कथा को आगे बढ़ाती है उसे बिन्दु कहते हैं। कार्य वह घटना है जिसके लिए सभी उपायों का अवलम्बन किया जाए और जिसकी सिद्धि के लिये सामग्री एकत्र की गई हो। पताका और प्रकरी का उल्लेख पहले ही किया जा चुका है। उक्त अर्थप्रकृतियों और अवस्थाओं के मिश्रण से सन्धियों का जन्म होता है। अर्थात् बीज, बिन्दु, पताका, प्रकरी तथा कार्य, ये पाँच अर्थप्रकृतियाँ जब क्रमशः आरम्भ प्रयत्न, प्राप्त्याशा, नियताप्ति और फलागम इन पाँच अवस्थाओं से मिलती हैं तो क्रमशः जिन पाँच सन्धियों की रचना होती है उन्हें मुख, प्रतिमुख, गर्भ, विमर्श तथा उपसंहृति (निर्वहण) कहते हैं। इन सन्धियों के भी अनेक अंग होते हैं।

मुख सन्धि बीजारम्भ में प्रयुक्त होती है और इसमें विविध प्रकार के रसों को उत्पादन करनेवाली बीजोत्पत्ति पाई जाती है। प्रतिमुख में बिन्दु नामक अर्थप्रकृति और प्रयत्न नामक अवस्था का मिश्रण होता है। इस सन्धि में बीज लक्ष्यालक्ष्य रूप में फूट पड़ता है, अर्थात् कुछ दिखाई देता है और कुछ नहीं दिखाई देता। गर्भसन्धि वहाँ होती है जहाँ दिखाई पड़ने के बाद बीज नष्ट हो जाता है और उसकी खोज बार-बार की जाती है। इस सन्धि में प्राप्त्याशा का रहना आवश्यक है। अवमर्श सन्धि उस स्थल पर होती है जहाँ क्रोध, व्यसन अथवा लोभ से फलप्राप्ति के विषय में आलोचना की जाए तथा गर्भसन्धि के द्वारा बीज प्रकट कर दिया गया हो। अन्तिम सन्धि उस स्थल पर होती है जहाँ कथावस्तु के बीज से युक्त मुख आदि यत्र-तत्र बिखरे अर्थ एक अर्थ की सिद्धि के लिए समेट लिए जाते हैं।

नेता–रूपक के प्रधान पात्र को नायक या नेता कहते हैं, क्योंकि वह नाटकीय कथा की शृंखला को अग्रसर करता हुआ अन्त तक ले जाता है। स्वभाव भेद से नायक चार प्रकार के होते है–शान्त, ललित, उदात्त और उद्धत। इनमें से प्रत्येक में धीरता का गुण आवश्यक है। इन चारों के पुनः चार उपभेद होते हैं–अनुकूल, दक्षिण, शठ और धृष्ट। ये चारों भेद एक ही नायक की उत्तरोत्तर वृद्धिगत होती हुई अवस्था के भी हो सकते हैं।

धीरशान्त–इन नायक में नायकोचित सामान्य गुण रहते हैं। साधारणतया क्षत्रिय राजा या राजकुमार के अतिरिक्त सात्विक वृत्तिप्रधान सभी धीरशान्त नायक हो सकते हैं। धनंजय के मतानुसार धीरशान्त नायक द्विजादिकों में से ही होता है।

धीर ललित–इसका स्वभाव निश्चित, सुखी तथा मृदु होता है। यह कलाओं में आसक्त रहता है। यह प्रायः ऐसा राजा होता है जो कार्यभार मंत्रियों पर छोड़ कर नए-नए प्रेमप्रपंच किया करता है।

धीरोदात्त–इस नायक में धीरता, क्षमा, गम्भीरता, दृढ़ता आदि गुण पराकाष्ठा पर पहुँचे होते हैं। इसे शोक, क्रोध आदि विचलित नहीं कर पाते। इसे अपने सत्कार्यों पर अभिमान हो सकता है, परन्तु वह प्रकट होता है विनयपूर्वक ही।

धीरोद्धत–यह नायक द्वेषी, मायावी, छली, प्रचंड, चंचल, असहनशील, अहंकारी, शूर और अपने आप अपनी प्रशंसा करनेवाला होता है। इसे अपनी शक्ति का बड़ा अभिमान रहता है।

रस–रससिद्धान्त भारतीय नाट्यशास्त्र की सर्वाधिक महत्त्वमयी उपलब्धि है। भारतीय रससिद्धान्त में नौ रस सर्व प्रसिद्ध हैं। रस का विवेचन करते हुए भरतमुनि ने कहा है कि विभाव, अनुभाव और व्यभिचारी भावों के संयोग से रसनिष्पत्ति होती है। इस रसतत्व का आविष्कार इस अन्वेषण का परिणाम था कि काव्य पढ़ने या सुनने और नाटक देखने से पाठक, श्रोता और दर्शक को सुख क्यों मिलता है और उस सुख का स्वरूप क्या है? अग्निपुराण के अनुसार आनन्दस्वरूप परब्रह्म की अभिव्यक्ति को ही चमत्कार अथवा रस कहते हैं। उपनिषद्वाक्य 'रसो वै सः' से यह स्पष्ट है। उसका प्रथम विकार अहंकार है। अहंकार से अभिमान उत्पन्न होता है और अभिमान से रति की उत्पत्ति होती है। वह पुष्ट होकर शृंगार का रूप धारण करती है। शृंगार से हास्य, रौद्र से करुण, वीर से अद्भुत और वीभत्स से भयानक रसों की उत्पत्ति होती है। रसों की उत्पत्ति का यही क्रम भरत के नाट्यशास्त्र में भी है।

इस प्रकार चार मूल रसों से आठ रस बने। पुनः भावों का अभाव भी एक भाव ही है। इस भावना से उस स्थिति की कल्पना शान्त रस के नाम से की गई जिसमें उपर्युक्त अनेक भावों में से प्रत्येक का उपशम हो जाता है। यहाँ यह स्मरणीय है कि जड़ता में भी किसी भाव की अनुभूति नहीं रहती। फिर भी उस स्थिति की अनुभूति के आस्वादन को शान्त रस नहीं कह सकते, क्योंकि रस की अनुभूति चेतनागत है, जड़तागत नहीं। इस प्रकार आज हमारे साहित्य में शृंगार, हास्य, करुण, वीर, रौद्र, वीभत्स, भयानक, अद्भुत और शान्त नामक नौ रस प्रसिद्ध हैं।

तिल में तेल, ईख में रस और धारा में तरंग जैसे बराबर बनी रहती है उसी प्रकार मानव में जो भाव बराबर बने रहते हैं, उन्हें स्थायी भाव कहते हैं। इन स्थायी भावों की संख्या नौ है–रति, हास, उत्साह, क्रोध, भय, जुगुप्सा, शोक, आश्चर्य और निर्वेद। इनमें से प्रत्येक क्रमशः शृंगार, हास्य, वीर, रौद्र, भयानक, वीभत्स, करुण, अद्भुत और शान्त रस का स्थायी भाव है। संसार में मनुष्य के जितने कर्म हैं वे उपर्युक्त नौ भावों के अन्तर्गत ही चरितार्थ होते हैं। इसी बात को यों भी कह सकते

हैं कि जगत् में मानवकर्म का जो महाजाल चतुर्दिक फैला हुआ है वह लपेटकर कुल नौ कर्मसूत्रों के अन्तर्गत समेटा जा सकता है, अर्थात् मानवकृत कर्म के रूप भले ही असंख्य हों, उनका मूल कुल नौ कर्मों में है जिन्हें मानसशास्त्र के अन्तर्गत नौ मूलवृत्तियाँ बताया जाता है।

जो भाव रस के लिए उपयोगी होकर उसी के अन्तर्गत कुछ समय तक संचरण अथवा व्यभिचरणकर विलीन हो जाते हैं वे संचारी या व्यभिचारी भाव कहलाते हैं। ये भी एक प्रकार से भाव ही हैं, पर अमुख्य, जो कभी प्रधान भावों द्वारा प्रवर्तित होते हैं तो कभी निज अनुभवों सहित स्वतंत्र रूप में भी प्रकट होते हैं। प्रधान भाव ही स्थायी भाव हैं। स्थायी और संचारी भावों में मुख्य अन्तर यह है कि स्थायी भाव ही पूर्ण रस की अवस्था को प्राप्त होते हैं, संचारी भाव नहीं। संचारी भाव स्थायी भाव के साथ कुछ दूर चलकर उसे पुष्ट करते हैं और फिर उसी में विलीन हो जाते हैं। संचारियों के तैंतीस भेद प्रसिद्ध हैं, परन्तु यही अन्तिम संख्या नहीं है।

जिन लक्षणों द्वारा रसास्वादन का अनुभव या अनुमान कराया जाता है वे अनुभाव कहलाते हैं। ऐसा अनुमान या अनुभव सत्वगत, कायगत, वाणीगत और वेशभूषागत होता है, अतः अनुभाव के भी चार भेद हैं।

जिस माध्यम से रस प्रकट होता है उसे विभाव कहते हैं। इनके भी दो भेद होते हैं–आलम्बन और उद्दीपन। काव्य या नाटक के नायक नायिका का आधार लेकर ही रस प्रकट होता है अतः ये आलम्बन विभाव कहे जाते हैं और रस को प्रोत्तेजित करनेवाले साधन उद्दीपन विभाव माने जाते हैं।

अभिनेता को किसी भाव का अनुभव करते देखकर रसावस्था पर पहुँचे हुए उस भाव की दर्शक को अनुभूति होती है। जब तक दर्शक यह समझता रहता है कि मैं दर्शक हूँ, यह अभिनेता है और यह अभिनेता अमुक भाव दिखा रहा है तब तक उसे रस की कल्पना मात्र होती है, वह रसास्वाद से वंचित रहता है। परन्तु ज्योंही दर्शक का उदय अहं की अभिज्ञा से युक्त होकर अभिनीत भाव में तल्लीन होते हुए तद्रूप हो जाता है, त्यों ही वह रस दशा को प्राप्त भाव से अभिभूत हो उठता है और यही स्थिति साधारण साधारणीकरण की स्थिति कही जा सकती है।

इस प्रकार नाट्यरचना, रंगप्रयोग और सिद्धान्त निरूपण तीनों ही दृष्टियों से प्राचीन भारत की नाट्यकला अत्यन्त उच्च सोपान पर प्रतिष्ठित हो चुकी थी। उससे भारत का जनमानस न केवल मनोरंजन पाता था बल्कि सौन्दर्यबोध और शिक्षा भी ग्रहण करता था। गुप्तकाल की स्वर्णिम संस्कृति के युग में रंगज्योति का यह सूर्य न केवल भारत को आलोकित करता रहा, बल्कि इसकी किरणें एशिया के दूसरे अनेक देशों को भी प्रकाशित करने लगीं। भारतीय रंगमंच का प्रभाव वाली, जावा से लेकर चीन और जापान तक फैल गया। फावियन बावर्स नामक अमेरिकी रंगविशेषज्ञ ने सम्पूर्ण एशिया के रंगमंचों का सर्वेक्षण करके यह निष्कर्ष निकाला है कि एशियाई रंगमंच का मूलस्रोत भारत ही है–'द लाजिकल विगिनिंग, थिएट्रिकली, इज इन

इंडिया, इंडिया वाज द सोर्स अब मोस्ट थिएटर्स इन एशिया एंड स्टिल रिमेंस द इमिजिएट 'ओरिजिन अव सम अव इट्स मोस्ट हाइली इवाल्व्ड एंड इंपार्टेंट आर्टस फ्राम देयर वन कैन ओरियेंट वनसेल्फ नैचुरली एंड विद प्रापर पर्स्पेक्टिव फौर ए कांप्रिहेसन अव द ह्वोल अव एशियाज वैरिएगेटेड एंड कांप्लेक्स फैब्रिक अव ऐक्टर्स एंड डांसर्स एंड देयर क्रैफ्ट, फ्राम इंडिया द मिसलेनियस फ्रैग्नेंट्स एंड पीसेज फाल इंटु ए रिजनेबल पैटर्न अब एसोसियेशन वन विद द अदर–'द थिएटर इन द ईस्ट' से उद्धृत।

किन्तु स्वयं भारत में उसका यह उत्कृष्ट रंगमंच दसवीं शताब्दी के बाद क्रमशः पतनोन्मुख होने लगा और बारहवीं शती के अन्त में व्यापक इस्लामी आक्रमण के साथ ही समाप्तप्राय हो गया।

मध्यकाल

रंगमंच की दृष्टि से भारत का मध्यकाल दो कारणों से बड़ा महत्त्वपूर्ण है। एक ओर तो इस्लामी विजय ने भारत की रंगपरम्परा को तोड़ दिया, दूसरे विविध लोकभाषाओं के उदय होने से संस्कृत अधिकाधिक अप्रचलित होती गई और संस्कृत नाटकों का अभिनय निष्फल होने लगा। मुस्लिम राज्याश्रय से वंचित होकर भी भारत के कोनों-अँतरों में बिखरे छोटे-मोटे हिन्दू राजाओं के संरक्षण में किसी प्रकार पुरानी रंगपरंपरा साँस ले सकती थी किन्तु संस्कृत के अप्रचलन ने उस सम्भावना को भी बहुत क्षीण कर दिया। तब भी पुरानी रंगपरम्परा की अस्तित्वरक्षा का एक प्रयास हुआ अवश्य। यह प्रयास संस्कृत नाटकों के साथ देशी भाषाओं के गीतों अथवा विदूषक के संवादों को जोड़ कर किया गया, जिसके दो प्राचीन केन्द्र केरल और मिथिला थे।

सम्भवतः सर्वप्रथम दसवीं शताब्दी में केरल के राजा कुलशेखर वर्मन ने संस्कृत नाटकों के साथ स्थानीय भाषा के मिश्रण की पद्धति चलाई। इस नई परम्परा के रंगप्रयोग का नाम 'कूटियाट्टम' रखा गया जिसका शब्दार्थ ही है मिला-जुला अभिनय। इसका विदूषक मलयालम भाषा में ही बोलता है और सदा उपस्थित रह कर घटनाओं की व्याख्या करता जाता है। इस प्रकार दर्शकों को अर्थग्रहण में कोई बाधा नहीं होती। त्रिचूर के कूत्तम्पलम् संज्ञक नाट्यमंडप में यह अभिनय आज भी होता है। यह नाट्यमंडप मध्यम विकृष्ट शैली का है।

मिथिला में इस प्रकार के देशी भाषा मिश्रण का कार्य चौदहवीं शती के राजा हरिसिंह देव के संरक्षण में हुआ। मैथिली गीतों से युक्त अब तक प्राप्त पहला संस्कृत नाटक उमापति उपाध्याय का 'पारिजात हरण' है। विद्यापति की प्रसिद्ध कृति 'गोरक्ष विजय' नाटक में भी ऐसा ही प्रयोग है। उसमें पच्चीस मैथिल गीतों का समावेश है। आगे चलकर इस परम्परा का विकास गीतनृत्यप्रधान संगीतकों के रूप में हुआ।

संस्कृत रंगपरंपरा के विघटन के साथ अनेक प्रकार के भाषा लोकनाटकों का विकास हुआ जिनके बीज प्राचीनकाल में वपन हुए थे। आगे चलकर यही लोकनाटकों की परम्परा नौटंकी, तमाशा, भवई आदि रूपों में पल्लवित हुई।

किन्तु मध्यकालीन रंगमंच का सर्वोत्कृष्ट रूप भक्ति आंदोलन के साथ जुड़ा हुआ है। हिन्दी भाषाभाषी क्षेत्र में इसने ऐसी शक्तिशाली रंग विद्याओं को विकसित किया जो आज भी अक्षुण्ण रूप से विशाल जनवर्ग को परितृप्त करती चली आ रही है। ये दो बाधाएँ रासलीला और रामलीला की है। कृष्णभक्ति के आश्रय में रामलीला का विकास महाप्रभु वल्लभाचार्य जी की प्रेरणा से श्री हित हरिवंश जी द्वारा मथुरा में हुआ और राम के अनन्य भक्त तुलसीदास ने मेधाभगत द्वारा रामलीला का प्रवर्तन काशी में किया। इसके साथ ही अंकियानाट, कीर्तनिया आदि अन्य अनेक रंग-परंपराओं का जन्म भी भक्ति आंदोलन के साथ ही जुड़ा है।

साहित्यिक दृष्टि से मध्यकाल में संस्कृत के कुछ नाटकों के पद्मबद्ध अनुवाद भी हुए, जैसे–अभिज्ञान शाकुंतल (नेवाज और धोंकल मिश्र) मालतीमाधव (सोमनाथ), प्रबोध चन्द्रोदय (मल्हकवि, जसंवत सिंह, अनाथदास, जन अनन्य सुरति मिश्र आदि), हनुमन्नाटक (हृदयराम) आदि। पद्यबद्ध कुछ मौलिक नाटक भी लिखे गए जिनके विषय में निश्चित रूप में यह कहना कठिन है कि प्रयोग भी उनका उद्देश्य था या नहीं। ऐसे नाटकों में लछिराम कृत करुणाभरण नाटक, कुशल मिश्र कृत गंगानाटक, हरिरामकृत जानकी रामचरित्र नाटक, दासकृत रघुनाथ नाटक, उदयकृत राम करुणा नाटक, रघुराम नागर कृत सभासार नाटक, गणेश कृत प्रद्युम्नविजय नाटक आदि है।

इस काल में पूर्णतया नाटकीय पद्धति पर रचे गए केवल दो नाटक मिलते हैं, एक तो 'गोविन्द हुलास' और दूसरा रीवाँ नरेश विश्वनाथसिंह, कृत आनन्द रघुनन्दन नाटक। गोविन्द हुलास रूपगोस्वामी के विदग्ध माधव नाटक पर आधारित है, किन्तु उसके रचनाकार का ठीक-ठीक पता नहीं लग सका है। स्वभावतः इनका आदर्श संस्कृत नाट्यरचना विधान है।

आधुनिक काल

भारतीय रंग इतिहास का तीसरा युग योरोपीय संस्कृति के निकट सम्पर्क के समानान्तर आरम्भ होता है।

यों तो पंद्रहवीं शती के अन्त में वास्कोडिगामा द्वारा भारत के जलमार्ग की खोज और सत्रहवीं शताब्दी में ईस्ट इंडिया कम्पनी की स्थापना के साथ ही मध्ययुगीन योरोपवासियों का भारतागमन आरम्भ हो गया था, किन्तु वह छिटपुट था। अठारहवीं शती के पूर्वार्ध में बंगाल में अंग्रेजों के पैर अच्छी तरह जमने लग गए और भारतीय जीवन पर उनका प्रभाव उल्लेखनीय रूप से पड़ना आरम्भ हो गया। आधुनिक भारतीय रंगयुग का बीजारोपण इस प्रभाव के फलस्वरूप इसी अठारहवीं शती में

बंगाल में हुआ और उन्नीसवीं शतीं के मध्य तक पहुँचते-पहुँचते सम्पूर्ण भारत में इसकी शाखाएँ फैलने लग गईं।

सर्वप्रथम आधुनिक भारतीय नाटक का आरंगण रूसी साहसिक लेबेडेफ और गोलोकनाथ दास के सहयोग से कलकत्ता में सन् 1795 ई. में हुआ। उस समय तक वहाँ अंग्रेजी नाटकों के अभिनय की एक परम्परा स्थापित हो चुकी थी और अनेक रंगशालाएँ भी बन गई थीं। अंग्रेजी नाटकों की बंगालियों के बीच लोकप्रियता ने नाट्यारंगण की व्यावसायिक सम्भावनाओं की ओर उक्त रूसी सज्जन का ध्यान आकर्षित किया था।

हिरेशिम लेबेडेफ ने गोलोकनाथ दास से दो अंग्रेजी प्रहसनों के अनुवाद कराकर 'छद्मवेश' और 'प्रेम' ही सर्वोत्तम चिकित्सक है', के नाम से नवनिर्मित बाँग्ला रंगमंच पर अभिनीत किए। इसके बाद बाँग्ला के नाटक के विकास में एक लम्बा अन्तराल दिखाई पड़ता है। वास्तव में बाँग्ला नाटकों के कारण रंगमंच की माँग उत्पन्न नहीं हुई बल्कि रंगमंच की लोकप्रियता ने नाटकरचना आवश्यक बना दिया।

सन् 1835 ई. के बाद कलकत्ता में कई प्रेक्षागृहों का निर्माण हुआ। इनके संचालक कलकत्ता के कुछ सजग रईस थे। बेलगछिया स्थित पैकपाड़ा राज्य परिवार के लोग भी इससे संबद्ध थे। आरम्भिक नाटक मूल संस्कृत या अंग्रेजी नाटकों के अनुवाद या रूपांतर थे। सन् 1852 ई. में पहले पहल मूल बाँग्ला नाटक योगेशचन्द्र गुप्त लिखित 'कीर्तिविलास' और ताराचरण शिकन्दार लिखित 'भद्रार्जुन' थे। इन दोनों नाटकों में संस्कृत पद्धति को छोड़कर अंग्रेजी की पद्धति ग्रहण की गई। इनमें से पहला नाटक दुखांत है जो स्पष्ट ही संस्कृत नाट्यपद्धति का विरोध है।

वास्तव में आरम्भिक बाँग्ला नाटक तीन दिशाओं में विकसित हुआ। (1) सामाजिक चेतना, (2) ऐतिहासिक पुनर्जागरण, जिसमें कभी-कभी रोमांटिक प्रेम का भी संमिश्रण रहता था, और (3) धार्मिक पुनरुत्थान। हल्की-फुल्की चीज़ों के रूप में प्रहसन और आपेरा लिखे गए। भारतेन्दु को नाट्य रचना की अच्छी तरह समझने के लिए आरम्भिक बाँग्ला नाट्यसाहित्य का अनुशीलन आवश्यक है, क्योंकि उनसे भारतेन्दु ने पर्याप्त प्रेरणा ली है।

महाराष्ट्र में आधुनिक रंगपरंपरा का जन्म सन् 1843 ई. में हुआ। उस समय सांगली के चिन्तामणिराव पटवर्धन ने विष्णु अमृत भावे को नाटक अभिनीत करने की प्रेरणा दी जिसके फलस्वरूप उन्होंने 'सीतास्वयंवराख्यान' नामक नाटक का प्रथम प्रयोग श्री पटवर्धन के दरबार में किया। उसके बाद से उसी राज्याश्रय में रहते हुए नाट्यलेखन और रंगप्रयोग का काम आरम्भ किया। इनके नाटक मुख्यतः पौराणिक होते थे और प्राचीन रंगपरंपरा के अनुसार इनमें कथा का आरम्भ नांदीपाठ, सूत्राधार प्रवेश आदि से होता था। किन्तु बाद में इन पर अंग्रेजी रंगमंच का भी प्रभाव पड़ा और इन्होंने हिन्दी भाषा में भी नाटक खेलने आरम्भ किए। 'विष्णुचरित्र' के लेखक ने इस सम्बन्ध में एक महत्त्वपूर्ण संस्मरण दिया है—

'एक दिन नाटकों की अंग्रेजी व्यवस्था व पद्धति कैसी होती है, यह देखने के लिए विष्णुदास भावे और उनकी मित्र मंडली गई। वहाँ उनके परदे, सीन सीनरी तथा नाटक की व्यवस्था देखकर विष्णुदास ने मन में सोचा कि यदि ऐसे स्थान पर अपने नाटकों का अभिनय किया जाए तो बड़ा ही आनन्द आवेगा। ऐसे स्थान पर नाट्याभिनय किया तो पारसी, यूरोपियन, मुसलमान, गुजराती इत्यादि सब लोगों की समझ में आवेगा। इन कारणों को योग्य समझकर विष्णुदास ने उसी समय नया 'गोपीचन्द' नाटक हिन्दुस्तानी भाषा में तैयार किया। उसकी आठ दस रिहर्सले होने पर तथा अपनी मित्रमंडली को पसन्द आने पर वह खेल थिएटर में अभिनीत करने का निश्चय हुआ। विष्णुचरित्र, पृ. 69-70

इस प्रकार विष्णुभावे ने न केवल आधुनिक मराठी बल्कि हिन्दी रंग परम्परा के आरम्भ में भी योग दिया। मराठी रंगमंच पर उस समय एक प्रकार की सस्ती हास्य नाटिकाओं की भी एक प्रबल परम्परा आरम्भ हुई थी। अमरचन्द वाडोकर और चउलबाड़ी हिन्दू नाटक मंडली इस तरह की हास्य नाटिकाओं के लिये विशेष रूप से प्रसिद्ध हुई। सन् 1851 ई. में मराठी रंगमंच राज्याश्रय से निकलकर लोकाश्रयी बनने लगा। इस काल की नाट्य संस्थाओं ने स्वतंत्र रूप में बड़े-बड़े शहरों में जाकर नाट्य प्रयोग आरम्भ किए। इनमें सर्वाधिक लोकप्रियता इचलकरंजीकर नाटक मंडली को मिली।

बम्बई में पारसी, गुजराती नाटकों का विधिवत् आरम्भ सन् 1853 ई. में हुआ। पहले अव्यवसायी रंगसंस्थाएँ ही बनी। पारसी नाटक मंडली ने सबसे पहला गुजराती नाटक 'रुस्तमे अने सोराब' 1853 ई. में खेला। इसके प्रेरक देशनेता दादा भाई नवरोजी तथा डॉ. भाऊदाजी जैसे लोग थे। धीरे-धीरे ऐसे अव्यवसायी रंगसंघटनों की संख्या बीस तक पहुँच गई।

अव्यवसायी नाटकों की सफलता से प्रभावित होकर कुछ मंडलियों ने व्यावसायिक रूप से भी नाट्यप्रदर्शन का आयोजन किया। सर्वप्रथम सन् 1867-68 ई. में प्रसिद्ध सजग नागरिक खुशरू नवरोजी कावराजी के सत्प्रयत्नों से 'विक्टोरिया नाटक मंडली' बनी जिसका उद्देश्य व्यवसायीक रूप से नाटक खेलना था। सन् 1869 ई. में इस मंडली ने कावराजी का लिखा गुजराती नाटक 'वेजन अने मनीजेह' खेला। खुरशीदजी बालीवाला ने इसमें एक स्त्री की भूमिका की थी। इसके बाद 'निन्दाखानु', 'हरिश्चन्द्र', 'लवकुश' आदि कई नाटक खेले गए। इस मंडली के आरम्भ में ही बड़े-बड़े पारसी अभिनेता इससे संबद्ध हो गए थे, जैसे–दादा भाई रतन जी ठूँठी, खुरशीद बालीवाला मेरवानजी बालीवाला, नसरवानजी फराम जी भादन, पेस्तनजी फरामजी मादन आदि। कुछ समय बाद इसके स्वामियों और अभिनेताओं में बहुत रद्दोबदल हुए और आपसी मतभेद के कारण यह दो मंडलियों में विभाजित हो गई–एक विक्टोरिया नाटक मंडली और दूसरी ओरिजिनल विक्टोरिया नाटक मंडली।

बम्बई जैसे बड़े नगर का बहुभाषाभाषी होना स्वाभाविक है। गुजराती में खेले जाने वाले नाटक अन्य भाषाओं के दर्शकों को अपनी ओर आकर्षित नहीं कर पाते थे। दूसरी ओर व्यवसायी मंडलियों की आकांक्षाएँ बढ़ रही थीं। फलस्वरूप उन्होंने एक ऐसी भाषा की तलाश शुरू कर दी जो सभी भाषाओं के दर्शकों को संबोधित कर सके। उस समय उन्हें ऐसी भाषा उर्दूप्रधान हिन्दी या तथाकथित हिन्दुस्तानी ही दिखाई पड़ी। फलस्वरूप दादाभाई सोराब जी पटेल एम.ए. ने सन् 1871 ई. में 'सोने के मूल्य की खुरशेद' नामक नाटक हिन्दुस्तानी भाषा में 'विक्टोरिया नाटक मंडली' के रंगमंच पर अभिनीत किया। इस नाटक को एदलजी खोरी ने गुजराती में 'सोना ना मूल नी खोरशेद' नाम से लिखा था और अनुवादक थे बेहरामजी फर्दुनजी मर्जबान। इसकी भूमिका में मर्जबान ने नई भाषा की आवश्यकता को बड़े स्पष्ट रूप से स्वीकार किया है–

'सोना ना मूल नी खुरशेद ज़बाने हिन्दुस्तानी व ख़ते गुजराती'

'इस किस्सेखानों की जनाब में यह कलमजन अपनी तरफ़ से जाहेर करता है के अब्बल इस खेलकूद एक आशनां ने ज़बाने गुजराती में तसनीफ़ किया था। उस पर से इस कमत्रीन (कमतरीन?) ने थोड़ी आरायश और तब्दील के साथ हिन्दुस्थानी जबान में तरजमा किया है। सबब उसका यह है के इस शहर में नाटक याने खेलबाजी का शौक व खाहेश रोज़-ब-रोज़ अफजुनी (अफ्ज़ूनी) पकड़ता है और हर किसम के सैकड़ों लोग बशौक से देखने कु जमाँ होते हैं, मगर जो तमाशा किया जाता है सो फकत पारसी गुजराती जबान में, तो यह जबान अक्सर इंगरेजों, मुसलमानों और हिन्दुओं को समझाना वह हल होना मोशकेल है उस लिये कई एक साहबों ने ख्वाएश इस अमर की की के अगर कोई खेल हिन्दुस्थानी ज़बान में लिखा जावे तो यहाँ के बशिन्दे हर कौम के मुआफेक आवे क्योंकि हिन्दी ज़बान सारे हिन्द में मुख्वेज हैं। यह मसलहत बंदे कू भी पसन्द आई। और भी यह था के जबाने हिन्दुस्तानी में आज तक कोई खेल याने नाटक लिखा गया देखने में नहीं आया था बल्के हिन्दुस्तानियों में उसका बुजूद भी नहीं है तो फेर इस खेल कू अपने हौंसले के मुआफ़ेक सलीस और रोजमर्रे की हिन्दी ज़बान में के पारसी व हेन्दुओं को आसान होवे और समझ में आवे, तरज़मा किया है, क्योंकि सख्त व फ़ारसी अरब्बी इबारत आमीज इबारत समझना अक़सर उनहो कु मोशकेल हैं।'

इस नाटक को काफी अच्छी व्यावसायिक सफलता मिली जिससे प्रभावित हो कर और भी पारसी व्यावसायिक मंडलियों ने हिन्दी में नाटक खेलने आरम्भ कर दिए किन्तु उनकी भाषानीति प्रायः मर्जबान की ही थी। हिन्दी नाटक खेलने वाली पारसी मंडलियों में प्रमुख थीं–ओरिजिनल विक्टोरिया, एंप्रेस विक्टोरिया, एल्फिन्स्टन, अलफ्रेड, न्यू अल्फ्रेड आदि। सन् 1872 ई. के पहले तक तो ये मंडलियाँ

बम्बई में ही नाट्यप्रदर्शन करती रहीं किन्तु इस के बाद धीरे-धीरे ये घूम-घूम कर सारे भारत में नाटक दिखाने लगीं। पहले हैदराबाद के दीवान के निमंत्रण पर विक्टोरिया नाटक मंडली सन् 1872 ई. में हिन्दी नाटकों के साथ हैदराबाद गई। सन् 1874 ई. में इसने दिल्ली में नसरवानजी खान साहब का लिखा नाटक 'गोपी चन्द राजा' खेला। बाद में इसने लखनऊ, बनारस, कलकत्ता, लाहौर, पेशावर, मद्रास, मैसूर आदि के भी दौरे किए। सन् 1885 ई. में विक्टोरिया नाटक मंडली लंदन भी गई और उसने वहाँ विनायक प्रसाद तालिब के हिन्दी नाटक 'हरिश्चन्द्र' का अभिनय किया।

पारसी व्यवसायी नाटक मंडलियों से संबद्ध आरम्भिक उर्दू-हिन्दी नाटककार नसरवानी खान साहेब, रौनक बनारसी, विनायक प्रसाद 'तालिब' 'अहसन' आदि थे। बाद में इनके साथ आगा हश्र कश्मीरी, नारायणप्रसाद बेताब, राधेश्याम कथावाचक, हरिकृष्ण जौहर जैसे नाटककार भी संबद्ध हुए।

उर्दू-हिन्दी रंगमंच की एक महत्त्वपूर्ण परंपरा का विकास लखनऊ में हुआ। मुसलमानी दरबारों में भाँड़ों, बहुरुपियों आदि को बहुत पहले ही स्थान मिलने लगा था[1]। किन्तु किसी मुसलमानी दरबार में विधिवत् रंगमंच पर अभिनय सम्भवतः सर्वप्रथम लखनऊ में ही हो सका। (सुना जाता है कि टीपू सुल्तान के दरबार में भी किसी किस्म का रंगमंच था) अवध के बादशाह नसीरुद्दीन हैदर के राज्यकाल में इस परम्परा की शुरुआत हुई। इनके यहाँ कई सौ ऐसी सुन्दर स्त्रियाँ नौकर थीं जो जलसेवालियाँ कहलाती थीं। जलसा से सम्भवतः नाटक के किसी रूप का अभिप्राय था। एक बार रागमाला की एक चित्रावली बादशाह को भेंट में मिली। इसके रंगबिरंगें आकृतिदृश्यों से प्रभावित होकर उन्होंने इस चित्रावली के आधार पर जलसा करने की आज्ञा दी। रजब अली बेग सरूर ने इस जलसे का वर्णन इस प्रकार किया है—

"जो रागिनी जिस सूरत व पोशाक में देखी, वही सुहबत ठहरी। एक भैरवी के जलसे में पाँच सौ औरतें दुल्हन का लिबास पहने, हाथों में, पाँवों में मेहँदी, चूड़ी

---

1. निम्नलिखित उद्धरणों से इस तथ्य की पुष्टि होती है—
'अलाउद्दीन खिलजी के पुत्र मुबारकशाह ने तोबा नामक एक गुजराती भाँड़ को अपने दरबार में बड़ा समान प्रदान कर दिया था। वह भाँड़ दरबार में नंगा ही घुस आता था। बड़े-बड़े सरदारों के वस्त्र पर मल-मूत्र त्याग कर देता था और बुरी बुरी गालियाँ बकता था'—तारीखे फिरोजशाही का अनुवाद, खिलजी कालीन भारत में, पृ. सं. 133।
'करेला—एक भाँड़ दिल्ली का रहनेवाला नवाब शुजाउद्दौला के साथ गया था। वह अपने फन में साहबे कमाल था।' आबेहयात; पृ. सं. 244।
'मशहूर है कि मुहम्मद शाह बादशाह देहली...अपने इसी किस्म के अशगाल में मसरूफ थे कि नादिरशाह का हमला दिल्ली पर हुआ। सोहबते शाही में मुखिल होने के डर से कोई शख्स इस बुरी ख़बर को अपने मुँह से नहीं निकाल सकता था। मजबूरन एक नक्काल के जरिये यह ख़बर बादशाह को पहुँचाई गई।'—तारीखे उर्दू, अध्याय 15, पृ. सं. 148।

शहानी, सर से पाँव तक जवाहिर का जेवर, एक रागिनी की सुहबत तीस दिन होती थी। इन्दर की सभा आबरू खोती थी[2]।''

नसीरूद्दीन हैदर के बाद मुहम्मद अलीशाह और अमजद अलीशाह राजगद्दी पर बैठे। किन्तु इनके कट्टर धार्मिक होने के कारण इनके समय में रंगकला को कोई प्रोत्साहन न मिल सका। इनके बाद इनके उत्तराधिकारी वाजिदअली शाह ही रंगकला का विशेष विकास कर सके। नवाब वाजिदअली शाह नाचने गाने के बड़े शौकीन थे। उन्होंने 'परीखाना' नाम से महल के एक हिस्से में बहुत सी मधुर स्वरवाली स्त्रियों को उस्तादों द्वारा प्रशिक्षित करने का प्रबन्ध किया था। वे स्वयं भी गाने और सितार बजाने का अभ्यास किया करते थे।

वाजिदअली शाह के जन्म के समय ज्योतिषियों ने बताया था कि इनके जोगी हो जाने का डर है। अतएव इन्हें बचपन से ही जोगी बना कर इस बाधा को दूर करना चाहिए। इनकी माँ इनके जन्म दिवस पर हर वर्ष इन्हें जोगी बनाने लगीं। इनके युवराज बनने के बाद हुजूर बाग में जोगी बनाने की रस्म बड़े धूमधाम से मनायी जाने लगी। वाजिदअली शाह जोगी बनते, उनकी बेगमें जोगिने बनतीं। जोगी छिप जाते और जोगिनें गाना गा कर नृत्य करतीं और उन्हें ढूँढ़ती फिरतीं। उस अवसर पर तरह तरह की झाँकियाँ भी प्रस्तुत की जाती थीं। इस प्रथा को ही बहुत से विद्वानों ने भूल से इन्द्रसभा के अभिनय से जोड़ कर यह कहना शुरू किया था कि वाजिदअली शाह स्वयं इन्द्र बनते और बेगमें परियाँ।

कला रसिक होने के कारण वाजिदअली शाह कृष्ण की रासलीलाओं से भी परिचित हुए; कारण काव्य, चित्र, संगीत नृत्य आदि सभी कलाओं की सर्वोत्तम अभिव्यक्ति कृष्णलीला को आश्रय कर हुई है। दूसरे उस समय ब्रजमंडल की रासलीला भी अवध तक पहुँच चुकी थी और वाजिदअली उनसे भी प्रभावित हुए थे। फलस्वरूप उन्होंने रासलीला को भी अभिनीत करने का विचार किया। रासलीला के दो पक्ष होते हैं–नित्यरास और लीलानुकरण। नित्यरास में मंडलाकार नृत्य होता है और लीलानुकरण में कृष्ण के ब्रजजीवन के किसी अंश का अभिनय। वाजिदअली ने दोनों को तैयार किया। इसे वे रहस कहा करते थे। कृष्णलीला को अभिनीत करने के लिये उन्होंने स्वयं एक नाटक लिखा जिसका नाम था 'राधा-कन्हैया का किस्सा।' यह मात्र लीलानुकरण नहीं था बल्कि कृष्णलीला पर आधारित एक प्रकार का पूर्ण नाटक था जिसमें गीत नृत्य के साथ गद्य संवाद भी भरपूर थे। इसका कथानक संक्षेप में कुछ इस प्रकार है–

'एक जोगिन राधाकृष्ण का नाच बहुत दिनों से न देखने के कारण बहुत ग़मगीन हैं। उसका सेवक गुरबत उसका दुख दूर करने के लिये अपने मित्र परियों के सेवक उफ़रेत के पास जाता है और उसके प्रयत्नों से राधाकृष्ण की लीला आरम्भ होती है। पहले राधा-कन्हैया नाचते हैं। फिर बैत और दोहरों में उनका प्रेमपूर्ण संवाद

2. प्रो. सय्यद मसूद हसन रिजवी द्वारा 'चन्द्रभानु गुप्त अभिनन्दन ग्रन्थ' में पृ. 408 पर उद्धृत।

होता है। राधा-कन्हैया से मुरली बजाने को कहती हैं किन्तु कन्हैया कहते हैं कि मुरली खो गई। राधा रूठ जाती हैं। कन्हैया उनको मनाने का प्रयत्न करते हैं किन्तु असफल रहते हैं। फिर सखियों और अपने सेवक रामचेरा से सहायता माँगते हैं। रामचेरा विदूषक की भाँति हास्य अभिनय करता है। फिर कन्हैया के बहुत बनाने से राधा मान जाती हैं किन्तु कहती हैं कि मैं तभी खुस हूँगी जब मुरली ढूँढ़ लाओगे। निदान कन्हैया मुरली ढूँढ़ कर बजाते हैं और उसके मधुर स्वरों में डूबकर राधा भी प्रसन्नता में नाचने लगती हैं।

यह नाटक सन् 1843 ई. में बड़े समारोह के साथ 'हुजूर बाग' में आरम्भित किया गया था। इसमें भाग लेने वाली प्रमुख अभिनेत्रियों का संकेत वाजिदअली शाह ने दिया है। राधा का अभिनय करने वाली सुल्तानपरी प्रसिद्ध नर्तकी दिलवर की छोटी बहन हैदरी थी। कन्हैया का अभिनय माहरूख परी ने किया था जो वस्तुतः महबूबजान थी। इनके अतिरिक्त यासमान परी, इज़्ज़तपरी, दिलरूबापरी, इश्कपरी आदि ने भी भाग लिया था। अपने इस पहले नाटक में वाजिदअली शाह ने पर्याप्त रंगसंकेत और पात्रों के वस्त्राभूषण के विस्तृत विवरण दिए हैं।

सन् 1850 ई. में वाजिदअली ने अपनी एक काव्यरचना 'दरियाए तअस्सुक' का नाटकीकरण किया और खेला। इसके लिए बड़े पैमाने पर तैयारियाँ हुई। परियों, शिक्षकों तथा कर्मचारियों पर कुल मिलाकर प्रायः एक लाख रुपए मासिक खर्च होते थे। इसकी तैयारी में प्रायः एक वर्ष लग गए और इसे कैसबाग तथा दूसरे स्थानों में चालीस दिनों में खेला गया जिसमें बीच-बीच में कुछ दिन छोड़ दिए गए थे। इसे राजघराने के लोगों और विशिष्ट जनों ने देखा और खूब सराहा था।

इसकी सफलता से उत्साहित होकर वाजिदअली शाह ने अपनी एक दूसरी काव्य-रचना 'अफसानए इश्क' का भी नाट्य रूपांतर तैयार किया। इसे शाहजादियों के विवाह के अवसर पर प्रस्तुत किया गया था, जिसके कारण इसके दर्शकों की संख्या काफी बड़ी हो गई थी, जिसमें राजपरिवार के अतिरिक्त कुछ प्रमुख नागरिक भी सम्मिलित थे। इस शाही नाट्यप्रयोग की धूम सारे नगर में फैल गई। इसके पश्चात् उन्होंने अपनी एक और काव्यकृति 'बहरे उलफ़त' को भी नाटक के रूप में तैयार किया। इसके लिए नाचने गाने में निपुण चालीस पचास नर्तकियाँ नियुक्त की गई थीं।

वाजिदअली शाह के नाटकों में दृश्यपीठ भी तैयार किए जाते थे। इसके लिए चित्रित पर्दों के अतिरिक्त काग़ज़ और मोम के बने हुए फूल पौधे और जानवरों का भी प्रयोग किया जाता था। कभी-कभी आदमियों को भी जानवरों की खाल पहनाकर वास्तविकता का भ्रम उत्पन्न किया जाता था।

वाजिदअली शाह की नाटकीय गतिविधियों से प्रभावित होकर राजमहलों के बाहर जनता का मनोरंजन करने की प्रेरणा से उत्साहित होकर आगा हसन 'अमानत'

लखनवी ने अपनी समसामयिक संगीतशैली में किंचित् परिवर्तन कर के 'इन्द्र सभा' की रचना की। उनकी इस रचना को आशातीत लोकप्रियता मिली और इसका अभिनय लखनऊ के मोहल्ले-मोहल्ले में होने लगा। इनके लिए नाटक मंडलियाँ तैयार हो गईं। मसूद हसन रिजवी के अनुसार उस समय इन्दर सभा का जलसा दिखाने की उजरत पंद्रह रुपये थी। यह रचना गीतों और नृत्यों से भरी हुई है। इसका एक उद्धरण देखने से इसकी शैली का अंदाज़ मिल जाएगा।

'सुर्ख चादर महफ़िल में लगाई जाती है और आमद इस तरह गाई जाती है'–

जोगन आती है परी बन के परिस्तान के बीच ।
सुमरिने हाथों में, मुंदरे हैं पड़ी कान के बीच ।।

'पर्दा उठता है महताब छूटती है। साजों की भीनी भीनी आवाज़, भैरवी का सुहाना अंदाज़, सुरों का खयाल, तबले की गमक, जोड़ी की सड़क, जोगन का साजिंदों में खड़ा होना, महफ़िल का होश खोना, वियोग की सूरत, भरथरी की मूरत।

जोगन यह ठुमरी भैरवी में गाती है–

'मैं तो शाहजादे को ढूँढ़न चलियाँ,
अंग भभूत जोगत बन मलियाँ ।
छान फिरी सब गलियाँ ।
मैं तो शहजादे की ढूँढ़न चलियाँ ।।'

ग़ज़ल

मरता हूँ तेरे हिज्र में ऐ यार ख़बर ले ।
अब जान से जाता है ये बीमार ख़बर ले[3] ।।

आदि, आदि।

'इन्दर सभा' की लोकनाट्यपरक अभिनयशैली का वर्णन सैयद मसूद हसन रिजवी ने अपने खोज ग्रन्थ 'लखनऊ का अवासी स्टेज' में इस प्रकार किया है–

'इन्दर सभा' के प्रदर्शन के लिए कोई रंगमंच नहीं बनाया जाता था। खुले आँगन में शामियाना लगा दिया जाता था। शामियाने के नीचे राजा इन्दर के लिए तख़्त बिछा दिया जाता था और परियों के लिए कुर्सियाँ रख दी जाती थी। साजिदे परियों के पीछे बैठते थे। सामने तीन तरफ़ दर्शकों के बैठने के लिए तख़्त डाल दिए जाते थे। बीच में जो खाली जगह होती थी वही अभिनय क्षेत्र का काम देती थी। साजिदों के पीछे एक लाल रंग का पर्दा तान दिया जाता था। यही पर्दा पात्रा के प्रवेश के लिए काम में लाया जाता था। रंगमंच की इस सज्जा के साथ नाटक आरम्भ होता था।

---

3. पृथ्वीराज अभिनन्दन ग्रन्थ में संगृहीत श्री मसीउज्ज्मा साहब के 'नवाबी रंगमंच' नामक लेख के आधार पर।

राजा इन्दर पर्दे के पीछे आकर खड़े हो जाते हैं और रुक रुक कर घुँघरु बजाते हैं। इसके बाद गायक इन्दर की आमद गाते हैं। पर्दा उठता है। मेहताब छूटती है और राजा इन्दर काले और लाल देव के साथ प्रवेश करते हैं। अभिनय क्षेत्र में आकर राजा इन्दर अपना परिचय और नाटकीय प्रयोजन बताते हैं, अपना संवाद गाते हैं और नृत्य करते हैं। इसके बाद वे तख़्त पर जाकर बैठ जाते हैं। काला और लाल देव तख़्त के दाएँ बाएँ खड़े हो जाते हैं। इसके बाद देव पुखराज परी को बुलाने जाता है। फिर पहले की तरह पर्दा लाया जाता है। पुखराज परी पर्दे के पीछे छिप जाती है। इसकी आमद गाई जाती है। इसके बाद पर्दा हट जाता है। वह गाती हुई अभिनय क्षेत्र में आती है और अपने नाटकीय संवाद प्रस्तुत करती है। इसी क्रम से एक के बाद एक परियाँ आती हैं और अपने संवाद गाकर कुर्सियों पर बैठ जाती है। राजा इन्दर देव और परियाँ सभी पात्र नाटक के अन्त तक रंगस्थली में ही उपस्थित रहते हैं। वे अपने संवाद बोल कर वापस नहीं जाते?'

यह 'इन्दर सभा' इतनी प्रसिद्ध हुई कि इसके अनुकरण पर और भी दूसरी 'सभाएँ' तथा अन्य नाटक लिखे गए जैसे–मदारी लाल की इन्दर सभा, दर्याई इन्दर सभा, हवाई इन्दर सभा, जश्न परिस्तान, वज़्में सुलेमान, परियों की हवाई मजलिसें आदि। इन्हें पारसी नाटक मंडलियों ने भी खेला। भारतेन्दु इसे नाटकाभास कहते थे और इसकी 'परिवृत्ति में उन्होंने 'बंदर सभा' लिखी है।

मराठी रंगमंच के प्रभाव से आधुनिक रंगमंच की एक कड़ी झाँसी में भी जुड़ी। झाँसी की इस रंग-परम्परा का शुभारम्भ महारानी लक्ष्मीबाई के पति महाराज गंगाधर राव ने किया था। वे नाटक खेलने-खिलाने के बड़े शौकीन थे और स्वयं स्त्रियों की भूमिका में अभिनय किया करते थे, यद्यपि उनके रंगमंच पर मोतीबाई और जुही नामक नर्तकियाँ भी अभिनय करती थीं। उनके रंगमंच पर खेले जाने वाले दो नाटकों के नाम मालूम हो सके हैं–शकुंतला और हरिश्चन्द्र। नाटकों के लिए पर्दे तैयार करने का काम सुखलाल नामक उस समय का एक चित्रकार करता था।

रंगमंच[4] की सबसे आगे की यवनिका पर किसी पौराणिक प्रसंग का एक चित्र रहा करता था। यवनिका उठने पर सर्वप्रथम पुष्प मालाओं से सजी गणेश जी की मूर्ति का दर्शन होता था। एक सुसज्जित तिलकधारी ब्राह्मण आरती उतारता था और अपनी-अपनी वेषभूषाओं में सजे हुए अभिनेता अभिनेत्रियाँ गणेश स्तुति करते थे। मंगलाचरण के बाद नाटक की कथा का थोड़ा-सा परिचय दिया जाता था और यवनिका गिरा दी जाती थी। नाटक का आरम्भ कुछ समय बाद यवनिका को फिर से उठा कर होता था। नाटकों में किसी न किसी प्रकार गायन, वादन और नृत्य के लिए भरपूर अवसर निकाल लिए जाते थे किन्तु संवाद गद्य में ही

4. डॉ. सुरेश अवस्थी के लेख 'इन्दर सभा का रूपगत अध्ययन' में उद्धृत, नटरंग, अंक ९।

होता था। नाटकों से किसी न किसी प्रकार की शिक्षा अवश्य निकलती थी। महाराज गंगाधर राव के रंगमंच की यह परम्परा महारानी लक्ष्मीबाई के राज्यकाल में भी कुछ समय तक चलती रही[5]।

भारतेन्दु द्वारा प्रवर्तित हिन्दी का रंगांदोलन

साधु हिन्दी के वास्तविक रंगमंच और नाट्य लेखन की परम्परा का शुभारम्भ भारतेन्दु ने किया। इस दृष्टि से सन् 1868 ई. का बहुत बड़ा महत्त्व है। यह भारतेन्दु की अभिनयकला और नाट्यलेखन दोनों के आरम्भ का वर्ष है। इसके पूर्व हिन्दी के आधुनिक रंगमंच के प्रारम्भ के जो भी प्रयत्न किए गए थे वे अहिन्दी भाषा क्षेत्रों में थे और उनमें हिन्दी के स्थान पर खिचड़ी भाषा का उपयोग किया गया था जिससे हिन्दीक्षेत्र के लोगों की सांस्कृतिक आवश्यकता की पूर्ति सम्भव नहीं थी। लखनऊ में विकसित उर्दू रंगमंच भी इस आवश्यकता को पूरा न कर सकता था। झाँसी के रंगमंच की भाषा के विषय में प्रामाणिक रूप से कुछ मालूम नहीं। ऐसी स्थिति में हिन्दी रंग परम्परा का शुभारम्भ अभी शेष था।

यह शुभारम्भ 3 अप्रैल, सन् 1868 ई. को हुआ। इस दिन काशी के महाराज ईश्वरीनारायण प्रसाद सिंह की आज्ञा से और श्री ऐश्वर्य नारायण सिंह तथा भारतेन्दु हरिश्चन्द्र के उत्साहपूर्ण प्रयत्नों से पंडित शीतला प्रसाद का लिखा 'जानकी मंगल' नाटक 'बनारस थिएटर' में अभिनीत किया गया। अभी कुछ समय पहले तक इस थिएटर की वास्तविक पहचान नहीं हो सकी थी और इस सम्बन्ध में बहुत से भ्रमपूर्ण अनुमान किए जा रहे थे किन्तु हाल ही में कुँवरजी अग्रवाल ने अपने अनुसन्धान द्वारा निर्विवाद रूप से प्रमाणित कर दिया है कि कैंटूनमेंट क्षेत्र में स्थित पुराना नाचघर उक्त 'बनारस थिएटर' है। इसके अन्य नाम 'थिएटर रायल' और 'असेंबली रूम्स एंड थिएटर' भी प्रचलित थे[6]।

इस दिन वह नाटक अभिनीत ही न हो पाता यदि भारतेन्दु अपनी तत्क्षण बुद्धि का परिचय न देते। हुआ यह कि जिस लड़के को लक्ष्मण बनना था वह बीमार पड़ गया और इस बात की जानकारी उस समय हुई जब अभिनय का समस्त आयोजन किया जा चुका था, प्रमुख लोग एकत्र हो गए थे। निदान उस दिन अभिनय स्थगित कर देने का निश्चय किया गया। तभी भारतेन्दु वहाँ पहुँचे। उन्हें इस 'चाक्षुष यज्ञ' का स्थगन अच्छा नहीं लगा और उन्होंने अपने आभिजात्य की जरा भी परवाह किए बिना ही लक्ष्मण की भूमिका में अभिनय करने का निश्चय कर लिया, इसके लिए उन्होंने एक घंटे के भीतर न केवल अपनी भूमिका

5. पृथ्वीराज अभिनन्दन ग्रन्थ में प्रकाशित डॉ. वृन्दावनलाल वर्मा के लेख के आधार पर।
6. देखो–दैनिक 'आज' अप्रैल 5 और 9, 1970 ई.

याद कर ली वरन् पूरा जानकीमंगल नाटक ही याद कर डाला। इस प्रकार भारतेन्दु के रंगकर्म का यह विधिवत् शुभारम्भ हुआ। इसके बाद उन्होंने अपने व्यस्त जीवन का एक बहुत बड़ा भाग हिन्दी रंगमंच की स्थापना के लिए समर्पित कर दिया। इसके लिए उन्होंने अनेक नाटकों में अभिनय किए। रंगसंस्थाएँ स्थापित की ओर कराई तथा अपने पत्रों में हिन्दी रंगमंच की स्थापना के लिए निरन्तर प्रचार करते रहे[7]। और सबसे बड़ी बात तो यह कि उन्होंने स्वयं ऐसे अनेक नाटक लिखे और दूसरों को प्रेरित कर लिखाए जिनसे हिन्दी की वास्तविक रंगपरम्परा का निर्माण हो सका।

भारतेन्दु की प्रेरणा से हिन्दी क्षेत्र के अनेक केन्द्रों में अव्यवसायी रंगसंघटनों का जन्म होने लगा जिन्होंने हिन्दी नाट्यलेखन और अभिनय की परम्परा की नींव को शक्तिशाली बनाया। भारतेन्दु के जीवनकाल में ही जिन रंगकेन्द्रों का विकास हुआ उनमें से कुछ का संक्षिप्त विवरण इस प्रकार है–

काशी में नेशनल थिएटर की स्थापना हुई जिसमें हिन्दीभाषियों के साथ बंगालियों का भी सहयोग था। भारतेन्दु इसके संरक्षक थे और उन्होंने अपना 'अंधेर नगरी' नाटक इसी संस्था के लिए एक ही रात में लिखा था।

प्रयाग में 'आर्य नाट्य सभा' की स्थापना हुई। इसने श्रीनिवासदास कृत रणधीर प्रेममोहिनी का अभिनय प्रथम बार किया। इस सम्बन्ध में उल्लेखनीय घटना यह है कि भारतेन्दु ने बनारस से इसके लिये प्रस्तावना लिख भेजी थी। इसने और भी कई नाटक अभिनीत किए जिनमें एक 'जानकी मंगल' का पुनर्प्रदर्शन भी था। इस संस्था की स्थापना सम्भवतः सन् 1879 ई. में हुई थी।

कानपुर में हिन्दी रंगांदोलन का नेतृत्व भारतेन्दु के भक्त और सहयोगी पं. प्रतापनारायण मिश्र ने किया। वे स्वयं भी मंच पर अभिनय करते थे। यहाँ भारतेन्दु के वैदिकी हिंसा हिंसा न भवति, सत्य हरिश्चन्द्र, भारत दुर्दशा और अंधेर नगरी नाटक खेले गए।

बिहार प्रदेश में आधुनिक हिन्दी रंगमंच का शुभारम्भ भारतेन्दु के एक और सहयोगी पं. केशवराम भट्ट ने किया। इन्होंने शमशाद सौसन और सज्जाद संबुल नाटक लिखे। शमशाद सौसन का अभिनय बिहारबंधु प्रेस के अस्थायी मंच पर दिसम्बर 1876 ई. में हुआ था।

बलिया में रंगमंच के प्रमुख सूत्रधार रविदत्त शुक्ल थे। वहाँ 'सत्य हरिश्चन्द्र' के अभिनय में भारतेन्दु ने स्वयं भूमिका निबाही थी। इसमें बाबू राधाकृष्णदास ने भी अभिनय किया था। भारतेन्दु के जीवनकाल में डुमराँव भी रंगकला का एक विशिष्ट केन्द्र बन गया था। यहाँ भारतेन्दु के कई नाटक खेले गए।

---

7. भारतेन्दु के रंगकार्य के सम्बन्ध में विशेष विवरण के लिए देखिए काशी का रंगपरिवेश और 'भारतेन्दु', नटरंग अंक-9

इस प्रकार भारतेन्दु के साथ आधुनिक हिन्दी रंगमंच और नाट्यलेखन की ऐसी सशक्त परम्परा आरम्भ हुई जिसका विकास बहुत मंथर गति से ही सही, निरन्तर होता जा रहा है[8]।

भारतेन्दु की नाट्यकृतियाँ

भारतेन्दु के जीवनकाल में ही उनकी नाट्यकृतियों की संख्या और नामों के सम्बन्ध में हलका-सा रहस्यावरण छाने लग गया था। उनके 'नाटक' नामक निबन्ध में उनके नाम पर निम्नलिखित नाटक गिनाए गए हैं–

(1) मुद्राराक्षस (2) सत्य हरिश्चन्द्र
(3) विद्यासुन्दर (4) अंधेर नगरी
(5) विषस्यविषमौषधम् (6) सती प्रताप
(7) चन्द्रावली (8) माधुरी
(9) पाखंडविडंबन (10) नव मल्लिका
(11) दुर्लभबंधु (12) प्रेमयोगिनी
(13) जैसा काम वैसा परिणाम (14) कर्पूर मंजरी
(15) नील देवी (16) भारत दुर्दशा
(17) भारत जननी (18) धनंजय विजय
(19) वैदिकी हिंसा हिंसा न भवति

खंगविलास प्रेस से प्रकाशित हरिश्चन्द्रकला के प्रथम भाग नाटकावर्ली की भूमिका में बाबू रामदीन सिंह ने उनके दो और नाटकों 'पुष्पपारिजात' तथा 'गौर चन्द्रोदय' की सूचना दी–

"...यद्यपि पुष्पपारिजात, नवमल्लिका, या गौर चन्द्रोदय आदि कई एक नाटक उनके और भी सुने गए हैं तथा उनमें से कई एक मुद्रित न होने के कारण अलब्ध हो गए हैं और कई एक ऐसे हैं कि जिनको कालेदव ने पूरा करने का अवसर ही नहीं दिया।'

इन सबके अतिरिक्त ब्रजरत्नदास की सूचना के अनुसार वे प्रारम्भ में 'प्रवास' नाम से एक नाटक लिख रहे थे, जिसका कोई अंश अब तक प्राप्त न हो सका। रत्नावली के अनुवाद के कुछ आरम्भिक पृष्ठ भारतेन्दु ग्रन्थावली के पहले संस्करण के लिए ब्रजरत्न दास ने ढूँढ़ निकाले थे।

इस प्रकार भारतेन्दु के नाम से कुल 23 नाटक हो जाते हैं। किन्तु परीक्षण करने पर ज्ञात होता है कि 'जैसा काम वैसा परिणाम' और 'माधुरी' भारतेन्दु की

---

8. इन सबके विशेष विवरण के लिए देखिए नागरीप्रचारिणी सभा द्वारा प्रकाशित 'जानकी मंगल' नाटक की भूमिका।

रचनाएँ नहीं हैं भ्रमवश उनके नाम पर चली गई हैं। इसका एक कारण सम्भवतः यह हो सकता है कि उनके 'नाटक' नामक निबन्ध के इस अंश को जिन सज्जन ने लिखा उन्होंने बिना खोजबीन किए अपनी स्मृति का भरोसा किया। नवमल्लिका, पुष्पपारिजात, गौर चन्द्रोदय और प्रवास की केवल सूचना मात्र है, इनके कोई अंश उपलब्ध नहीं। सम्भवतः भारतेन्दु ने इन्हें लिखा ही नहीं। स्वयं को आरम्भ शूर कहने वाले भारतेन्दु जिन कृतियों के लिखने की योजना मात्र बनाते थे या जिनके कुछ पृष्ठ मात्र लिख लेते थे, उनकी चर्चा भी अपनी मित्र मंडली में किया करते थे फलतः वे उनकी कृतियों की सूची में सम्मिलित होकर विख्यात हो जाती थी।

'भारत जननी' के सम्बन्ध में भारतेन्दु ने 'कविवचन सुधा' में निम्नलिखित विज्ञापन दिया था–"भारतजननी रूपक जो गत नवंबर 1878 ई. छपता है उसके ऊपर मेरा नाम लिखा है। वह मेरा बनाया नहीं है। बंगभाषा में 'भारतमाता' नामक जो रूपक है वह उसी का अनुवाद है जो मेरे एक मित्र का किया है, जिन्होंने अपना नाम प्रकाश करने को मना किया है। मैंने उसको शोधा है और जो अंश कुछ भी अयोग्य था उसको बदल दिया है। कविकीर्ति का लोप नहीं करना। अतएव यह प्रकाश करना मुझ पर आवश्यक हुआ।"

अतः यह नाटक भारतेन्दु की मौलिक कृति नहीं स्वीकार की जा सकती। इसे हम आद्यंत संशोधित कृति के अलग वर्ग में रखना पसन्द करेंगे।

शेष कृतियों में 'विद्यासुन्दर' 'धनंजय विजय', 'मुद्राराक्षस', 'कर्पूर मंजरी' और 'दुर्लभ बंधु' अनुवाद हैं, 'रत्नावली' और 'पाखंड विडंबन' अनुवादित अधूरी कृतियाँ हैं, वैदिकी हिंसा हिंसा न भवति, विषस्य विषमौषधम्, चन्द्रावली, भारत दुर्दशा, नीलदेवी, और अंधेर नगरी मौलिक कृतियाँ हैं; प्रेमयोगिनी और सती प्रताप उनकी मौलिक अपूर्ण कृतियाँ हैं।

जहाँ तक विवादास्पद कृति 'सत्य हरिश्चन्द्र' का प्रश्न है अब यह प्रमाणित हो गया है कि वह किसी बाँग्ला या गुजराती नाटक का अनुवाद नहीं है बल्कि आर्य क्षेमेश्वर की कृति 'चंड कौशिक' को मुख्य आधार बनाकर स्वतंत्रता के साथ रचा गया नाटक है (दे. रुद्र काशिकेय द्वारा सम्पादित, नागरीप्रचारिणी सभा द्वारा प्रकाशित 'सत्य हरिश्चन्द्र')। अतः हम इसे अर्धमौलिक नाटक के अलग वर्ग में रख रहे हैं।

इनके अतिरिक्त इस नाटकावली में भारतेन्दु की कुछ ऐसी रचनाएँ भी हम प्रथम बार सम्मिलित कर रहे हैं जिनका अनुशीलन उनकी नाटक प्रतिभा को सम्यक् रूप से हृदयंगम करने के लिए आवश्यक है–

(1) सर्वजाति गोपाल की

(2) बसन्तपूजा

(3) ज्ञात विवेकिनी सभा

(4) सड मंडयोः संवादः

(5) बंदर सभा

(6) पाँचवें (चूसा) पैगम्बर

(7) श्रीरामलीला

(8) रणधीर प्रेममोहिनी की प्रस्तावना

इनमें से प्रथम चार संवादात्मक प्रहसन हैं। इन्हें भारतेन्दु ने तत्कालीन अंग्रेजी रंगमंच पर प्रचलित कर्टेन रेजर के अनुकरण पर लिखा है। पाँचवें (चूसा) पैगम्बर का बाकायदा अभिनय स्वयं भारतेन्दु ने किया था, जिसका चित्रोपम वर्णन शिवनन्दन महान ने इस प्रकार प्रस्तुत किया है–

"एक बार चूसा पैगम्बर बने थे। स्टेज सजा या, परदा खुला था। आप सिर नंगे, बनारसी जरी की क़फ़नी पहने चौकी पर खड़े थे, आगे रंग-बिरंगी शर्बत बोतलों में भरा था। पंडित चिन्तामणि तथा पंडित माणिकलाल जोशी शिष्य बन कर चँवर हाथ में लिए दोनों ओर खड़े थे। सैकड़ों गज काग़ज़ जोड़कर जन्मपत्री-सा लपेटे स्वयं हाथ में लिए हुए थे। उसी को खोलते जाते थे और पाँचवें पैगम्बर का उपदेश पढ़ते जाते थे। अपूर्व दृश्य हुआ था। जिन लोगों को वह देखने का अवसर मिला था वे लोग आज भी उनकी यह मूर्ति स्मरण कर आनन्द पाते हैं।'

'श्रीरामलीला' चम्पू विधा में रचित रामनगर में होने वाली रामलीला का सरस विवरण है। आठवीं रचना लाला श्रीनिवासदास के 'रणधीर प्रेममोहिनी' के प्रयाग में आरंगण के अवसर पर उसमें सम्मिलित करने के लिए भारतेन्दु द्वारा लिखकर भेजी गई प्रस्तावना है। बंदरसभा इन्दरसभा की परिवृत्ति है।

इन सब के एक साथ संकलित हो जाने से भारतेन्दु के व्यापक नाट्यकर्म का अनुमान लगाना सहज हो सकेगा।

प्रस्तुत संस्करण के पाठ और वर्तनी

भारतेन्दु के जीवनकाल के बाद उनकी कृतियों के जो संस्करण प्रकाशित होते रहे उनमें सम्पादकों की प्रवृत्ति यह रही है कि वे भाषा का शोधन करते जाते थे और उनके शब्दों तथा वाक्यविन्यास में भी कहीं-कहीं हेर-फेर कर दिया करते थे। परिणामस्वरूप उन संस्करणों की भाषा भारतेन्दु की मूल भाषा से दूर हटने लगी थी। इस संस्करण में उनके नाटकों की भाषा को भारतेन्दु की मूल भाषा के अधिकतम निकट लाने का यथासम्भव प्रयत्न किया गया है। इसके लिए नाटकों के पाठ या तो प्रथम संस्करणों से संकलित किए गए या 'हरिश्चन्द्र चंद्रिका' से। केवल उन्हीं नाटकों के पाठ परवर्ती संस्करणों से लिए गए हैं जिनके प्रथम संस्करण बहुत प्रयत्न करने पर भी न मिल सके। उनमें भी यथासम्भव प्राचीनतम संस्करणों का उपयोग किया गया है।

इस प्रकार प्रस्तुत संस्करण में वर्तनी सम्बन्धी विविधता दिखाई पड़ेगी। भारतेन्दुकाल में आज की तुलना में न केवल वर्तनीगत भिन्नता थी बल्कि अस्थिरता भी थी। एक ही पृष्ठ पर एक ही शब्द की भिन्न-भिन्न वर्तनी भी मिलती है। विराम चिह्नों का भी मनमाना उपयोग है। नाटकों के पाठों में भी कुछ भेद लक्षित हुए हैं जिनका यथास्थान निर्देश कर दिया गया है। इनमें सबसे महत्त्वपूर्ण सत्य हरिश्चन्द्र का पाठभेद है। इसके पहले संस्करण के चतुर्थ अंक में पिशाचों और डाकिनियों की लीला वाला अंश नहीं। जब कि सभी परवर्ती प्राप्त संस्करणों में यह बिना किसी टिप्पणी के पाया जाता है। ऐसा प्रतीत होता है कि इस अंश को सम्भवतः भारतेन्दु ने ही रंगमंच पर अभिनय के लिए कभी जोड़ दिया था, जिसे बाद के संस्करणों में समाहित कर लिया गया।

–'रुद्र' काशिकेय

कुशोत्पाटिनी अमावस्था
सं. 2027

✪✪✪